# 하나의 중국

## 一個中國

# 하나의 중국

## 一個中國

강병환 지음

양안(兩岸)은 모두 하나의 중국(一個中國)에 속하는가? 대만과 중국대륙과의 관계, 즉 양안관계(兩岸關係)를 왜 양국관계(兩國關係)라 칭하지 않는가? 대만은 중국의 일부분인가? 이러한 질문들은 겉으로는 간단해 보이나 실제로는 복잡하고 풀기도 매우 어렵다. 바로 "중국은 하나인가?"에 대한 물음은 대만 문제를 푸는 열쇠며, 양안관계(兩岸關係)를 이해하는 알파요 오메가다.

양안 간 통일과 독립을 둘러싼 논쟁도 '하나의 중국(一中)'에서 출발한 것이고, 대만의 국가 지위 문제, 대만 정체성(국가 정체성, 민족 정체성)의 본질도 모두 '하나의 중국'에서 연유한다. 또 '하나의 중국'에는 국·내외적 정치 상황이 복잡하게 얽혀 있다. 베이징의 일중원칙(하나의 중국 원칙, One China Principle)과 워싱턴의 일중정책(하나의 중국 정책, One China Policy)을 둘러싼 중·미 경쟁, 워싱턴과 베이징 그리고 타이베이 간의 전략적 삼각관계, 동아시아 지역 정세, 양안 정세의 긴장과 이완, 양안 교류의 냉과 열, 주변국들의 정치적 계산, 심지어 양안 지도자들의 신념과 개성 등에 모두 영향을 미친다.

베이징의 관점에서 보면, '하나의 중국'은 국제사회와 양안관계에서 양보할 수 없는 절대적 원칙이자, 외교정책의 최고 우선순위다. 대만과의 통일은 공산당의 삼대 임무 중의 하나다. '하나의 중국'을 포기하는 순간 베이징의 지도자는 청말 외세에 굴복하여 중국의 영토를 외세에 할양해 주었던 제2의 리훙장(李鴻章)이 될 뿐만 아니라, 대만과 대륙

간의 영구적인 분열을 가져와 이른바 역사의 죄인이 된다. 이는 공산당의 정당성마저 위태롭게 만든다. 대만은 중국의 굴욕적인 근대사가 남겨놓은 백 년의 마지막 상처다. 시진핑(習近平)의 꿈인 중화민족의 위대한 부흥을 위해서라도 이 상처를 아물게 해야 한다. 만약 대만이 독립해 나가거나 통일의 가망이 없어져 버리면, 중국인도 이를 받아들이기 어려울 뿐만 아니라, 반분열국가법(反分裂國家法)의 적용 대상이 된다. 이 법은 대만에 대한 무력동원의 조건을 명시해 놓았다.

2019년 1월 1일, 시진핑은 「고대만동포서(告臺灣同胞書)」 40주년 기념사에서 명확하고도 체계적으로 '신시대' 통일에 대한 입장을 밝혔다. 무려 46차례나 통일을 언급했으며, 이 담화는 현재 베이징의 대만 공작에 대한 강령성 문건이 되었다.

양안 통일에는 3개의 핵심 요소가 있다. 미국 요소, 대만인들의 염원(意願), 중국대륙 자신의 실력이다. 이는 양안관계에 영향을 미치는 핵심 변수다.

첫째, 미국요소다. 미국은 국제사회에 '하나의 중국'을 대두하게 만든 당사자다. 양안 관계의 당사자가 아니면서도 양안 문제를 결정지을 수 있는 핵심적인 행위 주체가 미국이다. 그래서 덩샤오핑이 말한 바처럼, 대만 문제는 본질적으로 미국의 문제다.

50년 전 닉슨 정부는 연중항소(聯中抗蘇)의 전략적 목표를 실현하기 위해서 대만의 국가적 지위를 포기시키고 중공과 손을 잡았다. 미국은 중공이 수교의 전제조건으로 내세운 '하나의 중국'을 인정하고, 대만과의 단교, 철군, 폐약(대만과의 방위조약 폐기)을 거쳐 수교할 수 있었다. 물론 덩샤오핑도 현실적이고 실용적인 판단에 기초하여, 기존의 '대만해방 무력통일'에서 '평화통일 일국양제'로 정책을 전환했다. 이로써 중·미 양국은 소련이 붕괴하기 전까지 준동맹 상태를 유지했다. 소위 말하는 키신저 질서(Kissinger Order)다. 이 기반 위에서 동아시아 지역은 과거 40년 동안 전례가 없을 정도로 성장과 번영을 이루었다. 오직 북한만이 예외였다. 하지만 이는 중·미가 소련견제라는 공동의 이익을 위해 대만 문제를 잠시 주변화시켜 놓았던 것에 불과했다.

이제 상황은 다시 변했다. 소련이라는 공동의 적은 무너진 지 이미 오래고, 그나마 경제적 관계로 묶여서 협력과 경쟁이 공존하는 동상이몽(同床異夢)의 시기는 지나갔다. 이제는 경제적인 공동의 이익마저도 무너지고 있다. 현재 미국의 민주, 공화 양당이 유일하게 견해의 일치를 보이는 대목은 베이징에 대한 시각뿐이다. 중국이 미국의 패권에 도전할 것이라는 인식과 함께 미국의 경제와 과학기술을 추월할 것이라는 초조함도 깔려 있다.

역사적으로 볼 때, 미국은 대만 문제를 이장제모(以蔣制毛, 장제스로서 마오쩌둥을 제어), 이국제공(以國制共, 국민당으로서 공산당을 제어), 이독제장(以獨制蔣, 타이두로서 장제스를 제어), 이민제국(以民制國, 민진당으로서 국민당을 제어), 이대제중(以臺制中, 대만으로서 중국대륙을 제어)을 이해제육(以海制陸, 바다로서 육지를 제어)하는데 활용해왔다. 바로 이런 점 때문에 덩샤오핑은 대만 문제는 곧 미국 문제라고 보았다. 대만 문제는 미국 문제고, 중·미 관계의 가장 주요한 도전이며, 심지어는 중·미 충돌로 이어지는 기폭제가 될 가능성이 높다. 더구나 중국대륙의 종합역량이 미국에 점점 더 가까이 다가가고 있는 오늘날 대만 문제는 중·미관계를 판단하는 시금석이며 중·미 관계의 체온을 재는 온도계와 같은 역할을 한다.

미국이 '하나의 중국'을 파기하는 순간이 오면 어떻게 될까. 중공이 설정해 놓은 대만 문제의 마지노선은 무엇인가. 바로 중·미 수교의 전제조건이 되었던 '하나의 중국'을 부정하고, 미국이 대만과 수교하거나,

대만에 미군을 주둔, 대만과 방위조약을 체결한다면, 이때는 베이징도 판을 깰 수밖에 없다. 대만 문제는 중공의 정당성, 중화민족의 자존심, 중국의 미래 발전이 걸려 있는 핵심 문제로 양보의 여지가 없다. 만약 미국이 '하나의 중국'을 완전히 부정한다면, 그나마 양국이 지금까지 유지한 투이불파'(鬪而不破, 싸우되 판을 깨지 않음)는 더는 지탱하기 어렵게 되고, 오직 투(鬪)와 파(破)만 남게 된다. 이로써 양국의 관계는 끝난다. 그렇지만 미국의 역대 정부는 중국이 대만 문제에 대해 설정해 놓은 마지노선을 넘지 못했다. 이는 현재 바이든 정부도 마찬가지다. 대만해협에서 중·미 간 뇌성이 요란한 듯 들리지만, 여전히 투이불파 (鬪而不破)의 관계를 유지하고 있다. 그러므로 중·미 간에 투(鬪, 대항, 투쟁)의 일면만 보아서도 안 되고, 그렇다고 불파(不破, 협력)의 일면만을 보아서도 안 된다.

동아시아에서 중·미관계 갈등의 요체는 중국의 대국화에 대한 미국의 적극적 억제에 있다. 중국대륙이 군사력을 증강하고 해양이익을 추구하고 군사력 투사범위를 늘려나가자 중·미 간에 패권 경쟁이 드러나고 있다. 만약 대만이 무력으로 중공에 의해 병합된다면, 먼저 미국의 동맹들은 미국의 능력에 의문을 가질 것이다. 자국의 이익을 우선하는 국제정치의 현실은 비정하다. 미국이 중국에 뒤처질 것이라는 가능성만 보여도 동맹국들 역시 현실적인 고민을 할 수밖에 없다. 만약 중공에 의해서 대만이 통일되면 일본이 우려하는 바와 같이, 제1도련선(岛链线)은 중공에 의해 완전히 뚫릴 것이며, 이로써 미국의 패권적 토양은 와해 되고, 제1차 세계 대전 이전으로 물러나게 될 개연성도 존재한다. 이처럼 중·미의 대결 과정에서 대만 문제가 정중앙에 놓여 있다.

현 단계에서 미국은 양안의 통일도, 대만의 독립도, 양안의 전쟁도 원하지 않는다. 만약 대만이 독립하거나 양안이 통일해버리면 미국이

쥔 대만카드는 사라지며, 전쟁이 나면 연루될 것을 우려한다. 그러므로 대만과 대륙을 조금씩 멀어지게 하여 이혼하게 하는 것이 상책이다. 다시 말해 미국은 양안 통일을 원하지 않는다. 이는 타이두(대만독립)를 지지해서도 아니고, 대만의 민주와 인권을 위해서도 아니다. 이는 미국의 동아시아 패권의 유지를 위해서다. 중공에 의한 대만 문제 해결은 아·태질서의 기본 구조를 흔들게 된다. 일단, 이 구조가 흔들리면, 이는 또 세계질서 구조에 영향을 미치게 된다. 대만 문제에 걸린 중·미의 본질적 모순은 중국의 통일 주권 수호와 미국의 패권적 지위 유지 간 타협이 불가능한 모순이다.

두 번째 대만 요인이다. 대만문화는 기본적으로 원주민(原住民), 이민(移民), 식민(植民), 후식민(後植民), 즉 4민(四民)문화가 깊이 남아 있다. 그 인적구성도 원래부터 거주했던 남도계통(Austronesian)의 원주민, 주로 명말 청초에 중국대륙에서 건너 온 민남인(閩南人)과 '중국의 유태인'이라 일컬어지는 객가인(하카, 客家人, Hakka), 국·공내전으로 인해서 대만에 온 외성인(外省人)으로 구성되어 있고, 식민지의 경험도 네덜란드(1624-1662, 38년), 스페인(1626-1642, 대만 북부 16년), 명나라 정성공(鄭成功, 1662-1683, 21년), 청나라(1683-1895, 212년), 일본(1895-1945, 50년) 등 복잡한 과정을 경험했으며, 식민지 역사에 대한 호불호도 관점에 따라 엇갈린다. 이처럼 대만은 역사적 시기, 지리적, 문화적 신분, 정치환경 등 당시의 복잡한 시대적 상황과 관련을 맺고 있어서 대만을 전반적으로 이해하기는 무척 어렵다.

국민당을 비롯하여 남색(藍色) 진영은 양안 정위(定位)를 '하나의 중국(중화민국)과 혹은 먼 미래에 있을 '하나의 중국'으로 본다. 베이징은 이러한 국민당의 입장을 '두 개의 중국(중화민국과 중화인민공화국)'으로 본다. 전통적인 국민당의 입장은 중화인민공화국보다 38년이나 먼저 탄생한 중화민국(대만)이 '하나의 중국'이다. 현 대만의 헌법은 1946년 대륙의 난징(南京)에서 제정한 것이고, 헌법에 근거하면 중국대륙은 중화민국과 불가분의 관계에 있다. 양안관계를 규정하는 법률, 즉 양안관계인민조례(臺灣地區與大陸地區人民關係條例)도 '국가통일 전의 필요'라는 문구와 함께 양안을 대륙지구와 대만지구로 규정하고 있다. 그러므로 국민당은 양안 간 교집(交集)적인 부분을 인정한다.

1992년 국민당과 공산당은 홍콩에서 '하나의 중국'에 관한 묵계를 달성했다. 이른바 '92 공식(consensus, 九二共識'이다. 각자가 구두(口頭) 방식으로 '하나의 중국원칙'을 표술(表述)한다는 것이다. 물론 국민당에 있어서 '하나의 중국'은 "각자가 표술한다(一個中國, 各自表述)"는 쪽에 방점이 찍혀져 있다.

마잉주(馬英九, 2008-2016) 집권기 양안은 23개의 협정을 체결했는데, 모두 '92 공식'의 기초위에서 진행된 것이다. 하지만 현재 대만의 주류 민의는 베이징과 너무 가까이 가는 것도, 그렇다고 너무 멀리 있는 것도 반대한다. 양안의 현상 유지를 원한다. 통일도, 독립도 당분간 현상을 유지하다가 먼 미래에 결정하자는 쪽이 대세다.

민진당을 비롯하여 녹색(綠色) 진영은 '하나의 중국'을 부정한다. 따라서 '92 공식'도 부정한다. '92 공식'은 국·공 양당의 묵계이자, 밀약일 뿐이다. 녹색 진영은 양안관계를 서로 아무 관계가 없는 남과 남의 관계로 보고 있다. 따라서 양안의 정위(定位)를 둘러싼 삼당(공산당, 국민당, 민진당)의 관계 정립은 각기 다르다. 민진당(民主進步黨)에 있어서 '하나의 중국'은 대만의 미래를 옭아매는 포승줄일 뿐만 아니라, 아킬레스건이다. 베이징이 '하나의 중국'이란 주문을 외우면 외울수록 타이두(台独, 대만독립운동)의 활동 공간은 더 제약된다. 마치 손오공의 머리를 조이는데 사용되는 삼장법사의 주문, 즉 긴고주(繁箍呪)로 인식하

10

기 때문이다. 그 결과 타이두 당강을 채택하고 있는 민진당이 대만의 집권당이 되면, 양안은 군사적으로는 긴장 상태로, 외교적으로는 대치 국면으로 빠져들고, 국민당 시기에 그나마 이어져 오던 기존의 제도화 된 협상은 중단되고 양안은 교착상태에 빠지게 된다. 이는 '하나의 중국' 문제로 인해 발생한 필연적인 귀결이다.

문제의 출발점이 '하나의 중국'이듯이 그 종착점도 결국 '하나의 중국'이다. 그렇다면 현재 대만의 집권당인 민진당이 베이징이 주장하는 '하나의 중국'을 인정한다면 어떻게 되는가. 이는 민진당의 정치적 자살 행위나 다름없다. 대만독립을 당의 강령으로 채택하고 있는 민진당의 존재근거가 사라지는 것이기 때문이다. 그래서 민진당이 집권하면 탈 중국화(去中國化)의 방향은 필연적이다. 대만 주체성 제고와 대만인의 정체성이 확보되지 않는다면 민진당의 종지인 대만공화국의 건설은 불가능하기 때문이다

현실주의 정치학자들은 대만 문제의 주요한 모순을 중·미 양국의 모순으로 보는 경향이 강하다. 그러나 대만의 본토화와 민주화가 이루어짐에 따라서 대만인들의 주체성이 제고되었고, 이로 인해서 대만 내부에서 질적인 변화가 일어났다. 바로 대만인들의 정체성의 변화다. 2000년 이후 갈수록 정체성(국가정체성, 민족정체성) 문제가 두드러진다. 현재 40세 이하의 대만 민중은 자신을 '중국인'이라고 부르는 사람은 거의 없다. 양안은 서로 다른 민족에 속한다는 정체성의 소유자가 늘어난다면 통일문제를 해결하기는 더욱 어렵게 된다. 만약 대만이 대만민족과 중국민족은 다르다는 명분으로 통일을 꺼린다면, 설령 중국 대륙이 민주화되었다 하더라도 이는 여전히 해결할 수 없는 문제로 남는다. 이처럼 베이징의 관점에서 본다면 21세기 양안관계에서 가장 큰 도전은 미국 요인과 대만의 정체성이다.

셋째, 중국대륙 요인이다. 대만해협은 당분간 이대로 정랭경열(政冷經熱, 정치는 냉랭하지만 경제적으로는 뜨거운)현상을 유지할 수밖에 없다. 그렇다고 중국이 마냥 손을 놓겠다는 뜻이 아니다. 오히려 시간은 중국의 편에 있음을 확신하고 있다.

양안 간 교류를 시작한 지 40년에 근접한 지금, 양안 간에는 문화, 사회, 경제 영역에서 융합되는 추세에 있다.

코로나 19가 오기 전, 매일 3만여 명이 양안을 왕래했고, 양안 결혼 건수도 이미 38만 쌍을 넘었다. 대만인들의 대륙에서의 취직, 유학, 타이상(台商, 대만 상인) 등 그 숫자를 합하면 200만이 넘는다. 일주일에 800편의 비행기가 양안을 왕래하였고, 매년 400만의 중국인이 대만을 여행했다. 중국대륙은 대만 최대의 무역 파트너, 최대 수출국, 두 번째 수입국이며, 대만은 중국과의 교역에서 엄청난 무역 흑자를 기록하고 있다. 최근 4년 동안 대만의 대륙에 대한 무역의존도는 40%를 넘었다. 2020년 중국대륙의 경제 규모는 대만의 24.5배에 달한다. 양안 간에 이미 '하나의 중국' 시장(대중화권 시장)이 형성되었다. 비록 차이잉원 정부가 들어서고 신남향정책을 실시했지만 효과가 별로 없다. 그만큼 대만의 경제가 중국대륙에 의존되어 있다는 사실을 보여준다. 베이징은 이러한 대만의 대륙에 대한 경제의존도를 심화시켜 대륙에 대한 정치적 의존으로 전환하고자 한다. 실제로 1978년 이래로 베이징은 줄곧 경제로서 통일을 촉진하는 이경촉통(以經促統)의 목표를 실현하기 위해서 분투하고 있다. 비록 정치적으로는 대립하지만 경제적으로는 이미 한 국가인 셈이다.

중공 19대(2017년)에서 '시진핑 신시대 중국특색사회주의 사상'이 당장에 명기되었다. 시진핑은 '중국특색사회주의' 완성과 중화민족의 위대한 부흥을 위한 새로운 시대에 진입했음을 선포했다. 이 중화민족의 위대한 부흥은 '두 개의 백 년'이라는 시간표가 있다. 중국공산당 창당 100주년이 되는 2021년까지 '전면적 소강사회(全面建成小康社會)'를 완성하여 전인민이 중산층 시대로 진입하고, 건국 100주년이 되는 2049까지 미국을 뛰어넘는 부강·민주·문명·화해의 '사회주의 현대화국가'를 완성하겠다는 계획이다. 무엇보다도 신시대는 중화민족의 위대한 부흥과 양안 통일을 함께 묶고 있다는 점이다. 다시 말해 양안 통일이 없다면 시진핑이 그리는 중국몽(中國夢)은 없다.

2021년 7월 시진핑은 공산당 창당 백 주년 기념사에서, 첫 백 년은 이미 성공했다고 선포했다. 전면적 소강 사회건설의 완성을 선포했다. 이제는 건국 백 주년이라는 두 번째 백 년이 기다리고 있다. 건국 100주년 중 앞의 30년은 마오쩌둥의 시기였고, 개혁개방 40년은 덩샤오핑의 시대였고, 이제 미래의 30년은 시진핑이 설계하는 신시대다.

'신시대'는 향후 30년, 그러니까 다가올 2050년까지다. 중공은 이 30년을 다시 두 개의 단계로 나누어 현대화 목표를 설정했다. 제1단계는 2020년에 전면 소강(小康) 사회를 이룩한 기초에서 다시 15년을 분투하여 2035년까지 사회주의 현대화를 기본적으로 실현하고, 이 바탕 위에서 다시 15년(2단계)을 분투하여 미국을 초월한 아름다운 사회주의 현대화 강국을 건설할 수 있다는 비전을 제시하고 있다. 만약 시진핑이 설정한 계획대로 이뤄진다면 향후 15년 이내에 양안 통일을 이루어야 한다. 그러므로 미래의 30년은 중국 특색 사회주의가 성공하느냐 실패하느냐의 여부가 걸린 결정적인 시기다. 성공 여부는 향후 15년 이내에 판가름 난다. 이 시기에 대만과의 통일이 이루어지면 순조롭다고 할 것이다. 하지만 목표가 원대하면 그 시련 또한 큰 법이며, 베이징은 넘어야 할 산이 아직도 많이 있다.

본서는 중공의 대(對) 대만정책을 다루고 있다. 주안점은 베이징은 어떻게 양안 통일을 이루려고 하는가이다. 통일은 '하나의 중국 원칙'을 실현하는 일이다. 지금까지 중공이 내놓은 가장 좋은 통일방안은 일국 양제(一國兩制)다. 그렇다면 베이징은 어떻게 일국양제를 실현하려 하는가. 그 요체는 양안 간의 교집적인 부분을 지속적으로 확대해 나가는 데에 있다. '하나의 중국'은 바로 양안 간 교집(交集)의 부분이면서 공통분모다. 베이징은 하나의 중국 원칙에 입각하여, 국제일중(國際一中), 정치일중(政治一中), 경제일중(經濟一中), 민족일중(民族一中)이라는 네 개의 방면에서 '하나의 중국'을 관철하고자 한다. 다시 말해 국제사회에서 '하나의 중국'인 국제일중, 정치적인 면에서 대만(중화민국)의 주권은 중국에 속한다는 정치일중, 경제면에서 하나의 중국 시장(대중화경제권)에 속하는 경제일중, 민족의 측면에서 양안은 모두 '대중화 민족'에 속한다는 민족일중을 실현하고자 한다. 필자는 이를 사면일중(四面一中) 정책의 실천으로 규정하며, 본서에서는 이를 집중적으로 다루고 있다.

대만과 중국대륙과의 관계는 우리의 남·북 문제와는 달리 훨씬 더 복잡하다. 이욱(李煜)의 시구(詩句)처럼 '자르려고 해도 자를 수 없고, 정리하려고 해도 정리할 수 없다(剪不斷, 理还乱)'. 하지만 아무리 복잡한 문제라도 그 근원이 있게 마련이다. 양안에는 '하나의 중국' 문제가 그것이다. 마치 큰 문제가 해결되면 작은 문제는 저절로 해결되듯, '하나의 중국' 문제만 해결되면, 나머지는 곁가지에 불과하다.

이 책을 쓰게 된 계기는 진주교대(晉州敎大)에서 한국사회와 통일을 강의하면서부터다. 제2차 대전 이후 분단된 나라들에 대해 학생들이 발표했는데, 동서독, 남북 베트남, 남북 예멘, 양안(兩岸)이 그 구체적 사례들이었다. 대부분 학생은 양안 문제를 남북한 문제와 유사한 형태로 파악하는 경향이 강했다. 이 부분에서 학생들에게 설명할 필요성을 느꼈다.

  본서는 필자의 박사학위 논문 一個中國架構下中共對臺灣政策 (China's Taiwan Policy under One China Framework)을 대부분 번역하고 보충하였다. 자신이 쓴 글을 자신이 번역하는 일도 어려운 일임을 새삼 느꼈다. 대역경승 구마라집(鳩摩罗什)은 번역에 대해 말하길 한 번 씹은 밥을 다른 사람에게 먹이는 것과 같다고 했다. 문재(文才)가 아직 부족하여 단어 선택에 어려움이 있었다. 제현(諸賢)의 아낌없는 질정(叱正)을 바란다.

  이 책이 나오기까지 여러 사람의 고마움이 있었다. 학자의 길로 들어서게 해 주시고 계속 학문적 지도 편달로 이끌어 주신 문태운, 이종은, 린원청(林文程) 세 분의 스승께 감사의 뜻을 표한다. 특히 상업적 이익이 없는 전문서임에도 이 책이 출간될 수 있도록 해 주신 도서출판 학고방 하운근 사장님과 편집을 맡아준 명지현 팀장께 고마운 마음을 전한다. 끝으로 존경하는 어머니 서순달(徐順達) 여사께 이 책의 지면을 빌어 감사의 마음을 전한다.

2021년 8월 5일 진주에서

베이징의 대만에 대한 정책의 목표는 명확하다. 대만과의 통일이다. 통일은 「하나의 중국」원칙을 실현하는 것이다. 가장 좋은 방안은 일국양제다. 그렇다면 베이징은 어떻게 일국양제를 실천하려 하는가? 그 요체는 양안 간의 교집적인 부분을 지속적으로 확대해 나가는 것이다. '하나의 중국'은 바로 양안 간 교집적인 부분이면서 공통분모다. 베이징은 하나의 중국원칙에 입각하여 ①국제일중(國際一中), ②정치일중(政治一中), ③경제일중(經制一中), ④민족일중(民族一中)을 관철하고자 한다. 필자는 이를 4면일중(四面一中)의 실천으로 규정한다. 4중의 실현은 곧 「평화통일 일국양제」의 달성이다. 양안을 둘러싸고 있는 전체 정치 역학적인 구조는 표 1과 같다.

본서에서 주로 다루는 시기는 민진당(民主進步黨) 집권기 베이징의 대 대만 정책에 초점을 맞추고 있다. 민진당은 창당 이래 줄곧 야당으로 국민당의 대륙정책을 견제해오다가 마침내 2000년 집권당이 되어 민진당 고유의 대륙정책을 본격적으로 실행에 옮기기 시작하였다. 베이징은 독립적인 색채가 강한 민진당을 상대로 '하나의 중국' 원칙을 전개하는 과정에서 타이베이와 베이징 사이에 엄청난 간극이 있음을

**표 1.** 양안관계 전체 역학 구조

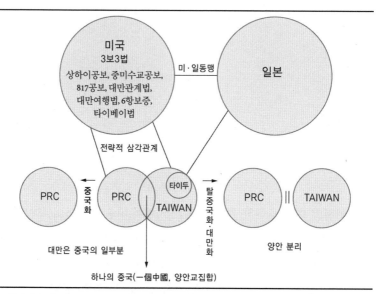

※ 국제일중 : 외교단교, 국제기구 배제 vs 국제기구 참여
　 정치일중 : 92공식(共識)견지 vs 92정신(精神), 정상국가결의문, 헌법일중, 헌법제정,국통강령, 국통위원
　　 회 종지)
　 경제일중 : 하나의 중국 시장, 대중화경제권 vs WTO체제 속의 대만
　 민족일중 : 대만민족주의 vs 중국민족주의

발견하게 되었다. 독립과 통일의 모순이다. 대만독립을 당강으로 채택하고 있는 민진당이 대만의 집권당이 되자 '하나의 중국' 문제를 둘러싸고, 그 모순이 가장 첨예하게 드러나게 되었다. 본서는 천수이볜(陳水扁)의 두 번째 임기(2004-2008)와 2016년 이후 재집권한 민진당의 차이잉원(蔡英文) 정부 시기 베이징의 대 대만정책을 사면일중(四面一中)의 실천이라는 주제로 분석하였다. 2008-2016 국민당 마잉주(馬英九) 집권기는 '하나의 중국' 문제에 있어서 실용적인 관점에서 접근하여 단지 경제 분야의 의제와 관련하여 23개의 협의를 맺었고, 그 결과

양안관계는 급속도로 개선되었지만, 정치적 의제에 관한 정치협상은 한 걸음도 나가지 못했다. 결국 '하나의 중국' 문제에서 부딪혔기 때문이다. 기본적으로 민진당이 집권하면 양안 간의 교집적인 부분(하나의 중국)이 축소하는 방향으로 전개되고, 국민당이 집권하면 그 반대되는 방향으로 진행된다. 베이징은 1949년 이래 지금까지 '하나의 중국 원칙'을 견지하고 있다. 하지만 대만 내부의 사정은 이와 다르다. 각 정당을 비롯한 각계 단체 사이에서 '하나의 중국'에 대한 입장과 해석이 각기 달라 이에 대한 견해와 내용이 다양하게 존재한다. 본서의 전개를 위해 주요개념을 다음과 같이 간략하게 정의한다.

## 중국中國

본서에서 말하는 '중국'은 1949년 이전의 중국이다. 정체(政體)의 의미에서 중국이라는 명칭은 1689년 청나라와 러시아가 맺은 네르친스크(中俄尼布楚條約)1) 조약에서 최초로 출현했다. 1949년 중국대륙에서 공산당이 건국한 중화인민공화국(People's Republic of China)은 본문에서는 베이징 방면, 베이징 혹은 중공, 대륙, 중국대륙이라 칭한다. 1912년 쑨원(孫文)이 건립한 중화민국(中華民國, Republic of China)은 대만, 타이베이, 대만방면으로 칭한다. 본서에서 대륙과 대응하는 단어는

---

1) 네르친스크 조약(尼布楚條約, Treaty of Nerchinsk)은 1689년에 시베리아의 네르친스크(尼布楚)에서 청(淸)과 러시아 제국 사이에 체결된 조약이다. 이 조약은 중국 역사상 처음으로 국가 간의 평등한 위치에서 체결한 정식조약으로서 당시 동양 국가들이 맺는 대국-소국 간의 조약과는 다른 유럽식 조약이었다. 이 조약의 체결로 인해서 청나라와 러시아의 국경이 확정되었고 러시아의 동진을 막을 수 있었다. 무엇보다도 이 조약에서 처음으로 국체적(國體的) 의미에서 '중국'이라는 단어를 사용하였다.

대만이다. 이들 단어는 국가에 해당되는 말이 아니라 지리적인 개념이
강하다. 국호의 의미에서 볼 때, '중국'이라는 명칭은 신해혁명 이후
1912년에서야 비로소 등장했다.

## 명칭사용

국민당의 '중국'은 1912년에 건국된 '중화민국'이다. 지금도 대만은
'중화민국' 기년(紀年)을 사용한다. 민국(民國) 108년은 2019년이다. 베
이징의 시각에서 본다면, 중화민국은 1949년 10월 1일 중화인민공화국
에 의해 이미 대체 되었다. 베이징에 있어서 중화민국은 소멸된 국가다.
그러므로 중국대륙에서는 '중화민국'이란 용어를 사용할 수 없다. 대만
정부나 대만을 지칭할 때는 '대만당국', '대만유관 방면', '대만방면'으
로 칭하며, 중화민국의 기년(紀年)도 사용하지 못하도록 규정하고 있
다.[2] 대만 정부나 국가, 중앙, 전국 등, 국가를 상징하는 명칭은 일괄적
으로 금지하고 있기 때문이다. 부득이하게 국가 명칭을 사용할 특수한
경우에는 반드시 인용부호를 붙이도록 규정하고 있다. 대만에서 실행
하고 있는 법률을 '대만지구 유관규정'으로 부르며, 중화인민공화국의
법률과는 차별을 두고 있다. 양안관계는 중국 내부의 사무고, 대만이
국가로 비추어질 수 있는 그 어떤 것에도 반대하기 때문에, 대만에 관
계된 법률 용어 및 이와 관계된 보도, 국제법적 의의를 가지는 전문 용
어는 사용할 수 없다. 예를 들어, 여권, 문서 공증 등은 여행 증건, 양안
공증서 사용 등의 용어로 대체해서 사용한다. 언론 보도에서도 대만을
기타국가와 병렬로 사용할 수 없으며, '중국대만' 혹은 홍콩, 마카오와

---

2) 중국공산당 대만판공실, 「대만과 관련된 선전의 정확한 사용에 관한 문건(關
於正確使用涉台宣轉用於的一件)」

더불어 '강아오타이 지구(港澳臺地區)' 또는 '타이강아오 지구(台港澳地區)'로 사용한다. 반면에 대만의 사정은 이와 다르다. 대만인들의 정체성(국가정체성, 민족정체성)의 변화에 따라, 중화인민공화국을 '대륙', '중국', 중공, '중국대륙'으로 부른다. 국민당은 주로 '대륙'이라는 호칭을, 대만독립의 성향이 강한 사람일수록 '중국'으로 부른다.

### 하나의 중국원칙(구삼단론)

세계에는 오직 하나의 중국이 있고, 대만은 중국의 일부분이다. 중화인민공화국 정부는 중국의 유일합법정부다(世界上只有一個中國, 臺灣是中國的一部份, 中華人民共和國政府是中國的唯一合法政府)

### 하나의 중국원칙(신삼단론, 2002년 이후)

세계에는 오직 하나의 중국이 있다. 대륙과 대만은 하나의 중국에 속한다. 중국의 주권과 영토완정은 분할을 용납하지 않는다(世界上只有一個中國, 大陸與台灣同屬於一個中國, 中國的主權與領土完整不容分割). 구삼단론은 국제용이며, 신삼단론은 주로 양안 내부용이다. 2000년 첸치천(钱其琛) 부총리가 대만 매체와의 인터뷰에서 신삼단론을 밝혔다. 2002년 전인대 제9기 5차 주룽지(朱镕基) 총리가 정부 공작보고에서 공식화 했다.3)

### 「92공식」(consensus, 九二共识)

1992년 국민당과 공산당은 홍콩회담에서 「하나의 중국」에 관한 묵계

---

3) 朱镕基总理在政府工作报中重申对台新三段论, 2002.3.6, http://unn.people.com. cn/GB/channel2567/2608/2813/2814/200203/06/164626.html

를 달성했다. 이를 1992년에 있었던 양안의 공통된 인식 즉 「92공식」 (consensus, 九二共识)이라 칭한다. 「92공식」은 "해협 양안은 각자가 구두(口頭) 방식으로 모두 하나의 중국원칙을 표술한다"는 것으로 베이징은 하나의 중국원칙에 방점을 국민당은 하나의 중국에 대해서 각자가 표술한다(一個中國, 各自表述)는 쪽에 강조점을 두고 있다.

현 대만의 집권당인 민진당을 비롯한 범록 진영은 「92공식」 자체를 인정하지 않는다. 설령 92공식이 존재하더라도 이것은 국·공 양당 간의 밀약에 불과하며 대만의 민의와는 관계가 없다는 입장을 견지하고 있다. 「92공식」은 양안관계와 관련된 정치용어다. 2000년 민진당의 천수이벤(陳水扁)이 대만의 총통에 당선되자, 양안 관계의 긴장을 우려한 당시 국민당 정부의 대륙위원회 주임위원인 쑤치(蘇起)가 고안해 낸 용어다. 베이징도 초기에 「92공식」을 인정하지 않았다. 2005년 국민당 주석 롄짠(連戰)과 공산당 주석 후진타오(胡錦濤)의 공동성명에서 「92공식」을 받아들이기 시작했고, 이후 공문서에 사용하였다. 일반적으로 「92공식」은 국민당과 공산당 간에 "대만은 중국에 속한다는 것"을 기초를 삼아, 양당이 합의한 '하나의 중국'에 대한 공통된 인식이다. 92공식은 정식으로 서명하거나 체결한 조약이 아니며, 구두로 형성된 불성문(不成文) 공식이고, 「92공식」의 이해와 해석이 각각 서로 다르다. 전 해기회 부회장 취우진이(邱進益)는 「92공식」이라고 칭하기 보다는 「92양해(九二諒解)」라고 칭하는 것이 더 적합하다고 밝혔다. 현재 이 「92공식」의 내용을 둘러싸고 여러 쟁의가 남아 있다. 예를 들어 당시 총통 리등후이는 퇴임 후에, 천수이벤 총통은 임기 내에 모두 「92공식」의 존재를 부정했다. 또 당시 협상에 관여한 해기회 회장 구전푸(辜振甫), 대륙위원회 주임위원 황쿤훼이(黃昆輝) 등 모두 92공식을 부정한다.

### 삼보일법三報一法

삼보일법은 중·미 사이에 있었던 세 개의 커뮤니케(1972)의 상하이 공보(上海公報), 1979의 수교공보(建交公報), 1982의 817공보와 대만 관계법(臺灣關係法, Taiwan Relations Act, 1979년 4월)을 말한다. 삼보 일법은 40년 동안 미국의 양안정책에 대한 기초였는데, 트럼프 이후, 대만여행법, 대만보증법이 통과되었다.

### 미국의 일중정책一中政策, One China Policy

미국의 '하나의 중국 정책'은 베이징이 견지하는 일중원칙(One China Principle)과는 차이가 있다. 베이징의 일중원칙은 첫째, 중화인민 공화국 정부는 전중국을 대표하는 유일합법 정부다. 둘째, 세계에는 오 직 하나의 중국이 있다. 셋째 대만은 중국 영토의 불가분할의 일부분이 다. 그러나 미국의 일중정책은 삼보에 근거하여 베이징이 주장하는 첫 번째만 동의하고 있다. 나머지, 두 번째와 세 번째는 인지한다(認知, ac-knowldge)고만 밝히고 있다. 즉 "대만해협 양변의 일체의 중국인들은 오직 '하나의 중국'이 있으며 대만은 중국의 일부분이다"고 인지한다. 여기서 구체적 법률 구속력을 지닌 승인(recognize)을 사용하고 있지 않 다. 미국도 시간의 추이에 따라, "세계에는 오직 하나의 중국이 있다"는 것을 점점 받아들였으나, "대만은 분할할 수 없는 중국영토의 일부분" 에 대해서는 모호함을 유지하고 쟁의의 공간을 남겨두고 있다.

### 6항 보증6項保證, Six Assurances

1982년 레이건 정부가 대만의 장징궈(蔣經國) 총통에게 대만의 안전 을 구두로 보증한 여섯 가지 조항이다. 이후 비공개로 존재하다가, 2016 년 미국 국회의 결의로 공식 문서화 되었다. 첫째, 대만에 대한 무기판매 종결 날짜를 정하지 않는다. 둘째, 대만관계법 조항을 변경하지 않는다. 셋째, 대만에 대한 무기판매를 결정하기 전에 베이징과 상의하지 않는다. 넷째, 대만과 중국(베이징)을 중재하지 않는다. 다섯째, 미국은 대만의 주권에 대한 입장을 바꾸지 않는다. 즉 대만 주권에 대한 입장은 '중국인' 스스로가 평화적으로 결정할 문제이며, 대만에 중국(베이징)과의 협상을 강요하지 않는다. 여섯째, 미국은 대만에 대한 중국(베이징)의 주권을 공식적으로 인정하지 않는다.

### 삼불정책三不政策

장징궈의 삼불정책(不接觸、不談判、不妥協)은 중공과는 접촉도, 담판도, 타협도 하지 않는다는 것이며, 미국 클린턴 대통령의 삼불정책은 대만독립 불지지(不支持), 일중일대(一中一台) 또는 두 개의 중국 불지지, 국가를 회원자격으로 하는 국제기구에 대만이 가입하는 것을 지지하지 않는 것이다. 마잉주(馬英九, 2008-2016) 집권기의 삼불정책은(不統、不獨、不武, no unification, no independence and no use of force) 자신의 임기 내에 통일을 추진하지 않으며, 대만독립도 선포하지 않으며, 무력사용을 하지 않는다는 것이다.

### 타이두臺獨

타이두는 대만독립운동(臺灣獨立運動)의 간칭이다. 특히 2차 대전 이후 외부세력에 의존하여 대만을 중국대륙으로부터 벗어나기 위해 활동하는 일종의 분열주의를 사조를 가리키는 단어다. 현재는 거의 일상적으로 사용되는 용어가 되었다. 타이두의 목표는 중화인민공화국과 별개의 대만공화국을 수립하는 것이다. 타이두의 주요한 이론 근거로「대만법률지위미정론」,「대만주민자결론」,「대만민족론」등이 있다. 타이두가 주장하는 주요 내용은 대만은 '중국'의 영토가 아니며, 대만문제는 중국내정의 문제가 아니고, 중국문화는 오히려 대만문화의 한 부분일 뿐이며, 대만인은 중국인이 아니다라는 관점을 취하고 있다. 타이두 이론가들은 주로 국제법 전공자들이거나 서구적 경험을 겪은 이들로, 대만문제의 국제화를 통해 '중국'으로부터 분열해 나가고자 한다. 타이두는 급독(急獨 : 급진타이두, 가급적 빨리 정명 제헌, 독립선포), 완독(緩獨 : 점진적 타이두), 이독(已獨 : 이미 독립)으로 나눈다. 천수이볜은 급독의 노선에, 차이잉원은 완독의 노선에 가깝다. 베이징은 이들을 A형 타이두(A型台獨)라 칭한다.

### 두타이(獨臺)

두타이의 입장은 양안은 각기 분열분치(分裂分治의)의 상황에 처해 있으며, 주권은 중화민국에 있다는 주의, 주장, 입장을 의미한다. 양안 간「하나의 중국(중화민국)」과「두 개의 대등한 정치실체」혹은 단계적인「두 개의 중국」노선을 견지한다. 베이징은 이를 B형 타이두(B型台獨), 궈두(國獨)로 부르고, 그 내용은 편안일우(偏安一隅)4)하는 세력을 의미한다. 이들은 중국대륙은 중화민국의 일부분이라고 주장한다. 1990년대 이후, 주권과 치권을 분리하여, 대만의 치권(治權)은 중국대륙에 미치지 못하며, 양안은 분열분치의 상태에 놓여 있다고 본다. 타이완(臺灣), 펑후(澎湖), 진먼(金門), 마주(馬祖) 즉 타이펑진마(臺澎金馬地區)지구가 중화민국의 치권이 미치는 구역이며, 대만에 있는 중화민

---

4) 한 왕조가 전 중국을 통치할 수 없을 때 잔존하는 세력들이 일부분의 토지를 점령하고, 눈앞의 안일만 탐내며 되는대로 살아가는 것을 말한다. 晋·陈寿《三国志·蜀志·诸葛亮传》裴松之注引《汉晋春秋》: "先帝虑汉贼不两立, 王业不偏安, 故托臣以讨贼也。"

국은 하나의 주권독립국가라고 주장한다. 국민당 우파 노선이 전형적인 B형 타이두다. 타이두와 두타이는 모두 분열노선을 의미하며, 베이징의 입장에서 본다면 실제적으로 타이두와 두타이는 별 차이가 없다.

### 범홍泛紅진영

본서에서 사용하는 범홍은 중국공산당을 포함하여 '일국양제'를 받아들이는 대만 내부의 단체 혹은 기관 등을 의미한다. 예를 들자면 대만중국통일연맹(台灣中國統一聯盟)이 대표적이다.

### 범람泛藍진영

중국국민당과 이로부터 분열해 나온 신당(新黨), 친민당(親民黨) 및 이러한 정당 입장과 비슷한 단체나 기관을 말한다. 국민당의 당기색깔이 남색이기 때문에 범람, 남색 진영으로 부른다. 남색 진영 각 당 사이에는 조직연계는 없다. 통일과 독립(統, 獨)의 입장을 견지하는 정도에 따라서 심람(深藍), 천람(淺藍)으로 구분할 수 있다. 대체적으로 범람 진영은 타이두에 반대하고, 친중(親中)노선을 견지하며, 중화문화의 계승과 통일을 강조하는 경향이 있다. 범람진영은 대만은 '중국'의 일부분임을 인정한다. 하나의 중국문제에 관해서도 원칙적으로 92공식(九二共識)을 견지한다. 그러나 그들이 말하는 92공식은 '일개중국 각자표술(一個中國、各自表述)' 즉 하나의 중국에 대해서 양안 각자가 표기하고 기술한다는 것을 의미한다. 이들이 말하는 중국은 바로 중화민국이다. 남천행동연맹(藍天行動聯盟), 쑨원학교(孫文學校), 범람연맹민족단결협회(汎濫聯盟民族團結協會)등이 이에 해당된다.

## 범록泛綠진영

범록 진영은 대만독립을 지지하는 정당 및 단체를 가리킨다. 예를 들자면 민주진보당(民主進步黨, 민진당), 시대역량(時代力量), 대만단결연맹(臺灣團結聯盟), 건국당(建國黨)등의 정당과 대만교수협회, 대만사(臺灣社)등의 민간단체들이다. 범람 진영에 대응하여 사용되며, 각 단체가 대만독립을 견지하는 이념의 강도에 따라서 심록(深綠)과 천록(淺綠)으로 구분할 수 있다. 녹색 진영은 대중화주의에 반대하고 중화민국의 존재를 부정하는 경향이 있다. 비록 표면적으로는 중화민국을 인정하더라도 실질적으로는 중화민국의 존재를 부정한다. 범록 진영은 개략적인 정치적 성향을 일컫는 말이다. 대만 명칭으로의 정명(正名), 대만본토의식을 강조한다. 이외에도 일제 식민지 경험, 228사건[5], 장제스 장징궈 부자의 백색테러, 38년 동안 시행된 국민당의 계엄통치, 대만독립을 지원하는 일본 우익의 영향 등으로 인해, 범록 진영은 범람 진영에 비해 강한 친일정서(親日情緒)를 지니고 있다. 범록 진영의 주된 주장은 중국대륙과 별도의 정치적 주권이 완정한 국가의 지위를 획득하고 나아가 대만인으로서의 대만주체의식을 확립하고자 한다. 중국대륙의 범위를 벗어나서 하나의 독립적이고 자주적인 대만공화국을 건설하는 것이 최종의 목표다. 양장시기(장제스, 장징궈 38년)에 자행되었던 국민당 통치의 부당성을 바로잡으려 시도하고, 대만본토 가치를 우선한다. 대외적으로는 친미, 친일노선을 유지하고자 한다. 중국대륙시

---

5) 228사건은 1947년 2월 28일 대만 전역에서 일어난 민중봉기 사건이다. 허가받지 않고 담배를 팔던 린장마이(林江迈)라는 여인을 경찰이 과잉단속하면서 발생했다. 이후 대만 전역으로 확대되어 외성인과 본성인의 갈등을 유발한 사건이다.

장 진출 문제에 있어서, 범록 진영은 크게 두 부류로 나누어진다. 계급용인파(戒急用忍 : 중국진출 억제)와 서진(西進 : 중국진출)파다. 천수이벤 민진당 집권 기간 내내 대륙에 대해 비교적 점진적이고 소극적인 개방노선을 취했다. 삼통(통상, 통항, 통우)에 있어서도 국가 안보의 명분을 내세워 비교적 소극적인 태도를 취했다. 2016년 집권한 차이잉원 정부도 '신남향정책'으로 선회하여 중국대륙에 대한 과도한 의존에서 벗어나고자 한다.

### 심록深綠진영

심록 진영은 급진타이두 노선을 따르는 세력을 말한다. '중화민국'의 존재를 강하게 부정할 뿐만 아니라 중화민국을 국민당 외래정권 통치의 연장으로 본다. 하루빨리 대만독립을 선포해야 한다는 쪽과 대만은 이미 독립했다는 쪽으로 나누어져 있다. 대만정명(臺灣正名)과 제헌(制憲), 대만명의(名義)의 유엔가입을 주장하며, 베이징이 주장하는 양안은 염황의 자손(炎黃之孫)임을 부정한다. 혈연적으로 대만인은 원주민과 한족의 혼혈인으로 보며, 언어, 문화적인 면에서도 중국대륙과 대만 간의 제대관계(臍帶關係)를 부정한다. 즉 중국대륙과 대만은 아무 관계가 없다고 주장한다. 심록 진영의 입장에서 '하나의 중국' 문제는 오히려 간단하다. 하나의 중국은 곧 중화인민공화국이다. 더욱이 국제적으로 통용되는 '중국'은 역시 중화인민공화국을 의미한다.

### 천록淺綠진영

천록 진영 혹은 온건 녹색 진영을 지칭한다. 엄준한 국제정치의 현실, 대만 내부의 정치적 현실, 대만 민의를 고려해서 현재의 '대만'은 이미 주권독립국가라고 인식하지만, 독립을 선포할 필요는 없으며, 현

단계의 대만의 국호는 '중화민국'이다. 비교적 실용적인 현실정치를 주창하며, 온건한 타이두 노선을 취한다. 이들은 양안 간의 혈연적 관계에 있어서 대다수의 대만인들을 한인(漢人)혈통으로 간주한다. 민진당이 대표적이다.

## 백색白色진영

어떤 정당이나 단체를 가리키는 말이 아니라 특정한 당에 가입하지 않고, 당적이 없는 정치인과 그를 추종하는 세력을 의미한다. 남색 정당과 녹색 정당의 집권을 경험하면서 등장하기 시작했다. 대표적인 인물이 타이베이 시장의 커원저(柯文哲)다. 남색과 녹색 진영에 구애받지 않는다. 기존의 양당 구조에서 둘 중에 하나를 택했다면 백색진영은 남록진영 즉 통일과 독립을 초월하는 상징이다. 커원저가 대표로 있는 대만민중당이 대표적이다.

## 타이상臺商

중국대륙에서 활동하는 대만 기업 및 기업인들을 일컫는다. 타이상도 홍색, 녹색, 남색 타이상으로 구분된다. 예를 들어 대만의 홍하이(鴻海)그룹 회장 궈타이밍(郭台銘)은 전형적으로 홍색(공산당)과 남색(국민당)의 입장을 대변하는 자본가다. 또한 국대판(國務院臺灣事務辦公室)은 녹색 타이상들의 블랙리스트를 작성하여, 이상핍정(以商逼政 : 상으로서 정을 핍박하는)으로 활용하기도 한다.

대만 내의 하나의 중국에 관한 입장을 총체적으로 비교하면 다음의 도표로 나타낼 수 있다.

**표 2.** 양안 현상론 및 문제 해결방안

| 양안현상론 | 양안 상태 | 양안문제 해결 방안 | 양안 진영 |
|---|---|---|---|
| 대만지위 미정론 | 미정 | 대만건국, 주민 자결 | 녹색진영 |
| 일변일국(一邊一國) | 양안 각각 독립국 (하나의 중국과 하나의 대만) | 양안 현상 변경 불필요 | |
| 특수양국론 | 양안 각각 독립국 | 두 개의 중국, 국가연합, 연방제 | 녹색/남색진영 |
| 일국양구(一國兩區) | 분열 중인 국가 | 일국양부(一國兩府) | 남색 진영 |
| 반도집단(叛徒省)※ | 분열 중인 국가 | 일국양제(一國兩制) | 베이징의 입장 |

※ 반도집단 : 한 국가 안에서 정부를 타도하거나 본국에서 분리될 목적으로 정부와 투쟁하는 집단. 반도들이
　일정 지역을 점령하고 국가로 행세함. 현 베이징의 입장
　일국양부(一國兩府) : 연방정부 없는 연방제와 비슷. 베이징 측은 일국양제 이외 모두 반대
　일국양구(一國兩區) : 중화민국이 중국 주권을 가지나 대만만 실제 통치


**표 3.** 양안문제 해결방안과 독립

| 방안 | 독립성 정도 | 도전적 문제들 |
|---|---|---|
| 대만독립 | 독립성 높음 | 베이징 무력동원(반분열국가법) |
| 두 개의 중국 | 독립성 높음 | 베이징 무력동원 |
| 국가연합 | 양안 협의 기준 | 평등한 국가 대 국가 관계. 베이징 반대 |
| 대일중(大一中) 프레임 | 독립성 약함 | 양안관계는 동서독, 남북한 문제와 다르다는 베이징의 일관된 입장 |
| 일국양부 | 양안 간 협의 내용에 따라 독립성은 달라짐 | 중국의 입장에서 하나의 중국 프레임에 묶어 놓을 수가 있지만, 양안 관계가 평등한 관계로 변모 |
| 일국양제 | 대만특별행정구 기본법, 독립성 약함 | 중앙과 지방의 관계로 전락하기 때문에 대만측이 반대 |

# 제**1**절 문화적 특수성

대만이 역사의 무대에 나온 지는 400년에 불과하다. 유구(琉琉, 류우
큐우, 현 오키나와)보다 훨씬 이후에 역사의 무대에 등장했다. 대만은
지리·공간·문화적인 면에서, 중국대륙과는 구분되는 특수성을 지니고
있다. 대만문화는 기본적으로 4민(四民) 즉 원주민(原住民), 이민(移
民), 식민(植民), 후식민(後植民) 문화의 영향을 깊이 받았다. 그러므로
대만의 역사와 사회를 전반적으로 파악하기 위해서는 먼저 사민문화의
이해가 선행되어야 한다.

렌헝(連橫)의 『대만통사』에 이르길 대만은 옛날 동번(東藩)의 땅이
며, 대만과 일본, 유구(오키나와)가 동해에 정립해 있고, 이 세 섬은 지
리 기후가 비슷하며, 산수가 미려하고, 항상 꽃이 핀다고 했다[1] 그러나
대만해협의 맞은 편에 있는 복건성[2]의 기후는 이 세 섬과 같지 않고,

---

1) 連橫,《臺灣通史第一卷》, 台北 : 國立編譯館中華叢書編審委員會出版, 1985,
   頁1. 中國史書上記載 :「臺灣固東番之地, 臺灣與日本、琉球鼎立東海, 地
   理氣候, 大略相同, 山水美秀, 長春之花.

대만의 역사와 문화 또한 양안 간의 각 당파의 입장에 따라 그 해석이 각각 다르며 격렬한 정치색을 띈다.

대만은 본래 원주민에 속하는 곳이다.[3] 핑푸족(平埔族, 평포족, 평지 원주민) 혹은 고산족(高山族, 고산 원주민)할 것 없이 모두 인류학적으로 남도민족(南島民族, 오스트로네시안‐Austronesian)에 속한다. 다시 말해 이곳은 원래 오스트로네시안계의 원주민이 거주하는 지역이었다. 유전학이나 언어학의 분류에서 본다면 필리핀, 말레이시아, 인도네시아, 마다가스카르 및 대양주(大洋洲) 등의 남도민족 족군과 동일계통이다.[4]

진제(陳第)의 동번기(東番記)[5]에는 대만 평지 원주민의 풍속을 상세히 기록하고 있다. 이는 중국인이 대만 원주민에 관해서 기록한 가장 이른 시기의 것이다. 원주민의 족군(族群)은 매우 복잡하나, 언어는 모두 동일한 남도어계다. 일찍이 아시아 대륙 동남 연해 일대에 분포했으며, 대략 6,000년 전 각기 나누어져 지속적으로 대만으로 이주했다.[6] 가장 늦게는 1,000년 전 필리핀으로부터 북상하여 대만의 란위(蘭嶼) 섬에 정착했다. 다우족((達悟族)이 그들이다. 17세기 초 한족 이민이 대만에 정착하기 이전까지, 대만의 주인은 원주민이었다.[7] 대만이라는 섬

---

2) 복건성은 양안관계에서 독특한 관계를 맺고 있다. 대만의 한족은 대부분 명말 청초 복건성에서 온 사람들로 현재까지도 혈연, 지연, 문화연을 갖추고 있다. 따라서 중공은 복건성을 대만과의 관계를 여는 전초 기지로 활용했다.

3) 黃昭堂,〈黃昭堂獨立文〉, 台北 : 臺灣文史叢書, 1998, 頁15.

4) 同上註, 頁16-17.

5) 본서 부록 동번기 참고

6) 陳豐祥,《普通高級中學「歷史」》, 台北 : 泰宇出版, 2006, 頁15.

7) 同上註.

은 ① 원래부터 거주했던 남도계통(Austronesian)의 원주민과 ② 주로 명말 청초에 이민 온 민남인(閩南人)과 ③ '중국의 유태인'이라 일컬어지는 객가인(하카, 客家人, Hakka)[8] ④ 국·공내전으로 인해서 대만에 온 외성인(外省人)으로 구성되어 있고, 식민지의 경험도 네덜란드(1624-1662, 38년), 스페인(1626-1642, 대만 북부 16년), 명나라 정성공(鄭成功, 1662-1683, 21년), 청나라(1683-1895, 212년), 일본(1895-1945, 50년) 중화민국(1949-현재) 등 복잡한 과정을 경험했으며, 식민지에 대한 기억도 각기 다르며, 식민지 역사에 대한 호불호도 관점에 따라 엇갈린다. 특히 일본에 대한 정서는 극명하게 드러난다. 이처럼 대만은 역사적 시기, 지리적, 문화적 신분, 정치환경 등 당시의 복잡한 시대적 상황과 관련을 맺고 있다.

문화에 있어서도 양안 간에는 특수성이 현저하게 나타난다. 남색 진영의 주장을 따른다면, 양안은 동문(同文)이고 또 동종(同種)이다. 같은 민족, 같은 종족으로 혈연상 그 연원이 같다고 할 수 있다. 물론 이것은 양안 간 교류를 추진하는 가장 큰 동력임은 분명하다. 그러나 교류를 하면 할수록, 양안 민중은 대만의 문화와 중국대륙과의 문화적 차이가 크다는 사실을 발견하게 된다. 대만의 문화는 기본적으로 해양문화의 특징을 보이기 때문이다. 대만해협은 그 폭이 131-180km로 천연의 요새며, 16세기 대항해 시대에 진입하기 전까지만 해도, 어느 정치세력도 대만에 진입하지 못했다. 대만은 원주민 문화, 네덜란드 문화, 스페

---

8) 중원에 동란이 발생할 때 이를 피해 남으로 온 한족을 일컫는다. 혈연적인 개념보다는 문화적인 의미에서의 한족이다. 객가문화는 고대 한문화(汉文化), 고대 한어를 연구할 수 있는 살아 있는 화석이다. 태평천국의 지도자인 홍수전이나, 신해혁명의 쑨원(孫文), 덩샤오핑, 리덩후이, 마잉주, 싱가포르의 리콴유 등이 객가인이다.

인 문화, 일본 문화 및 중국 문화, 미국 문화 등 최근에는 동남아에서 온 노동자, 결혼으로 이주해온 사람 신이민 등 혼합적이고 다양한 문화적 색채를 띈다. 특히 대만은 시대에 따라 각각 다른 민족의 점령과 충돌을 겪었다. 기본적으로 식민지 정부는 대만인에 대해서 문화적인 동화정책을 취했으며, 아울러 무역, 통혼 등의 방식으로 원주민과 접촉하였다. 이는 원주민 문화의 소실과 정체성의 소실을 가져왔다.

1990년대 중반에 들어서 대만의 민주화는 제도적으로 일단락되었다. 2000년대에 들어서 민주화가 심화됨에 따라 양안의 정체성에도 명확한 변화가 발생했다. 현재 절대 다수의 대만인들은 '대만(Taiwan)'을 자신의 나라 이름으로 대신하고 있으며 자신을 '중국인'이라고 인식하는 비율은 3.6%(2017년)에 불과하다.


## 제2절 지정학적 특수성과 전략적 특수성

양안(兩岸)이란 대만해협을 사이에 두고 중국대륙 해안의 서안(西岸)과 대만 해안의 동안(東岸)을 가리키는 말이다. 대만은 고구마같이 생긴 섬으로서, 그 면적(36,193km²)은 한국의 경상도 면적 정도다. 동아시아 바다 위에 외따로 떨어져 북으로는 일본, 유구(류우큐우)와 남으로는 필리핀에 연해 있는 활의 형태, 즉 호형(弧形)의 열도에 위치한다. 지리적으로 본다면, 대만은 동아시아 대륙의 연신(延伸)과 완충지대다. 서쪽으로는 대만해협을 사이에 두고 중국대륙의 푸젠성(福建省)을 바라보고 있다. 이는 기타 분단국가와는 다른 특징이다. 예를 들어, 2차대전 이후 분단을 경험한 남북한, 베트남, 동서독, 남북예멘은 모두 육지를 그 경계로 해서 분단되었다. 하지만 양안은 해양을 경계로 격리되었기 때문에, 16세기 이전에는 동아시아 핵심문명국인 중국대륙과는 왕래가 쉽지 않았다.

병가(兵家)의 관점에서 본다면, 대만은 병가필쟁지지(兵家必爭之地)다. 즉 반드시 차지해야만 하는 요충지대다.

대만해협은 대륙으로부터 대만을 보호하는 천연적인 방파제 역할을 한다. 16세기 이후, 해양시대에 접어들면서 서태평양의 교통 중추와 전략적 요충지가 되었다. 동아시아의 무역 허브의 중심에 놓여 있기 때문에 해양시대가 전개되자 대만의 전략적 가치가 높아졌다. 더구나 중국대륙 동남(東南)의 문호로서 전략적 요충지로서 기능을 가지기 때문에, 대만을 점령하면 동아시아 항선(航線)의 중앙을 차지할 수 있다. 특히 대만해협은 중국대륙 해상교통의 인후(咽喉)에 위치하여 서태평양의 핵심 중추가 된다.

해상방어의 관점에서 본다면, 대만은 중국대륙 동남부 전체 해역 방위선의 한 중앙에 있다. 특히 미국의 인도·태평양 전략에서 본다면 대만은 동북아와 동남아를 연결하는 한 중앙에 놓여 있다. 대만은 중국대륙이 유일하게 해상으로 나가는 곳이며, 대만을 통제하면 중국대륙의 문을 통제할 수 있다.[9] 특히 대만의 펑후는 중국대륙의 문호(門戶)며 제1도련으로 나가는 핵심적인 지역이다. 그 때문에 대만은 전략적으로 대체할 수 없는 전략적 가치를 지닌다.

무엇보다도 베이징의 관점에서 본다면, 대만해협은 천연 방어물일 뿐만 아니라 대륙의 안전을 지키는 방파제다. 제1도련선의 중앙에 위치하기 때문에 해상으로의 진출을 위해서는 대만을 장악해야만 태평양 진출이 원활해진다. 결국 대만을 장악하는 것은 동중국해와 남중국

---

9) 徐博東,《大國格局變動中的兩岸關係》, 臺北 : 海峽學術, 2008, 頁316.

해의 영토, 영해 및 배타적 경제수역에 대한 베이징의 이익을 확보하는데 꼭 필요하다. 더구나 중공의 입장에서 대만과의 통일은 아편전쟁 이래, 100년 치욕을 극복하는 마침표가 된다. 나아가 '동아시아의 병부(病夫)'의 굴욕을 극복하여 세계강국의 반열에 오르는 이정패가 될 가능성이 높다. 만약 그 반대로 대만이 대륙으로부터 분열해 나간다면 중공은 정권의 정당성과 권위를 잃을 뿐만 아니라 대륙의 굴기는 사실상 어렵게 된다. 중공에 있어서 대만은 국가의 명운을 걸고 양보할 수 없는 핵심이익이다. 만약 대만이 분리해 나간다면 첫째, 다민족으로 구성된 중국대륙의 분열세력들의 연쇄반응을 불러와 안정적인 발전의 기회를 잃게 된다. 예를 들어 신장 위구르, 티벳, 홍콩도 영향을 받게 될 것임은 자명하다. 둘째, 대륙 내부의 혼란과 심지어 내전을 초래할 수도 있을 뿐만 아니라, 중공 내부 강온파 간의 정치적 대립과 대륙 민중의 정치에 대한 실망으로 이어질 수 있다. 셋째, 주변국가의 불안정을 야기한다.[10]

역사적으로 볼 때 대만은 항상 해양세력과 대륙세력의 접촉, 교류, 경쟁과 충돌의 지점이었고, 중국세력과 반중국세력 간의 경쟁지대로 그 전략적인 특수성을 지니고 있다.


## 제3절 대만의 역사적 특수성

대만과 중국대륙은 대만해협을 사이에 두고 위치하여, 초기의 양안 교류의 상황은 확실히 알 수 없다.[11] 송나라 문헌에 기재된 바에 의하

---

10) 同上註, 頁307.

면, 한족은 펑후(澎湖)에 거주했지만, 원나라 세조 때가 되어서야 순검사(巡檢使)를 설치했다. 명나라 초, 왜구와 해적이 창궐하였기에 명 조정은 해금정책을 실시하였다. 또 펑후의 순검사를 폐지하고, 주민들을 내륙으로 이주시켰다. 그러나 민월(閩粵, 복건성, 광동성)의 연해지역 사람들은 원래부터 바다에서 생계를 유지한 사람들이라 해금령에도 아랑곳하지 않고 해상활동에 종사하였다. 그래서 명 조정의 해금령에도 불구하고 연해 지역인들과 외부세계와의 연결은 끊어지지 않았다. 이들은 위험을 무릅쓰고 밀수에 종사했으며 심지어 스스로 해적이 되거나 왜구와 결탁하기도 했다. 이로써 대만은 왜구와 대륙 연해인들을 이어주는 사무역(私貿易)의 중요한 기지가 되었다.

17세기 초, 대만과 복건성을 종횡한 해적 집단 중 이단(李旦), 안사제(顏思齊), 정지용(鄭芝龍) 등이 실력을 구비하고 있었다.[12] 동아시아 해역에서 해적(긍정적 의미로 상인집단)들이 활약을 할 시기에, 마침 포르투갈, 스페인, 네덜란드 등의 서구의 열강이 동쪽으로 와서 또한 각축을 벌였다. 대만은 일본으로 가는 항로 요충지, 서태평양 항운(航運)의 중추에 있었기에 자연스럽게 이들이 탐내는 장소가 되었다. 바로 이 시점에서 대만은 역사의 무대에 비로소 등장하게 된 것이다. 공교롭게도 대만이 역사의 무대에 등장할 시기에 마침 중국대륙은 명·청 교체기에 진입했고, 대륙연안은 반상반적(상인집단 겸 해적집단)의 해상

---

11) 同上註, 頁23. 대만 및 원주민과 관계된 고대 중국문헌 중에 비교적 잘 알려진 기사는 삼국시대 오나라 손권(孫權)이 이주(夷洲)를 정벌했다는 내용과, 수나라 양제(煬帝)가 유구(流求)로 출병했다는 기사다. 그러나 이주와 유구가 오늘날의 대만인지는 학계에서 이론이 있다. 대다수 학자들은 의심의 견해를 가지고 있다.

12) 同上註, 頁23.

집단 세력과 서구의 네덜란드, 스페인 세력이 몰려와 함께 각축을 벌이게 된다.

당시 대만과 명나라 간의 무역은 빈번했으며, 중국대륙으로부터 생사(生絲)를 사서 다시 일본으로 중계했다. 초기의 도쿠가와(德川)막부는 함선을 파견해 대만을 공격했으나 태풍으로 인해 실패했다. 그후 1635년 도쿠가와 막부의 쇄국정책으로 인해 대만해협에서의 활동은 종결을 고하고, 대신 네덜란드 동인도 회사(Vereenigde Oost-Indische Compagnie, VOC)가 두 차례에 걸쳐 펑후를 점령하고 명과의 통상을 희망했으나, 명군에 의해 모두 격퇴 당했다. 이에 1624년 네덜란드는 노선을 바꿔 대만을 점령했다. 대원(大員, 오늘날 타이난 안핑, 대만의 옛 이름)에 질란디아(熱蘭遮城, Zeelandia)성을 쌓고 이 성을 무역과 통치의 중심으로 삼았다. 그 후 또 적감(赤坎)에 프로빈샤(普羅民遮市, Provintia, 현재 타이난 적감루 일대)에 성을 축조했다. 네덜란드가 대만을 점령한 이후, 스페인 역시 북상 항로가 저지당할 것을 우려하여 1626년 대만 북부에 군함을 파견해 계롱사료도(雞籠社寮島－오늘날 지롱 허핑도)에 산살바도로(San Salvador)성을 쌓았으며, 딴쉐이(淡水)를 점령하고 산 도밍고(San Domingo, 현, 紅毛城)성을 축조했다. 당시 스페인은 중국대륙과 일본과의 무역 및 선교사업을 펼치고 있었지만 국제정세가 스페인에 유리하지 않았다.

이 시기 일본은 쇄국정책을 실시하였고, 여기에 더하여 당시 스페인이 통치하고 있던 필리핀 지역 남부의 이슬람교도들의 반란이 일어나, 부득이하게 대만의 주둔군을 감소시켰는데[13] 네덜란드 세력은 이 기회

---

13) 당시, 스페인은 오늘날 루손 섬(오늘날 필리핀)의 마닐라를 무역거점으로 삼고 있었다. 스페인은 멕시코의 백은을 밑천으로 삼아 해상무역을 발전시켰다.

를 틈타 대만 북부로 진격하여 마침내 1642년에 대만의 스페인 세력을 완전히 축출했다.

한편 대륙에서는 국제적 해상집단의 두목인 정지용이 청나라에 투항했다. 청나라 조정은 정지용을 이용하여 그의 아들 정성공(鄭成功)에게 투항하기를 권했으나 효과가 없었다. 정성공은 정지용이 해적으로 활약할 당시, 일본 여자와 결혼하여 낳은 아들이며, 그는 일곱 살 까지 일본 나가사키에서 성장하였다. 중국대륙으로 돌아온 후, 그의 모(母)가 청나라 병사들에게 수모를 당하고 죽임을 당했으며, 이로써 정성공은 청나라에 대해서 극도의 사감을 가지게 되었다. 여기에 더해 남명(南明)의 복왕(福王)은 정성공에게 주(朱)씨 성을 하사(國姓爺, Koxinga)하였다. 정성공은 반청복명(反清復明)의 기치를 들고 청과의 대결을 선택했다. 무엇보다도 그가 청과의 대결을 선택한 근본 원인은 자신의 해상세력을 유지하고자 하였기 때문이다. 결국 정성공은 진먼(金門), 샤먼(廈門)을 기지로 삼고 북벌을 대대적으로 전개하여, 처음에는 승리를 거뒀으나 후에는 실패하였다. 진먼, 샤먼은 매우 협소한 지역으로 나라의 기틀을 다지기에는 부족하였다. 네덜란드 통사(通事, 번역관) 하빈(何斌)의 건의를 받아들여 1662년 대만해협을 건너와 네덜란드 세력을 축출하고 대만을 취했다. 이로써 대만은 정성공의 반청복명(反清復明)의 기지로 변모했다. 이는 후일 장제스(蔣介石)가 국공내전에 패하고 대만으로 천도한 이유와 유사하다.

정성공이 대만을 수복함으로써 네덜란드의 대만 식민통치 38년은 종결을 고했다.[14] 정성공은 중국대륙과 대만, 일본에서 동시에 영웅으로 추앙받고 있다. 대륙에서는 제국주의를 격퇴시킨 영웅이며, 대만에서는

---

14) 陳豊祥, 《普通高級中學「歷史」》, 頁28.

청(만주족)에 항거한 영웅이며, 일본에서는 혈연적으로 정성공의 모친이 일본인이기 때문이다.

정성공은 대만에 온 지 1년 만에 풍토병으로 죽고, 그의 아들 경(經)이 재위하고 얼마 되지 않아, 당시 점령 중이던 진먼(金門)과 샤먼(廈門)은 청나라와 네덜란드 연합군의 공격으로 함락 당했다. 네덜란드가 청의 편에 선 것은 대만을 재수복하기 위해서였다. 이에 정경은 대만으로 완전히 철수하였다. 아울러 대만에 행정개혁을 실시하고, 동도(東都)를 동령(東寧)으로 개명하였으며, 천흥(天興), 만년(萬年) 두 현을 주(州)로 고치고, 정치를 쇄신하였다.

정경이 대만으로 철수하자, 양안은 대치의 국면이 형성되었다. 기마민족인 만주족은 해전에 취약했다. 어쩔 수 없이 청은 대만에 대한 초무정책(招撫政策)을 채택했다. 청나라와 정경은 여러 차례 협상을 벌였지만 소득이 없었다. 협상이 결렬한 이유는 정씨정권의 협상 마지노선 즉 조선(朝鮮)과 같은 대우를 요구한 것이다.[15] 청은 정씨정권에 대해서 등륙(登陸, 대륙에 올 것), 칭신(稱臣, 신하라 칭할 것), 변발(辮髮)을 요구했다. 청은 조선에 대해서는 변발을 요구하지 않았지만, 정씨 정권에 대해서는 끝까지 변발을 고집했다. 결국 변발문제로 인해 협상은 결렬되었다. 1681년 정경이 사망한 후에 대만의 정씨정권 내부에 정변이 발생했다. 권신 풍석범(馮錫範), 유국헌(劉國軒)이 발호하여 정사는 혼란으로 이어지고, 민생은 도탄에 빠졌다. 청조정은 이 기회를 이용했다. 청나라 복건성 수사제독 시랑(施琅)이 군사를 이끌고 펑후(팽호)에서 정군을 대파하고, 정씨 정권에 최후통첩을 알렸다. 이에 풍

---

15) 청의 해금정책과 천계령은 당시 조선을 부강하게 했다. 중계항으로서 조선이 떠오르고 일본은 조선을 이용했다.

석범과 유국헌은 대세가 이미 기울진 것을 알고, 주군 정극상(鄭克塽)에게 항복을 권유했다. 이로써 대만에서의 정씨왕국 22년 통치는 마감되었다.

정극상의 투항 후, 청조정에서 대만정벌 초기에 있었던 대만에 대한 기류(棄留)문제가 재발했다. 기류의 문제는 대만을 포기하느냐 아니면 청나라 판도에 편입 시켜야 하는가에 관한 논쟁이다. 당시 청나라 조정의 대다수 신하들은 대만포기를 주장했다. 대만은 고립된 바다에 있어 다스리기 어렵다는 이유에서다. 심지어 강희제(康熙帝)도 대만은 협소한 지역이므로 얻어도 더할 것이 없고, 잃어도 손해 볼 것이 없다(臺灣僅彈丸之地, 得之無所加, 不得無所損)[16]는 인식을 가지고 있었다. 하지만 대만을 청의 판도로 편입시켜야 한다고 주장한 사람 중에 대표적인 인물은 시랑(施琅)이다. "대만은 옥야가 천리요, 대만을 포기한다면 해적을 도와주는 것과 다름없으며, 해적의 소굴로 다시 변할 것이고, 더구나 대만의 전략적 지위는 강서, 절강, 복건, 광동 네 성의 보호벽이 되므로 매우 중요하다. 대만을 포기한다면 큰 화를 불러 올 것이다. 청나라 영토에 편입시킨다면 영원히 변방을 보호할 수 있다"고 주장했다. 마침내 강희제는 시랑의 건의를 받아들이고, 강희 23년(1684)년에 대만을 정식으로 청나라 판도에 편입시켰다.[17]

대만이 청나라 편입된 후 청 조정은 현재 타이난시(台南市)에 대만부를 설치하여, 복건성 관할에 두었다. 강희 23년(1684)의 행정구역은 1부 3현, 옹정5년(1727)년에는 1부 4현 2청(一府四縣二廳), 가경 17년(嘉慶17年, 1812)에는 1부 4현 3청이 되었다.[18]

---

16) 同上註.
17) 陈丰祥, 普通高級中学历史, p.28.

이 시기 대만은 탄광, 장뇌(樟腦) 등의 물산이 풍부하고 지리적 입지 조건이 좋아서 열강이 눈독을 들이는 대상이 되었다.

1840년, 중국은 제국주의 세력 앞에 병든 사자였다. 열강은 함선과 대포를 앞세우고 아시아로 몰려왔고 아편전쟁을 일으켰다. 청은 이를 물리칠 여력이 없었다. 이로써 청에 대한 강제통상 요구, 할양, 배상, 불평등조약 등을 맺었으며 이로써 중국은 치욕의 100년에 진입했다. 미국 역시 아편전쟁 이후 대만을 태평양 항선기지로 삼기위한 야심을 보였다. 원동함대 사령관 페리(M. C. Perry)는 미국이 먼저 대만을 점령해야한다고 건의하였고, 미국기업들도 불법적으로 대만에 들어와 설탕, 쌀, 장뇌무역에 종사하였다.[19]

청 함풍제 8년 및 10년(1858, 1860), 영국과 프랑스 연합군은 미국과 러시아의 지원 속에서 2차 아편전쟁을 일으켰다. 청조정을 압박하여 톈진조약(天津條約) 및 북경조약을 체결하였다. 이에 따라 대만은 타이난(台南, 현재의 타이난시 안핑항 일대), 타구(打狗, 현, 까오슝). 기륭(基隆, 현, 지룽), 담수(淡水)를 개항하게 되었고, 외국상인, 선교사, 서양 상점, 교회, 영사관 등을 설치했다. 이로써 대만은 다시 세계경제체제에 편입되었다.

19세기 말, 일본은 명치유신(明治維新, 1868)을 단행하고, 적극적으로 서구의 정치, 교육제도와 산업기술을 도입하여, 일본의 사회는 전통사회에서 근대국가로 변모했다. 동시에 서구의 제국주의 행동을 본 받

---

18) 청나라 시기의 지방행정은 성(省), 도(道), 부(府) - 직예주(直隸州)와 직예청(直隸廳)은 부와 동급이다), 현(縣) 등 4급으로 나누었다. 청(廳)은 새로 개발된 지구에 설치했으며, 주(州), 현(縣)과 같은 동급의 지방행정기구며, 최고관리의 명칭은 동지(同知) 혹은 통판(通判)이었다.

19) 陳豐祥,《普通高級中學「歷史」》, 頁65.

아, 대외확장 침략노선을 도모했다. 1871년 일본은 목단사 사건(牡丹社事件)을 빌미로 대만을 침략하고, 후에 미국의 알선을 받아들여 청과 북경전약(北京專約)을 체결하였다. 이 조약에서 청나라는 일본의 목단사 사건 행위를 일본의 보민의거(保民義擧)행위라고 인정했다. 이는 청나라가 유구(琉球)가 일본의 속지라고 승인한 것과 다름없다. 광서 5년(光緒五年, 1879)에 일본은 정식으로 유구를 병탄하여 오키나와현(Okinawa)에 예속시켰다. 현재에도 일어나고 있는 오키나와 독립문제는 이 시점부터며 재론의 여지를 남기고 있다.

광서 10년(光緒10, 1884), 베트남 종주권을 둘러싸고 청나라와 프랑스 간 전쟁이 발생하여, 그 전선은 중국연해로 확대되었다. 프랑스군은 대만 지롱(基隆)을 점령하고, 후웨이(滬尾)까지 진공을 시작했으나 격퇴 당했다. 후에 프랑스군은 전략을 바꿔 펑후를 점령하고 대만해협을 봉쇄하였다. 곧이어 청-프 간에 강화가 성립되었고, 프랑스군은 지롱과 펑후에서 철수하였다. 이 전쟁으로 청나라는 대만의 전략적 가치를 실감하게 되었고, 대만을 성(省)으로 편제하고 현대화 건설을 추진했다. 광서11년 1885년에 대만성에 유명전(劉銘傳)을 초대 대만 순무(巡撫)로 임명했다.

1894년 조선에서 동학혁명이 발발했고, 이를 빌미로 청나라와 일본이 출병하여 조선의 지배권을 두고 청일전쟁이 발생했다. 1895년 청나라 전권대신 리홍장(李鴻章), 참의(參議) 이경방(李經方, 이홍장의 조카이자 양자), 참의 마건충(馬健忠)과 일본측의 전권판리대신 이토오 히로부미(伊藤博文), 무쭈 무네미쯔(陸奥宗光, Mutsu Munemitsu)가 강화협상을 벌여 마관조약(馬關條約, 시모노세키 조약)을 체결했다.[20]

---

20) 협상 회의장의 맞은 편 창으로 관몬해협(關門海峽)이 보인다. 회담이 진행될

이로 인해 청나라는 요동 반도와 대만, 펑후를 일본에 할양했다. 하지만 일본이 요동반도를 점령함에 따라 러시아는 그들의 남진정책이 저지받을 것을 우려하여 독일과 프랑스와 연합하여 간섭하고(3국 간섭), 일본의 요동반도 반환을 관철시켰다.

1895년 5월 일본은 가바야마 수케노리(樺山資紀) 해군대장을 첫 대만 총독으로 임명하고, 대만을 접수했다. 하지만 과정은 순조롭지 못했다. 당시 대만에서는 일본에 대한 항일운동이 크게 일어났다. 삼국간섭의 영향과 러시아와 프랑스의 개입을 기대하면서, 동년 5월 25일 구봉갑(邱逢甲)의 선도하에 대만독립을 선포하고 국명을 대만민주국(臺灣民主國), 연호를 영청(永淸)으로, 전 대만성 순무(巡撫) 당경숭(唐景崧)을 총통으로 구봉갑을 부총통으로, 유영복(劉永福)을 민주국대장군으로 삼아 대만민주국을 건국했다.[21] 하지만 당시 대만에 주둔하던 청군은 이미 중국대륙으로 철수한 후였고, 여기에 더하여 도움을 기대했던 유럽 열강들은 수수방관했으며, 임시로 징집된 광용군대의 기율도 해이하였고 결국 대만민주국은 고립무원에 빠졌다. 6월 4일 총통 당경숭은 대세가 이미 기운 것을 알고, 황급히 샤먼(하문)으로 도망갔다. 6월 7일 훗날 해협회 회장이 된 구쩐푸의 부친 구시앤롱(辜顯榮)은 이러한 혼란을 틈타 일본군이 타이베이로 입성하는데 적극 협력하였다. 대만인 사상 처음으로 일본 귀족원의 의원이 되었다. 조선판 이완용이었다.

1895년 6월 17일 대만총독부가 정식으로 시정전례(始政典禮)거행하

---

때, 일본은 이 해협으로 자국의 군함을 고의로 통과시키고 무력을 과시하였다. 나아가 만약 협상이 결렬된다면 베이징을 공격하겠다고 위협했다.

21) 喜安辛夫, 《臺灣抗日秘史》, 台北 : 武陵, 1997, 頁23.

고 식민정권을 수립하였다. 이후 일본은 1945년 항복할 때까지 51년 동안 대만을 식민통치했다.

1951년 9월 8일[22] 일본은 48개국 전승국과 샌프란시스코 조약(Treaty of Peace with Japan)을 체결했고, 1952년 4월 28일 이 조약의 효력이 공식적으로 발효되었다.[23] 그러나 이 조약은 전후 영토문제를 비롯한 여러 가지 분쟁의 원인이 되었다. 한국은 당사자가 아니라는 이유로 참가하지 못했으며, 미국은 중공의 참가를 거부했다. 한국전 참전국인 중공이 이 조약의 계약 체결 당사자가 되는 것을 원하지 않았다. 영국 역시 타이베이의 국민당 정권이 조약에 참여하는 것을 원하지 않았다. 영국은 1950년 1월 6일 장제스의 중화민국과 단교하고, 중화인민공화국을 승인했다. 가장 이른 시기에 중화인민공화국을 승인한 유럽의 국가가 되었다. 당시 영국은 홍콩의 안위를 우려하여 중화인민공화국을 이미 승인했기 때문에 중화민국이 협상에 참가하는 것을 반대했다. 따라서 영국과 미국은 대일강화의 중국 대표권 문제에 대해서 국민당 정부와 중공의 어떤 대표도 샌프란시스코 조약에 참가하지 않는다는 내용의 일치를 보았다. 그 결과 양안 모두 이 조약체결에 참가하지 못했을 뿐만 아니라 서명도 하지 않았으며, 특히 문제가 되는 조약 2조 즉 일본은 대만과 팽호(펑후)의 주권을 포기한다고 선언하였으나 그 주권을 누구에게 양도한다는 내용이 빠졌다는 사실이다. 이는 당시 양안이 서로 대치상태에 처해 있었기 때문이며, 일본 역시 미국의 압박에 굴복하여 미국의 노선을 추종했다.[24] 그러나 1943년 연합군의 카이로선언, 1945

---

22) 9월 8일을 심록단체들은 대만독립기념일로 생각한다.

23) United Nations Treaty Series 1952 (reg. no. 1832), vol. 136, pp.145-164.

24) 미국은 일본 수상 요시다 시게루(吉田茂,Yoshida Shigeru)가 중공 정권과 체결할 수 있다는 사실을 알았다. 그래서 미국은 일본이 미국의 노선을 지키지

년의 포츠담선언에 의하면 대만의 주권은 중화민국에 귀속한다고 분명하게 밝혔고, 이로서 훗날 중국공산당, 중국국민당, 민진당의 각자 해석의 여지를 남기게 되었다.

1949년 중공이 이끄는 인민해방군이 중국대륙의 대부분을 장악하고 국공 내전에서 승리하였다. 같은 해 9월 21일 중국인민정치협상회의에서 중화인민공화국(People's Republic of China)을 선포하였고, 10월 1일 마오쩌둥은 베이징 천안문 성루에 올라 중화인민공화국 중화인민정부의 성립을 선포했다. 같은 해 12월 7일 중화민국 정부는 난징에서 대만 타이베이로 천도하였고, 중공이 아직 점령하지 못한 푸젠성 연안의 작은 섬들을 통치했다. 이는 베이징이 주장하는 대만문제 발생의 근본 원인이다. 즉 국공내전과 외세의 개입(미국)으로 현재의 대만문제가 발생했다고 본다.

1940년대 미국은 중국대륙에서 발생한 국공 내전에 개입했고, 최종적으로 국민당 편에 섰다. 특히 1950년 한국전쟁 발발 이틀 후에 미 제7함대를 대만해협에 파견하고 대만해협 중립화 정책을 폈다. 전쟁은 한반도에서 발생했지만 미국의 첫 군사행동은 대만해협 봉쇄였다. 당시 트루먼의 대만해협 중립화 성명에 따르면 "대만의 미래 지위에 대한 결정은 태평양의 안전이 회복된 후에 결정하며, 대일본강화조약의 서명 혹은 유엔을 통하여 결정한다"는 것이다.25) 즉 대만의 지위는 결정되지

---

않는다면 조약 체결은 불가능할 것이라고 협박했다. 미국의 압력하에서 1951년 12월 24일 요시다 수상은 트루먼 외교와 보좌관 덜레스의 초안 문건을 받아들였다.

25) Truman's Korean War Statement(June 27, 1950) 원문은 다음과 같다.
"In these circumstances the occupation of Formosa by Communist forces would be a direct threat to the security of the Pacific area and to the United States

않았다는 논리다. 이른바 대만지위미정론(臺灣地位未定論)은 미국의 군사행동을 위한 법률적 근거를 제공했다.[26] 한국전쟁이 정전된 후 미국의 기본적인 동아시아 정책은 중국대륙을 봉쇄하는 것이었다. 이는 대만의 전략적 지위를 높여주었을 뿐만 아니라 대만과 중국대륙을 분리하고, 대만에 대한 원조와 지지는 반공을 위한 미국의 국가이익에 부합하는 것이었다. 이후 미국은 대만지위미정론을 포기하고, 점진적으로 국제사회에서 이중승인(雙重承認)과 '두 개의 중국 정책'을 꾀하면서, 대만과의 관계를 더욱 강화하여 1954년 12월에 대만과 공동방위조약을 체결했다. 이로써 대만과 미국과의 군사 안보 관계가 확립되었다. 이 조약으로 인해 국민당 정부는 대만에서 명맥을 유지하였지만, 미국은 장제스의 반공대륙(反攻大陸)정책에 대해서는 반대했다. 즉 미국과 대만의 방어조약은 대만을 보호하는 기능과 대만을 억제하는 기능을 동시에

---

forces performing their lawful and necessary functions in that area. Accordingly I have ordered the Seventh Fleet to prevent any attack on Formosa. As a corollary of this action I am calling upon the Chinese Government on Formosa to cease all air and sea operations against the mainland. The Seventh Fleet will see that this is done. The determination of the future status of Formosa must await the restoration of security in the Pacific, a peace settlement with Japan, or consideration by the United Nations."

26) 한국전쟁 발생한 당일, 맥아더(Douglas MacArthur)는 한국전쟁 전황보고를 숙지하고, 즉각 아시아에서의 공산당을 억제하는 전략계획을 발표하였고 국방부장 존슨(Louis A. Johnson)과 합동참모본부 의장 브래들리(Omar Nelson Bradley)의 동의를 거친 후에 트루먼 대통령에게 전달되었다. 이 계획의 내용은 첫째, 즉각 남한을 원조하며 또한 대만의 군을 조정하여 남한을 원조한다는 것을 건의하였고 둘째, 대만은 중요한 전략적 지위를 지니고 있으므로 해군과 공군 위주로 이 섬을 보호하며, 장제스에게 광범한 군사원조를 할 것, 셋째, 필리핀과 인도차이나 반도의 군사역량을 강화할 것 넷째, 일본의 안전을 보위할 것이었다.

발휘하게 되었다. 그러므로 베이징의 처지에서 본다면, 양안의 분열은 국공내전으로 발생했고, 냉전시기의 유물이며 역시 한국전쟁의 후유증이다. 한국전쟁의 발발로 인해 미국이 대만에 개입하는 계기가 되었고, 다시 미국은 대만과의 관계를 강화하여 정치, 군사, 경제적으로 장제스를 원조하게 되었다. 그러므로 한국전쟁의 발생과 그로 인한 미국의 대만 문제 개입은 양안이 분단된 인과관계가 있다.

1971년 냉전 시기, 미국은 대소련 항전과 늪에 빠진 베트남전 출구전략을 위해 베이징과 제휴를 시도했다. 중공 역시 중·소 갈등으로 인해 소련에 대한 안보적 위협을 받고 있었다. 특히 1969년 진보도 사건(다만스키 섬, 우수리 강가 진보도에서 소련군과 무력 충돌) 이후 중공과 소련은 적으로 변했다. 그 결과 중·미 양국은 소련에 대해서 공동의 안보적 국가이익이라는 공감대가 형성되었다. 키신저의 비밀방문과 닉슨의 베이징 방문이 성사되어 중·미는 준동맹 상태로 진입한다. 미국은 이미 중화민국의 유엔안보리 상임이사국 자격을 중화인민공화국에 대체하게 했고, 이로써 장제스의 중화민국은 유엔에서 축출되었다. 이후 미국 국내에서 닉슨 게이트 사건이, 중국대륙에서는 문화대혁명 여파로 인해 중·미 수교가 보류되다가, 카터 정부는 1979년 1월 1일부터 중·미 간 국교 관계를 수립했다. 무엇보다도 미국은 중공이 견지한 중·미 수교의 전제조건을 모두 받아들인 후 관계를 정상화했다. 즉 미국의 대만에 대한 단교, 철군, 폐약(방위조약)이었다. 그러나 중·미수교로 인해서 대만 문제가 완전히 해결된 것은 아니었다. 중·미 양국은 단지 대만 문제를 주변화 시켰을 뿐만 아니라 그 해결을 먼 미래에 두었을 뿐이다. 미국은 형식적으로는 베이징이 주장하는 '하나의 중국'에 이의를 제기하지 않았고, 대만은 '중국'의 일부분임을 인정했지만, 대만은 '중화인민공화국'의 일부분이라는 사실은 받아들이지 않았다. 겉으로는 베이징의 입장에 이의를 제기하지 않는다고 하였으나, 수교 성명의 잉크가 채 마르기 전에 미국은 대만관계법을 통과시키고, 서태평양에서의 대만 안전을 보호했으며, 대만과의 실질적인 민간협력은 이어갔다. 다시 말해 대만 문제의 본질은 미국의 이익과 깊이 연관되어 있다.

## 제4절 국제환경의 특수성 : 국제적 경쟁과 각축지대

16-7세기 대항해 시대, 스페인, 포르투갈, 네덜란드, 영국 등 유럽의 제국주의 국가들은 아시아, 아프리카, 아메리카 대륙을 점령하고 식민지를 건설했다. 이른바 구제국주의다. 또 19세기 중엽 이후, 유럽, 미국 등의 공업 국가와 일본은 다시 아시아, 아프리카 및 낙후된 국가를 점령하고 분할하였다. 즉 신제국주의다. 대만은 구제국주의와 신제국주의 모두를 경험했다.

대만 400년 역사에서 각각의 국제세력들은 대만을 둘러싸고, 3차례의 대각축전을 벌였다. 그 결과 승자는 대만에 군림했고, 패자는 쫓겨났다. 이른바 대만은 중화세력과 반중화 세력의 투쟁의 장이었다.

1차 각축전은 1586-1683 년까지의 시기로 16세기 말엽부터 네덜란드, 스페인, 일본, 정씨왕조(鄭氏, 정성공), 청나라가 각기 대만을 놓고 각축을 시작하여 일본을 제외하고는 모두 한 번씩 대만의 주인이 되었다.

2차 각축전은 1840-1895년 시기로 영국, 미국, 프랑스, 일본 등이 각축을 벌여, 최종적으로 대만은 일본의 식민지가 되었다.

3차 각축전은 1941년부터 현재까지 중국대륙, 미국, 일본의 세력이 대만을 두고 3차 각축을 벌인 결과, 1945년 대륙의 장제스의 중화민국이 대만을 접수했고, 1949년 장제스의 국민정부가 대만으로 천도하여 반공대륙(反攻大陸)의 기지가 되었으며, 1950년 한국전쟁 발발 후에 냉전체제가 형성됨에 따라 대만은 공산주의를 억제하는 전초가 되었고, 미국의 지지속에서 지금까지 양안은 현상을 유지하고 있다.[27] 그러므로 현실주의 시각에서 대만문제를 크게 단순화 시켜서 본다면, 현재 대만을 둘러싼 국제적 경쟁은 대만을 지지하는 미국과 일본 동맹이 대만을 놓고 중국대륙과 각축을 벌이는 상황으로 단순화 할 수 있다.

무엇보다도 미국이 정치, 경제, 군사, 문화적 측면에서 체계적으로 중공에 영향력을 행사 할 수 있는 가장 좋은 카드는 대만문제다. 만약 미국이 대만에서의 영향력을 잃어버린다면 미국의 서태평양에서의 전략적 국면에 큰 구멍이 뚫린다. 그렇게 되면 한국, 일본과 동남아 국가도 이 지역에서의 전략적 의의를 다시 고려할 수밖에 없다. 게다가 만약 미국이 베이징의 대만에 대한 무력사용을 묵인한다면 미국의 국제적 지위는 실추될 것이고, 미국과 동맹을 맺고 있는 아시아 국가들의 미국에 대한 신뢰도는 떨어질 것이다. 이렇게 된다면 동아시아 제국의 미국에 대한 의존도는 낮아질 것이고 상대적으로 중국대륙의 실력은 급속하게 확대될 것이다.

대만문제에서 일본이 변수로 등장한 이유는 일본은 정치적·문화적으로 친미며, 외교와 군사전략에서도 미국을 추종한다. 일본은 대만 문제를 빌어 중국대륙을 견제하고자 한다. 일본은 줄곧 동아시아에서 미국의 전초를 담당하며, 미국을 뒷받침으로 삼아 동아시아에서의 지도적 지위를 유지하기 위해서 미국을 끌여 들여 중국대륙을 견제하고자 하는 것이다. 미국은 미일 군사동맹의 성격을 재정의 분담(burden shar-

---

27) 陳豐祥, 《普通高級中學「歷史」》, 台北 : 泰宇出版, 2006, 頁154-155.

ing)에서 실제적인 군사력량의 공유(power sharing)로 바뀌었고, 나아가 일본은 평화헌법 제9조 제1항의 군대불보유를 삭제하고, 자위대는 이미 자위군(自衛軍)이 되었다. 일본은 대만 문제에 대해서 본래부터 지연, 문화, 역사적 유대감을 가지고 있다.

일본은 다른 식민지 모국과는 달리 대만에 대해서 색다른 경험을 지니고 있다. 역사적으로 보더라도 일본과 대만은 일종의 특수한 관계라고 할 수 있다. 일본은 대만 문제를 빌미로 동중국해의 이익을 확장하고 공고화하려고 한다. 구체적으로 대만해협과 미야코 해협과 바시해협(巴士海峽)상의 교통안전, 류우큐우 군도의 안정, 조어도(釣魚島)의 주권문제, 동중국해의 배타적 경제수역 등과 연관성을 지닌다. 일본의 입장에서 볼때, 만약 양안이 통일된다면 이는 일본의 안전과 경제이익에 충격을 줄 뿐만 아니라 반대로 중국대륙은 절대 우세의 위치에 서게 된다.[28] 일본 우익 세력들이 타이두를 지지하는 원인은 그 역사적 친근도 있겠지만 일본의 생명선인 교통로가 차단될 위험을 안고 있기 때문이다. 전 대만총통 리등후이는 만약 대만에 위기가 출현한다면, 심지어 중국대륙에 의해서 대만이 병탄된다면 대만 주변 해역은 위험에 직면할 것이고, 일본은 경제, 군사적인 고립에 빠져 심각한 위협을 받게 될 것이라고 일본을 설득했다. 전략적으로 볼 때 일본에 있어서 대만의 존재는 중요한 전략적 가치를 지니고 있다. 그래서 대만해협은 일본의 생명선이다.[29]

일본의 입장에서 대만은 단지 남쪽의 작은 섬이 아니며, 일본의 수출 시장 일뿐 아니라 동시에 일본의 생존과 명맥에 관계된 중요한 병풍이

---

28) 中共中央文獻編輯委員會, 《鄧小平文選(卷三)》, 北京 : 人民出版社, 1993, 9.
29) 李登輝, 《臺灣的主張》, 臺北 : 源流, 1999, 頁246.

다.[30] 대만은 2차 대전 종결 이전까지 51년 동안 일본의 식민지였고, 대만인들은 일본에 대해 상당히 우호적인 정서를 지니고 있다. 그래서 일본의 우파들은 대만을 보호하는 것과 일본을 보호하는 것을 동일시한다. 만약 중공이 대만을 병탄한다면 조어도는 곧바로 베이징의 수중에 떨어질 가능성이 높고, 조어도가 중공에 의해 점령된다면 일본은 남방 항해선을 봉쇄당하는 위기를 겪게 된다. 이것이 바로 리등후이가 말한 대만해협은 바로 일본의 생명선이라는 의미다. 그렇기 때문에 양안의 통일은 일본의 안보에 상당한 영향력이 미친다. 게다가 대만의 남쪽은 다시 동남아 국가들로 이어지고, 일본이 이러한 동남아 국가들에 영향력을 유지하기 위해서라도, 타이두와 협력이 필요하다.[31]

1972년 중·일수교에서 일본은 중화인민공화국이 중국을 대표하는 유일한 합법 정부로 승인하지만(recognize), "대만은 중국의 일부분이다"는 입장에 대해서 단지 이해와 존중(understand and respect)으로 표시해 쟁론의 씨앗을 남겨 두고 있다.

종합하자면 대만문제는 중국대륙과 미국, 일본이 사활적 이익이 걸려 있는 문제다. 더구나 양안 간의 정치적 상황은 국제사회에서 발견하기 매우 드문 특수성을 지니고 있다. 기타 분단된 국가와 비교해 볼 때, 특히 남북한 문제와 비교해보면, 중국대륙은 매우 크고 대만은 아주 작다. 이는 구조적으로 불평등한 결과를 산출한다. 즉 이소박대(以小搏大, 소국이 대국과 투쟁하는)의 구조로서 만약 대만에 대한 어느 강대국의 지지가 없다면 그 결과는 명약관화하다.

---

30) 同上註.
31) 和泉台郎, 李毓昭譯, 《日美台三國同盟》, 台北 : 晨星出版, 1999, 頁203.

## 제5절 연구의 특수성

양안 관계를 연구의 대상으로 삼는다면 이 역시 특수성을 지니고 있다. 양안 관계는 그 대상(對象)으로는 대륙연구, 대만연구, 대만과 대륙의 관계를 연구하는 것이며, 내용적인 측면에서 볼 때 정치관계, 경제관계, 사회관계, 역사관계, 문화관계 등 다원적이고 복잡하다. 초기의 양안관계 연구는 70년 전에 시작되었다. 예를 들어 비정연구(匪情硏究), 중국대륙의 장비연구(蔣匪硏究) 등이다.[32] 그러나 만약 양안관계에 대한 연구내용을 각기 다른 사회과학의 각 층면을 연구한다면, 양안관계 연구에 대한 정의는 쉽지 않다. 그러므로 양안관계를 연구할 때에는 반드시 그 시기와 대상, 내용의 구별을 명확히 해야 한다. 그렇지 않으면 양안관계에 대한 이론과 방법을 토론할 길이 없다.[33]

'양안 관계'란 용어의 출현은 1990년대 대만이 동원감란(動員戡亂, 반란평정전시체제)시기를 종결한 후에 비로소 등장한 단어다. 그 이전 대만에서는 대륙문제, 중공문제로 칭했으며, 양안관계라는 말을 사용하지 않았다. 반대로 중국대륙에서도 대만문제, 장방문제(蔣幫問題), 국민당 문제 등으로 불렀고, 양안 관계라는 단어를 사용하지 않았다. 그러므로 양안관계라는 단어는 비교적 최근에 생긴 신조어다. 사실, 1987년 장징궈(蔣經國)가 대륙탐친(大陸探親, 대만판 이산가족 고향방문)을 결정하기 이전까지만 해도 '양안 관계'란 명칭은 존재하지도 않았다. 영문의 Cross-Strait relations 역시 일정한 시간이 경과한 후에 일반대중에 의해 먼저 사용되어진 단어다.[34]

---

32) 楊開煌,《出手－胡政權對台政策初探》, (臺北 : 海峽學術, 2005), 頁1.

33) 同上註.

34) 蘇起,〈兩岸關係的三個特殊性〉, 國安(評)090-284號, 中華民國 90.11.19.

양안 관계는 역사상 중화인민공화국과 중화민국(대만)과의 관계며, 피차 정부가 통치하는 범위는 중국대륙 지구와 타이펑진마(臺灣, 澎湖, 金門, 馬祖) 지구의 관계를 의미한다. 사실상 중국대륙과 대만의 애매모호한 정위(定位)에도 불구하고, 국제사회에서 보편적으로 인식하는 양안의 이상과 현실 간에도 상당한 괴리가 있다.

양안관계를 연구하는데 양안 간을 국제관계로 보느냐 국내관계로 보느냐는 학술적인 문제가 아니라 정치적인 문제다.[35] 중국대륙의 범위 밖에서 대만 공화국 건국을 주장하는 학자들 혹은 양안은 두 개의 주권을 가졌다고 주장하는 학자들은 주로 국제정치의 시각에서 양안관계를 분석하는 경향이 있다. 반면에 타이두(臺獨)와 다른 입장을 지닌 학자들일지라도 양안은 기본적으로 분열분치의 상태에 처해 있기 때문에 국내관계로서만 양안관계를 이해할 수만은 없다. 현재의 양안관계를 말하자면 독특하면서 복잡한 두 개의 정치시스템(Political System)간의 관계며, 그 독특하고 복잡한 본질은 양자 간의 모순에서 오는 것이다. 대만해협이라는 현상유지의 측면에서 볼 때도 두 개의 독립적 국가 혹은 정치실체를 부인하기도 어렵다. 그러나 국제법(國際法理)의 각도에서 볼 때, 대만은 단지 하나의 내국가(內國家), 즉 내부에서 스스로 국가라고 칭하는 것에 불과하다. 대만은 대다수 국가에 의해서 승인을 받지 못할 뿐만 아니라 국가라는 명의로 국제조직에 가입할 수도 없다. 그러므로 양안관계를 이해하고 해석할 때, 적당한 이론을 찾기가 어려울 뿐만 아니라 이론으로서 현재 양안 간의 딜레마를 해결하기는 더욱더 어렵다.[36]

---

35) 石之瑜,《兩岸關係概論》, 臺北 : 揚智叢刊, 1998, 頁28.
36) 楊開煌,《出手, 胡政權對台政策初探》, 臺北 : 海峽學術, 2005, 頁27.

정치학 분야에서는 대략 세 개의 영역에서 양안관계를 주로 연구한
다. 즉 양안 상호작용 모델, 국내정치(국내요소가 어떻게 양안관계에
영향을 미치는가), 국제환경(국제체계가 어떻게 양안관계에 영향을 미
치는가) 영역이다. 즉 양안관계를 연구하는 정치학자들은 주로 이 세계
의 영역에서 연구하는 경향이 있다.[37]

## 1. 양안상호작용 위주의 접근

양안 간의 상호 작용의 과정과 발전을 위주로 양안관계를 연구하는
접근법은 대략 세 개의 이론으로 정리할 수 있다. 통합이론, 분단국가모
델, 게임이론이다. 이들 이론의 출발점은 양안관계는 어느 유형(类型)
의 관계에 속하는 가다. 그러나 역사적으로 볼 때 아직까지 양안관계와
같은 유형은 존재하지 않는다.

통합이론은 크게 세 개의 주요한 학파가 있다. 기능주의, 신기능주의
와 연방파다. 미트라니(David Mitrany)로 대표되는 기능주의 이론은 과
학기술, 경제의 진보는 각국의 공동문제를 만든다.[38] 통치(governance)
의 효능을 제고하기 위해서 기술관료는 기능상의 협력을 필요로 하기

---

37) 양안관계와 중공의 對대만정책의 연구의 이론과 방법은 石之瑜,『兩岸關係
概論』臺北 : 揚智叢刊, 1998 ; 包宗和、吳玉山主編,『爭辯中的兩岸關係理
論』, 臺北 : 五南, 1999 ; 楊開煌,『出手, 胡政權對台政策初探』, 臺北 : 海峽
學術, 2005. 국제이론과 관련하여 Paul R. Vioti, Mark V. Kauppi, International
Relation Theory, NewYork : Macmillan Publishing Company, 1987 ; and Michael
W. Doyle, Ways of War and Peace, NewYork : W.Norton Co. 1997.
38) 高朗,「从政和理论探索两岸争得的条件与困境」, 包宗和, 吴玉山主编,『争
辩中的两岸关系理论』, 台北 : 五南, 1999, 43-47쪽.

때문이다. 대략적으로 말해, 기능주의의 가장 중요한 목표는 경제협력과 통합을 추구하는 것이다. 기능주의의 최대의 공헌은 국제관계의 충격과 역량에 대해 과학기술과 경제의 변천을 부각시킨 점이다. 기능주의의 관점은 현재 신자유주의학파의 전신이다. 현실주의학파의 권력평형이론에 비해 기능주의는 다른 관점을 제시한다. 기능주의학파의 과학기술결정론의 경향은 전후 유럽통합의 과정에 대해서 그 해석력이 충분한 완정성을 갖추고 있지 않아 일련의 학자들로부터 신기능주의이론(Neo-Functionalism)이 나왔다.[39] 하스(Ernst B. Hass)는 신기능주의의 대표적인 인물로 기능주의 한계를 극복하고자 했다. 왜냐면 기능협력은 비록 서로간의 공동이익을 강화하지만 역시 분쟁을 유발할 수도 있다. 더구나 초국가적인 기제 건설의 결핍과 정치엘리트의 주관이 불확정적이어서 정치통합은 결국에는 탁상공론이 된다.

신기능주의는 확산효과(spillover effect)를 매우 강조한다. 경제통합은 간단한 것에서 복잡한 것으로, 계속 그 범위가 확대되어 기타 여러 부분의 영향력으로 이어진다. 그 결과 정치적인 통합으로 나아간다고 파악한다. 그러므로 확산효과는 통합의 중요한 관건이다.

연방주의자는 먼저 정치부분에서 착수하여 제도설계를 거쳐 다른 정치체제가 받아들일 수 있는 통일에 대한 안배를 함과 동시에 고난도의 자주성을 유지한다. 즉 먼저 통(統)후에 다시 합(合)해지는 것이다. 연방의 건립을 통해서 정치통일은 경제, 사회, 심리적 통합을 가져오게 한다고 파악한다.[40]

분단국가모델은 2차 대전이 끝난 후, 독일, 한국, 예멘, 베트남 및 중

---

39) 앞의 책.
40) 包宗和、吳玉山主編, 『爭辯中的兩岸關係理論』, 臺北 : 五南, 1999, 6쪽.

국 등 분단국가(Divided Nations or Divided Countries)들의 출현을 계기로 등장하였다. 이들 국가는 종족, 종교, 식민문제로 분단된 국가와 비교할 수 있다. 그 공통적인 특색은 첫째, 국가가 분열하기 전에 분열된 쌍방은 원래 공통적인 언어, 역사, 문화와 오랫동안 통일된 국가단위를 공유하고 있었다. 또한 분열되기 전에는 국민의식과 국가권력구조 등 모두 완정한 단위체였다. 둘째, 국가의 분열은 국제적 협의에 의했든 내전에 의해서 발생했든지간에 모두 쌍방 민중의 동의를 얻어서 분열되었던 것은 아니다. 셋째, 분열된 쌍방은 최소한 끊임없이 국토분단을 끝내고 국가재통일을 그 국책으로 삼았다. 그러나 현재 대만의 차이잉원 정부의 통일정책은 존재하지 않는다. 넷째로 분단된 쌍방은 각자 서로 다른 이데올로기를 신봉하였고, 서로 다른 정치, 경제, 사회체제를 가지고 있었으며 이것은 자연스럽게 쌍방이 다른 발전의 길을 걸어가게 만들었다. 다섯째, 분단된 쌍방은 모두 국제강권의 개입에 따라서 쌍방의 교류와 통일도 열강의 권력평형에 영향을 미친다. 여섯째, 분단된 쌍방이 파생시킨 중대한 문제, 예를 들면 주권, 영토 계승 등은 전통적인 국제정치에서 일찍이 볼 수 없다.[41]

분단국가모델 이론의 시발점은 헨더슨(Gregory Henderson), 보우(Richard Ned Lebow)및 스퉤싱어(John G. Stoessinger)등이 시작하였다.[42] 헨드슨은 분단국가의 초기의 높은 적대감, 상호불승인 및 무력으로 상대방을 전복할 의도를 가지다가 점진적으로 상호 묵인, 공존, 나아가 이데올로기 및 군사충돌을 낮추고, 그 결과 인적 교류가 진행되어

---

41) 張五岳,「分裂國家模式之探討」, 包宗和、吳玉山主編,『爭辯中的兩岸關係理論』, 臺北 : 五南, 1999, 79-90쪽.
42) 앞의 책.

적극적인 화해의 단계를 거쳐 밀접한 교류와 공동의 대외원조를 진행하며, 최종적으로는 느슨한 정치통합에 도달하여 통일을 실현한다고 보았다.[43]

대만학자 웨이용(魏鏞)과 취우훙다(丘宏達)는 1970년대에 분단 국가개념을 사용하여 양안관계의 연구영역을 개척했다. 웨이용은 다체제 국가이론을 발표했다.[44] 대만 딴쟝대학(淡江大学) 대륙연구소 소장 장우위에(張五岳)는 양안과 동서독, 남북한을 비교하여 분단국가의 통일정책을 비교하였다. 그는 독일과 한국의 경험을 비교했다. 쌍방은 유엔 헌장에서 강조하고 있는 평화 해결원칙을 준수하며, 상호 평등한 대우를 한다. 외교적으로는 이중 승인과 이중 대표문제를 해결할 수 있었고, 쌍방의 관계 정위는 일종의 특수 성질의 내부관계로서 국제관계가 아니라는 점을 발견했다. 그러나 양안 관계는 비록 민간교류는 밀접하지만 정치관계는 첨예하게 대립하고 있다. 즉 주권의 선포와 관할권의 행사에서 일치를 보지 못하기 때문이다. 장우위에는 헨더슨의 모델을 양안관계에 적용할 수 없는 가장 주요한 원인은 베이징의 태도라는 것이다. 즉 베이징은 대만을 대등한 실체라는 사실을 인정하지 않는 데에 있다는 것이다.[45]

대만대학 우위산(吳玉山)교수의 대소정치실험모델(大小政治實體模式)이론은 실력의 차이가 결정적인 관건이다. 소련이 해체된 후에 구소련 공화국의 14개 국가와 러시아 연방의 권력이 비대칭적이라는 데 착안하여, 대국이 소국에 주권을 요구하고, 대국의 정책은 확정적인 것

---

43) 앞의 책.
44) 앞의 책.
45) 앞의 책.

으로 소국의 의지를 굴복시킬 의도를 지니고 있으며, 소국은 대국에 대해서 균형(balancing)혹은 편승(bandwago, 우세한 쪽에 올라타는)이라는 두 종류의 책략을 펼 수 있다고 보았다. 균형과 편승에 대한 개념은 왈트(Stephan M. Walt)가 연맹의 기원을 연구할 때에 제기한 것이다.[46] 권력의 비대칭과 대국의 주권요구라는 상황에서 소국이 대국에 대해서 펼 수 있는 정책은 균형과 편승 간에 한계 지워진다는 것이다. 왜냐하면 대국의 기본적 태도는 상수이며, 그 결과 대국과 소국 간 관계의 주요 변수를 결정하는 것은 소국이 균형과 편승간의 책략선택이라는 것이다. 양안 간에 있어서 대만의 책략은 첫째 양안 간 권력의 비대칭이 두드러지고, 베이징이 대만에 대해서 주권을 요구하는 정황에서 산출된 필연적인 결과이다. 그러므로 대만의 중국대륙에 대한 책략은 편승과 균형이라는 두 가지 길 뿐이다. 둘째, 양안 간 경제발전 차이가 크게 난다면 대만은 경제적 의존 탈피에 무게를 둘 것이다. 셋째, 미국이 대만을 지지해서 베이징의 압력에 대항한다면 대만은 균형이라는 선택을 취할 것이다. 넷째, 대만 내부의 서로 다른 정치단체와 정치세력은 각기 서로 다른 대륙정책을 주장한다. 어떤 쪽은 균형이며 어떤 쪽은 편승을 추구한다. 이러한 정치단체와 정치세력의 상대적인 역량은 대만사회가 국제경제와 국제환경의 영향을 받은 후에 나타난 것이다.[47] 1987년부터 2008년까지 특히 민진당 집권기(2000-2008)는 비교적 균형 쪽으로 정책을 취했다. 2008년 국민당 마잉주 집권후부터 편승쪽으로 기울어졌다.

대소국실체모델(大小國實體模式)은 권력 비대칭 이론의 일종이다.

---

46) 吳玉山, 『抗衡或扈從兩岸關系新詮』, 台北 : 中正書局, 1999, 18-21쪽.
47) 吳玉山, 「臺灣的大陸政策 : 結構與理性」, 앞의 책, 164쪽.

예를 들어 패권안정이론(hegemony stability theory)에서 강조하는 것은 패권국가의 유무에서의 안정과 불안정이다. 그러나 전통적인 권력균형(balance of power)은 오히려 전쟁의 근원이 된다. 그러나 여기서 관심을 가지고 있는 것은 국제질서의 평화안정이지 특정한 국가의 정책이 아니다. 양안간의 권력비대칭은 중공의 대(對) 대만정책 산출의 영향이라고 할 수 있다.

게임이론(Game Theory)은 사회 과학, 특히 경제학에서 활용되는 응용 수학의 한 분야로 생물학, 정치학, 군사전략, 컴퓨터공학, 철학에서도 많이 응용된다. 게임이론은 참가자들이 상호작용하면서 변화해 가는 상황을 이해하는 데 도움을 주고 그 상호작용이 어떻게 전개될 것인지, 어떻게 매 순간 행동하는 것이 더 이득이 되는지를 분석하는 이론이다. 게임 중에 있는 개체의 예측행위와 실제 행위를 고려하고 그들의 최적화 책략을 연구한다. 구체적인 경쟁 혹은 대항 성질의 행위를 게임으로 파악하며, 이러한 행위 가운데 투쟁 혹은 경쟁에 참가하는 각자는 서로 다른 목표 혹은 이익을 지니고 있다. 그러므로 이러한 각자의 목표와 이익을 달성하기 위해서 각기 상대방의 가능한 행동방안을 고려해야 하고, 아울러 자신의 행위가 유리한지 아니면 가장 합리적인 방안이지를 선택해야 한다. 예를 들어 일상생활에서의 바둑, 포커게임과 같다. 그 중 가장 흥미 있는 예는 죄수의 딜레마(Prisoner's dilemma)다. 이미 다수의 학자들이 '죄수의 딜레마' 개념을 빌려 양안관계 구조를 탐구하였다. 예를 들어 왕위링(王玉玲)은 게임이론을 적용하여 양안관계로부터 대만의 통일과 독립문제를 탐구한다.[48]

---

48) 王玉玲, 『由兩岸關係探討台灣的統獨問題 : 以博弈理論析之』, 臺北 : 桂冠, 1996.

## 2. 국내정치 위주의 접근

양안관계는 필연적으로 대만과 중국대륙 각자의 정치적 국면의 영향을 받는다. 이러한 영향의 근원은 무엇인지 또 어떤 기제를 통해서인지 그리고 쌍방 상호 대응의 정책(중공 대(對) 대만 정책과 대만 대(對) 중공정책)에도 어떠한 영향이 있는가에 초점을 맞춘다. 예를 들어 중국대륙의 후기 전체주의적 권위주의(post-totalitarian authoritarism)는 대만의 신흥 민주주의체제와 비교해볼 때 정책에 대한 결정에 거대한 압력을 구비하고 있다고 할 수 있다. 즉 서로 다른 정치체제가 쌍방의 협상능력과 태도 선호에 영향을 미친다고 볼 수 있다. 예를 들어 우위산 교수의 선거표극대화모델(選票極大化模式)을 들 수 있다.[49] 대만의 대륙에 대한 정책은 두 개의 지향을 가지고 있다. 하나는 통일과 독립의 문제고(정체성 스펙트럼), 다른 하나는 경제와 안전의 충돌(이익 스펙트럼)이다. 대만의 민의는 상당할 정도로 스펙트럼의 중앙부분에 집중되어 있다. 그러므로 각 정당은 표를 고려해서 대만의 대(對) 대륙정책은 점차적으로 중도로 접근한다. 이는 한국에서도 비슷하게 나타난다. 우위산 교수는 대소정치실체모델(大小政治實體模式)의 견해를 차용했는데 기본적으로, 만약 대만의 정당이 독립과 안전을 중요시한다면 중국대륙에 대한 대만의 태도는 대항(抗衡)적이 될 것이고, 비교적 통일을 중시한다면 중국대륙에 시종(扈從, 호종) 편향적인 것이 된다는 것이다.

1980년대 말에 접어들어 양안은 경제무역 교류를 개방하였고 이후 무역과 투자액은 점차적으로 증가하였으며, 그 규모 역시 점차 확대되고 있다. 그리고 대만의 경제무역관계는 크게 두 가지 특색이 있다. 첫

---

49) 吳玉山, 「臺灣的大陸政策 : 結構與理性」, 앞의 책, 164쪽.

째, 민간과 정부의 보조가 불일치하는 것이고, 둘째, 경제무역 왕래는 고도의 정치적 함의를 지니고 있으며 심지어 대만의 국가안전에 관계된다. 그러므로 대만의 대(對)대륙 경제무역 정책의 동력과 모순을 탐구해야 하며, 단지 경제요소에만 중점을 두어서는 안 된다. 그러므로 내정과 대외경제무역 정책의 연쇄반응으로부터 분석해야 할 필요가 있다. 이로부터 국가연구접근법(國家硏究途徑)의 이론을 적용하며, 1980년대 이래로, 정치경제학에서의 국제와 사회관계를 응용한다. 국가연구접근의 특색은 국가가 역사적으로 중요한 전환점에서 국가발전과 정책제정의 상수와 변수를 장악한다는 점이다.

정치심리학은 학과의 경계를 넘나드는 과학(跨學)의 학술영역의 일종이다. 심리학과 정치학 간의 관계를 연구하며, 정치에 있어서의 사고, 정서 및 행위를 연구하는데 주안점을 둔다. 정치심리학은 심리학을 중앙 영역으로 하기 때문에 정치심리학의 연구 영역 역시 인류학, 인지심리학, 사회학, 정신병리학 그리고 비교적 먼 영역인 경제학, 철학, 미술 등도 다룬다.

정치심리학은 20세기 초에 탄생했는데 지그문트 프로이드(Sigmund Freud)등은 심리학방법을 차용하여 정치상(象)을 해석하였다. 그러나 1930-40년대에 이르러 『정신병리학과 정치(Psychopathology and Politics)』, 『권력과 인격(Power and Personality)』등의 출판에 따라 이 학과가 비로소 성립되게 된다. 정치심리학은 권위주의적 인격(威權人格)과 국민성격(國民性格) 연구로부터 비롯되었다. 정치심리학 방면에서의 양안 연구는 국민성격에 관한 연구가 먼저 시도되었다. 예를 들어 국민당이 대만화 된 후에 대륙과 타이베이 간은 한 순간에 인정관계(人情關係)로부터 주권관계 문제로 전화되어 여러 가지 오해를 낳게 되었다. 아울러 중공 리더들의 천조사유(天朝思维), 내전사유(内战思维) 등 모두 중국대륙과 대만의 정책에 중대한 영향을 미쳤다. 양안 간 정치심리학을 적용할 수 있는 연구방법은 매우 많다. 예를 들어 스쯔위(石之瑜)교수는 비판적 심리연구 분석을 사용하고 있다.[50]

## 3. 국제환경 위주의 접근법

양안 관계의 외부환경은 쌍방이 완전히 결정할 수 없다. 특히 양안은 일대일소(一大一小)의 구조에 놓여 있기 때문에 외부의 강력한 개입이 없다면, 양안관계의 현상유지는 불가능하다. 그러므로 외부환경에 역점을 두면서, 국제관계이론을 운용하여 양안관계를 해석하는 학자들은 상당히 많다.[51] 국제환경요소와 양안관계의 영향을 탐구할 때에는 기본적으로 크게 두 가지 이론이 있다. 하나는 (신)현실주의이고 다른 하나는 (신)자유주의이다. 예를 들어 베이징 대학의 리이후(李義虎)교수는 국제정치학의 신현실주의(힘의 균형), 신자유주의(상호의존과 제도), 구성주의(규범과 제도)를 양안관계의 력, 이, 리(力、利、理)의 관계로 귀납했다.[52]

대만대학 명쥐쩡(明居正)교수는 체계이론을 양안관계에 응용했다. 그가 생각한 체계의 이해는 첫째 국가층차를 초월하는 혹은 국가층차 밖의 요소의 총화이며, 둘째 국가 행위에 대한 국제체계의 구조와 변동이 산출하는 영향을 의미한다. 전자는 외재요소학파로 칭하고 후자는 체계영향학파로 칭한다.[53]

---

50) 包宗和、吳玉山主編, 『爭辯中的兩岸關係理論』, 臺北 : 五南, 1999, 24쪽.
51) 楊開煌, 『出手, 胡政權對台政策初探』, 臺北 : 海峽學術, 2005, 36쪽.
52) 앞의 책.

외재요소파들의 인식은 체계, 계통(系統) 혹은 환경을 막론하고, 계통 층차의 요소는 지리위치, 국제상호작용과 연계관계, 국제체계의 구조, 층급지위, 과학기술과 극화상태(極化狀態)등 모두 이 범주에 속한다. 여러 외재요소 중 가장 중요한 요인은 미국요소다. 그러나 이러한 접근은 기본적으로 역사연구와 국제정치의 현실주의의 혼합체를 탈피하지 못한다는 것이다.[54]

체계영향파로서 신치(辛旗)는 「국제전략환경의 변화 및 대만문제(國際戰略環境的變化及臺灣問題)」라는 논문에서, 소련 해체 후에 국제구조는 다시 재조직되기 시작했지만, 아태지역의 질서구조는 아직까지 네 곳만 이를 탈피하지 못하고 있다고 파악한다. 즉 한반도, 남중국해, 인도차이나 반도, 대만해협이다. 그는 1995-6의 대만해협위기는 냉전 후 아시아 구조 조정의 가장 명확히 드러나는 표지였으며, 양안관계의 상호작용과 냉전 후 중미관계의 관계재설정과 결부시켜 파악한다.[55] 그는 체계이론이 내포하고 있는 국제구조변동론(國際格局變動論)을 펼치고 있는데 그 가설은 소련 해체 후에 중국대륙의 역량은 강해지고, 지위는 높아짐으로서 발생하는 구조와 미국과의 관계 재편성으로 보고 있다.

밍쥐쩡(明居正)은 케네스 왈츠(Kenneth Waltz)의 국제체계 이론을 출발점으로 삼아, 구조현실주의를 기초로 한 국제관계 연구방법을 사용한다. 그는 1991년 소련 해체 및 동구유럽의 해체 이후 국제체계가

53) 明居正, 『國際體系理論與兩岸關係』, 包宗和、吳玉山主編, 『爭辯中的兩岸關係理論』, 臺北 : 五南, 1999, 368쪽.
54) 앞의 책.
55) 辛旗, 「國際戰略環境的變化及臺灣問題」, 北京 : 戰略与管理, 第04期, 1996, http://blog.boxun.com/sixiang/taiwan.htm

가져온 충격을 고찰하였고, 국제적으로 미국, 유럽, 러시아, 일본 및 중국대륙으로 조성된 일초다강의 구조를 형성했다고 본다. 각 국의 목표는 가장 유리한 전략적 위치를 쟁취하는 것이므로 각 국과의 관계는 합작과 경쟁이 혼합되어 나타난다. 이러한 구조에서 미래 아시아의 큰 특색은 미국은 계속해서 상당한 영향력을 구비할 것이고, 중국대륙과 일본은 대항을 원치 않으며, 미국은 다시 미일 안보관계를 재조정한다.

중국대륙의 역량은 일본을 압박할 정도가 되었다. 그러나 미국은 중국대륙에 대해서 그 한도가 있으며, 대만문제가 하나의 중요한 예가 될 것이다. 미국은 인권, 경제, 군수(軍售) 및 대만 문제 등의 카드를 보유하고 있다. 그 중 대만카드는 가장 위력적이다. 이러한 결과로 인해 대만은 전략, 외교, 및 대륙정책방면에서 세 개의 선택지가 남는다. 첫째, 중국대륙에 완전히 경사되어, 암암리에 미국, 일본과 대항하거나 둘째, 완전히 미국과 일본에 경사되어 은연중에 중공과 대항하는 것이다. 셋째 이 양자 간에 처하는 것이다. 만약 대만이 이 양자 간에 처하고자 한다면, 어렵기도 하지만 상당한 지혜를 필요로 한다. 한국 역시 마찬가지다. 중미관계에서의 슬기로운 균형을 필요로 한다. 중·미관계가 좋다면 적극적인 행위로 협력을 해야 할 것이고 중·미관계에 긴장이 초래될 때는 가장 최후에 한쪽 편을 드는 것이 지혜로운 선택이다. 그러나 한계도 존재한다. 그 이유로는 첫째 통상적으로 국가 혹은 정부는 일원화 된 행위자(unitary actor)로 설정한다. 더구나 정책결정 과정 중에 인지(認知)의 문제가 결부된다. 둘째 비록 전술한 문제가 모두 발생하지 않는다 하더라도 여전히 정책결정의 실수, 집행시의 실수 등 문제를 남기고 있다. 셋째 객관적인 환경변화, 주관적 인지 및 정책 수정 문제는 통상적으로 시간차이(time lag)가 존재한다. 그러므로 양안관계를 연구할 시에 양안 간의 경제, 사회, 문화 등의 요소를 고려해야 한다.

# 제2장
# 하나의 중국

## 제1절 하나의 중국과 그 함의含意

### 1. 하나의 중국의 함의

양안(兩岸)은 모두 하나의 중국(一個中國)에 속하는가? 대만은 중국의 일부분인가? 이 세계는 오직 '하나의 중국'만을 인정하고 있는가? 대만과 중국대륙과의 관계, 즉 양안관계(兩岸關係)를 왜 양국관계(兩國關係)라 칭하지 않는가? 이러한 질문들은 겉으로는 간단해 보이나 실제로는 복잡하고 풀기도 매우 어렵다. "중국은 하나인가?" 바로 이 질문에 대한 답은 대만 문제를 푸는 열쇠며, 양안관계(兩岸關係)를 이해하는 알파요 오메가다. 중국대륙과 대만 간 통일과 독립을 둘러싼 모든 논쟁도 '하나의 중국(一中)'에서 출발한 것이고, 대만의 국가 지위 문제, 대만의 정체성(국가정체성, 민족정체성)문제의 본질도 모두 '하나의 중국'에서 연유한다. 나아가 '하나의 중국' 문제를 둘러싸고, 여러 가지 국내외적 정치환경이 복잡하게 얽혀 있다. '하나의 중국'은 베이징의 일중원칙(하나의 중국 원칙, One China Principle)과 워싱턴의 일중정책(하나의 중국 정책, One China Policy)을 둘러싼 중미경쟁, 워싱턴,

베이징, 타이베이 간의 전략적 삼각관계, 지역 정세의 변화, 양안 정세의 긴장과 이완, 양안 교류의 냉과 열, 각국 내부의 국내적 정치적 계산, 심지어 양안 지도자들의 신념과 개성 등 모두 영향을 미친다.

베이징의 관점에서 보면, '하나의 중국'은 국제사회와 양안관계에서 양보할 수 없는 절대적 원칙이자 마지노선이고 대만 문제를 둘러싼 '하나의 중국'은 베이징 외교정책의 최고 우선순위에 있다. '하나의 중국'을 포기하는 순간 베이징의 지도자는 청말 외세에 굴복하여 중국의 영토를 외세에 할양해 주었던 제2의 리홍장(李鴻章)이 될 뿐만 아니라, 대만과 대륙 간의 영구적인 분열을 가져와 이른바 역사의 죄인이 된다. 나아가 이는 공산당의 정당성마저 위태롭게 만들게 된다.

베이징의 처지에서 하나의 중국을 실현하는 가장 훌륭한 방안은 일국양제(一國兩制)다. 이는 덩샤오핑(鄧小平)이 「화평통일 일국양제 和平統一 一國兩制」를 제기한 이후 지금까지 한 치도 벗어나지 않았으며, 심지어 시진핑은 2019년 1월 2일 「고대만동포서, 告臺灣同胞書」 40주년 기념 담화에서 일국양제야 말로 최적의 통일방안이라고 공개 선포했다. 일국양제에서 '양제'는 홍콩에서 보듯이 이미 문제가 되지 않는다. 베이징은 대만의 정치제도 변화를 요구하지는 않기 때문이다. 양안은 70년 동안 각자가 견지하는 정치제도 속에서 살고 있으며, 더군다나 양제는 이미 고대 중국 전통의 정치제도에서도 존재했었고[1], 대륙은 일국양제의 성공과 실패의 경험을 모두 가지고 있다. 생각을 달리할 수는 있겠지만, 1997년 이후 홍콩의 일국양제는 성공적인 경험일 것이

---

1) 고대 중국의 일국양제는 진시황에서부터 출발한다. 진시황이 천하를 통일한 후, 군현제의 외환(外還)에 토사제도(土司制度)를 설치해, 소수민족은 각자의 풍속에 의거하여 생활하도록 했다. 중앙과 지방 정부라는 경계가 그어지고 나면 자치를 보장했다.

다. 물론 2019년 홍콩 시위를 비롯하여 2020년 홍콩보안법이 전인대에서 통과되어 일국양제가 실패했다고 볼 수도 있을 것이다. 하지만 베이징의 논리에서 본다면 오히려 일국양제를 유지하기 위해서 국가보안법을 제정하였다고 주장한다. 그러나 홍콩과 달리 1951년 티베트의 일국양제 실험은 완전히 실패로 돌아갔다. 일국양제에서 문제가 되는 것은 양제가 아니라 결국 일국(一國)이다. 일국은 곧 '하나의 중국'을 의미한다.

　베이징은 양안관계를 중앙과 지방 관계로 보고 있다. 가족관계로 비유하자면 부자 관계다. 이에 반해 국민당은 양안관계를 상호 평등한 형제(兄弟)관계로 보고 있다. 그렇다면 누가 형이고 누가 동생인가. 당연히 중화인민공화국(베이징)보다 38년이나 먼저 탄생한 중화민국(대만)이 형이다. 현 대만의 헌법은 1946년 대륙의 난징(南京)에서 제정한 것이며, 현행 헌법의 해석에 의하더라도 중국대륙은 여전히 중화민국의 영토에 속한다. 하지만 민진당은 양안관계를 남남관계 - 공산당과 민진당의 관계 - 로 보고 있다. 따라서 양안의 정위를 둘러싼 삼당의 관계 정립은 각기 다르다. 그러나 무엇보다도 현실적인 것은 '하나의 중국'은 대만의 대외관계와 국제 공간, 양안 간의 상호발전, 대만의 지위, 대만의 정체성에 영향을 미친다는 사실이다. 더구나 타이두(대만독립파)의 입장에서 본다면, '하나의 중국'은 대만의 미래를 옭아매는 포승줄이고, 인체로 비유하자면 치명적 약점인 아킬레스건이다. 베이징이 '하나의 중국'이란 주문을 외우면 외울수록 타이두의 활동공간은 제약된다. 이는 마치 손오공의 머리를 조이는데 사용되는 삼장법사의 주문, 즉 긴고주(緊箍呪)로 작용한다. 그렇기 때문에 타이두 당강을 채택하고 있는 민주진보당(民主進步黨, 이하, 민진당)이 대만의 집권당이 되면, 양안은 군사적으로는 긴장 상태로, 외교적으로는 대치국면으로 빠져들고,

국민당 시기에 그나마 이어져 오던 기존의 제도화된 협상은 중단되고 양안은 교착상태에 빠진다. 이는 '하나의 중국' 문제로 인해 발생한 당연한 귀결이다. 문제의 출발점이 하나의 중국이듯이 그 종착점도 결국 '하나의 중국'에 관한 양안 간의 갈등과 마찰에서 비롯되었다. 그렇다고 현재 대만의 집권당인 민진당이 만약 베이징이 주장하는 '하나의 중국'을 인정한다면 어떻게 되는가. 이는 민진당의 정치적 자살행위나 다름 없다. 타이두 당강을 가진 민진당의 존재근거가 사라지는 것이기 때문이다.

## 2. 하나의 중국과 양안

대만의 중국국민당(中國國民黨, 이하 국민당)과 대륙의 중국공산당(中國共産黨, 이하 공산당)도 1992년 홍콩에서 '하나의 중국 문제'를 풀기 위해 머리를 맞대었다. 이 회담에서 양당은 「92공식」을 도출 했지만 완전히 해결되지는 않았다. "각자가 구두(口頭)방식으로 하나의 중국원칙을 표술(表述)한다"는 92공식(1992 Consensus)은 엄밀히 따져본다면 공통된 인식이라고 부르기에는 무리가 많다. 국공 양당은 각치쟁의(擱置爭議, 쟁의성 있는 의제에 대해서 남겨두고 그 해결을 미래에 보류해 둠)의 형태로 '하나의 중국'에 대해 '타협 아닌 타협' 즉 묵계가 있었다. 하지만 국민당과 공산당, 민진당이 주장하는 '하나의 중국'은 각기 그 의미와 내용이 다르다. 양안 삼당은 대만문제가 발생한 근원과 해결방법에 대한 생각이 각각 다르고, 통일과 독립 문제 역시 그 견해가 다르다. 삼당의 기본 입장은 이미 풀 수 없는 옭매듭이 되었다. 민진당은 독립을 추구하는 일중일대(一中一臺, 하나의 중국과 하나의 대만)의 입장이 강하고, 국민당이 주장하는 '하나의 중국'은 실상 두 개의 중국(兩個中國, 중화민국과 중화인민공화국)에 가깝다. 공산당에게 있어서 '일중일대'와 '두 개의 중국'은 A형 타이두, B형 타이두의 다른 이름에 불과하다.

'하나의 중국'에 대한 공산당의 셈법은 너무나 간단하고 명료하다. 대만은 '중국'의 한 개 성(省)일 뿐이다. 그러나 문제는 대만에 있다. 원주민(原住民), 이민(移民), 식민(植民), 후식민(後植民)이라는 4민(民)사회의 정서가 그 밑바탕에 있고, 여기에 더하여 복잡다단한 대만 역사의 연원과 기억, 역사의 후유증, 대만 본토화와 민주화의 과정에서 부상한 대만의 새로운 정체성이 맞닿아 있다. 이렇게 얽히고설킨 착종(錯綜)의 내부관계에서 통일과 반통일, 타이두와 반타이두, 양안교류와 반교류, 양안융합과 반융합, 시진핑이 강조하는 양안일가친(兩岸一家親)과 심령계합(心靈契合, 심령부합)의 대중국주의와 이에 반대하는 대만 민족주의의 투쟁, 중국인과 대만인의 정체성 투쟁이 복잡한 양상으로 전개되고 있다.

여기에 더해 '하나의 중국' 문제는 양안뿐만 아니라, 매우 복잡한 국제정치의 상호작용과 연관되어 있다. 이는 또 양안을 둘러싼 각국의 국내적 정치적 변화에도 영향을 미친다.

대만이 역사의 무대에 등장한 시점은 서구의 해양세력이 대만을 점령하면서부터다. 이른바, 해양세력과 대륙세력 간의 투쟁장소로서 대만이 주목을 받게 된 배경이다. 거시적 관점에서 대만역사를 조망해 본다면, 대만역사는 해양세력과 대륙세력 간에 대만을 쟁취하기 위해 전개된 투쟁의 역사이다. 지정학적으로는 양안통일을 저해하는 세력과 촉진시키려는 세력 간의 경쟁이 주요인이다. 이 과정에서 대만인들의 의지는 반영되지 않고 단지 그들의 희생이 강요되었다. 지금까지도 하나의 중국 문제에서 외부환경 요인이 가장 큰 영향을 미친다.

## 제2절 하나의 중국과 국제관계

### 1. 하나의 중국과 국제관계(중·미 관계)

현재 워싱턴과 베이징의 최고지도자가 갈 수 없는 유일한 곳이 대만이다. '하나의 중국'은 미국과 일본을 비롯하여 국제사회에서 중국대륙과의 외교 관계를 측정하는 리트머스 시험지 역할을 하며, 베이징은 미국을 비롯하여 기타 국가들에 대해서도 '하나의 중국'에 대한 의도를 탐색한다. 비록 베이징이 "양안문제는 내정의 문제"라고 공언하고는 있지만, 순수한 중국대륙 내부의 문제도 아니며 더구나 완전히 국제적인 문제도 아니다. 내부와 외부의 문제가 뒤섞여 엇갈리고 복잡하며, 베이징의 대만에 대한 장악능력도 한계가 있다. 그럼에도 불구하고 베이징이 주장하는 '하나의 중국원칙'은 국제관계의 준칙(準則)으로, 국제사회의 보편적 공식(共識)으로, 베이징이 기타국가와 관계발전을 하는데 있어서 근본적 전제이며 정치적 기초로 관철하려 노력한다.[2] 더구나 하나의 중국(一個中國)은 국제적으로 규범적인 작용을 발휘한다. 따라서 지금까지 양안 간 통일에 관해 발표된 일체의 이론은 양안관계 당사자 자체는 물론 국제적인 규범의 측면에서도 모두 하나의 중국 범주를 벗어날 수 없다.

실제적으로 '하나의 중국' 문제를 국제사회에 대두하게 만든 장본인

---

2) 王毅指出, 一個中國原則, 是公認的國際關係準則(中評社 張爽攝)
中評社北京5月27日電(記者 張爽)中國國務委員兼外交部長王毅於2018年5月26日下午在北京釣魚台國賓館同布基納法索外長巴里擧行會談並簽署《中華人民共和國與布基納法索關於恢復外交關係的聯合公報》. http://hk.crntt.com/doc/1050/8/1/9/105081935.html?coluid=93&kindid=15733&docid=105081935&mdate=0527001411

은 미국이다. 미국은 양안의 쟁단발생과 더불어 시종일관 관건적인 위치에 있었으며 이는 미래에도 마찬가지일 것이다. 그렇기 때문에 대만 문제를 처리하는 데에 있어서 베이징의 주요 상대는 대만이 아니라 오히려 미국이다. 이는 과거에도 그랬고, 현재에도, 미래에도 역시 미국 요소가 관건적으로 작용할 것으로 보인다.

역사적으로 볼 때, 미국은 대만 문제를 이장제모(以蔣制毛, 장제스로서 마오쩌둥을 제어하고), 이국제공(以國制共, 국민당으로서 공산당을 제어), 이독제장(以獨制蔣, 타이두로서 장제스를 제어), 이민제국(以民制國, 민진당으로서 국민당을 제어), 이대제중(以臺制中, 대만으로서 중국대륙을 제어)을 이해제육(以海制陸, 바다로서 육지를 제어)하는데 활용해 왔다. 바로 이런 점 때문에 대만문제는 미국문제이고, 중·미관계의 가장 주요한 도전이며, 심지어는 중·미 충돌로 이어지는 기폭제가 될 가능성이 높다.[3] 더구나 중국대륙의 종합역량이 미국에 점점 더 가까이 다가가고 있는 오늘날 대만 문제는 중·미관계를 판단하는 시금석이며 중·미 관계의 체온을 재는 온도계와 같은 역할을 한다.

'하나의 중국' 문제가 국제사회에 대두된 배경에는, 국제정치라는 이중적이고 냉엄한 현실정치가 놓여 있다. 닉슨과 마오는 소련에 대한 견제라는 이심전심(以心傳心)이 있었다. 세기의 비밀회담을 통해 중미는 관계개선을 타진한다. 1972년, 닉슨 정부는 중공과 연합하여 소련을 견제하려는 연중항소(聯中抗蘇)라는 전략적 목표를 실현하기 위해 기존의 '두 개의 중국' 정책에서 '하나의 중국'정책으로 전환했다. 미국은 대만과의 단교, 철군, 폐약(공동방어조약)을 거쳐 마침내 1979에 베이징

---

3) 鄧小平 :《鄧小平文選》第3卷, 人民出版社, 1993, 第97頁.

과 수교하였다. 베이징이 주장하는 '하나의 중국'에 대한 입장을 미국은
'인지(認知, acknowledge, 승인이 아님)'한다는 쪽으로 전환한 것이다.
당시 중·미 양국은 소련의 패권 견제라는 공동의 전략적 이익이 있었
기 때문에 가능한 것이었다. 중·미 양국은 1991년 소련이 해체되기 전
까지 '동맹 아닌 동맹' 즉 준동맹 상태의 관계를 맺어왔다. 이러한 이면
에는 베이징과 워싱턴 간에 대만문제에 대한 타협이 가능했기 때문이
다. 그러므로 '하나의 중국'은 지금까지 중·미관계를 유지하는 정치적
기초가 되었다.

양국은 수교 시에 가장 큰 걸림돌인 대만문제를 슬기롭게 해결했다.
즉, 미국은 대만에 대해서 그 국가적 지위를 포기시키고, 대만의 국가주
권을 모호화 했으며, 대만문제의 해결을 먼 미래에 두었을 뿐 아니라,
대만문제를 주변화 시켜 놓았다. 즉 양안통일은 양안 '중국인'들이 평화
적으로 해결해야 한다는 쪽으로 양안 미래를 설계했다. 마오 역시 당장
은 대만이 미국의 손안에 있는 편이 더 낫다고 판단했다. 백 년 정도는
기다려 줄 수 있다는 원대한 전략을 가지고 있었다.[4] 하지만 미국은
대만에 병만 준 것이 아니라 약도 주었다. 중·미 수교 공보의 잉크가
마르기도 전에 대만관계법(Taiwan Act)을 통과시켜 대만 보호의 의무
를 스스로 떠안았다. 미국은 교묘하게 양안 갈등의 복선을 깔아 놓았다.
즉 "대만이 중화인민공화국에 속한다"고는 인정하지는 않았다. 양안의
일은 양안 당사자인 '중국인'들이 평화적으로 해결해야 한다는 논리를
내세웠다.

미국의 일중정책처럼 애매모호한 정책은 그 어디에도 없다. 전문가
들조차 이해하기 어려운 배경을 가지고 있다. 만약 베이징과 워싱턴이

4) 키신저, 권기대 옮김, 중국이야기, 민음사, 2012, 377쪽.

주장하는 '하나의 중국'에 대한 인식이 동일하다면 대만문제는 이미 상당한 진척을 보았을 것이다. 미국의 '일중정책 one china policy'과 베이징의 '일중원칙 one china principle'은 다른 것이다. 더구나 소련이 해체되고 난 후 중국대륙의 전략적 가치가 감소해지고, 심지어 21세기에 들어선 후 미국에 도전할 수 있는 국가 중에 중국대륙이 유일한 후보로 떠오른 시점에서, 대만의 전략적 가치는 더욱 높아졌다. 사실 중국대륙을 견제하기 위한 카드로서 대만 만큼 절묘한 위치를 차지하고 있는 곳도 드물다.

미국에 있어서 대만은 언제나 동북아와 동남아의 중간에 떠 있는 불침의 항공모함(unsinkable aircraft)이었다. 맥아더도 그랬고, 오바마도 그랬으며, '자유 개방의 인·태전략'을 내세운 트럼프 정부에서 대만의 전략적 가치는 한층 더 높아졌다. 중·미 간의 경쟁이 치열해질수록, 워싱턴은 대만카드를 사용하여 베이징을 제어하고자 하는 충동 역시 더 강렬해진다. 그러므로 대만문제는 현재 중미 간의 관계 정도를 잴 수 있는 확실한 온도계다. 우리가 주목해야할 이유다.

## 2. 미국의 양안정책

미국의 일중정책은 국제정세의 변화에 따라 타이베이와 베이징 편을 오갔다. 중·미관계가 호전되거나, 양안관계가 안정되면, '하나의 중국'은 강화되는 방향으로 진행된다. 이때는 미국의 이익에 따라 대만포기론도 거론되기도 하고, 「대만관계법」을 재검토해야한다는 소리도 나온다. 반대로 중·미관계가 긴장되거나, 양안관계의 평형이 깨질 때는 미국 내에서 대만과의 관계를 강화해야 한다는 목소리와 함께 '하나의 중국'을 재검토해야 한다는 목소리 역시 등장한다.

총체적으로 말해, 중·미수교 이래, 하나의 중국정책은 동아시아에서의 미국의 이익을 보장했으며, 양안 간에 위기와 충돌도 있었지만 전체적으로 본다면 이 틀 속에서 평형과 안정을 유지했고, 지금까지 '하나의 중국'은 중·미 간을 안정시키는 밸러스트 스톤(壓艙石, 선박 평행돌)역할을 해왔다.

미국은 어느 일방에 의한 양안현상 변경을 반대한다. 대만해협의 현상 유지(status quo)는 워싱턴의 대 대만해협 정책의 원칙이다. 하지만 '현상유지' 만큼 애매모호한 개념도 없다. 모든 현상은 변화하고 있기 때문이다. 그러나 여기서 말하는 '현상'은 미국이 정의하는 현상이다.5)

즉 대만 해협의 현상 변경은 미국의 이익에 부합되지 않는다. 대만이 독립해버리거나, 대륙과 통일하면 그만큼 미국이 사용할 카드는 줄어든다. 그 결과 미국은 일방적인 양안의 현상 변경을 반대한다. 일단 미국이 타이두(대만독립)를 지지하게 되면 이로 인한 전쟁발발과 이에 연루될 가능성을 우려하고, 양안 간 통일이 되면 중국대륙의 굴기를 도와주는 역할을 스스로 떠맡게 된다. 그러므로 미국은 대만해협의 '현상유지'라는 각도에서 양안 어느 일방의 현상 변경을 반대한다. 하지만 중국대륙의 굴기가 현실화 되고 있는 추세, 양안 간의 경제, 사회, 문화 융합이 심화되는 상황, 대만 측의 일방적인 현상변경(대만독립선포, 국

---

5) 대만독립을 지지하지 않으며, 미국이 정의하는 현상유지를 변경시키는 일방적 행동을 지지하지 않는 것이다(unilateral moves that would change the status quo as we define it). James A. Kelly, Overview of U.S. Policy Toward Taiwan, Assistant Secretary of State for East Asian and Pacific Affairs, Testimony at a hearing on Taiwan, House International Relations Committee Washington, DC, April 21, 2004. https://2001-2009.state.gov/p/eap/rls/rm/2004/31649.htm
(The U.S. does not support independence for Taiwan or unilateral moves that would change the status quo as we define it)

민투표로 헌법 개정을 포함한 법률 타이두를 포함하여)의 가능성은 낮아졌다. 이제는 단지 중국대륙의 현상 변경 가능성(무력통일을 비롯하여)이 더 커졌다. 이는 트럼프 집권 후, 미국이 '수정주의' 국가로 중공을 지목한 배경이다. 그러므로 대만해협의 현상유지를 위해서, 베이징의 대만에 대한 무력통일을 억제하고 양안의 군사적 평형을 유지할 필요성이 생긴다. 다시 말해 중·미관계의 구조적 모순이 상승하면 대만문제는 피할 수 없다. '하나의 중국' 문제를 둘러싼 게임이 중·미 양국의 기본적인 모순이다. 베이징의 조국통일 주장과 미국의 대만에 대한 무기 판매와 제공, 대만관계법을 비롯한 각종의 대만우대 법안 간 모순이 존재한다. 중·미 경쟁이 치열해질수록 대만문제는 필연적으로 수면위로 떠오를 수밖에 없다.

## 3. 차이잉원 체제 이후 양안관계와 중·미관계

2016년 대만독립(타이두)을 당강으로 채택하고 있는 민진당의 차이잉원이 집권하면서 양안관계는 교착에 빠졌고, 기존에 중국대륙과 이어져 오던 모든 협상 채널은 중단되었다. 중국대륙 내부에서 무력통일의 소리도 나오는가 하면, 인민해방군의 함정과 전투기가 대만섬을 환도하고, 군사훈련이 자주 이어지고 있다.

미국 역시 트럼프 취임 이후, 기존의 일중정책과 다른 패턴을 보여주었다. 비록 취임 전이지만 차이잉원과 전화통화를 하는가 하면, 미국의 국회에서 대만을 지지하는 각종 법률이 통과되었을 뿐만 아니라, 국회, 정부, 여론까지 모두 대만과 관계를 강화하여야 한다는 것이 일치된 목소리다.

미국의 국내법인 대만관계법(Taiwan Relation Act)과 베이징의 반분열국가법(Anti-Secession Law)은 상호 대척 모순상태에 있다. 2010년 이 전만 해도 중·미관계의 종합실력 구조는 미강중약(美强中弱)이었다. 즉 중·미 간의 실력 차가 미국이 우려할 만한 범위 안에 있지 않았다. 하지만 미국은 2008년 금융위기를 계기로 국내에서 신자유주의 세계화의 부정적 효과가 노출되었다. 이는 과거에 비해 미국인의 자신감을 떨어지게 했고, 반면에 중국대륙의 종합실력은 2010년부터 일본을 초월하기 시작했다. 비록 미강중약의 구조는 기본적으로 변화하지 않았지만 중·미의 역량대비가 점점 더 가까이 오자, 베이징은 과거에 비해 더 자신감을 가지게 되고 미국은 이에 반비례하여 초조감을 지니게 되었다. 중국대륙의 굴기에 대해 미국은 어떻게 응대할 것인가? 여기에 대한 답은 '하나의 중국' 문제를 미국이 어떻게 다루는가를 보면 알 수 있다. 트럼프 정부의 미국은 보다 더 직접적이고 강경한 수단으로 베이징을 대하기 시작했다. 이는 중국대륙의 굴기에 대해 미국이 대응하기 어려워 졌다는 초조감의 반영이며, 이제 미국 내부에서 당파를 초월하여 하나의 공식(공통된 인식)이 되었다.

## 제3절 하나의 중국과 하나의 한국 : 양안과 한반도

16-7세기 해양시대가 도래하면서 대만과 한반도는 밀접한 지정학적 관련을 맺게 되었다. 대만과 한반도는 모두 중국대륙으로 진출하려는 해양세력과 해양으로 나오려는 대륙세력의 경쟁지대다. 대만은 중국대륙 동남 연해의 성(省)을 지키는 방파제며, 한반도는 중국대륙 동북쪽을 지키는 대문이다. 특히 북한은 동북의 현관이자 요동의 울타리며, 옆문을 지켜주는 역할을 맡아, 마치 대륙의 대문을 지키는 셰퍼드 역할

을 북한이 떠맡고 있는 셈이다.

한반도는 해양 세력에게 대륙으로 가는 교량 역할을 한다. 그러므로 중국대륙의 한반도에 대한 인식은 임진왜란의 시기나 탈냉전 후에나 변화하지 않았다. 남한은 미·일동맹의 방파제로서, 대만은 중국 대륙 동남 연안을 지키는 방파제로서의 기능을 하고 있다고 본다.

역사적으로 볼 때, 대만과 한반도 둘 중 어느 한 곳의 구조적 변동이 생기면 다른 한 지역도 영향을 받았다. 특히 근대 이후 한반도에서 발생한 안보 위기가 대만에 직접적 영향을 주기도 했다.[6]

네덜란드는 인도네시아 바타비야(현 자카르타)에 동인도 지사를 설치하고, 대만에 행정장관을 파견하여 식민통치를 시작하였다. 중국 동남 연해 성의 한족 이민을 장려하였으며, 인도네시아로부터 각종 씨앗과 종자를 가져와 대만에 이식했다. 나아가 중국, 일본과의 무역을 주도했다. 이 시기 네덜란드인이 제주도에 표류했다. 1627년에는 얀 반스 벨테브레(박연)가, 1652년에는 하멜(1652-1666) 일행이 도착한다. 이들은 바타비야(자카르타) - 대원(大員, 대만) - 나가사키로 가는 항로에서 태풍을 만나 표류한 것이다. 벨테브레는 조선에 귀화하여 훈련도감에 배속되어 병자호란에 참가했다. 홍이포(紅夷砲)의 제작법·조종법을 지도했다(이이화). 하멜은 네덜란드 동인도 회사 선원 겸 서기로서 조선에 억류되어 탈출했다가 『하멜표류기』, 『조선왕국기』를 남겼다.

청나라는 정성공 세력을 약화시키기 위해, 1656년에 해금령(海禁令)을 발포하여, 연해 지역의 주민들에게 식량이나 물자를 파는 것을 금지시켰다. 1661년에는 푸젠을 중심으로 광둥 - 산둥(山東)에 이르는 해안선 약 30리(15 km) 이내의 주민을 내륙으로 이주시키는 천계령(遷界

---

6) 신상진, 국가전략, 2007년 제13권 3호 74쪽.

슈), 천해령(遷海令)을 시행하였다. 이른바 연해 지역을 무인화시키는 이 천계령은 두 가지 결과를 초래했다. 첫째, 정성공은 중국 대륙에서 고립되어, 반청복명의 기지로 대만을 선택하게 되고, 그 결과 당시 대만에 식민지를 운영하고 있던 네덜란드 세력을 축출하게 된다(1662). 둘째, 천계령으로 인한 무역 위축으로 인해 중국 동남 연해가 봉쇄당하자, 조선의 지경학적 가치가 올라갔다. 일본과 청의 중계무역의 거점으로서 조선 연안 항로가 이용되자, 일본의 은이 조선으로 흘러와 조선은 특수를 누리게 된다.

대만으로 온 정명(鄭明) 왕조 21년 동안 양안은 기본적으로 안정을 유지했다. 청나라는 기마민족이었고 정씨 정권은 해상세력이었기 때문에 엄청난 군사력 차이에도 불구하고 양안은 균형을 유지할 수 있었다. 더구나 강희제 초기의 청나라는 혹독한 시련을 겪고 있었다. 대륙에서는 몽고 중가르 부족, 중국대륙 남방에서 삼번(三藩)의 난(1673~1681)이 일어났으며, 대만 정씨왕조의 명조(明朝) 부흥운동, 조선도 북벌운동에 관심을 두고 있었다. 심지어 이들 반청 대항세력은 결합할 여지도 있었다.

대만이 정식으로 편입되고 나자 청나라는 안정될 수 있었다. 조선에서 있었던 북벌 논의도 이 시기에 종지부를 찍었다.

19세기 중엽, 신제국주의의 식민지 쟁탈전이 본격화되면서, 1884년 베트남 종주권을 문제로 프랑스와 청나라가 전쟁을 시작했다. 청·프전쟁의 발발은 임오군란으로 조선에 주둔 중인 청군의 일부를 전선으로 파견하게 된다. 프랑스는 대만해협을 봉쇄하고 기륭(지롱,) 담수(딴쉐이)를 공격했다. 결국 청프 간에 강화가 성립하고 나서야 프랑스는 대만에 대한 봉쇄를 풀었다. 최종적으로 프랑스는 청으로부터 베트남을 떼어 내었다. 이 전쟁을 계기로 대만에 대한 전략적 중요성이 다시 부각 되자 청나라는는 적극적으로 대만 경영에 나섰다. 대만을 성(省)으로 편제하고, 유명전(劉銘傳)은 초대 순무(巡撫)가 되었다. 그러므로 대만이 중국의 하나의 성(省)으로 편입된 기간은 청·일 전쟁이 일어날 때 까지(1894)겨우 11년 동안에 불과하였다. 청프 전쟁은 제국주의 제국(諸國)들이 중국의 주변 국가에 대해서 야심을 품게 만드는 계기로도 작용했다. 특히 조선은 청프 전쟁 이후 10년 간 열강의 주요 쟁탈 목표가 되었다.

1894년 조선의 지배권을 둘러싸고 청나라와 일본이 한반도에서 전쟁을 치렀다. 이 전쟁은 일본의 승리로 귀결되었고, 시모노세키 조약이 체결되었다. 일본은 조선을 청으로부터 분리시키고, 마침내 조선은 청의 예속으로부터 벗어났다. 청나라는 대만 섬, 팽호(펑후) 제도 등의 주권 및 해당 지방에 있는 모든 성루, 무기 공장 및 관청이 소유한 일체의 물건을 일본 제국에 양도했다. 이후 1945년까지 51년 동안 대만은 일본의 식민지에 놓이게 된다. 조선에 있었던 청일 전쟁이 대만 할양으로 이어진 것이다. 일본은 명치유신(1868)을 시작한 이래, 서구를 모방해 국력을 증강하고 소위 말하는 양진(兩進) 즉 북진과 남진의 확장 노선을 채택하고 조선과 대만은 병탄해야 할 대상으로 인식했다. 조선은 북진의 요충지였고, 대만은 남진의 기지(基地)로 본 것이다. 특히 시모노세키 조약에서 팽호 열도까지 꼭 손에 넣고자 한 이유는 해상교통로의 요충지에 있었기 때문이다.

1945년 일본이 패망하자, 대만과 한반도에서는 권력의 진공상태가 발생한다. 권력의 진공상태를 서로 메우기 위해서, 대륙에서는 국공내전이 발생했고, 그 결과 장제스는 패해서 대만으로 도망 왔다. 한반도에서도 한국전쟁이 발생했다. 결국 남북 분단이 고착화되었다. 결과적으로 본다면 대만과 남한에서 일본이 떠난 권력의 진공상태를 메운 이들은 미국이 지지하는 세력들이었다. 1951년 샌프란시스코 강화조약은 국민당과 공산당, 한반도의 세력은 참가하지 못한 채 결정되었다. 국제법적으로 본다면 대만의 중국 귀속권 문제, 독도 문제는 이 조약에서 기인하고 있다.

1950년 1월 미국 국무장관 애치슨은 이른바 애치슨 선언(Acheson line declaration)을 발표한다. 미국의 극동방위선이 대만의 동쪽 즉, 일본 오키나와와 필리핀을 연결하는 선이며, 스탈린과 마오쩌둥을 저지하기 위한 선이다. 태평양에서의 지역 방위선을 알류샨 열도 - 일본 - 오키나와 - 필리핀을 연결하여 대만과 한반도는 제외되어 있다. 이는 한국전쟁을 불러오는 결과를 초래했다. 1950년 한국전쟁이 발발하자, 이틀 뒤에 미 7함대가 대만해협에 개입하였다. 중공도 한국전쟁에 개입하였다. 한국전쟁 참전으로 인해서 마오는 대만을 잃었고, 17만 대군과 그의 아들을 잃었다. 미국과 한국은 1953년, 미국과 대만은 1954년에 각각 방위조약을 맺었다. 양안과 남북한의 분단이 고착화된 것이다.

역사적으로 보더라도 대만 문제는 한반도 문제와 연계되어 있으며, 지금도 동아시아 지역에서 폭발할 화약고로서 가장 높은 잠재성을 지니고 있다. 무엇보다도 대만 문제와 남·북한 문제에서 가장 큰 구조적 변수는 중·미관계다. 국제체제의 구조수준(structure system lebel)에서 본다면 미국 패권의 상대적 위축, 중국대륙의 부상, 국제질서의 복합화 등 동아시아의 근본적 변동을 가져오게 하는 요인이다. 동아시아에서 중미관계 갈등의 요체는 중국대륙의 대국화 추진에 따른 미국의 적극적 억제에 있다. 중국대륙이 군사력을 증강하고 해양이익을 추구하고 군사력 투사범위를 늘려나가자 중·미 간에 패권 경쟁이 드러나고 있다.

대만 문제와 남북문제는 그 양상이 유사하지만 유사하지 않은 부분도 분명 존재한다. 특히 대만의 국제적 지위 문제와 대만인의 정체성

문제(국가정체성, 민족 정체성)는 우리의 남북문제와는 다르다. 하지만 시간이 흐르면서 통일에 대한 인식과 남북한 정체성의 차이가 변화하고 있다. 우리에게는 해방이 곧 분단이었다. 이미 75년의 세월이 흘렀다. 세대 간에 북한에 대한 인식과 통일의 필요성에 대한 견해가 다르다.

대만 문제의 해결은 남북 문제 해결에도 영향을 미칠 것임은 자명하다. 대만 문제와 남북 문제에서 가장 관건적인 요인은 미국요소가 가장 중요하게 작용하기 때문이다. 대만과 중국대륙과의 관계는 우리의 남북 문제와는 달리 훨씬 더 복잡하다. 자르려고 해도 자를 수 없고, 정리하려고 해도 정리할 수 없다(剪不断, 理还乱).

# 제3장
# 양안이견兩岸異見

## 제1절 1987년 이전 삼불정책

1980년대 대만사회의 경제적 역량과 시민사회의 역량은 점진적으로 증가추세였고, 이에 따라 국민당이 유지하는 권위주의 체제의 각종 불합리한 모순에 대해서 시정을 요구하는 운동이 등장했다. 계엄령 해제 운동을 비롯하여 크고 작은 군중 데모가 이어졌고, 특히 쩡난롱(鄭南榕)등이 발기한 519녹색행동(五一九綠色行動), 1987년 천용씽(陳永興)등이 발기한 228평화촉진회(二二八和平促進會)등 대규모 데모가 빈번히 발생했다.[1]

1987년 이전까지만 해도 양안은 서로를 아직 내전이 끝나지 않은 상태에 처해있다고 인식했다. 모두 상대의 정당성을 부정하였다. 그럼에도 불구하고 1950-60년대에도 양안은 밀사를 파견하여 협상의 가능성을 타진했다.

---

1) 許巧靜,〈臺灣政治轉型與國家定位之演變〉,《高雄 : 中山人文社會科學期刊》, 第十四卷第一期, 2006, 頁78.

1978년 중공이 개혁개방정책을 표방한 이후부터 베이징이 양안교류에 더 적극적이었고, 자유민주주의 체제인 대만은 오히려 피동적이었고 소극적이었다.

중공은 1979년 1월 1일 전인대 상무위원회에서 「대만 동포에게 고하는 글」(告臺灣同胞書)을 통해 삼통사류(통상, 통항, 통우, 여행, 학술, 문화, 체육교류)를 제안하였다. 이어 3차 국·공담판을 제의했다. 이에 대만은 중공과의 불접촉, 불담판, 불타협이라는 삼불정책으로 맞대응했다. 대만의 장징궈는 협상의 가능성을 원천적으로 봉쇄해 버린 것이다.

양안 간의 만남은 우연히 찾아왔다. 1986년 5월 대만적(籍)의 중화항공 화물기 기장이 대륙으로 망명했다. 그는 비행기를 몰고 광저우 바이윈(白雲) 공항에 착륙했다. 그러나 기장을 제외한 승무원 두 명은 망명을 거부했다. 당시 대만은 삼불정책의 기조가 유지되고 있었다. 공적인 기구 간의 접촉은 불가했다. 따라서 국영 항공사인 중화항공은 공식적으로 중국대륙과 접촉할 수 없었다. 그래서 대만정부는 민간항공사인 캐세이퍼시픽에 협상을 위탁했다. 중공은 이를 거절했다. 어쩔 수 없는 상황에서 대만의 중화항공은 중공의 협상대표를 만났다. 화물기, 화물 및 승무원 두 명을 돌려받기로 하는 회담요록에 합의했다. 이 사건으로 인해 대만의 삼불정책은 깨졌다고 베이징은 판단했다. 대만 역시 억지로 협상테이블에 나갔지만, 아이러니하게도 대만은 베이징과의 협상을 더 이상 배척하지는 않았다.

1987년, 당뇨병을 앓고 있던 장징궈(蔣經國)는 만년에 두 가지 큰 조지를 취했다. 38년 동안 대만에 실시한 계엄령을 해제하고, 이어서 고향 방문 뿌리 찾기인 '대륙탐친(大陸探親)'정책을 발표했다.

계엄령의 해제는 대만 사회에 엄청난 영향을 미쳤다. 38년 동안의 계엄 시기에는 대만 인민의 자유와 기본인권, 집회, 결사, 언론, 출판, 여행 등이 제한되었고, 무엇보다 언론자유가 가장 큰 탄압을 받았다. 장제스, 장징궈 부자는 계엄령을 이용하여, 공산당, 정치적 이의분자, 당외(黨外, 국민당 이외) 인사들을 구속 체포하고, 군법으로 처결하였다. 특히 이러한 탄압은 국민당 당위원회의 지시에 따라 이뤄졌다. 이른바 백색공포(백색테러)의 시기였다. 그러나 계엄이 해제 되자, 계엄령으로 인하여 제정 된 신문, 출판, 정당 결성 등에 관계된 30여 종의 법규와 조례도 아울러 폐지되었다. 이로써 당외 단체로 활동했던 민진당은 합법적인 정당으로 변모했다. 또한 계엄령의 폐지는 양안관계의 해빙을 제공하는 계기가 되었다. 1987년 7월 27일 대만의 교통부와 내정부는 대만인들의 홍콩, 마카오 여행을 허가했다.[2] 이 조치는 양안 간 이산된 친척들이 제3의 장소에서 만날 수 있게 하였다.

동년 10월 14일, 국민당 중앙상임위원회는 대만 인민들의 대륙탐친(大陸探親, 친척방문) 안건을 통과시켰다. 이것은 현역 군인 및 공직자를 제외하고, 전통적인 윤리와 인도주의를 고려하여 대만 민중들의 중국대륙 고향방문을 허락하였다. 친인척을 비롯하여 삼촌 이내의 혈육을 둔 대만인들은 모두 대륙탐친을 신청할 수 있었다.[3] 중국대륙의 국

---

2) 1979년 4월부터 실시해오던 대만인들의 홍콩과 마카오를 제1종착점으로 하는 출국여행을 불허하였지만 이를 폐지한 것이다

3) 내정부는 대륙탐친의 실시세칙을 발표했고, 1987년 11월 2일 부터 조건에 부합되는 민중은 적십자에 등기한 후, 대륙탐친이 가능했다. 탐친은 매년 1차례로 제한했다. 특수한 원인을 제외하고 매 차 3개월 이상을 초과해서 머물 수 없었지만 1988년 2월 1일 대만 행정원 회의에서 중국대륙에 거주하는 직계친족이 중병 혹은 사망한 대만주민은 매년 1차례의 대륙 탐친을 해제하여 여러 차례 방문이 가능했다. 이후 점차적으로 방문 규정이 해제되어 완전히 자유로워졌다.

무원 역시 이러한 대만의 조치를 환영하였다. 베이징은 왕래의 자유, 편의를 전적으로 제공하였으며, 동시에 대륙인들도 대만에 있는 친척 방문을 희망하여 대만 측이 보다 더 적극적 태도를 취하라고 촉구하였다. 대만의 주재외교원들에게도 불회피(不回避), 불양보(不退讓)의 원칙이 적용되어, 베이징 관료가 참가하는 화교사회의 집회에도 참가하였고, 대륙과 대만 간의 우편 왕래도 개방하였다. 하지만 직접 우편을 발송하는 것이 아니라 반드시 적십자를 통해 홍콩에서 발송하게 하였고, 부분적으로나마 중국대륙에서 나오는 출판물을 개방했고, 대만의 학술기구는 중국대륙에서 간행되는 학술, 문화 저작물을 수입할 수 있게 되었으며, 대륙의 풍광 및 문물 녹취, 영상촬영을 허락했다.

손뼉도 마주치면 소리가 난다. 중국국무원은 즉시 「대만동포 대륙탐친 여행 접대방법에 관한 통지」(關於台灣同胞來大陸探親旅遊接待辦法的通知)를 발표하고 환영했다. 피는 물보다 진했다. 자연적으로 교류도 빈번해졌으며 양안 간 협력관계가 형성되어 경제적 상호의존이 증가하였다. 하지만 동전에도 양면이 있듯이 교류로 인해 부수적인 문제가 발생했다. 상호교류의 과정에서 해상범죄, 밀수, 공증, 재산계승, 혼인관계, 경제 분규 등 법률적인 보호와 중재 기구가 필요했다. 교류로 인해 파생되는 문제의 처리가 불가피했다. 협상창구가 필요했다.

그러나 아직까지 대만에서는 삼불정책이 완전히 폐기된 것은 아니었다. 중국대륙의 공적인 정부기관과 접촉하면 대만이 시행하는 삼불정책에 어긋났다. 지혜가 필요했다. 그리하여 양안은 관(官) 아니고 민(民)도 아닌 1.5트랙의 협회를 만들었다. 타이베이는 1991년 3월 9일 재단법인해협교류기금회(財團法人海峽交流基金會, 이하 해기회)를 발족했다. 베이징도 이에 호응하여 같은 해 12월 1일, 해협양안관계협회(海峽兩岸關係協會, 이하 해협회)가 설립되었다. 이 두 협회는 양안

협상의 맞창구가 되었다. 해기회는 대륙위원회(行政院大陸委員會, 2018년부터 앞의 행정원을 빼고 대륙위원회라 칭함) 직속이다. 대만정부가 양안사무에 직접 나설 수 없는 불편한 사항을 처리하기 위해서 위탁받은 기구가 해기회다.

해협회는 국무원대만사무판공실(國務院臺灣事務辦公室, 국대판)과 중앙대판(中共中央台灣工作辦公室, 중대판)의 지도를 받는다. 국대판과 중대판은 실질적으로 같은 기구다. 구성원도 같다. 일투인마(一套人馬)[4]로서 한 기구에 두 가지 명패를 붙인 것이다. 해협회와 해기회의 구성원은 반관반민(半官半民)이다. 대만은 민간인이 관료가 된 셈이고, 해협회는 관료가 민간인이 된 셈이지만 실제적으로는 민간인의 역할보다는 정부의 견해를 대변할 수밖에 없는 구조다.

1988년 1월, 장징궈 사후에 부총통인 리등후이(李登輝)가 본토 대만인으로서 처음으로 총통직을 계승하게 되었다. 본토인으로서 총통직과 국민당 주석직에 올랐기 때문에 아직 그 권력이 공고화되지 않았기에 심람 진영을 안심시키기 위해 일중헌법(하나의 중국 헌법)을 강조

---

4) 하나의 기구에 두 개의 명패를 붙이는 것. 중화인민공화국 건국 초기는 각급 정부와 기업, 사업단위는 모두 당정기관 일체였다. 하지만 1978년 개혁 개방 이후,정부 명의로 대외교류의 필요성이 증가하자, 같은 기구라도 시기와 상황에 따라서 다른 패를 내걸어 하나의 기구에 두 개의 이름이 붙었다. 하지만 실질적으로 같은 기구다.
예를 들어, 중화인민공화국 국무원대만사무판공실(국대판)과 중국공산당 중앙대만공작판공실(중대판 혹은 중앙대판), 중앙인민공화국 국무원 판공실과 중국공산당 중앙대외선전판공실, 중앙인민공화국 중앙기구편제위원회와 중국공산당 중앙기구편제관리위원회, 중화인민공화국 중앙군사위원회와 중국공산당 중앙군사위, 국가행정학원과 중앙당교, 국가당안국과 중앙당안관 등.

하고, 본인은 대만인이지만 역시 중국인이라고 말하면서 국민당 내부의 반대파를 안심시켰다.[5] 물론 훗날 그가 국민당 내부의 권력을 완전히 장악하자 훗날 대만인으로서의 정체성을 분명히 드러낸 것은 주지의 사실이지만 취임 초기에는 공산당과 국민당 반대파를 안심시키려고 노력했다.

1980년 대 국민당 집권기의 대만경제는 일취월장 했으며, 1990년대 대만은 세계에서 14번째의 경제체가 되었다. 1987년 이후 대만에 유리하게 조성된 국제환경, 대만의 국내정치, 대만 경제의 성과로 인해 자신감이 상승하였고, 대만은 중국대륙(천안문 사태로 국제적 고립)에 대해서 비교적 주도적인 공세를 취하기 시작했다. 양안 쌍방 모두 중화민족이라는 기치 아래에서 '하나의 중국'이란 깃발을 들었다. 물론 당시 대만의 타이두 세력은 주류가 되지 못한 시기였다. 베이징 역시 시종일관 대중국주의를 견지했다. 하지만 양안이 협상테이블에 마주 앉았을 때 가장 근원적인 문제가 발생했다. 즉 하나의 중국원칙을 어떻게 서술하는가의 문제였다.

## 제2절 「92공식」

### 1. 1992년 홍콩회담의 배경과 내용

1992년 베이징은 천안문 사태의 여파로 국제사회의 제재에 직면했고 고립되었다. 이를 타개하기 위해 대만과는 협상을 통해 타이상(台商)의 국외자금을 흡수하여 자국의 경제발전에 이용하고, 국제적 이미지를

---

5) 施正鋒, 〈台灣人的認同〉, 《台灣獨立建國兩盟網》, http://www.wufi.org.tw

개선하고자 하였다.

1991년 리등후이는 「동원감란시기임시조관」(動員戡亂時期臨時條款)[6]을 폐지시켰다. 이어 해기회를 설립하고 베이징과의 접촉을 준비하였으며, 1992년 8월 24일 베이징은 한국과 국교를 수립했다. 한·중수교는 대만에게는 충격이었다. 이는 아시아에서 유일한 수교국인 한국과의 단교를 의미한다. 이러한 국내외적인 요인들은 양안을 협상의 테이블로 나올 수 있는 유인이 되었다.[7] 결국 양안은 홍콩에서 마주 앉았지만 서로 간의 정치입장에서 가장 큰 문제가 도사리고 있었다. 바로 '하나의 중국 문제'였다.

당시 양안은 정치적으로 이견이 있었으나 모두 하나의 중국을 견지하고 있었다. 대만은 중화민국 헌법과 국가통일강령에 따라 대만과 대륙을 모두 중국의 영토로 규정했다. 물론 여기서의 '중국'은 중화민국이다. 하지만 베이징에 있어서 하나의 중국은 '중화인민공화국'이다. 그러므로 대만은 중화인민공화국의 일부분이다. 타이베이의 입장은 대만은 중화민국 헌법에 근거하여 중화민국정부야말로 중국의 유일한 합법정

---

6) 동원감란시기임시조관은 중화민국헌법의 부속조항으로 국민대회에서 제정되어 중화민국헌법보다 우위에서 적용되었다. 1948년 공포되고 실시되어 43년 간의 실시되었던 동원감란시기조항은 1991년 5월 1일 폐지되었다. 동원감란시기임시조관은 대만계엄시대의 산물이며, 국민당 정부가 언론과 사상자유를 탄압하며, 민주정치를 중단시킨 상징이었으며 비록 헌법이 있더라도 유명무실한 것이었다. 1947년 국민정부는 중화민국헌법을 반포했지만 항일전쟁의 종결과 동시에 홍군세력은 점점 확대되는 추세에 있었고, 7월 장제스가 주재한 국무회의에서 전국총동원안이 통과되었다. 국무회의에서 통과된 동원감란 완성 헌정실시강요는 전국을 동원감란시기로 진입하게 만들었다.

7) 蘇起, 鄭安國主編, 《「一個中國, 各自表述」共識的事實》, 臺北 : 財團法人國家政策基金會, 2002, 頁Ⅲ.

부며, 중화민국이 중국대륙을 포함하여 중국의 주권을 가지고 있다고 주장했다. 쌍방은 이러한 문제를 해결하기 위해서 1949년부터 이미 존재하고 있던 하나의 중국에 대한 쟁론에 대해서 일련의 협상을 진행한 것이다.

국민당은 양안협상을 열기 전에 국가통일위원회에서 먼저 '하나의 중국'에 관한 함의(關於「一個中國」的涵義)[8]를 통과시켰다.

양안협상은 특수적인 지위로 인해 양안의 정부가 직접 협상에 나선

---

8) 1992년 국가통일위원회 제8차 회의 통과, 海峽兩岸均堅持一個中國之原則, 但雙方所賦予之涵義有所不同, 中共當局認爲一個中國卽爲中華人民共和國, 將來統一後, 台灣將成爲其管轄下的一個特別行政區. 台方則認爲一個中國應指1912年成立迄今之中華民國, 其主權及于整個中國, 但目前之治權, 則僅及于台澎金馬. 台灣固爲中國之一部分, 但大陸亦爲中國之一部分.
https://www.mac.gov.tw/News_Content.aspx?n=AD6908DFDDB62656&sms=161DEBC9EACEA333&s=9E19C5DBAADFC848

가. 해협양안은 모두 하나의 중국원칙을 견지하지만 쌍방이 부여한 함의는 다소 다른 점이 있다. 중공 당국은 하나의 중국을 중화인민공화국으로 인식한다. 장래 통일 이후, 대만은 그 관할의 특별행정구가 된다. 우리가 인식하는 하나의 중국은 1912년 성립되어 지금에 이른 중화민국이다. 그 주권은 전체 중국에 미친다. 단, 현재의 치권은 단지 타이펑진마(대만, 펑후, 진먼, 마주)에 한한다. 대만도 중국의 일부분이지만 대륙 역시 중국의 일부분이다"(臺灣固爲中國之一部分, 但大陸亦爲中國之一部分)

나. 1949년부터 중국은 잠시 분열상태에 처해 있다. 각기 두 개의 정치실체로서 해협양안을 분치(分治)하고 있다. 이는 객관적 사실이다. 통일을 모색하는 어떠한 주장도 이러한 사실의 존재를 홀시할 수 없다.

다. 중화민국정부는 민족의 발전, 국가의 부강, 인민의 복지를 위해서 이미 국가통일강령을 정했고, 적극적으로 공식을 도모하고, 통일의 발걸음을 전개했다. 대륙당국도 실사구시, 무실의 태도로 고정관념을 내려놓고 자유, 민주, 균부로 '하나의 중국'을 건립하기 위해 지혜와 역량을 공헌하기를 깊게 희망한다.

것이 아니라 각각 주무관청의 위탁을 받은 반관반민의 단체가 협상의 주체가 되었다.

홍콩 회담에서 쌍방은 '하나의 중국'에 대해서 각기 다른 서술방식을 내놓았다. 해협회는 5종류의 서술방식을, 해기회는 선후로 8개의 방안을 제출했다. 그 중 해기회의 제 8번째 서술방식은 "해협양안은 공동으로 노력하여 국가통일을 모색하는 과정 중에 쌍방은 비록 모두 하나의 중국원칙을 견지하지만 하나의 중국에 대한 함의와 인지는 각기 다르다"는 것이었다. 결국 쌍방은 모두 13개의 서로 다른 서술 방안을 제출했지만 공통된 인식에 도달할 수 없었다. 10월 29일 해협회는 협상을 중단하고 베이징으로 돌아가 버렸다. 1992년 11월 3일 해기회는 한편으로는 신문성명을 통하여, 다른 한편으로는 해협회에 서한을 보내 '하나의 중국원칙'에 대해서는 국가통일강령과 국가통일위원회가 8월 1일 '하나의 중국에 관한 함의'에 대한 결의에 근거한다는 표현을 덧붙였다. 해기회는 11월 5일까지 홍콩에 체류하다가 회담 재개의 기미가 없자 대만으로 돌아왔다. 당시 대륙위원회 부주임위원인 마잉주(馬英九)는 "홍콩회담에서 하나의 중국에 대한 서술방식에 대해 교집(交集)도, 공식도 없었으며, 중공은 우리 측에 정치적 협박과 성의가 결핍된 태도를 보였다"고[9] 밝혔다. 회담 결렬의 원인은 첫째, 해기회의 요구에도 불구하고 해협회가 협상장을 떠나 베이징으로 가버린 것이며, 둘째, 양회는 명확하게 '하나의 중국'에 대한 서술문제에서 결코 교집합적인 부분을 찾을 수 없었다.

협상결렬 후에도 쌍방은 전화와 서신으로 '하나의 중국'의 논제에 대해서 의견을 지속적으로 교환했고, 11월 16일 해협회는 해기회에 서신

---

9) 《中央日報》, 1992.11.6.

을 보내왔다. 즉 해협회의 구두서술 요점은 아래와 같다.

"해협양안은 모두 하나의 중국원칙을 견지하고 국가의 통일을 모색한다. 사무성 회담에서는 단지 하나의 중국원칙을 견지하는 태도를 표명하며, '하나의 중국'의 정치적 함의에는 미치지 않는다. 표술의 방식은 충분히 토론할 수 있고, 해기회와 대만 각계 인사의 의견을 듣기를 원한다". 동시에 이 편지는 해기회가 이전에 제출한 8번째의 표술방식, 즉 "해협양안이 공동으로 노력하여 국가의 통일을 모색하는 과정에서 쌍방은 비록 하나의 중국원칙을 견지하나 하나의 중국에 대한 함의와 인지는 각기 다르다"를 쌍방이 상호 접수할 수 있는 공식(共識의) 내용으로 삼자는 것이었다. 12월 3일 해기회는 해협회의 구두표술 요점에 대해서 '존중'을 표시한다고 밝혔다.[10] 이것이 92년 양안 간에 있었던 하나의 중국 표술방안에 관한 홍콩회담의 시말이다.

해기회, 해협회는 합의는 즉 구두성명의 방식으로 각자가 하나의 중국원칙을 표술하는 것이다. 하지만 해석에 있어서 베이징은, "해협양안은 하나의 중국원칙을 견지하고, 국가의 통일을 도모하는데 노력한다에 방점을 두었다. 반면에 대만은 각표에 방점을 두었다. 다시 말해 일중각표(一中各表, 하나의 중국에 대해 각자가 표술한다. one China with respective interpretations)에 초점이 있었다.

92공식의 내용은 크게 세 부분이다. 첫째, 양안은 모두 하나의 중국원칙을 견지한다. 둘째, 양안은 모두 국가통일을 추구한다. 셋째, 쌍방은 하나의 중국에 관한 서로 다른 이해가 있다. 대만은 각자표술이다. 공산당의 입장은 쌍방의 교류는 사무성이며, 정치협상이 아니고, '하나

---

10) 海協就所謂"九二香港會談基礎問題"發表談話
　http://www.people.com.cn/BIG5/shizheng/1025/2986333.html

의 중국'에 대한 내용에 대해 표술(설명, 서술)할 필요가 없다는 점이다. 즉 하나의 중국은 정치적 함의에는 미치지 않는다는 것이다.

## 2. 92공식consensus

「92공식」이란 용어는 신조어다. 2000년 4월 대륙위원회 주임위원인 쑤치(蘇起)가 발명한 단어다. 당시 대만은 역사상 처음으로 정권이 교체되는 시기였고, 민진당의 천수이볜이 5월 20일 취임을 앞두고 있었다. 쑤치는 타이두를 당강으로 삼고 있는 민진당의 집권 이후의 양안관계를 우려했다. 「92공식」이라는 생소한 단어를 사용하여 양안 간 '하나의 중국' 문제에 관한 굴레를 풀고자 했다.[11] '하나의 중국'이라는 직접적인 단어를 피하면서도 양안 간 각 당의 주장을 포괄하는 신조어를 창조해 낸 것이다. 쑤치 자신도 「92공식」은 매우 고심하고 애써서 만든 것이라고 밝혔다. 1999년 양국론 발표 이후 정체된 양안관계를 회복하기 위한 것이었다. 쑤치는 92공식이 양안 회담재개의 윤활유로 사용되기를 바랐다.[12]

결국 2005년 공산당이 「92공식」을 받아들이면서, 국민당과 공산당의 묵계가 형성되었고, 2008년 국민당의 마잉주가 집권하자 양안은 92공식의 기초에서 급속한 협상을 진행하여 8년 임기동안 23개의 협정에 서명했다. 2016년 92공식을 인정하지 않는 차이잉원이 집권하자 기존에 제도화된 모든 협상은 중단된 상태다. 「92공식」은 향후 양안 간에 전개될 협상의 전제조건이 되었으며, 대만 내부에서 가장 뜨거운 이슈

---

11) 同上註, 頁Ⅶ.
12) 蘇起,〈自創"九二共識"包裝"一中各表"李登輝事後知〉,《今日新聞》, 2006.2.21.

가 되었다.

　민진당이 「92공식」을 부정하는 이유는 첫째, 「92공식」은 정상적인 협정서가 아니라는 점이다. 협상 당사자의 서명이 없을 뿐만 아니라, 그것도 양회 간 왕래한 편지와 전신뿐이다. 국민당은 이에 대해 전신이나 편지 역시 환문(換文, Exchange of Notes or Letters)의 일종이며, 국제사회에서 일상적으로 통용된다는 이유를 든다. 피차간의 이견에 대한 공통된 인식과 견해의 표시라는 것이다. 둘째, 관건은 공식(共識)이라는 의미다. Consensus 지만 이는 법률용어가 아니다. 이에 비해 국민당

표 3.1 「92공식」에 대한 각 당의 인정여부

| 정당 | 인정여부 | 근거 | 비고 |
|---|---|---|---|
| 민진당 | 불인정 | 협정 문건 자체 비존재 | 각자가 하나의 중국을 말하면 결국 '공식 없는 공식'이다. |
| | | 당사자의 서명 無 | |
| | | 문건은 전신과 편지뿐이다 | |
| | | 「92공식」 단어 자체가 존재하지 않았다 | |
| | | 일중각표(一個中國, 各自表述)로 내용도 존재하지 않음 | |
| 국민당 | 인정 | 편지도 환문(換文)의 일종이며, 국제사회에서 일상적으로 통용 | 구동존이(求同存異)와 각치쟁의의 내용이다. |
| | | 일중각표, 각자가 하나의 중국 원칙을 표술한다. 각자가 표기하면, 곧 하나의 중국은 중화민국을 의미한다. | |
| 공산당 | 인정 | 일중불표, "一中不表" 공산당은 쌍방의 교류는 사무성이며, 정치협상이 아니다. 하나의 중국에 대한 내용에 대해 표술(설명, 서술)할 필요가 없다. 하나의 중국은 정치적 함의에는 미치지 않는다. | 2005년 이후 인정 후진타오 - 롄짠 성명 |
| 녹색 진영 정당 | 불인정 | 자체 불인정, 시대역량, 대만단결연맹, | |
| 남색 진영 정당 | 인정 | 친민당, 신당 각각 공산당과 연합성명 | 후진타오 - 송추위 성명 후진타오 - 위무밍 성명 |

**표 3.2** 1992년 양안 홍콩회담 정책결정자들의 견해

| 인물 | 당시 직책 | 「92공식」(1992 Consensus) 인정여부 |
|---|---|---|
| 리등후이 | 총통 | 불인정, 어린애(쑤치)가 역사를 왜곡 날조했다 |
| 황쿤훼이 | 대륙위원회 주임 | 불인정 |
| 구쩐푸 | 해기회 회장 | 불인정, 92양해(諒解, 1992 Understanding) |
| 마잉주 | 대륙위원회 부주임 | 당시 불인정, 후에 인정으로 입장 전환 |

＊천수이벤(2000-2008) : 불인정, 공식 없는 공식이고, 92정신에 합당
＊시진핑(2019) : 고대만동포서 40주년 기념 담화, 92공식은 양안은 모두 하나의 중국에 속하고, 공동으로
국가통일을 모색한다는 것이 일중의 본질이며 통일이지 각표가 아니다.
＊차이잉원(2016-현재) : 불인정, 92년 양안 회담 사실은 인정

은 환문으로 공동의 견해를 충분히 표시했다고 인정한다. 셋째, 일개중
국, 각자표술(一個中國, 各自表述)이란 용어는 1992년 당시 양안 양회
의 서신왕래에도 나오지 않는다. 넷째, 공식의 핵심적 함의다. 각자가
각자의 말을 표기한다면 공통점이 있을 리 없다. 이에 비해 쑤치는 구
동존이(求同存異)라고 밝히고 있다. 「92공식」에 대한 합의를 통해
1993년 「왕구회담」을 비롯하여 양안협상의 서막이 열릴 수 있었다고
주장한다.[13]

　무엇보다도 민진당이 「92공식」을 인정하지 않는 이유는 「92공식」을
인정하면 대만독립의 이유는 사라지고 만다. 다시 말해, 「92공식」의 인
정은 대륙과 대만이 모두 하나의 중국에 속하며, 양안 간은 국가 대 국
가의 관계가 아니라는 것을 의미한다. 이는 타이두를 당강으로 채택하
고 있는 민진당의 입장에서는 정치적 자살행위나 다름없다. 설령 인정
하고 싶어도 민진당 내부의 파벌 투쟁을 고려할 때 「92공식」을 받아들

---

13) 蘇起,〈"一個中國, 各自表述"共識的意義與貢獻〉,《海峽評論》, 143期, 2002.
　　11, http://old.npf.org.tw/PUBLICATION/NS/091/NS-B-091-023.htm.

이기가 매우 어려운 구조다.

결국 민진당이 집권하면 하나의 중국 문제에 관한 국민당과 공산당 간의 묵계인「92공식」을 부정하기 때문에 양안은 긴장국면이 형성되고,「92공식」의 승인을 전제조건으로 삼는 공산당과의 협상은 회복될 수 없다. 베이징은 하나의 중국원칙을 양안대화와 협상의 전제로 설정하였기 때문이고, 민진당은 전제조건을 단 대화에는 나갈 수 없고, 조건 없이 협상을 개최하자고 주장했지만 그 본질은 공산당이 주장하는「하나의 중국원칙」을 무력화 시키는 것이다.

대만내부에「92공식」에 관한 두 가지 입장차이가 있다. 국민당, 친민당, 신당은 모두「92공식」을 인정하나, 그 공식의 내용은 일개중국, 각자표술(一個中國, 各自表述)이다. 즉 하나의 중국에 대해서 양안은 각자가 서술한다는 것이다. 이에 반해 민진당은「92공식」의 존재 자체를 인정하지 않으며, 아무리 좋게 설명해도 '공식없는 공식'일 뿐이다. 비록 2005년 후진타오와 렌쨘 간 공동성명 및 1992년의 하나의 중국에 관한 공식이 있을지라도 그것은 중국국민당과 중국공산당 간의 일이며 대만과는 아무런 관계가 없다고 강조한다.[14]

베이징에게 있어서 하나의 중국 원칙은 시종일관 양안이 공동으로 준수해야 할 대전제다. 사실상 1992년 대만이 국통강령을 제정할 즈음만 해도 대만과 대륙은 모두 하나의 중국에 속했다. 공산당의 입장도 그러했다. 하지만 시간이 지날수록 타이베이는 '하나의 중국'원칙에 멀어져 나갔으며, 단계적인 두 개의 중국으로 방향이 전환되었고, 1995년 6월 리등후이의 미국방문은 양안 위기의 도화선이 되었다. 양안관계는

---

14) 洪健昭,〈九二共識、九二諒解、九二精神〉, 國安(評)092-140號, 中華民國九
　　12.5.9.

급전직하했고 미국의 항공모함 두 척이 출동하는 양안위기가 초래되기도 했다.

2000년에 집권한 민진당의 천수이볜은 취임 후에 「92공식」의 존재를 완전히 부정했다. 취임과 동시에 첫 번째 담화에서 92정신(九二精神)을 강조했다. 양안이 홍콩에서 만난 것은 사실이기 때문이다. 천수이볜은 피차의 쟁의를 각치하고 하루속히 대화와 교류를 회복하자고 주장했지만 이는 메아리에 불과했다. 천수이볜과 부총통 뤼시우롄 역시 수차례에 걸쳐 「92공식」은 존재하지 않을 뿐이며 오직 「92정신」만 존재하는 것이며, 소위 말하는 「92공식」은 "공식없는 공식이다".[15]고 밝혔다. 사실 천수이볜에게 있어서 '하나의 중국'은 대만을 옥죄는 긴고주였다.

2008년 총통당선인 신분인 마잉주와 총통 천수이볜은 회담에서 「92공식」에 대한 격렬한 논쟁을 벌였다. 첫째, 「92공식」사실 존재여부 둘째, 구체적 함의 셋째, 양안 회담재개의 전제가 된다면 대만의 미래가 불안정하다는 것이다. 천수이볜은 1992년 양회의 홍콩회담에서는 단지 '하나의 중국' 공식만 있었지 각표(各表, 각자가 표술한다)의 공식은 없었으며, 각표는 단지 대만측의 희망적 사고에 불과한 것이라고 밝혔다.[16] 민진당은 당내부, 지지자, 이데올로기, 당강 등 구조적으로 92공식을 인정하기 어렵다. 이를 인정하는 순간 양안 통일의 가능성은 열리게 되기 때문이다. 2016년 대만의 총통인 된 차이잉원 역시 이 논조를 크게 벗어나지 않고 있다.

---

15) 〈水扁所為與九二共識背道而馳〉,《北京 : 新京報》, 2004.10.15, http://www.sina.com.cn

16) 〈扁馬會面激辯九二共識〉,《自由時報》, 2008.4.2, http://news.ltn.com.tw/news/focus/paper/200802

현실주의적 국제정치 구조에서 '하나의 중국'은 대체적으로 중화인민공화국을 가리키는 말이다. 이는 대만에 불리한 것이다. 국민당은 '하나의 중국' 뒷면에 다시 '각자 표술'의 네 글자를 덧붙이고, 대만이 말하는 '하나의 중국'은 중화인민공화국과 같지 않은 것임을 나타내고자 한다.

2017년 중공의 관영 통신사인 신화사는 금지 단어와 신중하게 사용해 할 단어 102개를 발표하였다. 그 중 82번째 항목에서 대만에서 사용하는 '92공식 일중각표(九二共识、一中各表)'을 사용하지 못하게 했다. 단지 92공식이란 단어를 사용하거나 혹은 하나의 중국 원칙(一个中国原则), 하나의 중국정책(一个中国政策), 하나의 중국 프레임(个中国框架) 이라는 단어를 사용하게 했다.[17]

대부분의 대만인들에게 있어서 하나의 중국원칙 인정은 대만이 '중화인민공화국'의 일부분임을 승인하는 것으로 본다.

그러나 국민당에게 있어서 하나의 중국은 양안이 하나의 중국원칙을 달성할 수 있게 만든다. 특히 중화민국의 일중헌법(하나의 중국헌법)은 대륙과 대만은 모두 중국에 속한다고 명확히 하고 있으며, 이는 양안 간의 최대의 교집부분이다. 그러므로 국민당 집권기에 중화민국의 일중헌법을 견지한 것은 양안협상 출발점이자 지향점이다. 다시 말해 국민당은 대만 내부에 대해서 각자 표술을 강조하고 베이징에 대해서는 일중을 강조하는 내외유별의 전략을 보여준다. 소위 말하는 하나의 중국, 즉 마잉주에게는 중화민국이라고 가리키지만, 베이징의 면전에서 중화민국을 말하지 못한다. 중화민국은 국내 판매용, 홍보용인 셈이

---

17) 新华社新闻信息报道中的禁用词和慎用词(最新修订版) 2017.7.19. 21:40, https://www.jiemian.com/article/1486458.html

다. 일중(하나의 중국)과 각표(하나의 중국에 대한 각자 표기)는 본래 물과 불의 관계와 같다. 이점에 있어서 시진핑은 92공식의 전제는 양안은 모두 하나의 중국에 속하고, 공동으로 국가통일을 모색한다는 것이 일중의 본질이며 통일이지 각표가 아니다.[18]고 분명히 했다. 현재 베이징의 92공식은 하나의 중국 견지와 국가통일 모색을 위해 공동노력하는 것이 바로 92공식의 합당한 의의다(應有之義)고 밝혔다.[19]

그러나 대만의 민주화가 공고해지고, 권위주의 체제가 종결을 고하면서 대만의 본토의식과 주체의식은 고양되었으며, 이는 대만 내부에서 격렬한 정치적 분화를 가져왔으며 양안 간의 '하나의 중국'에 대해 이견을 형성했고 결국 공산당, 국민당, 민진당 간의 각기 서로 다른 논술을 가져오게 되었다.

현재 대만내부는 이데올로기에 있어서 현저한 차이가 있다. 대략적으로 분류하자면 범람(汎藍)과 범록(汎綠)으로 나눌 수 있고, 통상적으로 범람진영은 국민당 위주며, 국민당에서 갈라져 나간, 신당 및 친민당을 가리킨다. 범록은 민진당, 대만단결연맹, 건국당, 시대역량(2016) 등을 가리키나 주도적인 역량은 민진당이 보유하고 있다. 그러므로 남색, 녹색은 각기 국민당과 민진당의 당기 색깔을 상징한다.

첫째 국민당의 분화다. 1993년 통독쟁의가 발생했고, 당시 리등후이의 타이두 노선에 불만을 품고 중국 국민당의 당내 비주류계, 즉 국민당의 신세대 위주의 왕지앤쉬앤(王建煊), 자오샤오캉(趙少康)등 외성인들 위주의 구성한 단체인 신국민당연선(新國民黨連線)이 별도로 뛰

18) 重新定調九二共識！習近平加了這一句話…, 2019.1.2. 12:37, http://news.ltn.com.tw/news/world/breakingnews/2659506
19) 國台辦1月16日記者會全文, 2019.1.16, http://hk.crntt.com/crn-webapp/doc/docDetailCNML.jsp?coluid=7&kindid=0&docid=105309331

쳐나가 신당(新黨)을 결성했다. 그 결과 2000년 민선 대만성장(臺灣省長)인 쑹추위(宋楚瑜)는 리등후이와 정책노선 갈등으로 분열하여 독자적으로 총통선거에 참여했으며, 마침내 남색진영이 분열하여 2000년 민진당이 집권하는 계기가 되었다. 이후 쑹추위를 비롯한 일부분의 당원들이 국민당을 탈당하여 친민당(親民黨)을 창당했다. 2001년 대만본토화를 주장하는 일부분의 국민당 당원들과 이미 당적을 잃은 리등후이와 전 내정부(內政部) 장관 황주원(黃主文)등이 새롭게 대만단결연맹(臺灣團結聯盟)을 창당했다.

둘째 민진당 내의 분화다. 1986년 9월 28일 민진당이 창당했다. 당시는 계엄령이 발효되는 시점이어서 집권당의 인가를 얻지 못했다. 이후 민진당은 거리시위 등 대규모의 정치활동을 개최하고, 계엄령 해제 등 일련의 정치개혁의 조치를 국민당에 요구했으며 이를 쟁취했다. 창당 초기의 민진당은 스스로 대만본토 정당의 대표로 자리매김했고, 국민당 정권을 외래정권으로 규정했다. 그러나 민진당 내부 역시 파벌 및 노선의 차이가 발생했다. 1996년 10월 6일 대만독립운동 급진파 성원들이 민진당으로부터 분열하여 건국당(建國黨)을 결성했다. 당시 민진당은 선후로 대담서진(大膽西進), 대연합(大聯合), 대화해(大和解)등을 주장해 당내 타이두 인사들의 불만을 고조시켰고, 1997년에 홍콩도 장차 중공에 귀속될 시기였기 때문에 급진타이두는 초조감을 가지고 있었기에 민진당과 별도로 건국당을 창당했다. 건국당은 줄곧 대만독립의 급진 선봉대에 섰다. 건국당의 주장은 심록진영을 대변하는 것으로서 그들의 주장은 첫째 새롭고 독립적인 대만공화국 건설을 고취시켰다. 중화민국이라는 국가는 1971년 유엔에서 퇴출당함과 동시에 이미 사망했으며 대만에 대한 국민당 정권의 통치는 비법이라고 주장했다. 그러므로 새로운 독립 국가를 건설하고, 대만공화국이라는 명칭으로 중화민국이라는 국호 변경, 중화민국헌법체제를 폐지하고 신헌법을 제정해야한다고 주장했다. 둘째 새로운 대만문화를 고취한다. 문화의 역량을 통해서 대만위주의 역사, 문학, 예술 등을 찾아야 한다. 셋째 대만공화국 명의로 유엔에 가입하여야 하며 대만외교의 곤경은 대만이 국가가 아니라는 점에 있다고 인식했다. 그러므로 대만은 대만공화국 명의로 유엔가입신청을 하여 국제지위를 쟁취해야한다는 것이다.[20] 이러한 주장은 민진당 천수이볜 두 번째 집정시기(2004-2008)에 추진한 대만독립 방향과 현 차이잉원 정권의 노선과 일치한다.

## 제3절 타이두台獨

대만 내부의 통일과 독립에 대한 스펙트럼을 파악하는 것은 매우 복잡하다. 대만의 역사를 보는 관점에 따라 정치적 이견과 신념이 대립하고, 대만의 앞날을 결정하는 방법에 있어서도 지속적인 갈등을 일으키고 있다. 이 모든 갈등의 근원은 과연 대만은 '중국'의 일부분인가의 문제로 귀결될 수 있으며, 왜 타이두를 주창하는지를 파악할 수 있다. 그림 3.1은 대만 내부의 통일과 독립에 관한 입장도다.[21]

---

20) 《中國網》, http://www.china.com.cn/chinese/zta/439134.htm.
21) 대만의 통일/독립 입장. 자료, 菜市場政治学, 陈方隅, https://whogovernstw. org, 필자 재구성

**그림 3.1** 대만내부 통일과 독립에 관한 입장

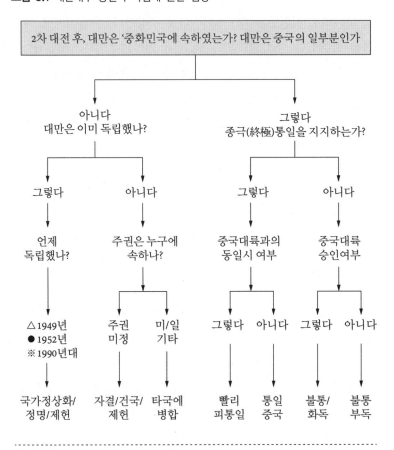

△ 1949년 장제스의 대만 천도 후 중국대륙과 단절 됨
● 샌프란시스코 조약에 근거를 둠. 비록 일본은 대만의 주권을 포기하였으나, 그 귀속
   대상을 명확히 하지 않음. 당시의 중화민국인지, 중화인민공화국인지 불분명.
※ 1990년대 민주화의 과정을 거치면서 독립, 즉 유효자결의 과정을 거치면서 대만은
   실질적인 독립을 쟁취함. 진화론적인 입장임.

## 1. 타이두 정신의 근원

대만독립을 지칭하는 타이두 이론의 핵심은 대만은 외래인들이 통치한 식민지 역사라는 데에 있다. 그러므로 대만인들은 외래통치자들을 타도하고 새로운 대만인들의 국가를 건설해야 한다는 논리로 전개된다. 대만의 역사와 그 발전과정의 관점에서 본다면 결코 이치에 어긋나는 주장은 아니다. 이 논리가 바로 전형적인 타이두 이론의 정수다.[22] 또한 타이두를 주장하는 사람들은 대만인들만의 이러한 비정(非情)적 정서와 사고방식을 자극해 정치적 역량을 결집하여 최후에는 대만공화국 건설에 그 목표를 두고 있다.

타이두 운동의 근원은 2차 대전 이전으로 거슬러 올라가고, 크게 두 가지로 분리해서 파악해 볼 필요가 있다. 2차 대전 전후로 타이두 운동은 질적인 차이를 보이기 때문이다. 2차 대전 전에는 주요 항거의 대상이 일본제국주의였고, 이들 타이두 운동자들의 요구는 대만 민족운동으로까지 연동된다. 2차 대전 후에는 대항해야 할 대상은 초기에는 국민당 통치 집단이었다가 이후에는 점차적으로 주적은 중국공산당으로 변해갔다.[23]

민진당은 창당부터, 타이두 강령(台獨綱領)을 통과시켜 공개적으로 타이두 건국(台獨建國)을 목표로 삼았다. 대만의 기층 민중으로부터 건당의 지지기반을 삼고 약자의 권익을 보호하는 운동적 정당색체를 띄었다. 그 결과 자연적으로 민진당의 노선은 대만인의 비애를 자극하여, 비정정서에 호소하는 이른바 감성적 비정노선이었다. 선거 때가 되

---

22) 徐宗懋, 《臺灣人論》, 台北 : 臺灣民眾史, 1993, 頁88-93.
23) 許維德, 〈中國民族主義·帝國主義·台灣獨立運動, 〈簡評三本90年代出版的台獨研究〉, 〈思與言〉, 《台北 : 人文與社會科學雜誌》, 2001, 頁89-164.

면 민진당의 주요 구호는 애대만(愛台灣), 인동대만(認同台灣, 대만동일시)이었다. 기층 서민의 눈물을 자극했으며 대만문화를 강조하였고 대만의 특징인 수난과 굴곡, 가련한 신세 등을 언급하며, 국민당이 대만을 팔아먹는다고 강조면서 대립각을 세웠다.

현재 타이두의 최대의 장애는 공산당이 통치하는 중국대륙이다. 베이징은 대만의 주권을 자신이 가지고 있다고 주장하며, 역사적, 문화적, 국제정치적인 각도에서도 대만에 대한 주권을 합리화한다. 그러므로 이러한 베이징에 맞서는 타이두 운동의 방법론은 중공이 말하는 역사적, 국제법적, 문화적, 국제정치적인 각도에서 대만은 중국에 속하지 않는다는 논리를 편다.

타이두는 대만의 특수한 경험과 문화적 특징을 의도적으로 부각시킨다. 한마디로 요약하자면 대만과 중국은 다르다(臺灣和中國不一樣)는 것이다.24) 대만은 대만이며 중국은 중국이고, 심지어 중국대륙보다 더 우월한 국가라고 강조한다. 역사적으로 대만인들이 공유하고 있는 비중국경험과 비중국문화적인 부분은 타이두 운동의 귀중한 자산이 된다. 그 결과 의도적으로 일본 통치시기 대만의 상황을 긍정적으로 평가하기도 한다. 일본점령기에 대만의 질서는 오히려 양호했으며 주거환경은 청결했고, 문명화된 법치제도를 갖추고 현대화된 사회였다는 점을 강조한다. 일본 통치시기를 그리워하고 가능한 일제의 부정적인 것은 소홀히 취급하며, 식민지체제의 긍정적인 면을 의도적으로 나타내려 한다. 예를 들어 차별대우, 민족탄압 등에 있어서 오히려 일제 시기가 현대화된 대만사회였다는 것이다. 그러므로 타이두 근본주의자(基本教義派)들은 공개적으로 일본통치기의 일본인들의 대만에 대한 공

---

24) 「台獨」承認, 一個中國. 這中國就是「中華人民共和國」.

헌을 주장하며, 심지어는 찬양, 미화하기도 한다. 예를 들어 리등후이의 야스쿠니신사(拜靖國神社)참배나, 조어도(釣魚臺)는 일본 땅이라는 발언, 부총통 리씨우롄(呂秀蓮訪)이 일본 방문에서 이토오 히로부미 신사를 참배하거나 시모노세키 조약에 대한 발언 등 이루 헤아릴 수 없이 많다. 타이두 근본주의자의 생각에는 중국공산당과 중국 인민은 같은 것으로 치부해버리는 경향마저 띈다. 타이두 사상가들에게 중공 정권과 중국대륙인민을 구분해서 사고하지 않는다. 바꿔 말해 중국 대륙인민들이 중공에 대항하든지 아니든지 아예 호감을 가지고 있지 않다. 타이두 근본주의자에게 있어서 중국대륙의 인민과 대만인들은 완전히 다른 존재다. 그들은 일본인과 비교해서 대륙인들은 저급하며, 더럽고, 빈궁하며, 난잡하고 질서가 없다는 점을 강조한다. 일본인은 물론 이와 반대로 묘사한다.

타이두는 대만주체의식을 제고하기 위해서 일본통치시기를 미화하며, 일제시기의 반일인사, 항일인사들을 오히려 소홀히 취급하는 경향마저 있다. 대만을 제외한 일본제국주의의 침략을 경험한 국가들은 한결같이 일본의 야스쿠니 신사참배에 대해 반대하며, 심지어 일본인 조차도 야스쿠니신사 참배를 신중하게 처리해야 한다고 말하기도 하지만 오히려 타이두 근본주의자들은 이에 대해 줄곧 침묵을 지키고 있다. 심지어 일본극우파와 부화뇌동하기도 한다. 사실상 초기 타이두 운동론자들의 주요 무대는 일본이었고 일본 극우파와 타이두 근본주의자들의 일치성은 상당히 많이 발견된다.

이러한 맥락에서 왜, 일본 극우파가 대만 문제에 관해서 암암리에 대만을 지지하는지 알 수 있다. 다시 말해 현재 타이두의 가장 큰 장애는 중공으로부터 온다. 그리고 이러한 타이두 사상은 일본과의 교류에서도 중공을 자극하는 요소가 된다. 당연히 중공의 반응은 비평화적 수

단도 아끼지 않겠다는 엄포를 놓는다. 또 이러한 중공의 대만 타이두 분자들에 대한 발언은 타이두를 다시 자극한다. 나아가 양안 간을 긴장 상태로 몰아넣고 중공은 타이두의 적이 되고 이것이 확대되면 대만의 적이 된다. 이러한 논리는 중공을 자극하여 대만 내부를 응집시키고, 중간층을 심록의 방향으로 이동시키는 데 영향을 미친다. 선거의 이해 타산에서 대만은 또 다시 분열이 확대된다. 예를 들어 천수이볜은 그의 집권 시기 그의 가장 큰 공로는 남색진영을 녹색진영 방향으로 끌어당 겼다고 자아자찬했다.[25] 특히 민진당 집권 말기에 들어서면서 국제적으로 미국의 타이두에 대한 반대를 견지했고, 대륙은 반분열국가법을 제정하여 계속해서 민진당을 압박했으며, 민진당 내부에서도 각종 부패문제와 민진당내의 파벌문제 등의 요소로 인해서 고립무원에 빠지자, 이를 탈피하기 위해 공산당을 자극했다. 즉 중공을 자극하는 방식으로 대만이 처한 곤경한 상황을 벗어나고자 하여, 소위 말하는 봉중필반(逢中必反), 즉 중공을 만나면 언제나 반대하는 정서를 불러 일으켰다. 아울러 민진당은 모두 네 개의 층면에서 대만은 중국에 속하지 않는다고 주장했다. 첫째 국제사회에서 국제일중이 아니며 대만과 중국은 일변일국이다. 둘째 정치상으로도 하나의 중국이 아니다. 정치일중을 견결히 반대하며, 92공식을 부정했다. 셋째 경제상으로도 중공의 통전을 방지하고 경제일중을 막고자, 리등후이의 계급용인과 비슷한 적극관리 유효개방(積極管理, 有效開放)이란 경제 정책을 실시했다. 넷째, 민족 일중에 반대했다. 대만과 대륙은 서로 다른 족군이며 대만문화는 중화 문화의 일부분이 아니라고 강조했다.

---

25) 〈兩岸談判如何邁過主權關 石齊平提"融合新思維"〉, 香港 : 鳳凰衛視, 2008.4.25,
   http://news.ifeng.com/taiwan/4/200804/0425_354_508922_2.shtml

타이두는 비교적 보편적 가치, 즉 민주, 인권, 자유 등을 강조한다. 중국 대륙의 입장에서 본다면 타이두 분자들은 인권, 민주, 종교, 자유를 빌미로 대만독립을 획책하고 있다고 본다. 역시 타이두의 입장에서 본다면 중공은 대륙을 전제통치하므로 중공이 대만에 대해 실시하는 모든 정책들은 믿을 수 없는 것이다. 예를 들어 타이상(대만 상인)의 우대조치는 중공의 전통적인 통전의 일환으로 보며 대만인이 대륙에 가는 것은 중공에 의해 매수당하는 것으로 인식한다. 심지어 강경한 타이두 인사들은 대만을 중국대륙에게 바치느니 차라리 대만을 미국에 넘겨 미국의 한 개 주가 되는 것만 못하다고 주장한다.[26]

민진당은 집권기에 노골적으로 양안 간의 교집합적인 부분을 삭제하고자 하였다. 즉 리등후이가 말한 양안 간 "특수"한 부분을 삭제코자 한 것이다. 문화, 역사, 언어, 헌법 등은 중국대륙과 관계있는 부분들이다. 이러한 사유의 연장에서 특히 장제스로 대표되는 국민당의 통치는 무단폭정으로 간주했다. 예를 들어 백색테러(우익테러), 소신주화(小神州化 대만을 중국화 시킴) 등의 교육을 통해서 본성인을 탄압했다. 따라서 국민당의 부당한 통치는 대만 내부의 족군모순을 변화시켰고, 타이두사상은 대만문화, 대만민족문화 및 대만인의 언어(민난어)를 강조하게 만들었다. 또 선거 시에 애대(愛台)와 매대(賣台), 친중(親中)과 반중(反中)의 이분법이 자연스럽게 위력을 발휘하게 만들었다. 이러한 타이두의 족군의식은 중공에 대한 공구감(恐懼感)과 대만인의 중공에 대한 공황심리를 작동시킨다. 중화민족의 정체성을 지닌 사람들은 대만을 사랑하지도 않으며 대만에 대한 정체성이 없다고 공격한다. 만약

---

26) 让台湾参加美利坚合众国,《台北 : 海峡评论》, 48期, 1994.12, http://www.haix-iainfo.com.tw/48-5408.html

대만에 거주한 시기가 비교적 짧은 외성인이 애향정서와 향토의식을
보지하고 있다면 타이두 세력은 대만을 팔아먹는 사람들(出賣臺灣的
人), 과객심리자(過客心理者)등의 칭호로서 낙인찍는다. 그러므로 대
만의 매 선거에서 매국노, 대간(台奸), 오삼계(吳三桂), 시랑(施琅)등의
어휘가 빈번히 출현한다. 타이두 세력은 농렬한 대만족군의식, 비정의
고난의식, 대만이 중공에 병탄될 것을 우려하는 복잡한 감정을 지니고
있다. 이는 대만역사가 대만민중에게 준 큰 짐이다. 현실적으로 타이두
의 물결이 높으면 높을수록 베이징의 반응 또한 격렬해진다. 양안관계
는 이로서 긴장하게 된다. 물론 타이두 세력들도 중국대륙과 평화롭게
지내기를 희망한다. 그러나 그 전제조건은 일변일국(一邊一國, 국가
대 국가의 관계)이다.


## 2. 타이두에 대한 베이징의 해석

베이징의 관점에서 대만독립을 주창하는 타이두는 분열책동 세력이
다. 대만을 중국대륙으로부터 분리시키자고 주장하는 것이며, 타이두가
탄생한 배경에는 국내외적인 복잡한 요소를 가지고 있다고 인식한
다.27)

대만독립의 주장은 2차 대전이 끝 난 후에 대만이 중국판도에 회귀
하고 난 후 지금까지 계속되고 있다. 중공은 타이두 활동을 대만사회의
악성종양(毒瘤)으로 본다.28) 타이두의 활동과 발전은 복잡한 역사, 사
회, 정치적 원인을 지니고 있으며 동시에 미국, 일본의 반중세력이 꾀한

---

27) 〈"台獨"逆流的來龍去脈〉,《北京 : 解放軍報》, 2000.5.29.
28) 〈台獨活動及組織〉,《華夏經緯網》, http://www.huaxia.com/zl/tw/td.html

종용과 지지의 산물로 파악한다.

중공은 일본군국주의가 타이두 조직과 활동의 악례를 창시한 것으로 보고 있다. 대만독립 주장은 2차 대전 이후 미국과 일본제국주의자의 조종으로 인해서 생긴 것이며, 일본과 미국은 타이두 활동의 대본영이었다. 소수의 대만적 인사들이 국민당이 일으킨 228사건이 심어 놓은 외성인과 본성인 간의 성적모순(省籍矛盾)을 이용하여 중국의 강역에서 대만을 분리시키고자 하는 것이다. 228사건은 국민당 정권의 잔혹한 진압으로 인해 대만민중에게 깊은 상처를 남겼고, 타이두 세력은 분열노선과 그 정치적 목표를 달성하기 위해 228사건의 진상을 교묘하게 곡해한다고 남색진영은 보고 있다. 228사건을 선거와 권력투쟁의 도구로 활용하고 성적모순(省籍矛盾)과 양안 간의 정치적 대립을 격화시킨다.

1988년 장징궈 총통이 사망하자, 당시 부총통인 리덩후이가 이를 승계하고 나서 대만내부에는 큰 변화가 있었다. 리덩후이는 자신의 권력기초를 다지기 위해 대규모의 본토 정권화를 추진했다. 228사건이 대만민중에게 가져다 준 통한의 기억을 위로하기 위해서 228사건연구소조(228事件研究小組)를 발족하고, 228사건 연구보고를 발표하고, 228기념비, 228공원, 228기념관을 건립했다. 또 228사건처리보상조례 (228事件處理補償條例)를 통과시켜 수난자 가족에게 보상을 실시했다. 그러나 타이두 세력은 이에 만족하지 않고 끊임없이 228사건의 묵은 빚을 공개하고, 228사건을 이용해서 성적충돌을 조장하고, 대만민중의 비애감을 고취시키는 것이 베이징의 해석이다.[29]

---

29) 陳芳富, 〈求同存異, 以和為貴 : 228事件60周年的反思〉, 《中南財經政法大學研究生學報》, 2期, 2007, 頁156.

## 3. 타이두의 역사적 발전

베이징의 시각에서 본다면 타이두는 2차 대전 후 특수한 역사적 조건에서 출현한 하나의 괴태(怪胎)다.[30] 1945년 일본이 투항을 한 후에 당시 대만에 진주하고 있던 소장파 일본군인들은 천황의 투항조서가 가짜라는 것을 빌미로 대만의 친일사신(士紳)을 결집하여 대만독립자치운동을 공동으로 획책했다. 당시 대만에 상존하는 일본군의 힘을 빌어 제2의 만주국을 건설하고자 한 것이다. 그러나 대만총독 안도 리키치(安藤利吉)는 성공하기 어렵다는 현실적 결단을 내리고 소장파들의 행동을 저지했다. 제2의 만주국은 실현되지 못했지만, 1947년 228사건 후 국민당이 대만에서 실시한 전제정치와 공포정치로 인해서 대만민중 대다수가 국민당에 반감을 지니고, 외성인을 배척하는 것으로 나아갔고 대만도내에서 타이두 사상이 증가하는 온상이 되는 기반이 되었다.[31]

랴오원이(廖文毅)는 일부 미국인들의 적극 지원과 배양하에서, 1947년 3월 4일 대만혁신협회(台灣革新協會)의 대표로 대만 228참안연합후원회(台灣二二八慘案聯合後援會)를 발족하여, 전국 동포에게 고하는 글을 발표하고, 당시 대만행정장관인 천이(陳儀)의 사퇴, 조사인원 파견, 전매제도 취소를 요구하였으나 그 결과를 얻지 못했다. 오히려 그 반대로 천이는 4월 18일 228사변 반란범 명단(二二八事變首謀叛亂犯在逃主犯名冊) 30인에 포함되었다. 랴오원이, 랴오원꿰이(廖文奎) 형제를 블랙리스트에 포함시켰고 이들은 현상수배범이 되었다. 그 결과 랴오 형제는 홍콩으로 도주한 후 대만독립을 고취시켰다.[32]

---

30) 〈"台獨"逆流的來龍去脈〉,《解放軍報》, 2000.5.29.
31) 同上註.

1948년 랴오원이와 씨에쉐홍(謝雪紅) 등은 홍콩에서 대만재해방연맹(台灣再解放聯盟)을 조직하였고, 1949년 12월에 일본으로 몰래 잠입하였다. 1950년 2월 28일 일본 동경에서 228사건 3주년 기념일을 거행하고 타이두를 주장하였다. 이후 당시 일본에 주둔중인 미군에 의해 불법입국이란 죄목으로 체포되었고 동경 스가모(巢鴨)감옥에서 7개월을 복역한 후 대만민주독립당(台灣民主獨立黨)을 창당하고, 대만은 미군이 관리하며 국민투표로 대만의 미래를 결정하자는 주장을 하였다.

1949년 12월, 장제스가 대만으로 파천한 후, 미국과 일본은 한편으로는 대만으로 철수한 국민당 정부와 관계를 유지하면서도 다른 한편으로는 랴오원이 등의 타이두 활동을 지지했다. 아울러 대만에 천도한 중화민국 정부는 1952년 중·일화평조약(中、日和平條約), 1954년 12월 중미 공동방위조약(중화민국과 미국 간의 군사방위조약)을 체결하고 미군은 대만에 주둔하였으며, 미군함이 대만해협을 순익(巡弋)하였다.

랴오원이 등은 대만독립의 시기가 곧 성숙할 것으로 예상하고, 1955년 대만임시국민회의(臺灣臨時國民會議)를 개최하여 대만공화국임시정부(臺灣共和國臨時政府)를 선포하였다. 랴오원이가 총통이 되었고 임시정부 기관보인 대만민보(臺灣民報)를 발행하였으며 일본의 도움을 받아 공개적인 활동을 벌였다.

1960년대에 접어들어 임시정부 내부에 분열이 발생했다. 황위런(黃有人), 왕위더(王育德), 구콴민(辜寬敏), 쉬쓰카이(許世楷)등이 대만청년사(臺灣青年社)를 조직했고, 1964년 대만청년회(臺灣青年會)로 개

---

32) 〈廖文毅〉,《華夏經緯網站》, 2012.7.25, http://hk.huaxia.com/lasd/hxrwk/ddrw/tw/
2012/07/2936889.html

명했다. 임시정부파의 수장인 랴오원이는 국민당의 회유와 협박에 굴복하여 1965년 5월 대만으로 돌아왔고 이로써 일본에서의 타이두 활동은 좌절을 맞았고, 임시정부파는 유명무실한 존재로 전락했다. 이후 왕위더, 구콴민을 위주로 하는 대만청년독립연맹(台灣青年獨立聯盟)은 점차적으로 타이두의 주류파가 되었고 타이두의 우익(右翼)이 되었다. 1964년 『독립대만(獨立台灣)』 신문을 창간하고 대독지성(台獨之聲, 대만독립의 소리) 라디오 방송국을 설립해 대만독립의 여론을 고취시켰다. 반면에 스밍(史明)을 위주로 하는 독립대만회(獨立台灣會)는 재일 타이두운동의 좌익(左翼)[33]으로 불린다. 왕위더, 구콴민은 점진적인 방식으로 대만독립을, 스밍은 혁명의 방식으로 대만독립을 건설해야한다고 주장했다.

　1970년대에 접어들어 구콴민이 대만에 돌아와 체제내 개혁을 진행하였지만 실패했고, 이후 대만독립운동의 지휘부는 일본에서 미국으로 이전하였다. 1956년 재미 대만인 린라오쉰(林勞勳), 루이더(陸以德), 리톈푸(李天福)등 3인이 대만인의 자유대만(臺灣人的自由臺灣) 단체를 조직하고, 1958년에 정식으로 타이두를 목적으로하는 대만독립연맹(臺灣獨立聯盟)을 설립했다.

　1964년 대만대학 교수 펑밍민(彭明敏)과 그의 제자 씨에종민(謝總敏), 웨이팅차오(魏廷朝)는 대만인자구선언(臺灣人民自救宣言)을 발표해 해외 타이두 세력에 호응하였다. 1966년 전미대만독립연맹(全美臺灣獨立聯盟)을 성립시키고 대독청년(臺灣青年)등 타이두 간행물을 발간하였다.[34]

---

33) 〈"台獨"活動槪述〉, 《人民網》, 2007.11.12, http://tw.people.com.cn/BIG5/83207/83217/6516101.htm

1970년 1월 초, 펑밍민은 대만을 탈출하여 스위스를 경유 해 미국으로 건너갔으며 이로써 해외 타이두 세력들은 미국에서 다시 통합되었다. 펑밍민은 각종 강연활동을 통해 타이두를 선전하였을 뿐만 아니라, 비교적 체계적이고 정리된 타이두 이론을 발표하였으며, 그는 타이두의 아버지(台獨之父)로 불려졌다.[35]

이후 각국에 산재되어 있던 조직들은 통합되거나 합병되었고 마침내 세계대만인쟁치독립연맹(世界臺灣人爭取獨立聯盟, 대만독립연맹)을 만들었다. 총본부는 미국에 설치하였고, 미국 본부의 주석은 차이통룽(蔡同榮)이, 일본 본부의 주석은 구콴민(辜寬敏), 캐나다 본부 주석은 린저푸(林哲夫), 유럽 본부 주석 장웨이쟈(張維嘉)등이 담임하고 공개적으로 장제스 타도, 대만독립의 기치를 들었다.

1970년 4월 24일 장징궈(蔣經國)의 미국방문 시, 타이두 독립연맹은 황원슝(黃文雄), 쩡요우차이(鄭有才)를 파견하여 장징궈의 저격 암살을 시도했으나 미수에 거쳤다. 이 사건은 국민당을 긴장하게 만들었고, 타이두연맹 내부에서도 이견이 생겨 내홍이 발생했다. 주석 차이통룽은 이 사건의 책임을 지고 물러나고, 펑밍민이 연맹 주석으로 추대되었다.

1970년 이후 대만기독교장로회가 이끄는 대만독립운동의 흥기가 있었다. 주민자결(住民自決)을 발표하고 공개적으로 대만을 하나의 새롭고 독립적인 국가 건설을 주장했다.[36]

무엇보다도 타이두 운동의 흥기는 대만 내부에서 태생한 당외 반대세력(黨外反對勢力)의 영향이 컸다. 비록 당외 반대세력의 정치적 태

---

34) 同上註.
35) 〈"台獨"逆流的來龍去脈〉, 《解放軍報》, 2000.5.29.
36) 同上註.

도, 통일과 독립에 관한 노선은 다소 차이가 있지만, 주류파 대다수는 농후한 타이두 사상을 지녔다.[37] 1970년대 후반 대만내부의 장징궈 타도운동과 쭝리사건(中壢事件), 미려도사건(美麗島事件)의 영향으로 인해 타이두 운동은 대만내부의 민주운동으로 집결하게 되었다.[38]

1980년대 이후, 해외에서 활동하던 타이두 세력이 점차적으로 대만의 민주운동과 결합하였고, 1986년에 민진당을 창당하였다. 이는 1987년 계엄해제에도 영향을 미쳤다. 1987년 타이두 연맹은 대만에 출현한 일련의 정치적 정황을 분석한 결과 미국은 대만의 전략적 가치로 인해서 중국대륙과의 통일을 희망하지 않으므로, 우선 분리상태로의 유지를 주장하였다.[39] 반면 민진당은 주민자결을 통해서 타이두를 고취시켰다. 물론 자결운동 역시 대만독립운동이 된 것은 의심의 여지가 없다.[40]

리등후이는 집권한 후 국민당 지도부를 속이면서 때로는 분명하게 때로는 암암리에 타이두 세력을 다방면으로 지지하였다. 이는 대만내부에서 타이두 세력이 급격히 확대되는 계기가 되었다. 이 시기의 타이두의 발전은 세 개의 방면에서 진행되었다.[41]

첫째, 타이두를 주장하면서 신헌법 및 대만공화국을 건설, 둘째, 타이

37) 同上註. '당외(黨外)'의 원래 뜻은 국민당적이 아닌 인사들의 총칭이다. 그러나 1970년대부터 비국민당 인사들은 선거에 나서기 시작했고 집결하기 시작했다. 이때부터 '당외'라는 단어가 대량으로 사용되었고 점차적으로 무당적 인사 중의 정치의식분자들에 공동으로 사용된 호칭이 되었다.

38) 〈"台獨"逆流的來龍去脈〉,《解放軍報》, 2000.5.29.

39) 〈台獨活動槪述〉,《人民網》, 2007.11.12, http://tw.people.com.cn/BIG5/83207/83217/6516101.htm.

40) 同上註.

41) 同上註.

두 운동을 조직화, 공개화하고, 대내적으로 민주화를 쟁취, 대외적으로
는 국제법적인 독립체를 만들고자 했다.

셋째, 대만에서 세대회(世台會, 世界臺灣同鄕會聯合會, 세계대만
동향연합회)를 개최하여, 국내외에 있던 대만독립세력이 모두 대만에
서 합류하고자 하였다.

1998년 8월 리등후이는 대만독립세계연맹이 직접 통제하고 있던 세
대회를 비준한다. 이 조직은 민진당 주석의 랴오쟈원(廖嘉文)등을 포
함해 세계 각지의 회원 100여명이었다. 세대회는 새롭고 독립적인 국가
건설을 주장하고, 대만주권은 대만의 전체 주민에게 있다는 원칙을 견
지하였다. 대만은 대만인의 소유며, 평등, 평화원칙으로 중국대륙과 평
등하고 정상적인 관계를 건설해야 한다고 주장하였다.[42]

민진당 내부에서도 야오쟈원(姚嘉文), 쟝펑지앤(江鵬堅), 장쥔홍(張
俊宏)등이 세대회의 활동에 참여했고, 1989년 12월 대만선거(臺灣三項
公職選擧)에서 민진당내 신조류계는 신국가연선(新國家連線)을 발족
하고 공개적으로 타이두를 주창했다. 신헌법, 신국회, 신국가 등의 강령
으로 대만공화국헌법초안(臺灣共和國憲法草案)을 신문에 등재하였
다.[43] 이어서 미국에서 최대의 타이두 조직인 대만연맹이 민진당에 가
입하였고, 1991년 10월 민진당은 당대회를 개최하여, 주권·독립·자주
의 대만공화국을 건설하기 위해서 신헌법을 제정하고, 대만 인민들이
국민투표의 방식으로 결정한다는 것을 당강에 삽입시켰다.

1992년에는 리등후이의 지지하에 입법원에서 형법 제100조와 국안
법(國安法)을 폐지하였다. 이로부터 대만 내에서 타이두 활동은 합법

---

42) 同上註.
43) 〈"台獨"逆流的來龍去脈〉, 《解放軍報》, 2000.5.29.

화되었고, 1995~6년 대만해협 위기를 겪으면서 보다 강경한 타이두파는 민진당을 탈당하여 건국당을 조직하였다.

## 4. 타이두의 이론적 근거

대만독립의 이론적 근거는 대략 두 개의 측면이 있다. 대만의 귀속문제와 민족문제다. 이는 대만지위미정론으로서 대만은 중국의 영토가 아니다는 것을 논점으로 삼는다. 민족문제에 있어서 대만인은 중국인이 아니며, 대만은 새로운 민족에 가까운 개념이 되었으며, 이것이 확대되어, 대만 주민은 자결의 권리가 있다는 논리를 펴고 있다.

### 1) 대만지위미정론臺灣地位未定論

1945년 10월 25일 장제스는 천이(陳毅)를 대만에 파견시켜 일본군으로부터의 투항을 받았다. 물론 9월 2일 일본은 포츠담선언과 카이로선언을 준수하겠다고 서명하였다. 그러나 카이로 선언의 실질적 효력에는 이견이 존재한다. 타이두의 입장에선 카이로 선언은 글자그대로 단순한 선언에 불과하며, 당사국인 일본은 참여하지 않았다고 주장하여 카이로 선언을 인정하지 않는 경향이 있다.

일본의 갑작스런 항복으로 미국행정부는 맥아더에게 내릴 명령과 연합국과 함께 취할 긴급조치를 검토하였고, 트루먼 대통령은 일반명령 1호(General Order No 1)44)를 승인한다. 이 명령 a항에 의하면 "만주를

---

44) 일반 명령 제1호는 이런 내용을 담은 것이었다.
   a. (만주를 제외한)중국, 대만과 북위 16도 이북 프랑스령 인도차이나의 모든 일본군 선임 지휘관은 장개석 장군에게 항복한다.
   b. 만주와 북위 38도 이북의 한국, 그리고 남부 사할린의 모든 일본군 선임

제외한 중국, 대만과 북위 16도 이북 프랑스령 인도차이나의 모든 일본군 선임 지휘관은 장제스 장군에게 항복한다"는 것이다. 이 명령에 의하여 장제스는 대만을 접수하게 된다. 하지만 타이두 주장자들은 중화민국정부가 천이를 파견하여 대만을 관리한 것이 일시적인 군사점령 혹은 대만의 주권을 취득했는지의 여부에 대해서는 쟁의가 있다고 본다. 문제는 1949년 중공이 중화인민공화국을 수립하고 중국대륙 전역을 점령했고, 장제스의 중화민국정부는 패퇴하여 대만으로 온 후에, 인민해방군은 복건성에 대군을 주둔시키고, 언제라도 대만 해협을 넘어 대만을 점령할 위협을 안고 있었다. 이로부터 중국대표권 문제가 부상하기 시작했고, 대만주권지위의 방향은 불확정적이었다.

미국에서도 트루먼 대통령은 국무원의 의견을 받아들여 1950년 1월 5일에 대만불간섭성명(台灣不干涉聲明), 즉 대만에 대한 손빼기 정책(袖手旁觀政策, hands off)을 발표하고 대만에 대한 방위 거절, 양안 불개입을 표명했다. 그러나 동년 6월 25일 한국전쟁이 발발하자 서태평양 반공방어선의 구축을 위해 그 입장을 철회하였고, 투루먼은 한국전쟁 발발 이틀 후에 대만해협 중립화를 선언하고 미7함대를 대만해협에 파견하였다. 대만의 지위는 반드시 태평양지구의 안정이 회복된 후, 일본

지휘관은 소련 극동군 사령관에게 항복한다.
c. 안다만 제도, 니코바르 제도, 미얀마, 타이, 북위 16도 이남 프랑스령 인도차이나, 말레이, 보르네오, 네덜란드령 동인도제도, 뉴기니, 비스마르크 제도와 솔로몬 제도의 모든 일본군 선임 지휘관은 동남아시아 연합군 최고사령관에게 항복한다.
d. 일본의 보호령 섬과 오키나와 제도, 오가사와라 제도 및 태평양 섬들의 모든 일본군 선임 지휘관은 미국 태평양함대 사령관에게 항복한다.
e. 대본영과 그 선임 지휘관들, 그리고 일본 본토와 부속 도서, 북위 38도 이남의 한국과 필리핀의 모든 일본군은 미국 태평양육군 사령관에게 항복한다.

과의 평화조약을 체결한 후에 혹은 유엔의 토론을 거친 후 다시 대만의 지위를 결정한다는 입장으로 바꾸었다. 이것은 대만지위미정론의 출발점이 되었다. 이와 동시에 일본과의 2차 대전 이후 전후처리 문제와 강화조약에서 전승국의 하나인 중국(장제스가 대표하는 중화민국)은 참여하지 않았다. 이로써 두 개의 정부가 각자 스스로 합법대표권을 주장했고, 냉전이 구축되자, 국제사회에서도 중국대표권 문제에 있어서 의견이 일치하지 않았다. 중국을 대표하여 어느 쪽이 일본과의 강화조약에 참여하여야만 하는지 쟁론이 있었다. 결과적으로 두 중국은 모두 샌프란시스코 강화 조약에 초청받지 못했다.

1951년 9월 8일 샌프란시스코 대일평화조약(舊金山對日和平條約, 간칭 샌프란시스코 조약)은 연합국의 48개 국가와 일본이 서명하여 공식적으로 전쟁상태를 종결하였다. 이 조약 제2조 b항의 규정에 의하면 일본은 대만, 펑후 군도에 대한 일체의 권리, 근거 및 요구를 포기(Japan renounces all right, title and claim to Formasa and the Pescadores)했지만, 대만에 대한 주권을 어떤 나라에 이전하는지는 밝히지 않았다. 동 조약 21조의 한국 조항에는 직접 독립을 허락한다고 표시하는 것과는 달리 대만에 관한 주권을 누구에게 양도하는지를 명확하게 밝히지 않았다.[45] 그러므로 민진당과 타이두 세력은 대만문제의 원인을 이 조약에서부터 연유한다고 주장한다. 대만에 대한 주권 양도를 명확하게 규정하지 않았으므로 주민자결에 의거하여 대만인이 대만의 앞날을 결정할 수 있다는 것이다.

---

45) Taiwan doucument project, "Treaty of Peace with Japan, Signed at San Francisco, 8 September 1951, Initial entry into force : 28 April 1952, http://www.taiwandocuments.org/sanfrancisco01.htm.

샌프란시스코 조약 제26조에 의하면 일본은 장래에 서명하지 않은 국가들에 대해서 조약과 같거나 혹은 이와 유사한 쌍방 조약을 체결하였다. 일본은 중화민국과 중화인민공화국과의 조약체결의 선택에 직면해 있었다. 원래 일본 국회에서는 중화인민공화국과 조약을 체결해야 한다는 주장도 있었지만, 장제스는 외교부장 이에공차오(葉公超)를 파견하여 한편으로는 일본과 교섭을 진행하였고, 다른 한편으로는 미국을 통해 일본에 압력을 가했다. 1952년 4월 28일 중일조약(中華民國與日本國間和平條約, 간칭 중일조약)을 체결했다. 이 조약 제2조에 의하면 샌프란시스코 조약 규정에 따라 다시 한 번 일본은 대만, 펑후군도 및 남사군도, 서사군도에 대한 일체의 권리, 권리 근거와 요구를 포기한다고 재천명했다. 여기서도 대만의 주권을 누구에게 이전하는가의 문제는 표기하지 않았으며, 단지 일본은 대만주권의 권한에 대해서 처분할 권한이 없다고 밝혔다. 샌프란시스코 조약과 중·일 화약은 대만주권지위와 상관된 조항이다. 이것은 그 후 점차적으로 대만지위미정론의 입론적 기초가 되었다.

## 2) 대만불속중국론臺灣不屬中國論

대만의 국제지위 미정론의 기초에서 한 걸음 더 나아가 대만은 중국 고유의 영토가 아니라고 주장한다. 역사적으로는 대만은 중국의 일부분이 되지 않았다는 것이다. 대만은 이민 사회며, 조상들이 대만으로 온 이유는 영토 및 주권을 확충하기 위해서 온 것이 아니라 중국대륙의 정치와 사회 경제적 압박으로부터 벗어나기 위해서다. 중국대륙에서의 간고(艱苦)한 생활을 탈피하고, 대만에서 신사회를 개척하여 안정된 생활을 누리기 위해서였다. 중국은 여태껏 대만을 유효하게 통치해 본적

이 없으며 대만은 단 하루라도 중국에 속한 적이 없다는 논리를 편다.[46]

역사서에 기제된 이주(夷州), 유구(瑠求), 유구(流求)의 명칭이 대만 혹은 류우치우(琉球, 현재의 오키나와)를 가리키는지에 대해서는 그 설이 분분하며 정해진 것이 없다.[47]오래된 역사서일수록 신화와 비슷하고, 판단하기가 모호한 곳이 있다. 그렇지만 이러한 설들이 정확한지 아닌지 옛 시절의 지명이나 전설이 사서에 게재된 것뿐이며 대만은 자고로 누구에 속한다는 것과는 관련이 적다.[48]

### 3) 대만민족주의론

무릇 대만의 정체성을 지니고, 대만을 열렬히 사랑하며, 대만을 고향으로 생각하고 대만과 공동 운명을 원하는 사람들은 언제 대만에 왔던지 모두 대만인이고 모두 대만독립 후 평등한 신국민이다. 사실상 타이두 연맹 본부 주석 및 초창기의 타이두 연맹 창시자 중에도 소위 말하는 신이민(新移民) 혹은 외성인(外省人)이 있다. 대만에 대한 정체성을 지니고 있으면 대만인이고 중국대륙에 대해서 정체성을 지니고 있으면 중국인으로 규정하고 신이민, 구이민의 구별은 없다고 말한다.[49]

바꿔 말해 대만과 공동 운명을 원하는 사람들은 어떤 시기에 대만에 왔던 지간에 모두 대만인이며 모두 대만 국민이다. 대만과 중국대륙은

---

46) 張炎憲、李筱峰校訂,《台灣自古不屬中國網站》, http://www.hi-on.org.tw/ad/20100201.html
47) 同上註.
48)《臺灣獨立建國聯盟網站》, http://www.wufi.org.tw/, 臺灣自古不屬中國的內容.
49)《臺灣獨立建國聯盟網站》, http://www.wufi.org.tw

공동의 운명을 나눈적은 없다. 대만사회는 미국과 같은 이민사회다. 과거에 미국인이 영국인이었던 것과 같고, 폴란드인들이 소련인이었던 것과 같다. 그러므로 이를 본보기로 삼아 대만인들이 대만민족을 위한 나라를 건국해야한다는 논리를 펼친다.

## 4) 대만정치실체론臺灣政治實體論

일본이 대만을 포기한 지 5년이 못되어, 대만은 중국대륙으로부터 분열해서 나온 정치실체(政治實體)로서 규정하는 논리다. 현재 인구는 2,360만, 세계 192개 국가와 비교해보면 세계 41위로 상위 5분의 1에 든다. 국토의 면적은 3만 6천 평방 킬로미터로 벨기에, 네덜란드 등과 비교 된다. 그리고 유엔회원국 중 21개의 소국들의 면적을 모두 합쳐도 대만보다 크지 않다. GDP 및 대외경제관계, 무역규모는 세계 20위 안에 든다. 높은 교육수준, 자유, 민주화 정도로 말하자면 하나의 국가로 되기엔 결코 작지 않다.[50] 대만은 1895년 이후 근 100년 간 정치, 문화는 물론이고 모두 중국대륙과 완전히 단절되어 있었고 대만은 이미 하나의 정치실체가 되었다고 인식한다.

## 5) 대만사실주권론臺灣事實主權論

대만정치실체론으로부터 확대되어 파생된 설이다. 대만은 이미 주권독립국가다. 청나라 강희제 역시 "대만은 예부터 중국에 속하지 않는다(臺灣自古不屬於中國)"[51]고 밝혔으며, 대만은 네덜란드, 스페인, 정성

---

50) 黃昭堂, 侯榮邦譯, 《台湾新生国家理论 : 脱出継承国家理论、分裂国家理论来促成新生国家的诞生》, 台北 : 現代文化基金会, 2003.

51) 張炎憲、 李筱峰校訂, 《臺灣自古不屬中國網站》, http://www.hi-on.org.tw/ad/

공(鄭成功), 만주족의 청나라, 일본, 국민당 정부 등 외래정권의 통치를 받았다. 외래정권은 군사점령의 방식으로 대만을 통치했다. 이는 결코 대만인민의 동의를 받은 것이 아니었다. 대만은 자신들의 인민, 토지, 정부를 구유하고 있으며 국제사회에서 그 의무를 이행할 능력도 있다. 다시 말해 이미 승인된 국가라는 것이다. 인구, 국력, 영토로 볼 때도 대만은 국제사회의 성원이 될 능력이 충분하다.[52] 아울러 대만 총통은 대만인민이 직접선거로서 뽑고 인민의 계약을 통해 마침내 그 합법성과 정당성을 얻었고, 대만은 정치적 민주, 시장경제, 공민사회와의 문명교류 등 대만은 하나의 주권독립국이라는 것이다. 그러므로 대만은 대만이고 중국은 중국이며 대만과 중국은 상호 예속되지 않은 두 개의 국가라는 논리를 편다.

### 6) 대만주민자결론臺灣住民自決論

국제인권 규약 제1조 인민의 자결권이다. 그중 제1항은 일체의 인민 자결권에 대한 권리다. 이 권리에 의거하여 전체의 인민은 자유롭게 그 정치적 지위를 결정할 수 있으며, 또한 자유롭게 경제, 사회 및 문화발전을 추구할 수 있다. 이것은 국가사회의 형태와 생존의 방식을 규정하고 반드시 인민의 자결로서 결정해야하는 근거이기도 하다. 그러므로 전체인민에 대한 자결권은 가장 기본적이고 보편적인 권리다. 대만인민이 자신들의 의지로서 자기의 운명을 결정하는 것이 자결이다. 자결권에 관한 민진당의 해석은 주권재민의 원칙에서 파생되어 나온 인민의 기본권리라는 것이다. 그러므로 대만은 이미 국제법상 하나의 주체

---

20100201.html
52) 〈臺灣是一個主權獨立國家〉, 《自立晚報社評》, 2001.8.11, 2版.

며, 중국대륙과는 서로 예속되지 않고, 국제활동 참여 및 국제조직가입에 대해 독립적 국격(國格)이므로 중공은 간섭할 권한이 없다고 밝힌다. 그러나 밖으로는 중국대륙의 강압, 안으로는 범람진영이 스스로 정통중국인으로 자처하고, 중공은 끊임없이 대만에 대해 문공무혁(文攻武嚇)과 대만정부의 정책결정을 저해하고 있으므로 자신의 국가에 대한 정체성이 없다면 이는 연공반대(联共反台), 즉 공산당과 연합하여 대만에 반대하는 의심을 면할 길이 없다고 강조한다.[53]

인민자결의 원칙은 현대국가의 입국의 기초며 역시 대만인민이 자신의 전도(前途)를 선택할 수 있는 신성불가침의 권리이므로 마땅히 대만은 국민투표로서 대만의 전도를 결정해야한다.


## 제4절 홍紅, 남藍, 녹綠색의 이견異見

### 1. 베이징의 입장

대만 문제에 관한 베이징의 입장은 너무나 명확할 뿐만 아니라 각종 문헌에도 이를 분명하게 주장한다. 중국 대륙에서 나오는 모든 문헌의 내용을 한마디로 요약하자면, 중국의 주권은 분할할 수 없으며, 대만은 중국의 일부분임이라는 사실이다. 특히 1993년 국대판에서 발표한 「대만문제와 중국의 통일(臺灣問題與中國的統一)」과 2000년 「하나의 중국원칙과 대만문제(一個中國原則與臺灣問題)」의 두 백서는 대만문제에 관한 한 경전에 가깝다. 앞의 백서는 대만문제와 중국의 통일에

---

53) 蔡宏澤, 〈臺灣正名加入聯合國之迫切需要〉, http://www.taiwanncf.org.tw/seminar/2002list-5.htm

관해서 대만은 중국과 분할할 수 없는 일부분임을 한 편의 논문처럼 구성했다. 즉 대만문제의 유래, 대만문제 해결을 위한 기본 방침 및 이에 따른 상관정책을 체계적으로 정리해 발표했다.[54] 베이징은 중국근대사를 제국주의 열강에 의한 침략, 할양, 모욕의 역사로 인식한다. 또한 중국인민이 민족독립을 쟁취하고 국가주권을 수호하기 위해서 분투한 역사로 인식한다. 대만문제의 출현은 모두 이러한 역사와 관계하고 있다. 특히 2019년 고대만동포서 40주년 담화에서 시진핑은 양안이 분열된 것은 민족의 약란(弱亂, 약하고 혼란)으로 인해 발생한 것이고, 이는 곧 중화민족의 부흥을 통해서 해결된다고 강조했다. 베이징이 인식하는 대만문제는 민족정당성과 국가주권에 관련된 문제다. 대만은 중국과 불가분할의 일부분이며 중국통일은 중화민족의 근본이익이다. 베이징이 인식하는 대만은 아래와 같다.

### 1) 역사적

역사상, 대만은 자고(自古)로 중국에 속한다. 역사적으로 대만은 하나의 국가가 되어 본 적이 없다. 대만은 옛날부터 이주(夷洲), 유구(流求)로 칭해왔다. 1700년 전 삼국시대 심영(沈瑩)의 『임해수토지(林海水土志)』등에 이와 같은 지명으로 나타난다. 이것은 가장 이른 시기의 대만에 관련된 지명이다.

3세기와 7세기, 삼국시대 오(吳)나라 손권과 수나라는 대만에 군사를 파견했으며[55], 17세기 초 대륙에서 대만으로 건너 간 이민자는 10만을

---

54) 《一個中國原則與臺灣問題白皮書》, 中華人民共和國國務院臺灣事務辦公室, 2002.

55) 사서에는 등장하나 이때의 지명이 대만인지는 아직 학계에서 이론이 분분하다.

넘고, 1893년 광서 19년(光緖19年), 대만의 인구는 대략적으로 254만 명 정도였다. 대만의 역사란 대만해협을 건너온 한족들이 대만을 남쪽으로부터 북쪽으로, 서쪽으로부터 동쪽으로 개척한 역사며 이민사다.[56] 또한 중국 역대 정부 또한 대만에 행정기구를 설립했고 관할권을 행사했다. 12세기 중엽 송나라는 팽호(澎湖)에 군사를 파견해 주둔했고, 팽호지구를 복건성 천주 진강현(福建泉州晉江縣)관할에 두었다. 원나라 시기에 접어들어 팽호에 행정관리기구인 순검사(巡檢司)를 설치하였고, 1662년 남명(南明)의 정성공(鄭成功)은 대만에 승천부(承天府)를 두었으며, 대만이 청나라에 수복된 뒤(1683)부터 점진적으로 대만에 대한 행정관리를 강화해 갔고, 1885년(광서11년) 청나라는 대만을 단일성(省)으로 정식 편제하여 유명전(劉銘傳)을 순무로 임명하고, 행정구역을 3부(府) 1주(州) 11현(縣) 5청(廳)으로 확대했다. 유명전이 대만에 철도, 광산, 전선, 상선, 기업, 학당 등을 설립하고 대만사회는 큰 발전이 있었으나, 1894년 청일전쟁으로 청나라가 일본에 패하면서 1895년 마관조약(시모노세기 조약)에 의해 대만과 평후를 일본에 할양했다.

1937년 중일전쟁이 발생하자, 중국(중화민국)은 대일선전포고에서 일본과 맺었던 일체의 조약, 협정, 계약을 일률로 폐지한다고 선언했다. 1943년 중·미·영 삼국이 참가한 카이로 선언에 의하면, 1914년 제1차 세계대전이 발생한 이후 일본이 서태평양에서 탈취하거나 점령한 일체의 도서, 중국의 영토에서 절취해간 토지, 예를 들어 만주, 대만, 팽호열도 등 중국에 귀환시켜야 한다고 선언했다.

1945년 7월 26일, 중·미·영 삼국이 서명하고 후에 소련이 참가한 포츠담선언에서도 카이로 선언의 조건은 반드시 실행되어야함을 거듭

---

56) 《臺灣問題與中國的統一》, 中華人民共和國國務院臺灣事務辦公室, 1993.

천명했다. 같은 해 8월 15일 일본의 투항문서 일본투항조관(日本投降條款)의 규정에도 포츠담 선언을 받아들인다는 조항이 있다. 동년 10월 25일 연합군 중국전구 사령관 장제스는 천이를 대만에 파견하여 일본의 항복의식을 타이베이 중산당에서 융중하게 거행했다. 여기서 중국정부의 대표는 대만 및 팽호열도를 정식으로 중국판도로 귀환했음을 선포하였고, 일체의 토지, 인민, 정사(政事) 모두 중국의 주권하에 있었다.

### 2) 문화적

대만은 중국문화권이고 혈연, 언어, 풍속 습관 모두 대만은 중국의 일부분이다고 본다. 예를 들어 대륙과 같은 염황의 자손(炎黃子孫)이며 더 이상 동포 간 골육상잔을 해서는 안 되며, 중국인은 중국인과 싸우지 않고(中國人不打中國人), 중화문화는 중화의 아들, 딸들이 공동으로 창조한 5천년 찬란한 문화라고 주장한다.57)

### 3) 국제법적

국제법적으로도 대만은 중국의 일부분이라고 밝히고 있다. 국제사회는 오직 하나의 중국만을 승인한다. 1949년 10월 1일 중화인민공화국정부가 중화민국을 대체하였고, 중국의 유일합법 정부이며 국제사회의 유일합법 대표가 되었으므로 이로부터 중화민국은 그의 역사적 지위를 마감했다는 입장이다. 이것은 국제법상 주체의 변화가 없었다는 정황

---

57) 江澤民, 〈為促進祖國統一大業的完成而繼續奮鬥〉的重要講話. 所謂江八點, 1995.1.30.

에서 신정권이 구정권을 대체하였다고 본다. 그러므로 중국의 주권은 결코 변화되지 않았기에 중화인민공화국은 당연하게 중국의 주권을 향유하며, 아울러 1971년 유엔의 2758결의안에서도 중화인민공화국을 중국의 유일한 합법정부로 승인했다.[58]

### 4) 주권적

주권에 있어서 대만은 중국의 일부분이라는 사실이다. 국내법과 국제법을 막론하고, 대만은 중국영토의 법률지위를 지니며, 주권은 한 국가의 전체 인민에게 있다. 일부분 혹은 일부 지구의 인민에 주권이 있지 않다고 강조한다. 대만에 대한 주권은 대만과 대륙을 포함한 전중국인민을 포함한 것이지 대만인민에게 속한 것은 아니다. 이런 이유로 중공은 대만이 주장하는 주권재민론과 국민투표로 중국의 일부분인 대만의 지위를 변경하고자 하는 것은 절대 받아들일 수 없다는 입장이다. 양안은 아직 통일되지는 못했으나 대만은 중국영토의 일부분의 지위라는 사실은 변화되지 않았다는 논리다. 또한 1945년 이후, 대만은 외국의 식민지가 아니며 외국의 점령에 처해 있는 것도 아니므로 민족자결권 행사의 문제는 성립하지 않는다고 본다. 그러므로 중공의 명약관화한 입장은 즉 대만문제는 중국의 내정문제며, 대만의 미래는 오직 한가지 길 뿐이다. 그것은 바로 중국대륙과 통일을 이루는 길뿐이다. 그러므로 하나의 중국원칙에서라면 어떤 문제라도 대만과 토론할 수 있으며, '하나의 중국' 인정은 양안협상의 전제다. 대만독립, 두 개의 중국, 양국론, 심지어 일변일국은 모두 하나의 중국원칙을 위배한다.

중공의 입장에서 본다면, 대만의 신분, 경제적·사회적 대외 활동공

---

58) 《一個中國原則與臺灣問題》, 中華人民共和國國務院臺灣事務辦公室, 2002.

간, 대만의 지위 등 모두 '하나의 중국' 틀(框架) 내에서만 가능하다. 대만이 주장하는 민주와 제도의 차이는 통일을 방해하는 빌미일 뿐이다. 중공이 주장하는 평화통일 및 일개중국(一個中國)은 중국특색사회주의 이론과 실천의 중요한 구성성분이며, 베이징이 장기적으로 유지하고 있는 대만에 대한 기본국책(基本國策)이다. 아래는 그 내용이다.[59]

하나의 국가 두 개의 제도(일국양제, 一個國家, 兩種制度)의 구상은 중국대륙이 처한 현실에서 나온 것이다. 사회주의가 대만을 먹지 않고, 대만이 선양하는 삼민주의가 대륙을 먹지 않으며, 누가 누구를 먹지 않는 것이다. 만약 평화적으로 해결되지 못한다면 오직 무력의 사용뿐인데 이는 상대방에게 모두 불리한 것이다. 베이징이 말하는 일국양제가 가리키는 것은 양안 간 이데올로기, 사회제도의 대립이 아니라 양안 간의 평화공존, 공동발전을 도모하는 것이고 그 근본목적은 중화민족의 위대한 부흥으로 귀결된다.

베이징이 말하는 일국양제의 일(一)은 하나의 중국이다. 오직 하나의 중국이며 중국은 오직 하나이며 두 개가 아니라는 뜻이다. 평화적 해결의 전제는 하나의 중국이며 대만은 중국의 일부분을 인정해야만 가능한다. 그 다음으로는 두 제도가 병존하는 것이다(兩制並存), 대만이 오직 하나의 중국을 인정한 이후에야 비로소 대륙과 대만의 서로 다른 제도가 존재할 수 있다. 불변의 조건은 하나의 중국이다. 대만은 중국의 일부분이며, 중앙정부는 베이징에 있다. 세번째 고도자치(高度自治) 부분이다. 대만은 특별행정구가 되는 것이다. 넷째 평화협상이다. 평화적 방식으로 중국을 통일하는 것이고 그 기본전제는 하나의 중국이 전

---

59) 中共中央文獻編輯委員會,《鄧小平文選(卷三)》, 北京 : 人民出版社, 1993, 頁59.

제이며 이는 토론의 대상이 아니다.

대만문제를 해결하는데 있어서 중공이 시종일관 밝히는 입장은 즉 어떠한 방식으로 대만문제를 해결하든지 간에 이는 내정에 속하는 문제며, 하나의 중국 틀 안에서 해결해야만 한다는 사실이다. 따라서 중공의 관점에서 본다면, 현재 양안관계 발전을 가로막고 있는 난점은 대만의 민진당이 양안이 모두 하나의 중국에 속한다는 92공식을 인정하지 않은 데에 그 원인이 있다. 이는 차이잉원과 시진핑 간 갈등을 일으키는 주된 원인이다.

## 2. 국민당의 입장

국민당의 기본입장은 하나의 중국은 곧 중화민국을 가리킨다. 국민당 및 범람 진영은 대만과 대륙은 모두 하나의 중국에 속한다고 인정한다. 그러므로 대만은 당연히 중국에 속하며 하나의 중국에서의 두 개의 대등한 정치실체다. 그러므로 베이징이 주장하는 하나의 중국을 반대하지 않는다. 물론 대만지위미정론에는 반대한다. 카이로, 포츠담 선언 및 중·일 강화조약의 당사국은 모두 중화민국이다. 미국의 국내법인 대만관계법의 내용 역시 미국은 대만을 하나의 정치실체로 인정한다고 보고 있다. 그렇다면 국민당이 주장하는 하나의 중국은 무엇인가?

1992년 8월 1일 국가통일위원회 제8차 회의에서 「하나의 중국 함의(一個中國的含義)」를 통과시켰다. 여기서 베이징이 인식하는 하나의 중국은 중화인민공화국이나, 대만방면에서의 하나의 중국은 1912년에 성립되어 지금까지 이르고 있는 중화민국이며 그 주권범위는 전체중국이다. 그러나 현재의 치권(治權)은 타이펑진마(台澎金馬)에 한한다. 대만은 중국의 일부분이고 대륙 역시 중국의 일부분이다.[60] 1949년부터 중국은 잠시 분열의 상태에 처해 있으며 두개의 정치실체로서 해협양안을 분치(分治)하고 있다.

국민당이 주장하는 내용에 따르면 양안은 통일을 해야한다. 하지만 어떠한 통일이어야 하는지, 통일의 조건은 무엇이며, 통일의 속도에 대한 입장에 있어서 이견이 있다. 예를 들어 국민당 내부의 일국양제파는 통일은 빠르면 빠를수록 좋다고 생각하고, 이와 대조적으로 보수파는 통일은 늦으면 늦을수록 좋다고 생각한다. 그러나 원칙에 있어서 종극통일론을 주창하는 사람들이 다수다.

국민당은 비록 하나의 중국을 주장하지만 그러나 그 함의는 정치적 상황에 따라서 변화고 있다. 시대에 따라서 조정이 있었으며 이는 대략적으로 삼단계로 나눌 수 있다.[61]

제1단계는 한적불량립(漢賊不兩立)[62]의 단계다. 양장시대(蔣介石、蔣經國)가 이 시기(1949-1987)에 해당되는 데, 대만의 베이징에 대한 입장이 곧 한적불량립이다. 그러므로 이 시기에는 근본적으로 하나의 중국 문제가 존재하지 않는다. 하나의 중국은 바로 중화민국이기 때문이다.

제2단계는 하나의 중국 두 개의 정치실체 시기다.[63] 이 시기는 국제

---

60) 〈關於一個中國的含義〉, 國家統一委員會, 1992.8.1.
61) 吳恒宇, 《現階段中共對台文攻武嚇的硏究(1995-2001)》, 臺北 : 大屯出版社, 2001, 頁12-14.
62) 한적불량립(漢賊不兩立)이란 원래 제갈량(諸葛亮)의 『후출사표(後出師表)』에 나오는 말로, 한은 한나라를 말하고 적은 위나라의 조조를 일컫는다. 1949년 중화민국이 대만으로 천도한 후에 중화인민공화국의 유엔 가입 반대 명분으로 장제스가 내걸었던 명분 중의 하나였다. 중국공산당은 유엔에서의 중국 의석을 쟁취하기 위해 노력했다. 이를 반대하기 위한 명분으로 제창한 구호 중의 하나다.

환경의 변화에 부합하여 조정되었다. 냉전해체, 천안문 사건 후 미국의 대중국 봉쇄정책 및 리등후이의 개인적 요소가 크게 작용했다.

제3단계로 두타이(獨臺)부터 타이두(臺獨)에 이르는 단계다. 중화민국 혹은 대만은 주권독립국가다. 주로 리등후이 시기(1988-2000)로 하나의 중국의 변화는 첫째, 일국양구(一國兩區)다. 대만지구와 대륙지구 인민 왕래에 관한 사무 조항에서 비롯되었다.[64] 둘째, 하나의 중국 두 개의 대등한 정치실체가구(一個中國, 兩個對等政治實體架構)로 국통강령에서 밝힌 하나의 중국은 대륙과 대만은 모두 중국의 영토며 국가의 통일을 촉진하는 것은 중국인 공동의 책임이라고 규정하고 있다. 그러므로 이 정위(定位)는 두개의 대등한 정치실체다. 중화민국의 존재는 여전히 부인할 수 없는 사실이다. 하나의 중국은 역사적, 지리적, 문화적, 혈연적인 중국이며, 양안의 분열분치는 단지 중국 역사의 일시적이고 과도기의 현상이며 양안공동의 노력으로 중국은 반드시 통일의 길로 다시 걸어가야 한다는 입장이다.[65]

셋째, 두 개의 정권(兩個政權) 단계다. 양안분열, 분치로 인해서 두 개의 정권이 되었다는 점을 강조한다. 이것은 베이징이 1993년에 「대만문제와 중국의 통일(臺灣問題與中國的統一)」이라는 백서에 대응하기 위한 논술이다. 중국공산당이 대륙에 신중국을 건국했고 그 결과 중화민국은 대만으로 천도해 왔으며 이로써 중국은 동시 존재하고, 상호 통치하지 않는 두 개의 정권이 되었다는 의미를 띠고 있다.

국제적인 의미에서 소위 중국문제가 탄생한 원인이며 더군다나 수십

---

63) 《人民日報》, 1997.3.1.
64) 1990년 11월 26일 행정원 대륙위원회 업무보고에서 통과된 공문.(台79陸行字第1523號函中)
65) 1991年2月23日 召開的「國家統一委員會」第三次全體委員會議上通過綱領.

년 이상 중화민국정부와 중공정부는 양안을 사이에 두고 각자가 치권을 행사했다는 것이다. 따라서 국민당은 제도의 경쟁(制度之爭)이 양안분열 분치의 본질이라고 생각한다. 두 종류의 서로 다른 정치, 사회, 경제 제도와 생활방식이 쟁의의 요점이다. 또한 중공(중화인민공화국)은 결코 '중국'과 같은 동의어가 아니다. '중국'이라는 단어는 여러 종류의 함의를 지니고 있다. 즉 지리, 정치, 역사와 문화적 의미를 내포하고 있다.

대륙과 대만은 모두 '중국'의 영토에 속하고, 대만은 여전히 중국의 일부분이지만 대륙 역시 중국영토의 일부분이다. 1949년 이래 양안은 여전히 분열분치의 상태에 놓여 있었고, 이것은 홀시할 수 없는 사실이다. 중공은 비록 대부분 대륙지구의 관할권을 지니고 있지만 절대적으로 '중국'과 동의어는 아니고, 전중국을 대표할 권리가 없으며 나아가 전중국인민을 대표하는 유일합법정부(代表全中國人民的唯一合法政府)는 아니며, 대만은 중화민국의 영토이며, 중화민국은 국제사회의 일원이므로 중공은 대만인민을 대표할 수 없다. 중공 정권이 성립한 이래, 그 치권은 대만에 미치지 못했으며 또한 국제사회에서도 대만을 대표할 권리도 없다.

넷째, 하나의 중국 두 개의 대등정치실체(一個中國、兩個對等政治實體) 단계다. 이 '하나의 중국'은 혈연·문화·역사적인 중국으로 이동했다. 1990년 6월 리등후이는 국시회의(國是會議)를 개최하고 양안은 통치권을 구유한 정치실체(擁有統治權的政治實體)로 규정했다. 양안 간 지위는 1991년 동원감람시기(動員戡亂時期)가 종결되고, 이 결과로 중공을 대항성의 경쟁정권(對抗性的競爭政權)으로 규정했다. 물론 이것은 리등후이가 편면적이고 일방적으로 내전의 종결을 선언한 것이었다. 베이징은 양안의 내전은 아직 종결되지 않았다는 점을 강조하고 있다. 베이징은 내전의 종결이 아니라 적대상태의 종결을 의미하는 것이라는 관점이다. 이는 정화(Ceasefire)에 해당되는 것이지 정전(停戰, Armistice)이 아니다.[66]

80년대 말 90년대 초, 국제정세가 급격히 변했다. 이른바 소동파(소련 동구권 붕괴 파동) 사건이다. 소련의 해체와 그로 인한 동유럽에 밀어닥친 일련의 변화를 일컫는다. 1989년 베이징에서 천안문 사태가 발생하였고, 1990년에는 독일의 통일, 1991년 소련의 해체와 동유럽의 변화가 진행되었다. 이는 리등후이로 하여금 양안관계 정위에 있어서 새로운 출로를 가져오게 만들었다.

1991년 2월 13일 리등후이가 직접 주재한 국통회(國統會) 제4차 회의에서 국가통일강령(國家統一綱領)」(이하 국통강령)을 제정하고 통과시켰다. 이는 1992년 말에 있었던 구왕(辜汪會談)회담 이전에 있었던 것으로, 그 실상은 국민당 내 비주류파를 설득하기 위한 의도가 깔려 있다. 대만 대 중국대륙정책의 최고지도원칙은 양안은 이성, 평화, 대등, 호혜의 전제하에 교류를 전개하며, 상호 상대방의 정치실체를 부인하지 않는다는 것이다. 대만은 하나의 중국 아래에 두 개의 대등한 정치실체를 강조하였다.[67]

중화민국은 더이상 중공과 중국대표권을 놓고 경쟁하지 않으며, 대만은 중공정권을 정치실체로 인정하였다. 이는 양장시대에 중공을 반란단체로 규정된 중공의 신분을 변화시킨 것이다. 즉 대만은 대륙과 대등한 정치실체라는 입장을 요구했다.

다섯째, 특수한 국가와 국가의 관계, 이른바 특수 양국론 시기다.

---

66) 湯紹成,〈國民黨的政策與觀點〉,《台北:中央日報》, 2010.3.29, http://www.cdnews.com.tw.
67) 국통강령(國統綱領) 및 1994년 대해양안관계설명서(台海兩岸關係說明書).

1999년 7월 9일 리등후이는 독일의 소리(德國之聲, Deutsche Welle) 와의 인터뷰에서 대만과 중국대륙 간의 관계를 밝혔다. 즉 대만과 대륙 의 관계는 1991년 헌법 개정 이후 이미 국가와 국가의 관계며 최소한 특수한 국가와 국가의 관계라고 밝혔다. 비합법정부, 반란정부, 혹은 중 앙정부와 지방정부 간의 내부관계라고 밝혔다.[68] 1999년 7월 23일 샤오 완창(蕭萬長) 행정원장은 AIT주석 리차드 부시(Richard Bush)와의 만 남에서 특수한 국가와 국가 관계에서 특수는 특별한 의의를 지니며, 이 것은 전례가 없는 국가와 국가 관계라고 밝혔다. 그러므로 특수는 대륙 과 대만의 최소한 교집적인 부분이다. 즉 문화, 역사, 혈연상의 특수 관 계일 뿐이다.

여섯째 다시 양장(장제스, 장징궈) 시대로의 회귀다. 마잉주 집권기 (2008-2016)로 하나의 중국은 중화민국일 뿐이다. 하지만 이는 중간 유 권자를 고려한 현실적인 선택이며, 실제적으로 중공의 면전에서는 중 화민국을 언급하지 않는다.

## 3. 민진당 및 범록 진영의 입장

민진당의 입장은 국민당의 주장과 상반된다. 민진당 당강에서도 밝 히고 있듯이 그 목적은 주권독립 자주의 대만공화국을 건설이다.[69]

녹색진영의 입장에서 본다면 대만문제의 기원은 샌프란시스코 조약 에 있다. 이에 반해 국민당과 공산당은 국공내전이 남겨놓은 유산으로 대만문제가 발생했다고 인식한다. 대만은 확실히 일본으로부터 벗어났

---

68) 行政院大陸委員會, http://www.mac.gov.tw/big5/rpir/2nda_2.htm

69) 민주진보당, http://www.dpp.org.tw

으나 그 앞길은 미확정적이다. 그러므로 대만의 전도는 당연히 타이펑진마 지구 2300만 대만인들이 결정해야 한다고 밝힌다. 나아가 민진당은 1941년 중국정부의 대일선전포고를 부정한다. 대일 선전포고는 국민당 정부의 일방적인 주장이며 국제효력을 구비하지 못한다고 말한다. 사실 타이두를 주장하는 다수가 국제법 전공자들로서 법률적인 면에 상당한 강점을 구비하고 있는 인물들이다. 대만과 대륙의 역사로 볼 때 과거 중국대륙의 역대 대다수 왕조는 대만과의 통일은 하였으나 다스리지 않았기 때문에(統而不治) 때문에 그 관계는 깊지 않았다.[70] 그러므로 대만 4백 년의 역사상 많은 외래정권이 대만에 와서 전변(轉變)이 빈번했고, 그 하나하나는 일시적인 외래정권이었을 뿐이며 차별적 통치를 위주로 하였다.

청의 대만 통치 시기, 대만에 3년에 한 번씩 파견되는 관리 임관제도로 인해 관리들은 대만에 무심했고, 심지어 과객심태(過客心態, 손님 행태)를 보이기도 하였다. 이와 동시에 청나라의 임관제도에 의하면 관리는 본관을 회피하여야 했다. 그 결과 대만에 온 관원은 민난어와 객가어를 이해할 수 있는 사람이 적어 하급관리들의 호가호위 현상이 두드러졌다. 그 결과 민란이 끊이지 않았고, 사회는 장기적으로 동탕에 휩싸여 삼년에 한 번씩 작은 반란이 오년에 한 번씩 큰 반란이 일어났다.(三年一小反, 五年一大反)[71] 즉 천록진영은 대륙의 왕조가 대만을 통치했지만 깊지는 않았다고 인식하나, 심록진영인 대만단결연맹, 건국당 등은 대만은 자고이래 중국에 속하지 않았다는 입장을 견지한다.

대만이 대륙의 수중에 떨어진 것은 1945년 중화민국정부가 연합군

---

70) 史明, 『臺灣人四百年史』, 臺北 : 草根文化, 1998, 頁90-110.
71) 陳豐祥, 『普遍高級中學「歷史」』, 臺北 : 泰宇出版, 2008, 頁49.

최고사령관 맥아더의 명령을 받들어 대만을 점령했을 뿐이며 청나라가 통치한 212년의 기본성격은 중국사가들도 인정하다시피 이족인 만주족이 대만을 침탈한 것일 뿐이고[72], 1945년 10월 25일 중화민국정부는 일방적으로 대만을 중화민국판도에 편입시켰다. 그러므로 만약 대만이 중국의 영토라면 이 날부터 시작하는 것이라 주장한다.

무엇보다도 중화민국은 1949년 10월 1일 중화인민공화국의 성립에 따라 중화민국은 중국대륙에서 도망 나와 대륙 연안의 몇 개의 작은 섬으로 망명했을 뿐이다. 그러므로 대만이 중국에 속한 것은 400년 역사 중에 1945-1949년의 기간 불과 4년에 불과하다는 논리를 펴고 있다. 중화민국 정부는 비록 대만으로 천도해왔다고 하지만 진정으로 중화민국에 속하는 영토는 진먼(金門), 마주(馬祖)등의 도서로 중화민국은 진마국(金馬國)일 뿐이다고 주장한다.[73] 사실 진먼 마주는 일본의 식민지를 겪지 않았다. 그러므로 대만은 국민주권의 원리에 기초하여, 주권독립자주의 대만공화국 및 신헌법을 제정해야하며 대만 전체주민이 국민투표의 방식으로 결정을 해야 한다는 것이다.

천록진영의 인식은 국제정치현실을 의식하여 대만은 이미 1949년에 독립했다고 주장한다. 그리고 현재의 명칭은 중화민국이며 미래에 단지 헌법을 수정하면 가능하다고 본다. 물론 각파의 논술이 어떻든지 간에 대만은 하나의 주권독립국가며, 대만은 중화인민공화국외에 독립해 있으며, 각자의 영토는 상호 예속적이 아니다는 것은 민진당 주류의 견해다. 대만과 중국은 이미 두 개의 국가며, 통일도 미래의 선택사항이 아니다. 그러므로 중공의 일국양제와 국민당의 일국양부(一國兩府)등

---

72) 『民衆日報』, 1995.10.26.
73) 黃昭堂, 『黃昭堂獨立文集』, 台北 : 臺灣文史叢書, 1998, 17쪽.

의 주장은 받아들일 수 없다. 그러나 민진당은 집권한 이후, 중공과 현 상변화를 바라지 않는 미국을 의식하여 '하나의 중국'에 대한 태도는 극과 극을 오갔다.

2000년 천수이벤 취임연설 때의 '하나의 중국'은 해협양안의 인민은 서로 같은 혈연, 문화, 역사 배경을 지닌 '미래의 중국'을 의미했다.[74] 그러나 2002년 천수이벤은 8월 3일 동경에서 거행된 세계대만동향회 (世界臺灣同鄉會, 간칭 世台會)에 화상화면으로 치사를 하였는데 여 기서 그는 첫째 양안은 일변일국이며 둘째 대만현상의 변화는 국민투 표로 해야함을 밝히고, 2006년에는 국가통일강령과 국가통일위원회를 종지(終止)시켰다. 이로부터 민진당의 통일정책은 실제적으로 존재하 지 않으며 현재에 이르고 있다.

녹색 진영의 대만지위에 대한 정위는 크게 이미독립(已經獨立), 아 직미독립(尚未獨立)의 두 부류로 나눌 수 있다.

첫째 이미독립론(已經獨立)이다.[75] 여기에는 당연독립설(當然獨立說) 과 상태독립설, 진화독립설이 있다. 당연독립설은 카이로선언은 무효 며, 1951년 샌프란시스코 조약과 유엔헌장에 대한 주관적 해석으로 결 정한다. 펑밍민(彭明敏)등의 상태독립설(狀態獨立說)은 1949년 분열 분치가 시작되면서 이미 독립상태라고 주장한다. 천룽즈(陳隆志)의 진 화독립설(演進獨立說)은 계엄 후 1991년부터 1996년까지의 민주화의 과정은 유효자결(有效自決)의 과정으로 보고 대만은 이미 하나의 독립 국가가 되었다는 것이다. 이 논술은 민진당의 주류논술이다.

둘째, 아직미독립(尚未獨立)설이다. 이는 주권재미설, 주권중국설,

---

74)「政府大陸政策重要檔」,「陳總統就職演說」, 大陸委員會, 2000.5.20, 頁91.
75) 陳儀深,「臺灣地位論述總整理」,『自由時報』, 2007.8.7.

주권대만설등이 있다. 린쯔승(林志升), 허레이위앤(何瑞元)의 주권재
미설(主權在美說)은 2차 대전 종결 시에 미국은 대만의 주요 점령국가
로서 중국정부는 단지 맥아더 최고사령관의 명령으로 인하여 중국전구
사령관인 장제스가 맥아더의 명령을 위탁받고, 또 장제스는 천이(陈毅)
를 대만 행정장관 겸 대만사령관으로 임명하여 대만을 점령했을 뿐이
다. 또한 국제법적으로 점령은 주권을 전이하는 것이 아니다는 논리를
편다. 그러나 비록 중국대륙으로부터 벗어나는 작용은 있을지라도 미
국은 이 입장을 지지하지 않는다.

황쥐쩡(黃巨正), 푸윈친(傅雲欽)은 주권중국설을 펼친다. 1949-1970
년 기간, 양안정부는 명백히 통일의 의지와 소망을 공개적으로 표시했
다. 차이가 있다면 누가 중국을 대표하는가의 문제였다. 그 후 영국, 미
국 등 국가들은 대만지위미정론을 포기하고 중국대륙과 수교했다. 베
이징이 대만은 중국의 일부분이라고 선언할 때에도 대만의 중화민국
정부는 정식으로 반대하지 않았고 오히려 애매모호한 태도의 언론을
발표했다. 그런 결과로 중국의 내정으로 떨어져 타국의 개입은 더욱더
어려워졌다고 인식한다.

주권대만인민설(主權屬於臺灣人民說)은 대부분의 독립파 단체나
정객들이 주장하는 논리다. 대만의 주권은 대만 인민에게 속하나 국제
적 지위가 미정이기 때문에 국제적 승인의 획득을 필요로 한다. 국제승
인의 유효한 방법은 제헌과 정명을 완성하는 것이다. 그러므로 민진당
이 집권하면 이 방향으로 나아가게 된다. 즉 법률적인 타이두 노선이다.

양안 쟁의의 근원은 주권에 있다. '하나의 중국원칙'과 대만주권독
립은 화해할 수 없는 극단적인 두 대립물이다. 무엇보다도 중공은 일
중원칙을 절대로 포기하지 않을 것이며, 국민당을 포함하여 대만정부
는 일국양제의 통일방법을 받아들이기가 어렵다. 민진당 역시 주권독

**표 3.3** 민진당의 타이두 정책 변화

| 정책 | 시기 | 배경 | 문건 및 그 내용 |
|---|---|---|---|
| 대만정명 | 2007 ~ | 요우시쿤(游錫堃), 총통후보경선시에 정상국가결의문(正常國家決議文)을 대만전도결의문을 대체한다. 후에 2007년 9월경에 절충되어, 천수이볜판(版) 결의문 수정안이 통과되었다. | 2007 년전당대회 : 정상국가결의문<br>주민자결, 헌법제정, 국제조직 참여, 대만정체의식으로 일중원칙을 타파, 대만정명, 타이두강령과 대만전도결의문의 기초위에서 정상국가결의 제출, 대만정명, 제헌, 유엔가입등으로 대만을 정상국가로 만들자는 것 |
| 연성타이두 | 1995 ~ 2007 | 민진당 총선 실패, 미국압력, 연성타이두로 위장 | 1999 당대회 : 대만전도결의문<br>주민자결, 대만정체성 고취, 일중원칙 탈피, 대만은 주권독립국 헌법에 의거해 중화민국이라 칭하지만 중국대륙과는 관계 없다. 주권 영역 역시 타이펑진마에 한정된다. 대만독립현상의 변동은 반드시 대만인민들의 동의를 요한다. |
| | | 대통령후보 천수이볜은 타이두 인상을 완화시키기 위해 타이두 당강을 수정을 희망하였으나 린쥐쉐이(林濁水)의 반대, 상호 조정후에 '대만전도결의문' 발표 | 1995년 당내 타이두 당강 수정문제 발생<br>당시 민진당 주석 스밍더(施明德), 대만은 주권독립국으로 민진당이 집정하더라도 대만독립을 선포할 필요가 없다. |
| 독립건국 | 1991 ~ 1995 | 민진당은 인민제헌회의를차용하여 대만공화국헌법초안을 제출하고 주권독립자주의 대만공화국기본강령안을 통과시킴 | 1991 민진당 5전회의(五全會議) : 타이두 강령<br>주민자결, 신헌법제정, 대만정체성, 국민주권의 원리에 기초하여 자주자립의 대만공화국 및 히헌법제정을 주장, 대만전체인민이 국민투표방식으로 결정해야한다고 주장 |
| 주권독립 | 1987 ~ 1991 | 민진당내 타이두 논조 대두, 소련해체, 동구권붕괴 및 국제정세 격변에 자극받음. | 1988 2대 임시회의 : 417결의문<br>대만국제주권독립국으로베이징을 수도로하는 중화인민공화국에 속하지 않는다. 대만국제지위의 변경은 대만전체주민 동의를 받아야한다. 평화통일에 대해 공개적으로 반대<br>1990년 4전회의(四全會議) : 1007결의문<br>대만의 사실상의 주권은 중국대륙 및 외몽고에 미치지 않는다. |
| 주민자결 | 1986 ~ 1987 | 민진당 창당 초기에 격진적인 타이두의 공간이 없었고 격진적 타이두 주장은 없고 모호한 '자결'을 주장 | 1986 : 민진당 당강<br>대만의 전도는 대만전체주민이 자유, 민주, 보편, 공평하고 평등한 방식으로 공동결정해야하며, 어떠한 정부 혹은 정부의 연합도 대만의 정치귀속을 결정할 수 없다. |

陳議深, 「臺灣地位論述總整理」, 『自由時報』, 2007년 8월7일자, 필자 재보충 정리

립, 본토의식 제고를 변화시킬 뜻이 없다. 그렇다고 독립을 선포할 수도 없다. 이는 중공의 무력동원의 마지노선임을 너무나 잘 알고 있기 때문이다.[76] 현재 양안간은 그 어느 일방이 현재의 불통, 불독, 불전, 불화(不統, 不獨, 不戰, 不和)의 양안현상을 평화적 혹은 비평화적방식으로 통일을 이루거나 대만공화국을 건설할 능력을 양방 모두 결핍하고 있다.

---

76) Harry Harding, "Think Again : China", *Foreign Policy*, Vol. 25, No.2(March/ April 2007), pp.26-32.

제**4**장
# 양안관계에 영향을 미치는 요소들

양안관계에 영향을 미치는 요소들은 이루 헤아릴 수 없이 많이 있다. 다만 상수적 요인으로 작용하는 요소들을 중심으로 보면 대략적으로 크게 네 부분이다. 국제환경, 미국요소, 중국요소, 대만요소가 그들이다. 국제환경은 주로 중·미 간의 국제적 패권경쟁에 따라 형성되는 국제환경의 변화를 포함한다.

## 제1절 국제환경 요인國際體系, 外部環境

### 1. 국제체제의 변화와 양안의 대응

중국대륙은 아편전쟁으로 문호가 강제로 개방되었다. 서구 제국주의는 아시아, 아프리카, 라틴 아메리카에 진출하여 그 세력범위를 분할하였다. 제국주의 국제체제에서 중국은 종래의 중화민족이라는 대국주의적 자긍심에 깊은 상처를 입고, 급격히 민족주의적으로 변모하게 되었다. 이 시기 중국은 '아시아의 병자(Sick man of Asia)'라는 명칭을 얻었다. 이는 지금까지도 중국의 관(官)은 물론 민(民)도 병자(病夫)라는 이 명칭에 대하여 지독한 콤플렉스를 지니고 있다. 병자는 청나라 말기 아편을 흡입함으로써 발생한 중국인들의 쇠약한 신체, 의지박약, 아Q 정신으로 희화화된다. 중국은 이 시기를 아직도 치욕의 세기로 인식하는 것이다.

대양을 건너 중국에 온 외국인이 중국인 자신의 땅에서 무시당하였고, 더구나 개와 중국인은 공원, 상점에 출입할 수 없었을 뿐만 아니라[1], 아편쟁이(鴉片煙鬼)라는 멸칭까지도 얻었다. 민족적 자긍심이 손상된 것에 더하여 영토마저 굴욕적으로 열강에 강제할양을 당하였다. 예를 들어 아편전쟁의 난징조약, 청·일 갑오전쟁으로 인한 마관조약과 의화단으로 인해 야기된 8국 연합과의 신축조약 등이 대표적이다. 특히 지금도 리홍장(李鴻章)이 역사의 죄인이 된 이유는, 당시 굴욕적인 사건을 조약체결로 무마한 당사자였기 때문이었다. 지금까지도 그 어떤 중공의 지도자도 이런 역사의식에서 자유로울 수 없다. 리홍장과 같은 역사의 죄인이 되고 싶어 하지 않는 것은 불문가지다.[2] 더구나 대만은 제국주의 시대 불평등 조약 체결의 결과로 할양된 것이기 때문에, 중공의 시각에서 본다면 대만 문제는 타협의 여지가 없다. 만약 대만을 잃어버린다면 역사의 죄인이 될 뿐만 아니라 정권 특히 공산당 일당체제의 정치적 정통성마저 잃게 될 가능성마저 존재하기 때문이다. 이는 베이징이 '하나의 중국' 문제에서 융통성을 발휘하지 못하는 원인이며, 양안의 경직화를 초래하는 근본 원인이 되며 대만정책에 강경할 수밖에

---

1) 1886년 황푸 공원에 걸린 팻말이다. 실상은 비외국인과 자전거와 개를 금지하는 내용이었다. 후에 루쉰, 차이허선(蔡和森) 등이 개와 중국인이라는 단어를 사용하면서 확대 되었다.
2) 1982년 홍콩 이양을 연기하려는 목적을 가지고 베이징을 방문한 마가렛 대처 영국 수상에게 덩샤오핑은 중공의 지도자가 가장 기피하는 것이 훗날 제2의 리홍장이 되는 것이라고 하였다.

없는 요인이 된다.


## 2. 냉전 – 양극체제

2차 대전 후의 냉전체제는 직·간접적으로 국·공 내전과 이로 인한 양안 간 군사대치에 영향을 미쳤고 또한 양안관계의 발전을 제약했다. 첫째, 미국, 영국, 소련은 2차 대전이 진행되던 당시에는 동맹이었으나, 전쟁이 끝난 후에는 이데올로기를 포함하여 정치·사회·제도에서 충돌적 요소를 내포하고 있었다. 둘째, 일본이 패망한 후에 동아시아는 권력의 진공이 발생했고, 미국과 소련이 이 진공상태의 권력을 메웠다. 미국은 군사적 동맹의 수단을 활용하여 아시아 지역을 통제했고, 세계를 주도했다. 미·소를 위주로 하는 진영 구조는 냉전체제에서 동서진영을 형성시켰을 뿐만 아니라 양안관계의 정치발전에도 구조적으로 중대한 영향을 끼쳤다. 2차대전 기간, 연합군의 반일(反日) 전선에 동참한 장제스는 자본주의 진영에서 대외적으로 반소반공(反蘇反共)의 미국식 포위망에 편승하여 그의 전제 통치를 공고히 하였다. 2차 세계대전 직후 재개된 국·공 내전에서 미·소 양대 진영은 각기 중국국민당과 중국공산당을 지원했고, 그 결과 국공내전에 실패한 장제스는 대만으로 쫓겨 왔다.


### 1) 국공내전國共內戰

2차 대전 후의 양안 관계는 국·공내전에 그 기원을 두고 있다. 국·공내전은 복잡한 국제적 배경 속에서 전개되었다. 국·공내전은 기본적으로는 중국역사에서 반복되어온 통일과 분열의 과정을 재현하는 중화민족 내부의 통일전쟁이라고 할 수 있다. 그러나 내부를 들여다보면 이는 소련과 미국의 양대 이데올로기를 대표하는 적대적 양당이 소련과 미국의 이념을 대신하여 이를 민족 내부의 전쟁으로 전개시킨 것이었다고 할 수 있다. 미국의 대대적 지원을 받았던 장제스는 전면적으로 내전을 일으켰고, 공산주의를 억제하는 일환으로서 미국의 책략(조지 케난의 소련봉쇄)에 부응하였다. 국·공내전에서 미국은 직접적으로는 국민당 군대를 무장시켰을 뿐만 아니라, 군사·경제원조를 통해서 중국 대륙의 내전에 깊이 빠져 들었다. 결국 국민당 정부는 공산당에 패퇴해 대만으로 도주해 왔고, 한국전쟁의 발발로 인해서 미7함대가 대만에 개입하면서 장제스는 기사회생하였다, 즉 잠재적인 냉전체제가 가시적인 냉전체제로 전환함에 따라 공산주의와의 대항의 측면에서 대만은 중요한 전략적 가치를 지니고 있었던 셈이다. 이후 국민당과 공산당은 대만해협을 마주보고 군사대치기에 진입했다.

## 2) 중국의 사회주의 진영 가입

1949년, 국·공내전에서 이긴 공산당은 중화인민공화국정부 수립을 발표하고 소련위주의 일변도 정책(一邊倒政策)을 실시했다. 중공이 일변도 정책으로 갈 수 밖에 없었던 이유는 첫째, 공산주의라는 이데올로기 요소가 작용한 탓이라기보다는 국·공 내전시기에 있었던 미국의 장제스 정부의 대한 적극적 지지가 결정적 영향을 미쳤다. 대륙을 통일한 후 마오쩌둥은 국내의 사회경제적 안정, 제국주의의 봉쇄 돌파, 경제회복을 위해 국민경제가 필요로 하는 물질적 조건을 구비하고, 급속한 사회주의 현대화를 추진하기 위해서는 오직 소련 일변도 정책만이 유일한 대안 이었던 셈이다. 마오는 새로운 방도를 마련하는 것(另起爐灶), 집을 깨끗이 한 후에 손님을 다시 청하는 것(打掃乾淨屋子·再請客)을 내걸고 일변도정책을 채택했다.3) 마오의 일변도 정책은 「론인민민주전정(論人民民主專政)」에 잘 나타나 있다. 쑨원(孫文)의 40년 경험(청조의 전복과 중화민국의 성립과정에서 소련의 지원과 역할)과 공산당의 28년 경험(국민당과의 투쟁과정에서 받았던 소련의 지원과 지도)으로 신중국을 건국했고, 이를 공고히 하기 위해서는 친소일변도 정책을 취해야한다고 강조했다.

40년과 28년의 경험이란, 첫째, 중국인은 제국주의편에 서지 않으며 사회주의 한쪽(일변)에 서는 것이다, 양다리를 걸치는 것은 통할 수 없으며, 제3의 길은 불가능할 뿐만 아니라, 미국 제국주의 일변도를 확실히 취한 반동파 장제스를 타도하기 위해서도 제3의 길이 있다는 환상을 버려야함을 강조했다.[4]

둘째, 중국공산당은 사회주의 진영에 가입했다. 1949년말, 마오는 그의 인생에서 유일한 외국 방문인 소련 모스크바에서 스탈린과 지루한 협상을 벌여, 마침내 1950년 2월 14일 '중·소 우호동맹조약(中苏友好同盟互助条约)'을 체결했고, 동년 4월 11일 30년 기간의 조약은 시작되었다. 사실 이 동맹조약은 1945년 장제스와 소련이 맺은 동맹조약과 판박이었다.

마오와 스탈린이 맺은 중·소 조약은 첫째, 평등, 상호이익, 국가주권과 영토완정, 내정불간섭의 원칙을 존중, 둘째, 중·소 간의 경제와 문화 관계를 발전시키고, 셋째, 피차 간에 일체의 가능한 경제원조를 제공하며, 경제협력을 진행한다는 것이었다. 이로써 중국공산당은 중·소동맹으로 사회주의 진영에 확실히 서고, 소련을 위주로 하는 사회주의 진영의 지지를 받았지만 동시에 미국을 위주로 하는 자본주의 진영에는 적

---

3) 毛澤東, 〈論人民民主專政〉, 紀念中國共產黨28周年時毛澤東講話, 1949.6.20.
4) 同上註.

이 되었다.

### 3) 대만의 미국 지지 획득

1949년 12월 국민당 정권이 대만으로 천도한 후, 한국전쟁의 발발하자 미국이 가장 먼저 취한 군사적 조치는 대만해협 봉쇄였다. 이로써 미국은 대만해협에 개입하기 시작했다. 양안관계도 거대한 변화가 발생했다. 즉 두 적대적 이데올로기를 원칙으로 하는 정당 간의 대결에서 양대 이데올로기를 대신하는 냉전체제의 상징이 되었다. 미국의 반공(反共)에 대한 수요가 증가함에 따라 대만의 전략적 가치는 그만큼 더 높아졌다. 이러한 배경에서 미국은 기존의 대만정책을 수정했다.

첫째, 미국은 대만의 전략적 지위를 재인식했다. 중국대륙을 봉쇄하는 불침의 항공모함으로 대만을 보기 시작했다. 둘째, 대만보호정책을 실시해 대만에 전면적으로 군사, 정치, 경제원조를 제공했다. 셋째, 트루먼은 대만지위미정론을 공표했다. 넷째, 대만보호정책을 실시했지만 중국대륙으로 전쟁이 확대되는 것을 원치 않았다. 동시에 대만이 한국전쟁에 출병하는 것에 반대했고, 대만 중립화 계획을 실시했다. 다섯째, 한국전쟁이 정전되자, 미국과 대만(중화민국)은 공동방위조약을 맺었다. 이로써 새장 속에 갇힌 장제스가 새장 밖으로 나온 것이다. 즉 미국과 대만의 방위조약의 체결과 더불어 미국은 대만지위 미정에서 '두 개의 중국' 정책으로 전환되었다. 이러한 미국의 대만정책에 대한 조정은 대만문제의 복잡화와 대만문제의 국제화를 초래했다.

### 4) 중·미관계 개선

1969년, 미국의 닉슨 대통령이 집권한 후, 미국의 외교노선은 중대한 전환을 시도했다. 즉 중·미관계를 개선하고 중·미 간 교류의 대문을 연 것이다. 닉슨이 기존의 전략을 조정한 원인은 첫째 유럽을 안정시키고, 일본이 소련에 대항하는 구조에 더하여, 베이징과의 관계를 발전시켜 소련을 견제하는 힘을 증가시키기 위해서였다. 즉 중공과 소련의 모순을 이용해서 미국이 소련에 대항하는 힘을 증가시키고, 중국으로 소련을 제어하기 위함이었다(以中制蘇). 1969년 중공과 소련은 영토 분쟁으로 쩐바오다오(珍寶島, 다만스키)에서 무력충돌이 있었던 시기라 베이징 역시 소련으로부터 안전의 위협을 느끼고 있었다. 둘째 미국은 진흙탕에 빠진 베트남 전쟁에서 몸을 빼고 싶어 했고, 미국은 중국은 베트남전에서 특수한 역할을 할 수 있다고 파악했다. 만약 중공이 한국 전쟁에서 항미원조에 나서듯이, 또 중국이 항미원월(抗美援越)에 나선다면 이는 미국으로서는 치명적이다.

미국과 대만은 단교를 했지만 대만은 미국의 동아시아 지역에서 추진하던 냉전억제 전략의 중요한 기둥이었고 맹우였다. 또한 미국에 있어서 대만은 정치안전, 경제이익, 이데올로기 및 지정학적 이익을 가지고 있었고, 중공을 견제하는 중요한 카드였다. 이러한 연유로 미국은 이중정책을 실시했는데 공식적으로는 베이징과 관계를 맺고, 비공식적으로는 타이베이와 관계를 유지했다. 이후 미국은 베이징과 타이베이 간에 끊임없이 평형을 추구했다. 소련이 해체된 후 중공, 미국, 소련의 전략적 대삼각구도는 소실되었지만 중공, 미국, 대만 간의 소삼각구도는 여전히 존재하고 있다.

### 5) 양장시기(장제스와 장징궈, 1949-1988)

이 시기 양안관계에서는 냉전체제의 이데올로기적 특징을 반영하듯 체제 대항적 구조였다. 쌍방은 서로를 소멸해야 할 대상으로, 국제사회에서 서로 중국대표권을 쟁탈해야 할 대상으로 보았다. 최고지도자의 정책결정에 관한 사고도 영향을 받았다. 장제스는 일체를 군사 반격(軍事反攻) 위주로 사고했다. 국광계획(國光計劃)을 제정하고, 대륙수복의 기회를 엿보았다. 장제스 말기와 사후, 그의 아들 장징궈가 행정원장에서 총통으로 될 즈음, 미국은 베이징에 관한 태도를 바꾸었다. 1972년 상하이 공보를 발표하고 베이징과의 관계 정상화를 진행했다. 다시 말해 미국은 대만에 대해서 병도 주고 약도 주었다. 미국이 원하는 상황은 대만해협의 현상유지였다. 대만은 더 이상 중국대륙에 대한 군사반공(군사반격)은 선택 사항이 될 수 없었다. 반대로 대만 내부에서는 정치민주화가 서서히 끓어오르기 시작했고, 계엄을 해제하고, 동원감란임시조관(반란평정전시체제)을 종식하고, 민의대표기구도 민선을 통해 확대되기 시작했다.

### 3. 탈냉전체제 – 일초다강—超多强(군사적 1초, 경제적으로 다극)

결국 소련은 스스로 무너졌다. 하지만 소련이 무너졌음에도 불구하고, 소련 해체 후에 소련을 견제하던 기구들은 해체되지 않았다. 첫째, 2차 대전 후의 양극 냉전체제는 유럽에서는 나토와 바르샤바조약기구가 대치하였고, 동아시아에서는 미·일동맹이 강화되고 양안대치, 남북한 대치가 존재했다. 다시 말해 냉전으로 인해서 형성되었던 나토와 남북한 문제 및 양안문제는 여전히 존재고 있으며, 미일동맹은 새로운 방향으로 진화하고 있다. 둘째 소련의 파탄으로 일초(一超) 지위의 오른 미국은 더 이상 군사적 맞수가 없었다. 셋째, 소련의 붕괴는 냉전의 종결을 가져왔지만, 9·11사건과 이로 인한 테러와의 전쟁은 탈냉전체제를 변화시켰다.

구소련의 해체와 '9·11사건'이 국제체제에서 의미하는 바는 이데올로기를 대체한 또 다른 요인이 국제적인 긴장을 야기 시킬 것이라는 점이다. 프랜시스 후쿠야마의 『역사의 종말』, 사무엘 헌팅턴의 『문명의 충돌』 등의 저작은 모두 이념의 편향성을 드러냈다. 즉 『역사의 종말』은 '이데올로기의 종언'과 함께 자유민주주의의 승리를 선언하였고, 『문명의 충돌』은 역사의 종결이 결국은 다른 종류의 전쟁과 갈등을 야기할 것이라는 분석과 전망을 통해서 구 소련의 해체 이후의 새로운 국제체제를 전망하였다. 즉 세계의 발전은 하나의 이념의 승리 혹은 여러 이념의 충돌로 관계 짓기 때문에 문화와 이데올로기 결정론인 문명의 충돌로 규정지었다. 이러한 정세는 구 소련을 대체한 베이징에 깊은 영향을 주었다. 다시 말해 새로운 강대국으로서의 위상과 역할을 어떻게 잘 이끌어갈 것인가의 문제에 직면하게 되었던 것이다.

양안관계에 초점을 맞추어 보면 과거 미·소의 양대축의 하부구조 내에서 양안문제를 해결하던 것을 이제는 미국과의 일대일 관계 속에서 양안문제를 처리해야한다는 새로운 게임 속으로 빠져들게 된 것이다. 트럼프 정부의 미 국무부 정책기획 국장 스키너는 중미 갈등은 완전히 다른 문명과 상이한 이데올로기의 투쟁이라고 밝혔다. 이는 중·미 갈등을 문명충돌로 해석하고 있음을 보여준다. 기실 전쟁의 근원은 문명의 충돌이 아니라 그 결과다. 마르크스주의의 견해에서 볼 때, 생산자원의 배분을 둘러싸고 전쟁은 주로 발생한다.

## 1) 일초다강—超多强 체제의 형성

1989년 동구권의 급변사태로 소련의 동구 국가에 대한 영향력은 소실되었고, 1991년 소련 해체 후에 탈냉전체제의 일초다강체제로 진입했다. 미국의 단극패권과 중국대륙, 러시아, 유럽연합, 일본 등 강국이 공존하는 국제체제다.

90년대 러시아 경제의 전환, 회복과 발전, 중국대륙 개혁개방의 성과로 인한 굴기, 일련의 개발도상국 국가의 빠른 경제성장과 제3세계의 굴기에 따라 국제 구조(格局)는 일초다강의 특징을 보인다. 아울러 점진적으로 다극화의 방향으로 발전하고 있다. 국제구조의 다극화의 추세는 시간이 갈수록 명확해지고, 국제관계의 새로운 역사적 변혁시기로 향하고 있다. 비록 학자들 사이에서 단극 조건의 국가 혹은 국가집단에 대해서는 아직 많은 쟁점이 남아 있으나 대체적으로 미국, 유럽연합, 일본, 중국(대륙)과 러시아는 현체제에서 관건적인 행위자들이라는 데는 의견을 같이한다.

탈냉전 후 미국은 유일한 초강대국이 되었다. 조셉 나이(Joseph S. Nye)는 현재의 역량 분포를 입체적인 체스 경기에 비유한다. 최고의 한 층은 군사적인 단극이다. 기타국가들을 멀리 초월했다. 또 다른 한 층은 경제며 다극적이다.[5] 다시 말해 군사적으로 미국은 단극이며, 경제적으로는 미국, 유럽연합, 중국대륙, 일본 등의 4극이며 정치적으로는 다극이다. 일초다강 체제의 형성은 높은 정도로 진행된 경제세계화의 영향에 의해서 초래 되었다. 경제의 세계화는 세계적 범위에서 산업의 분업, 상호의존, 당신 속에 내가 있고 내 속에 당신 있는(你中有我, 我中有你) 국면을 형성시켰다. 시대의 조류에 따라 중국대륙 역시 점진적으로 대외개방을 확대해 나갔다. 미국은 단극 패권의 지위를 계속 유지하기 위해, 보다 더 세계 무역을 창의(倡議)하고, 국제전범(國際典

---

5) Joseph S. Nye, "The New Rome Meets the New Barbarians", *Economist*, 3/23/2002, Vol. 362, Issue 8265.

則, International Regimes)의 건립을 주도하기 위해 자유무역은 세계평화 안정을 위한 전제가 되고, 이는 각국의 경제적 상호의존을 촉진시켰고, 경제의 상호이익으로 인해 경제전장이 군사전장을 대체했다. 그러나 세계화의 발전과 동시에 부정적인 영향이 존재한다. 그 중 가장 중요한 것은 양극분화의 문제다. 국제산업 분업체계의 하류국가와 낙후한 국가들의 국내 상황은 더욱더 악화되고, 냉전시대에 감추어져 있던 민족모순, 종족대립, 종교분쟁, 영토분쟁의 등의 주요모순들이 나타나 일련의 내전과 국가 간의 소규모 무장충돌을 더욱 더 잦아졌다. 또한 테러·질병 등 비전통적인 안보문제가 고개를 들기 시작했다. 미국의 입장에서 본다면, 이란, 북한, 이라크 등은 미국의 이익에 위협이 되고 여기에 더하여 세계 경제화의 발전으로 인하여 미국은 대중국 무역에서 최대의 적자를 기록했다. 여기에 더해 비전통적인 안보위기가 발생하였고, 이는 대국 간의 협조를 어렵게 만드는 요소가 되었다. 일초다강 국면의 형성에 중국은 백년에 올까 말까한 기회를 잡았다. 첫째, 소련 해체 이후, 베이징의 입장에서 볼 때 아편전쟁 이후 현재까지 160년간 처음으로 외부에 강적이 없는 상태가 나타났으며, 둘째, WTO가입 이후 세계경제의 중심축의 하나로 우뚝 섰으며, 셋째 서서히 일초다강을 2초(미국과 중국)다강의 국면으로 전환시켜가고 있는 기회를 맞이하였다.

## 2) 일초다강 체제와 대만의 전략적가치

2001년 9·11사건은 베이징에 천재일우의 기회를 제공했다. 반면에 타이베이로서는 불행이었다. 미국은 테러와의 전쟁, 악의 축(axis of evil) 국가로 인해서 국제사회에서 베이징과의 협력이 필요했다. 특히 유엔 안보리에서의 베이징의 지지가 필요했다.[6] 9·11은 미국의 안전전략을 수정하게 했고, 본토안전과 세계이익을 위협하는 테러집단을 퇴치하는 것이 미국의 가장 큰 우선과제가 되었다. 특히, 아프카니스탄, 이라크에 대한 두 개의 전쟁에서 미국과 영국은 일방적으로 군사행동을 취했으며 유엔의 결의가 있었던 것도 아니었다. 이는 프랑스와 독일 등의 유럽국가 및 러시아의 반대를 불러왔다. 이러한 상황은 미국이 베이징을 자신의 편으로 끌어들이는 강한 동인이 되었다. 특히 두 개의 전장을 마무리 하기 위해서는 무엇보다도 아·태지구의 안정이 필요 하였다. 특히 아·태지역에서의 강력한 두 곳의 화약고는 대만과 북핵문제였다. 만약 대만문제와 북핵문제에서 미국이 통제를 상실하여 발생할 파열음을 미국은 원하지 않았다. 따라서 부시 정부는 부득불 대만정책에 대해 조정을 취했으며 제2기 부시 정부에 접어들어서는 이를 실행에 옮겼다.[7] 즉 대만문제와 북핵문제를 베이징에 관리를 맡기는 방식, 즉 아웃소싱을 선택했다.

베이징으로서는 미국의 불행을 이용하여 평화롭게 굴기할 수 있는 전략적 기회를 맞이했다. 베이징의 굴기는 상대적으로 대만의 축소 내지는 역할감소에 따른 위기까지도 초래할 수 있는 형국이 조성되었다. 미국은 정치영역에서도 베이징이 반테러, 핵비확산, 유엔에서 중요한 작용을 할 수 있다고 깊이 이해하였으나 이러한 이해는 전략적 층면으로 상승되지는 않았다. 이러한 배경에서 2004년 10월 25일 콜린 파월은 (Colin Powell) 베이징을 방문했고, 중·미관계, 대만문제, 6자회담에 대해서 홍콩의 평황(鳳凰) 텔레비젼과 인터뷰를 진행했다. 이 인터뷰에서

---

6) 邵宗海,《兩岸關係》, 台北 : 五南圖書, 2006, 頁232.
7) 許世銓,〈衝突還是和平？〉,《臺灣研究》, 1期, 2008, 頁3.

콜린 파월은 대만은 독립국이 아니며, 국가의 주권을 향유하지 못하고, 타이두에 대한 반대를 거듭 밝혔다. 중·미관계에 대해서도 지난 4년 중미관계는 양호해졌고을 뿐만 아니라 경제영역에서 다소 이견이 있지만 지역문제에서는 긴밀히 협력한다는 것이었다.[8] 이후 중·미 간 고위 관료들은 빈번한 만남을 가졌고 양국의 정상관계도 호전되었다. 이는 결국 중·미 간의 전략 및 경제대화로, 이후 중·미 전략대화로 연결되었다.

파월은 6자회담에 대해서 "중국은 6자회담의 주최국이자 의장국이면서 회담의 적극참여자이고, 북한의 이웃이고 그 역할은 매우 중요하다고"하면서 베이징의 입장을 적극적으로 지지했다.[9]

나아가 아미티지(Richard Armitage)는 대만관계법은 결코 미국이 대만을 보호해야 한다는 것을 규정하고 있지 않으며, 만약 중국이 대만에 무력을 행사한다면 미국이 이에 참전할 지 여부는 반드시 국회의 동의를 받아야 한다고 주장하면서 미국은 대만을 방어할 의무가 없다고 강조하고, 중·미관계의 가장 큰 지뢰는 대만이라고 지적했다. 한걸음 더 나아가 대만을 비판하기도 했다. "대만당국은 무슨 잘못을 하고 있는지 그 잘못을 모른다"고 말했다.[10] 이런 맥락에서 2005년 9월 21일 졸릭(Robert. B. Zoellick) 국무부 차관보는 중국대륙은 국제사회의 '책임있

---

8) 董曉, 〈美『地雷說』引爆島內地震興論 : 扁玩火必自焚〉, 《新華網》, 2004.12.23., http://big5.xinhuanet.com/gate/big5/news.xinhuanet.com/taiwan/2004/12/23/content_2371092.htm

9) 《新華網》, 2004.10.27.

10) 《環球時報》, 2004.12.24., 第十一版. 2004년 12월 20일 미국 국무원은 국무부 부장관 아미티지의(Richard Lee Armitage)가 공공텔레비젼(公共電視台)과의 방담한 내용을 공개했다.

는 이익상관자(responsible stakeholder)'라고 발표했다.[11]

2005년 9월 부시(Bush.Jr)와 후진타오는 뉴욕 유엔대회에 참가해 밀담을 나누었다. 이 시기 중·미 간 발생한 두 개의 변화가 있었다. 첫째 대만 문제다. 베이징은 대만 문제는 중국의 내정이며, 미국은 간여할 범주가 아니라는 것을 견지면서도, 대만문제는 중·미 간의 공동관리(Comangement)의 대상으로 변화했다. 즉 미국은 대만에 연루되어 중공과의 전쟁을 원하지 않으며, 그러기 위해서는 대만이 타이두의 길로 걸어가지 않도록 해야 한다는 공통된 인식이 있었다. 둘째 중국의 굴기에 대한 미국의 인식의 변화가 있었다. 과거의 중국위협론에서 벗어나 베이징을 국제사회의 책임당사국으로 역할을 해야 하는 것으로 인식했다.[12]

2007년 12월 22일 미국 국무장관 라이스(Condoleezza Rice)는 연말 기자회견에서 "대만명의로 유엔에 가입하는 문제는 도발적인 정책이며, 대만해협에 긴장국면을 조성해서는 안 되고, 이는 국제사회에서 대만인에게 가져다 줄 그 어떠한 현실적 이익도 없기 때문에 미국은 타이베이가 국민투표로서 유엔가입을 결정하는 문제를 반대하는 원인"이라고 공개적으로 비판했다.[13] 국무원 아태차관보 크리스텐센(Thomas Christensen) 역시 민진당의 입련공투(국민투표로 유엔 가입을 결정하자는 안)은 지혜롭지 못한 결정이며, 천수이볜 정부는 일방적으로 양안 현상을 변화시킬 의도를 지니고 있으며, 이것은 양안관계에 긴장을 불

---

11) Robert B. Zoellick, "Whither China : From Membership to Responsibility?", U.S. Department of State, september 21, 2005, http://www.state.gov/c/d/rem/53682.html

12) 熊介, 〈蛻變中的中美關係〉, 《中國評論》, 2006.4, 頁146.

13) 《TAISHENG》, 2008.1, 頁34-35.

러올 뿐만 아니라 미국의 이익과 대만안전에 손해를 입히는 것으로 위험하고 도발적인 거동이라고 밝혔다.

2009년 미국에서 금융위기가 발생했다. 이 위기는 미국이 베이징에 대해서 상당한 두려움을 가져오게 만들었다. 중국대륙의 경제규모는 일본을 이미 초월했고, 베이징 역시 시간은 자신의 편에 있다는 자신감을 가졌다. 세계 경제 공황으로 인해 중국대륙은 내수를 확대하여 세계 최대의 소비시장이 되었고, 'G2', '차이메리카', '중·미 공치(共治)', 창천은 죽었고 황천이 섰다는(蒼天已死, 黃天當立) 말이 나오기도 했으며, 중국모델(中國模式)을 세계로 확산하자는 자신감도 생겨나기 시작했다.

그러나 오바마 정부는 금융 위기를 슬기롭게 극복하고 곧바로 이에 대한 대응으로 미국의 글로벌 전략에 중대한 조정을 하였다. 2011년 '아시아 회귀(Pivot to Asia)'를 발표했고, 다시 '재균형(Re-balancing)'정책으로 바꾸었다. 목적은 중국대륙이 1등 국가가 되는 것을 막는 것이다. 미국의 이러한 전략은 필연적으로 중국대륙과 충돌할 수 밖에 없다. 중국대륙의 급속한 발전에 따라서 미국은 이제 중국에 대한 경계를 강화하였고, 양국 간 긴장이 고조되고 있을 무렵 베이징은 '신형대국관계' 전략을 제시하였고 물론 미국은 이를 받아들이지 않았으며, 2013년 베이징은 신형주변국 관계의 핵심으로서 일대일로(一帶一路)전략을 발표하였다. 이 전략은 일차적으로 아시아의 인프라 건설 네트워크를 조성하는 한편, 유럽, 아프리카 국가들을 연결하는 통상, 투자, 사회문화 네트워크를 건설하는 것을 목표로 한다. 나아가 시진핑은 2050년 경 종합국력 및 국제적 영향력면에서도 세계를 이끌 나라가 되겠다고 선포했다. 일인당 GDP도 미국 수준에 도달하겠다 중국몽을 발표했다. 이런 상황에서 이제 중국위협론은 미국 조야의 공식(共識)이 되었다.[14] 중국굴기는 상대적으로 미국에의 도전으로 연결될 것이며 이에 따라 대만의 전략적 가치는 다시 조정될 입장에 놓이게 되었다. 미국이 ①중국대륙의 밀월관계와 ②미국이 중국대륙을 필요로 하는 정도 ③중국대륙이 미국에 대한 위협의 정도에 따라 대만의 전략적 가치와 위상이 상당부분 영향을 받는 다는 것을 지금까지의 논의로서 알 수 있다. 대만문제가 미국에서 다시 주목을 받기 시작한 것이다.

## 4. 일초다극체제에서의 대만의 대응

일초다극체제에서의 대만은 여러 가지 어려운 입장에 처하게 된다. 구 소련의 해체 전에는 미국의 대(對)소련 포위전략의 전략적 동반자로서 베이징을 필요로 하였다. 반면 대만은 이데올로기적 구조에서 미국의 가치를 구현하는 자유민주진영의 일부로서 전략적 가치를 보유하고 있었으나 냉전체제의 해체와 더불어 미국이 맞이했던 9·11사태는 미국의 국제적 대테러 분쇄전략의 일환으로 베이징의 존재가 더욱 중요해졌다. 그 결과 이데올로기적 원칙이 상쇄되면서 대만의 존재는 다음의 세 가지 요인에 의해서 위협과 위기를 맞게 된다. 첫째, 부상하는 중국대륙의 정치경제적 위상 둘째, 그에 걸맞은 경제력의 상승, 셋째, 미국의 베이징 중시정책과 맞물려 리등후이 체제와 천수이볜 체제는 새로워진 국제체제에서 다각적인 생존과 발전을 모색해야할 필요에 직면하였다. 이는 또 탈냉전에 따른 대만 내부의 민주주의의 발전과 밀접한 연관이 있다.

---

14) 修昔底德陷阱第13次戰爭？2019-06-03 聯合報 張忠本 / 金融機構退休主管 (台北市)

## 1) 리등후이(1988-2000)

양안관계의 상호작용에서도 변화가 발생했다. 대만 내부의 민주주의의 발전은 한편으로는 대만인의 자주적 역량을 과시하는 계기가 되었고, 베이징과의 차별성을 통해서, 즉 공산당 일당독재에 대한 대항과 견제를 목표로 한 대만의 체제변화의 시작이었다. 리등후이는 새로운 양안관계를 주도하기 시작했다. 당시만 해도 대만은 베이징에 대한 자신을 가지고 있었다. 이른바 희망적 사고로, 중국대륙도 곧 소련과 같이 변모할것이라는 가능성을 믿고 있었다. 대만은 양안관계를 담당할 대륙위원회를 행정원에 설립하고, 대륙위원회에서 위탁을 받은 해기회가 대륙 사무를 맡았으며, 국가통일위원회를 출범시키고, 국가통일강령을 선포했다. 나아가 중국대륙과 제도화된 교류와 상호교류를 전개했다. 최고지도자의 정책결정 사고도 변화되기 시작했다. 리등후이는 1995년 자신의 모교인 미국 코넬 대학에서의 연설을 통해 '중화민국'이란 용어를 여러 차례 사용했다. 1996년 처음으로 대만의 첫 민선 총통이 되기 전, 타이베이는 기본적으로 경미제중(經美制中, 미국을 통한 중국 견제)을 통해 대만의 국제조직 참여를 추구했다. 이에 대한 대응으로 베이징 세 차례나 미사일 발사 훈련을 실시하고, 3차 대만위기를 일으켰다. 미국은 두 척의 항공모함을 파견하여 대만해협 정세를 안정시켰다. 1999년에는 리등후이의 양국론(양안은 특수한 국가 대 국가 간의 관계)으로 인해 베이징은 양안 간 왕래를 단절시켰다. 이 시기 리등후이는 탈중국화, 대만정체성 확립 쪽으로 노선이 정해졌다. 이후 리등후이는 베이징이 가장 싫어하는 인물이 되었다. 베이징의 눈에 그는 타이두와 같은 길을 걷는 동조자, 동행인이었고, 친일을 미화하는 매국분자였다.

## 2) 천수이볜 집권기(2000-2008) : 베이징과도 대항, 워싱턴과도 대항

9·11 사건은 일본의 하와이 침공 이후 처음으로 미국 본토가 공격을 받았다는 점이다. 미국이 주도하는 전 세계적인 반테러 행동이 시작되었다. 미국은 아프가니스탄, 이라크 전쟁에 뛰어들었고, 그래서 북핵문제에 시간을 투입할 여력은 부족했다. 국제사회에서 베이징의 도움을 필요해지자, 베이징은 실리를 챙기면서 미국의 요구대로 응했다. 미국이 주도하는 반테러 진영의 일원이 되었고, 6자회담을 주도했다. 또 이시기는 세계화 물결이 흥기했다. 베이징은 적극적으로 국제사회에 참여했고, 다자조직에 참가하는 것 외에도 각종의 국제 기제를 제의했다. 상하이 협력 기구, 브릭스국(BRICS 5개국) 등 베이징의 국제영향력을 증가하기 시작했다.

양안관계에서도 변화가 일어났다. 2000년 대만에서 첫 정당교체가 발생한 이후, 타이두를 당강에 적요한 민진당이 국민당을 대신하여 공산당의 카운터 파트너로 등장하게 되자 양안문제는 더욱 복잡한 국면으로 접어 들었다. 베이징의 입장에서 본다면 양안문제에 대하여 고려와 협상의 우선 대상이 미국, 국민당이었으나, 이제 대만독립을 추구하는 민진당이 등장하게 된 것이다. 베이징은 타이두 당강을 가진 민진당과 맞대응할 방법이 없었다. 기존의 국민당과 공산당 관계와는 판이하게 달랐다. 국·공은 공동으로 하나의 중국을 주장했다. 민진당은 이에 동의하지 않았다. 민진당은 유럽통합 모델을 제시했고, '92회담' 정신을 인정한다는 태도만 취했다. 2004년 민진당은 다시 대만 총통선거에서 승리하고, 두 개의 국민투표안을 제출했다. 즉, 반미사일방어체계구축(建構反飛彈防禦系統)과 양안평화안정프레임(兩岸和平互動穩定架)이었다. 2005년에는 국가통일위원회를 동결했고, 국통강령 적용을 종지(終止, Cease to apply)했다. 아울러 정상국가결의문, 대만명의의 유엔

166

재가입을 시도했다. 이에 대한 맞대응으로 베이징은 2005년 반분열국 가법을 제정하고, 국민당과는 국·공론단(포럼)을 출범시키고 타이두에 압력을 가하고자 하였다.

천수이볜은 1차 임기 동안(2000-2004), 양안 간에 기본적인 현상유지를 보지했지만 베이징으로부터 선의적 대응이 없었고, 더구나 대만의 수교국인 나우루가 베이징에 빼앗기자, 천은 일변일국(一邊一國)을 강력히 주장했다. 천의 두 번째 임기에 들어서서는 노골적으로 탈중국화, 대만 명의로 국제조직 가입, 외교적으로는 적극외교, 봉화외교15)를 채택하여 급진적 타이두 노선을 취하기 시작했다. 외교에서 양안 간 국제공간의 쟁탈전이 가중되었고, 동시에 대만과 미국 간의 관계 역시 긴장의 국면으로 접어 들었다. 베이징은 미국을 통해 천수이볜을 압박하기 시작한 이른바 통미봉대(通美封臺)의 전략을 사용했다. 미국 역시 자신이 직면한 국내외적인 도전으로 인해서, 천수이볜의 노선을 공개적으로 반박했고, 그를 트러블 메이커로 규정했다. 그 결과 천수이볜은 결국 워싱턴, 베이징, 대만내부의 국민당과 자신의 부패로 인한 일반서민들의 반대라는 사면초가에 빠졌다. 결국 천수이볜은 마잉주 집권 후 감옥에 갈 수 밖에 없었다.

---

15) 봉화외교(烽火外交)는 천수이볜 정부가 실행한 외교정책이다. 민진당 신조류계의 주장인 치우이런(邱义仁)이 명명했다. 중남미 국가들이 대만과 단교하고 베이징과 수교를 하자 이에 대응하기 위한 대만의 공세적 외교책략을 말한다. 기존의 수세에서 공세로, 피동에서 주도적으로 외교공간을 돌파하고자 하는 책략이다. 봉화외교는 여러 군데에 불을 질러, 중공으로 하여금 방비할 곳을 많게 하여 힘을 분산시킨다는 의도를 품고 있다.

### 3) 마잉주 집권기(2008–2016) : 화중(和中), 친미(親美), 우일(友日)

중국대륙의 경제굴기가 가속화되자 국제사회에서의 영향력도 증가하기 시작했다. 이 시기 미국의 국내사정 역시 여러 가지 요소로 상황이 좋지 않았다. 하지만 G2 개념이 등장했지만, 베이징은 아직 준비가 되어 있지 않았다. 도광양회(韜光養晦)는 여전히 외교의 기본 원칙이었다. 베이징은 이 시기를 전략적기우기(機遇期, 전략적 기회)의 발전단계로 인식했다. 양안문제에서 역사적·정치적 정통성을 지닌 공산당과 국민당 간 양자가 해결해야된다는 역사적 당위성을 강조하고, 국민당의 마잉주 역시 베이징에 호의적 파트너로 등장했다. 마잉주는 그의 임기 동안 베이징과 외교휴병(外交休兵), 양안화해를 도모하였을 뿐만 아니라, 양안 간 제도화된 협상을 통해 23개의 협의를 맺었다. 아울러 국대판과 대륙위원회의 정기적인 회담이 진행되었고, 베이징도 대만의 제한적인 국제공간과 국제조직에 참여(주로 옵저버 방식)하는 것을 저지 하지는 않았다. 마잉주는 화중(和中), 친미(親美), 우일(友日)이라는 전략적 우선순서를 강조했고, 양안관계가 기타 외교관계보다 더 우위에 있다는 사고에서 출발하였고, 무엇보다 양안관계 개선을 그의 국정 운영 최우선 목표로 삼았다. 그 결과 2015년 11월 7일 싱가포르에서 마시회(馬習會, 마잉주와 시진핑의 회담)가 열렸다. 이는 양안 분단 후 최고지도자 간의 첫 만남이었다. 양안 간에 일중프레임(一中架構)을 서로 확인했다. 이는 국민당과 민진당과의 확연한 노선차이를 드러내었고, 대만 민중의 입장에서 본다면 대중정책노선 선택지가 넓어졌다고 할 수 있지만, 이러한 대중정책의 극명한 스펙트럼은 오히려 양안관계를 보다 복잡하게 만들고 대만내부의 통일된 대중정책노선의 결핍을 가져오게 되었다.

## 4) 차이잉원 집권기(2016년-현재)

오바마 시기에 이어져 오던 아시아 재균형 정책에 이어, 트럼프가 취임하자 자유 개방의 인·태전략을 들고 나왔다. 인태전략은 이해제륙(以海制陸) 즉 바다로서 대륙을 제어하고자 하는 것이다. 미국은 핵태세 보고, 국가안전전략 보고, 국가방위전략 보고서에 중국대륙을 경쟁자, 수정주의 국가로 자리매김하고, 중국대륙 견제에 본격적으로 나서고 무역전을 시작했다. 중·미 간의 경쟁이 결렬해지자 대만의 전략적 가치도 그만큼 높아졌다. 차이잉원은 미국 일변도 정책을 취하고 있고, 미국 역시 각종의 대만관계 우대법안을 통과시켰다. 양안관계는 다시 대치의 국면에 접어들었고, 최고지도자들의 정책결정 사고 역시 대항의 길로 접어들었다. 대만과 관련된 요인 중에 세 개의 시각, 즉 국제환경(국제체제발전), 양안관계 상호작용, 최고지도자들의 사고와 행위를 정리하면 표 4.1과 같다.

표 4.1 대만에 영향을 미치는 국제정치환경 일람표

| 시 기 | 국제체제구조 | 양안관계 상호작용 | 정책결정자 사고 |
|---|---|---|---|
| 양장시대(1949-1987) | 냉전, 미소양극 대항 | 군사대항, 정치대립 | 친미항중 |
| 리등후이 시기(1988-2000) | 냉전종결, 미국 단극 주도 | 군사대항, 정치완화 | 친미반중 |
| 천수이볜 시기(2000-2008) | 미국 단극 위주 다원형성 | 군사대항, 정치대립 | 친미반중 |
| 마잉주 시기(2008-2016) | 중미의 전략적 각축 형성 | 군사완화, 정치교류 | 친중우미 |
| 차이잉원 시기(2016-현재) | 중미 경쟁 심화 | 군사대항, 정치대립 | 친미반중 |

## 5. 신냉전체제로의 회귀인가

트럼프는 당선인 신분으로 대만의 차이잉원 총통과 통화하여 베이징을 자극하였다. 2017년 12월 트럼프 정부는 국가안전전략을 공표했다.

이 보고서는 중국대륙을 미국의 권력, 영향력, 이익에 도전하는 수정주의 강권국가로 규정했다. 또 미국 가치와 이익에 대항하는 세력으로 중국대륙을 규정하고, 인도·태평양에서 축출해야만 하는 세력으로 보았다. 2018년 미국의 국가전략보고서는 중국의 군사현대화와 침략적인 경제모델로 인도 태평양 지역에서 인국을 위협하고 있으며, 단기적으로는 지역패권을 추구하고 나아가 전지구적인 패권지위를 추구하는 미국의 전략적 경쟁자로 보았다. 2018년 미국의 핵태세보고에서는 중국대륙을 탈냉전 후 국제질서의 규범을 수정하고자 하는 세력으로 보았다. 중공의 군사현대화와 아·태 지역에서의 주도권 추구는 미국의 아시아 이익을 위협하는 주요한 도전으로 보았다. 일련의 보고서가 확언해주듯이 미중의 경쟁관계가 전방위적으로 변모하였다. 트럼프의 미국은 경제 외교 심지어 군사분야에서 보다 더 강경하고 적극적인 공세정책을 펼친다. 중·미는 인·태지역에서의 전략적 대치국면은 지속될 수 밖에 없다. 차이잉원은 집권 후 완전히 미국 일변도 정책을 선택했다. 현상유지를 양안관계 정책으로 채택하고 있는 입장에서 본다면 현재 대만해협의 현상을 변경하고자 하는 세력은 당연히 중국대륙이다. 미국 역시 차이잉원과 밀월관계에 들어섰다. 자유개방의 인·태전략을 중국대륙의 일대일로와 맞대응하면서 대만을 중·미경쟁의 카드로 활용하고 있다.

무엇보다도 미국과 대만관계가 변화되고 있는 것은 대만의 국가안전회의(國安會秘書長) 비서장 리다웨이(李大維)가 2019년 5월 13일부터 21일까지 미국 국가안전보좌관 볼턴(John Bolton)을 만났다는 사실이다. 이는 1979년 대만과의 단교 후에 처음있는 일이다. 물론 미국의 이러한 동작들은 베이징을 가리키고 있다. 트럼프는 과학기술전, 무역전 외에 중국대륙을 견제하는 수단으로 대만을 활용하고 있다. 트럼프 이

후, 미국 국회는 「대만여행법」과 「대만보증법」을 통과시키고, 대만미국
사무위원회로 개명하였다. 미국은 살라미식으로 대만의 주권을 조금씩
향상시켜 주고 있다.

트럼프 정부가 들어서고, 신형대국관계를 표방한 지 6년 워싱턴과
베이징은 인도·태평양 전략16)과 일대일로 전략이라는 전략적 경쟁을
본격적으로 벌이기 시작했다. 트럼프는 미국 우선주의에 따라 기존의
다자주의 제도에서 탈퇴하고, 중국과 무역분쟁을 치르는 가운데 2019
년 6월 1일 인도·태평양 전략 보고서(Indo-Pacific Strategy Report)를 구
체적으로 발표했다. 이 보고서에서 중국을 수정주의 국가로 다시 언급
했다.17) 나아가 인도·태평양 지역이 당면하고 있는 4대 핵심 도전으로
서 수정세력(revisionist power)인 중국, 다시 살아난 악의 주인공인 러시
아, 깡패(rogue) 국가인 북한, 테러리즘 등 초국가적 도전을 들고 있다.
베이징 역시 「중미 경제무역협상에 관한 중국의 입장(关于中美经贸磋
商的中方立场)」의 백서를 발표했고, 양국은 현실에 대한 인식과 실천
전략 간의 갈등을 표출시켰다. 특히 '인도 - 태평양 전략보고서'에서 대

---

16) 2017년 11월 트럼프 대통령은 아시아 순방에서 '자유롭고 개방된 인도·태평
   양(Free and Open Indo-Pacific)'의 안보, 번영에 대한 미국의 약속을 지키겠
   다는 비전을 밝히면서 인도·태평양 지역 개념을 처음 사용하기 시작했다. 이
   미 오래 전부터 인도나 호주에서는 인도양과 태평양을 하나의 전략공간으로
   보려는 노력이 이루어져 왔고, 일본의 아베 총리도 2007년 인도 연설에서 인
   도·태평양 전략에 대해 언급한 바 있다. 2018년에 들어서서 미국은 군사, 경
   제, 외교 무대에서 인도·태평양 전략 개념을 활발하게 사용했다. 2018년 5월
   미국은 기존의 태평양사령부를 인도태평양사령부로 개칭하여 인도·태평양의
   군사적 전략 개념을 보여주었다

17) 2019인태전략보고서, 7쪽, https://media.defense.gov/2019/May/31/2002139210
   /-1/-1/1/DOD_INDO_PACIFIC_STRATEGY_REPORT_JUNE_2019.PDF

만을 국가로 표기했다는 점은 향후 중·미경쟁에서 대만의 가치가 그만큼 중요하다는 점을 의미한다.[18]

21세기 아·태 신질서 구축을 위한 중·미경쟁은 본격적으로 궤도에 올랐다. 이를 필즈베리(Michael Pillsbury)는 이를 백년의 마라톤이라 부른다. 트럼프 이후 미국의 자유 개방의 인도·태평양 전략과 중공의 일대일로 전략이 경쟁을 노골화시키고 있다. 미 국무부의 정책기획국장인 키론 스키너(Kiron Skinner)는 중·미 경쟁을 '자유주의 대 권위주의' 간의 문명의 충돌이라는 견해를 보였다. 무역경쟁은 물론, 에너지 문제, 중국제조 2025 견제, 남중국해의 자유항행 등 전면적으로 경쟁양상을 보였다. 현재 바이든 정부도 트럼프의 대중정책과 비슷한 행보를 보여주고 있다.

미국의 이러한 움직임은 대만의 전략적 가치가 그만큼 높아졌다는 것을 의미한다. 미국은 대만을 최소한 '국가' 내지 '준국가'로 대접해주고, 베이징을 자극하는 데에 거리낌이 없다. 중·미 무역전이 가열되고, 미국과 대만 간의 자유무역협정 FTA도 가속되고 있다. 차이잉원은 미국과 연합하여, 인·태전략과 신남향정책을 더한 현재 정책도 중국대륙에서 활동하는 타이상들의 회귀를 고무시키고 있다. 대만으로 오던지 아니면 동남아, 미국으로 돌아오게 하는 것이다.

---

18) 2019인태전략보고서, p.30. As democracies in the Indo-Pacific, Singapore, Taiwan, New Zealand, and Mongolia are reliable, capable, and natural partners of the United States. All four countries contribute to U.S. missions around the world and are actively taking steps to uphold a free and open international order. The strength of these relationships is what we hope to replicate in our new and burgeoning relationships in the Indo-Pacific.

# 제2절 미국요인

양안 관계의 당사자가 아니면서도 양안 문제를 결정지을 수 있는 핵심적 행위주체가 바로 미국이다. 보는 각도에 따라서 양안 문제 해결의 알파와 오메가는 미국에 달려있다고 할 수도 있다. 그만큼 미국요인은 절대적이라고 할 수 있다. 삼키려는 자와 먹히지 않으려는 자 중간에서 먹거나 먹히지 않게 하면서, 중간자의 이익을 극대화하기 위해서는 일단 그것을 조절하거나 통제할 수 있는 강력한 힘을 지녀야 하고, 먹으려는 자를 조절할 수 있는 능력을 바탕으로 하고 있어야 함은 당연한 이치다.

이러한 원칙과 배경을 바탕으로 하여 만들어진 미국 정부가 소위 말하는 '하나의 중국정책(一個中國政策)'의 틀(框架, Frame)은 사실상 1970년대 닉슨 시기에 시작되었지만 레이건 정부시기에 와서 확정되었다고 할 수 있다.


## 1. 2차 대전 이후 미국의 대중 정책 3단계

닉슨 이전 시기 즉 2차 대전 이후의 미국의 대중 정책은 몇 개의 단계를 거쳐 '하나의 중국' 정책단계로 안착하였다. 즉 격리대만(隔離臺灣), 대만지위미정론(臺灣地位未定論), 두 개의 중국(兩個中國) 등의 정책을 주축으로 삼다가 닉슨 시기에 들어서 '하나의 중국' 정책으로 대전환한다. 우선 하나의 중국 정책 이전의 미국의 대만해협 정책을 본다면 크게 세 단계로 구분해볼 수 있다.

첫째 단계는 격리대만(隔離臺灣) 정책의 단계로 2차 대전부터 1949년 중화인민공화국 성립까지의 시기에 해당된다. 미국의 대만 정책은 기본적으로 중공의 세력범위 밖으로 대만을 대륙으로부터 분리하는 정책이었다. 1949년 2월 트루먼(Harry S.Truman)대통령은 NSC37-2 및 NSC37-5 두 개의 보고서를 비준하여 미국의 대만정책의 대한 목표를 발표했다. 즉 대만, 펑후를 중공의 수중에 넘기지 않겠다는 것이었다. 동시에 이 목적을 달성하기 위해서 이 도서지역을 중국대륙과 분리하는 것이었다.[19] 미국은 대만을 중국대륙으로부터 분리한다는 목표를 달성하기 위해서 대만의 법률적 지위에 대해서 그 정당성과 합법성을 부여하고자 했다. 이에 따라 미국 국무원은 1949년 4월 15일 "대만지위는 사할린섬과 마찬가지로, 그 최종적 지위는 평화조약에 의해서 결정된다"고 발표했다.[20] 대만의 지위가 아직 결정되지 않았다는 소위 말하는 대만지위미정론이 이 시기에 국제무대에 부상하였다. 나아가 동년 6월에 유엔총회에서 대만문제에 관한 토론을 건의하였고, 대만인민은 국민투표로 자신의 운명을 결정할 권리가 있다고 발표했다.[21]

두 번째 단계는 대만 문제에 대한 손떼기(hands-off, 撒手不管) 정책으로 대만을 포기한 시기다. 1949년 10월 1일 중화인민공화국이 성립하고 한국전쟁이 발발할 때까지의 시기가 이에 해당 된다. 당시 미국 국무장관 에치슨(Dean Acheson)은 미국이 대만에 대해 손을 떼야 한다는 이른바 hands-off(손떼기)정책을 주장했다. 이 정책은 대만은 중국의 일부분임을 승인한다는 점이다. 그러면서도 계속해서 중화민국을 중국의 유일한 합법정부로 승인하고 있었다. 대만이 중공의 수중에 떨어진다는 가정을 두고 여론전에 대비했다. 그 내용은 대만은 역사적·지리적

---

19) 羅致政、宋允文,《解構「一個中國」: 國際脈絡下的政策解析》, 臺北 : 台灣智庫, 2007.
20) 同上註.
21) 同上註.

으로 볼 때 중국의 일부분임이라는 점을 강조했다.

1950년 1월 5일 트루먼 대통령은 대만문제에 관한 정책성명을 발표했다. 즉 카이로선언, 포츠담선언에서 밝힌 대만을 중국에 귀환시킨다는 것 외에도, 과거 4년 동안 미국과 기타 동맹국 또한 중국이 이 섬(대만)에 주권을 행사하는 것을 승인했으며, 미국은 대만에 대해서 특별권리를 얻거나 특권을 얻을 뜻이 없다고 밝혔을 뿐만 아니라, 미국은 군사력을 이용해서 현재의 국면에 개입할 의사가 없음을 공개적으로 표명했다.[22] 이어서 1월 12일 에치슨 라인(Acheson Line)을 발표하였다. 즉 미국의 서태평양 방어선은 북으로는 알류산 열도와 일본, 류우큐우 군도를 거쳐 필리핀에 이르는 선임을 발표하고, 한반도와 대만이 포함되지 않음을 밝혔다.[23] 그러나 1950년 한국전쟁의 발발로 인해 기존의 입장은 다시 조정된다.

세 번째 단계는 대만 중립화와 대만지위 미정론 단계다. 한국전쟁이 발발한 후, 이틀 뒤에 트루먼은 미 제7함대의 신속한 대만해협 개입 명령을 내렸다. 대만에 대한 공격이 있다면 어떠한 세력이라도 저지할 것이라고 밝히고, 동시에 대만의 장제스에게 중국대륙에 대한 일체의 육해군 공격을 삼가하라고 요구했다. 대만의 미래지위는 반드시 태평양 지구 안전의 회복과 대일본평화조약 체결 혹은 유엔을 통하여 결정해야한다는 점을 강조했다. 이에 따라 미국은 대만중립화 원칙을 세웠다. 즉 대만의 실제지위는 연합군이 태평양에서의 승리로 인해 일본 수중에서 접수해 온 영토며, 대만의 법률적 지위는 미정이며, 국제적으로 대만의 전도를 결정하기 전까지는 정해진 게 없다고 밝혔다.[24] 즉 한국

---

22) 同上註.

23) 同上註.

전쟁의 발발로 인해서 미국은 또다시 대만지위미정론을 표명하게 된 것이다.

무엇보다도 미국은 대만이 공산당의 수중으로 떨어지는 것을 방지하고자 한 이유는 그 당시 중공이 소련에 의해서 통제되고 있다고 인식한 결과였다. 그러므로 대만지위미정론 발표 후 20년 간 미국은 중국대륙 주변국에 각종의 반공역량을 지원했다. 마찬가지로 유엔에서도 중화민국정부가 중국을 대표하는 유일합법정부임을 지지했다.[25]

1951년 샌프란시스코 조약이 체결되었고, 미국은 별도의 배려를 통해 장제스를 보호했다. 중화민국과 일본은 1952년 4월 28일 정식으로 중일화약(中日和約)을 체결했다. 한국전쟁 후의 미국은 법률상(de jure)으로 중화민국은 중국을 대표하는 유일합법 정부로 승인했지만(중화민국 위주의 하나의 중국정책), 그러나 사실상 미국은 적극적으로 '두 개의 중국 정책'을 추진했고, 1954년 중화민국과 미국은 공동방위조약을 체결하였다.

중공은 1954년 및 1958년 두 차례의 대만해협 위기를 불러 일으켰다. 미국의 의지를 시험하기 위한 마오쩌둥의 결단이었다. 이를 계기로 미국과 중공은 1955년부터 제네바에서 대사급회담을 시작하였고, 1958년에 중·미 대사관급 회담은 바르샤바로 이어져 회담을 벌였다. 이후 닉슨이 집권하기 전까지 100차례 이상의 협상을 진행했다. 당시만 해도 미국은 사실상의 두 개의 중국을 묵인했다. 그러나 미국이 일방적으로 주장하는 두개의 중국에 대해서 마오쩌둥과 장제스 모두 이를 받아들일 수 없었다. 실제로 '하나의 중국'은 마오보다는 장제스가 오히려 더

---

24) 同上註.
25) 胡為真, 《美國對華一個中國政策之演變》, 台北 : 臺灣商務印書館, 2001, 頁13.

강하게 주장했다.

1959년 9월 1일 스칼라피노(Robert Scalapino) 등이 쓴 미국 상원의원 외교위원회 보고서에는 하나의 중국과 하나의 대만 즉 일중일대(一中一台) 방안을 제시했다. 더욱이 베이징이 유엔의 상임이사국의 가입과 동시에 대만공화국의 유엔총회 가입을 승인해야한다고 주장했다. 케네디(John F. Kennedy)집권 후 미국 내에서는 대만문제의 해결책으로 '두 개의 중국(個中國)'과 일중일대(하나의 중국과 하나의 대만) 등 각종 방안이 쏟아져 나왔다.

종합하자면 5~60년대는 소련은 공산세계의 지도적 국가였고, 또 미국에 대한 위협을 구비한 초강대국이었으므로, 미국은 중공과 소련의 분열을 촉진시켜 소련을 봉쇄하는데 역량을 집중하고자 했다. 1960년부터 미국이 내심 바랐던 중·소 간의 분열과 긴장이 형성되었지만, 1966년부터 중국대륙에 불어 닥친 문화대혁명의 여파로 인해, 이데올로기가 대외관계에 영향을 미쳤기 때문에 중·미는 화해할 수 없었다. 최종적으로 1969년, 중공과 소련의 발생한 무장충돌을 계기로 미국은 베이징을 끌어들일 수 있다는 확신을 가지게 되었고, 베이징 역시 소련에 대한 안보위협을 심각하게 인식하였으며, 부득이하게 대외관계를 변화시키게 되었다. 이로써 중·미 간 소련 견제라는 국가안보에 대한 공통된 인식에 도달하게 되었다. 즉 닉슨이 집권하기 전까지의 5-60년대 미국의 대중정책은 중화민국정부로 대표되는 중국(중화민국)을 승인하였지만 사실상의 은성(隱性)적인 두 개의 중국정책을 실시했다고 할 수 있고, 중·소 간의 충돌이라는 국제환경의 변화, 미국과 소련관계 및 미국 국내정체의 변화, 중공의 내정 등이 어우러져 닉슨이 집권하고 마침내 은성적인 두 개의 중국 정책은 종결을 고하고 하나의 중국으로 전환하게 되었다.

## 2. 미국 양안 정책의 틀(삼보일법에서 삼보삼법으로)

1969년 1월 닉슨은 대통령직에 취임한 후 협상으로서 대항을 대체하는 데탕트(détente)정책을 추진하였다. 따라서 미국은 적극적으로 중·미관계의 개선을 위해 노력했다. 그러나 중미관계의 관계회복은 무엇보다도 대만의 정치적 지위문제가 먼저 해결되어야만 했다. 결국 베이징의 문을 열기 위해 닉슨과 헨리 키신저(Henry Kissinger)는 대만정책에 대한 기본입장을 바꾸기로 결정했다. 사실상 두 개의 중국정책을 구사하던 미국이 '하나의 중국'의 방향으로 이동한 것이다. 베이징 역시 현실적인 소련의 위협도 존재했고, 무엇보다도 미국으로부터 대만을 떨어내기 위해 미국을 이용했다. 미국의 '하나의 중국정책'은 이로부터 발생한 것이다.

트럼프가 등장하기 전까지 미국의 하나의 중국 정책은 '삼보일법'(三報一法)을 위주로 하였다. 삼보란 각각, 1972년의 상하이 공보(커뮤니케), 1979년의 중·미수교 공보, 1982년의 817 공보와 1979년 4월 미국 국회에서 통과시킨 대만관계법(臺灣關係法)을 의미한다. 삼보일법은 닉슨 집권 이후 현재까지 대만해협정책에 대한 기초로 작동하고 있다. 이에 더하여 역대 미국 정부는 약간의 공개적 승낙과 선시(宣示)를 통해 대만해협정책에 대한 부족한 부분을 보충하고 있다. 즉 1982년 817 공보 발표 후, 레이건이 대만의 장징궈를 달래기 위하여 구두로 전달한 6항보증(六項保證), 1994년 9월 클린턴 정부의 대 대만정책 검토, 1995년 8월 클린턴이 장쩌민 국가주석에게 보낸 친서에서 밝힌 삼불의 승낙(대만독립 반대, 두 개의 중국 및 일중일대 지지하지 않음, 대만이 국가자격으로 국제조직 가입을 지지하지 않음)등을 정책에 보충하고 있다. 물론 이 승낙은 클린턴이 1998년 6월 상하이에서 구두방식으로 공개적으로 삼불(三不)을 밝혔고, 1999년 7월 백악관에서 거행된 기자회견에서 대 중공정책의 세 가지 기둥, 즉 하나의 중국정책(一個中國政策), 양안대화 및 대만문제의 평화적 해결을 발표했다. 미국의 대만해협 정책의 기초는 견해에 따라서 달리 말할 수 있겠지만, 물론 과거 30여 년 간은 분명 삼보일법을 위주로 하였지만 트럼프 취임후 대만에 대한 각양 각종의 우대 법률을 통과시켰다. 대만여행법, 대만보증법, 오직 대만을 목적으로 하지는 않지만 아리아법(아시아재보증창의법, Asia Reassurance Initiative Act)도 통과되었다. 미국의 대만해협 정책에 대한 기초는 기존의 삼보일법에서 삼보삼법이 되었다.

## 1) 상하이 공보Shanghai Communike

1972년 2월 닉슨은 베이징을 방문했다. 저우언라이(周恩來)와 닉슨은 공보를 발표했다. 이른바 상하이 공보로 더 잘 알려져 있다. 중화인민공화국 정부가 중국을 대표하는 유일한 정부라는 사실을 승인한 공보다. 그러나 공보 발표 이전, 닉슨은 이미 1971년 키신저의 베이징 방문 시에 다섯 가지 원칙을 표명하도록 했다. 첫째, 오직 하나의 중국이

**표 4.2** 미국의 양안정책의 기초 : 3보 3법 6항 보증

| 3보<br>(대중정책) | 상하이 공보(커뮤니케) | 1972년 2월 28일 |
| --- | --- | --- |
| | 중미수교 공보 | 1979년 1월 1일 |
| | 817 공보 | 1982년 8월17일 |
| 3법 6항보증<br>(대대만정책) | 대만관계법 | 1979년 |
| | 대만여행법 | 2018년 |
| | 대만보증법 | 2019년 5월 |
| | 6항 보증 | 아시아재보증창의법(Asia Reassurance Initiative Act), 2018년 통과. 이 법안 조항에서 6항 보증 이행 규정. SEC. 209. |

있고 대만은 중국의 일부분이다. 둘째, 미국은 어떠한 대만의 독립운동을 지지하지 않는다. 셋째 미국은 점진적으로 대만에서 철수하며, 아울러 일본이 대만독립운동을 지지하지 않도록 권유한다. 넷째 미국은 평화적인 방법으로 대만문제를 해결을 지지하며, 대만이 군사적 방법 및 반공대륙을 빌미로 하는 어떠한 기도도 지지하지 않는다. 다섯째 미국은 중화인민공화국과의 관계정상화를 추구하며, 대만문제가 관계정상화의 장애라는 사실을 이해한다는 합의가 있었다.[26] 이미 이 당시 미국은 대만과의 단교, 조약 폐기, 철군이라는 중공의 요구를 접수할 준비가 되어 있었던 것이다. 이러한 상황에서 중·미양국은 연합공보를 발표했다. 공보의 내용은 아래와 같다.

> The United States side declared : The United States acknowledges that all Chinese on either side of Taiwan Strait maintain there is but one China and Taiwan is a part of China. The United States Government does not challenge that position.
>
> 해협 양변의 모든 중국인은 오직 하나의 중국이 있고, 대만은 중국의 일부분임을 인지(acknowledge)한다. 미국 정부는 이러한 입장에 대해 이의를 제기하지 않는다.

베이징측 성명은 영문과는 뉘앙스가 다르다. 문구 또한 확연히 차이가 난다.

> 중화인민공화국은 중국의 유일한 합법정부고 대만은 중국의 한 개 성이며, 이미 조국에 귀환했다. 대만 문제를 해결하는 것은 중국의 내정이

---

26) 張曙光、周建明編譯,《中美解凍與臺灣問題 : 尼克森外交文獻選編》, 香港 : 中文大學出版社, 2008, 頁604-605.

므로 타국은 간섭할 권한이 없다. 미국의 무장력량과 군사시설은 반드시 대만으로부터 철수해야 한다. 중국정부는 하나의 중국과 하나의 대만, 하나의 중국과 두 개의 정부, 대만독립과 대만지위미정론을 고취시키는 활동을 견결히 반대한다.

中華人民共和國是中國的唯一的合法政府；臺灣是中國的一個省，早已歸還祖國；解決臺灣是中國內政，別國無權干涉；美國武裝力量和軍事設施必須從臺灣撤收。中國政府堅決反對任何旨在製造「一中一台、一個中國兩個政府、兩個中國、臺灣獨立和鼓吹臺灣地位未定論的活動.

상하이 공보는 닉슨의 베이징 방문 중 주요한 성과다. 이로써 중·미관계는 긴장이 완화되었다. 미국의 입장에서 이 공보의 가장 주요한 의의를 찾자면 베이징을 끌어 들여, 소련과 그 위성국가들을 고립시킬 수 있었다는 점이다. 결국 중·소분열을 이용하여 미국의 국가안보를 강화시킨 것이며, 중공의 입장에서 볼 때, 미국과는 이데올로기적으로 서로 대치하고 있지만, 중난하이(中南海)의 지도자들은 지리적 원인으로 인해서 오히려 소련을 가장 큰 안보위협으로 인식하고 있었다. 즉 중·미관계 개선은 양국 모두에 이익이었다. 물론 이 과정에서 대만의 이익은 희생당했다. 당시 대만에 있던 중화민국정부는 성명을 내고 격렬하게 중공을 비판했다.

이른바 중·미의 상하이 공보는 대만 문제에 관계된 것이다.

대만은 이를 엄중하게 비판했다. "공비(共匪)는 여전히 중국인의 공적(公敵)이며, 아시아뿐만 아니라 더 나아가 세계 화근의 근원이다. 우리정부와 해내외의 중국인민은 폭력통치하는 공비들을 뒤엎는데 분투를 다 할 것이다. 이는 중국을 구할 뿐만 아니라, 아시아, 세계를 구하기 위함이다. 이는 우리 정부와 인민의 신성한 책임이고, 공비들이 하는 일체의 대회활동은 모두 통전(통일전선전술)을 목표로 하는 것이다. 미국과 공비가 접촉하여 의견을 교환하는 일은 늑대를 제집에 끌여 들이는 격이다"[27]고 강력하게 규탄했다. 그러나 덩샤오핑이 말하는 상하이 공보의 가장 큰 의의는 무엇보다도 미국은 베이징이 주장하는 '하나의 중국'에 처음으로 이의를 제기하지 않았다는(not to challenge)는 점이다. "대만은 중국의 일부분이다"라는 견해는 해협 양안 중국인들의 견해다. 워싱턴은 단지 이러한 사실을 인지하며 이의를 달지 않는다는 것뿐이다. 미국의 입장에서 볼 때, 하나의 중국을 승인(recognize)한다는 말은 없고 인지한다(acknowledge)는 단어를 사용하고 있다. 소위 말하는 하나의 중국은 중국인 자신들이 대만문제를 평화적으로 해결하여야 함을 거듭 천명했다. 다시 말해 미국은 명확하게 규정하기를 거부했다. 이는 대만문제와 관련하여 발표한 세 개의 공보의 공통점이다. 만약 미국이 대만은 중화인민공화국의 일부분이라고 명확하게 발표했다면 대만에 대한 미국의 간여는 그야말로 내정간섭이 된다. 이에 비해 1992년 8월에 있었던 한국과 중화인민공화국 간의 성명에서는 한국은 '인정'한다고 분명하게 규정했다. 그러므로 만약 한국이 대만에 간여한다면 이는 내정간섭이 된다.

## 2) 중·미 수교 공보

1972년에 상하이 공보를 발표한 7년 후 중·미는 정식으로 수교하게 된다. 수교가 이렇게 늦었던 이유는 양국의 이해가 달랐기 때문이 아니라 각자의 국내정치적 상황 때문이었다. 워싱턴에서는 워터 게이트로

---

27) 〈美國尼克森總統與周匪恩來所來發表致聯合公報〉關聯的中華民國發表聲明, 1972.

사건으로 닉슨이 대통령직에서 물러난 것이 결정적이었다. 베이징 역시 문화대혁명의 막바지에 있었다. 카터 정부가 들어서고 나서 3년이 지나, 1979년 원단(元旦), 중·미는 외교관계 수립에 관한 연합공보를 발표했다. 중화인민공화국과 미국은 정식으로 대사급 외교관계를 수립했다. 미국은 이 공보에서 처음으로 중화인민공화국정부는 중국의 유일합법정부임을 승인했지만 대만과의 비관방왕래는 유지했다.

The Government of United States of America acknowledge the Chinese position that there is one China and Taiwan is part of China

미국은 중화인민공화국을 중국의 유일한 합법정부로 승인하며, 이 범위 내에서 미국 인민은 대만 인민과 문화, 상업 기타 비관방관계를 보지하며, 미국 정부는 중국의 입장을 인지(acknowledge)한다. 즉 오직 하나의 중국이 있으며, 대만은 중국의 일부분이다.

나아가 중·미 양국은 아시아에서의 패권추구를 반대한다고 거듭 천명했다. 이는 중·미 양국이 소련에 취하는 공동입장임을 암시한다. 이로써 베이징은 국제사회에서 자국의 합법성을 강화시켰고, 공산당이 영도하는 중화인민공화국정부가 타이베이에 외교적 승리를 거두었다. 대만에 있는 중화민국정부는 여전히 전중국 주권을 소유하고 있다는 주장을 견지하고 있었지만, 1971년 유엔에서의 축출과 더불어 외교적으로 또 다른 타격을 받았다. 결국 대만의 중화민국은 그 정당성이 약화되었고, 이는 대만독립을 표방하는 운동가들에게는 이 보다 더 좋은 명분이 없었다.

카터 정부 이후 미국의 대 대만정책은 한마디로 말해 '병주고 약주기' 사이를 오고가는 이중정책의 정수를 보여준다. 중공을 견제하기 위해서는 대만에 약을 주고 베이징을 의식한 정책에서는 대만에게 병을 주는

식으로서 이용했다. 이를 역으로 보면 중공에게도 '병주고 약주고의 정책' 사이를 교묘하게 오갔다. 그 출발점이 카터 정부 시절이었으며, 그 대표적 출발점은 '대만관계법'과 '817 공보'가 그 원형을 드러냈다.

### 3) 대만관계법臺灣關係法

대만관계법(Taiwan Relations Act)은 미국의 국내법이다. 미국은 대만에 병도 주고 약도 주는 단적인 예다. 단교는 대만에게 병이었고, 대만관계법은 약이었다. 대만관계법 4장에는 그 중점이 상세하게 기재되어 있다. 대만과의 외교관계 혹은 외교승인이 부존재한다고 해서 대만에 대한 미국 법률의 적용에 영향을 미쳐서는 안 되며, 미국 법률은 1979년 1월 1일 이전과 마찬가지로 대만에 적용한다고 강조한다.[28] 대만관계법은 미국정부는 중화민국을 기타 주권국가와 동등한 대우를 부여한다고 밝히고 있다. 미국과 대만은 국가 대 국가의 형식으로 교류를 할 수 없었기 때문에 국내법의 형식으로 이를 제정하였다.

대만관계법의 목적은 이미 대만과 폐약을 했던 중·미 공동방위조약(Sino-American Mutual Defense Treaty)을 대체하는 것이었다. 대만관계법은 1979년 4월 10일 카터 대통령의 서명으로 발효되었다. 이 법의 요지는 제2조에 있다. 이 법은 서태평양의 안전, 평화 및 안정을 돕는 데에 있다. 미국과 대만이 비관방관계를 계속 유지하기 위해서다. 첫째 미국인과 대만인 간의 광범하고 밀접한 우호관계, 상업, 문화 등의 각종 관계를 촉진하고 유지하기 위한 것이다. 둘째, 서태평양 지역의 안정은 미국의 정치, 안보, 경제이익에 부합된다. 하나의 중국을 지지하지만 평

---

28) 臺灣關係法〉第四條(A)項及(B)項, 美國在台協會, http://www.ait.org.tw/zh/home.html

화로운 방식으로 양안문제를 해결해야 하며, 통일의 달성은 양안 간 대화를 통하여 이루어야 한다.[29] 특히 이법은 만약 중공이 무력적 수단으로 대만 통일을 시도한다면 이는 서태평양 지역과 안정에 중대한 위협이다고 강조했다. 다른 한편으로 이 법에 근거하여 대만에 미국재대협회(美國在台協會, American Institute in Taiwan, AIT, 실질적 대사관 역할 담당) 설치했다.[30] 보다 주목할 점은 이 법의 제15조에 중미(대만과 미국)공동방어조약의 폐지를 대체한 점이다. '대만'은 대만 및 펑후열도를 포함하는 것이며, 중화민국이 실질적으로 통치하는 진먼(金門), 우치우(烏坵), 마주(馬祖), 동인(東引), 동사(東沙), 남사군도(南沙群島)는 포함시키지 않았다. 대만관계법은 대만의 주권 현상의 인정 및 미래 대만 귀속의 문제를 거론하지 않았으며, 단지 미국 정부의 대만정책을 규범 짓는 법률일 뿐이다. 그러나 베이징은 시종일관 이 법을 '내정간섭법'으로 인식하고 있다.

### 4) 817공보

817 공보는 1982년 8월 17일 중·미 간에 서명한 공보(커뮤니케)다. 중·미 간 쟁의가 가장 많은 공보 중의 하나다. 미국의 대만에 대한 무기판매와 연관되기 때문이다. 베이징은 워싱턴이 이 공보를 철저하게 이행하고 있지 않다고 줄기차게 비판했다. 그 중 대만군수에 대한 무기의 품질과 규정 외에 하나의 중국에 상관된 내용이 나타난다. 이 공보는 총 9항으로 되어 있고 그 중 '하나의 중국'과 관계된 내용은 1항, 3항, 4항, 5항 6항이다.

---

29) 臺灣關係法〉, 第二條.
30) 臺灣關係法〉, 第六條.

첫째, 1항은 중화인민공화국정부와 아메리카 합중국 정부가 1979년 1월 1일 발표한 외교 관계 수립의 연합공보 중 미국은 중화인민공화국 정부가 중국의 유일합법정부임을 승인(recognize)하며 아울러 베이징의 입장, 즉 세계에는 오직 하나의 중국이 있고 대만은 중국의 일부분이라는 베이징의 입장을 인지(acknowledge)한다. 이러한 범위 내에서 쌍방은 장차 미국 인민과 대만 인민이 계속해서 문화, 상업, 기타 비관방 관계를 보지하는데 동의하며 이러한 기초에서 중·미 양국관계는 정상화를 실현했다.

둘째, 3항은 주권과 영토 완정, 내정불간섭, 상호승인 등 중·미관계를 지도하는 근본 원칙이다. 이는 1972년 2월 28일 상하이 공보에서 밝힌 원칙을 재확인했다. 또 1979년 1월 1일 발효한 수교 공보에서 이러한 원칙을 거듭 천명했다.

셋째, 4항은 베이징은 대만 문제는 중국의 내정임을 거듭 천명했다. 1979년 1월 1일 중공이 발표한 「고대만동포서(告臺灣同胞書)」에서 조국평화통일을 쟁취하는 대정방침(大政方針)을 선포했고, 1981년 9월 30일 중공이 제시한 9점 방침(九點方針)은 대만문제를 평화롭게 해결하기 위한 진일보한 노력이다.

넷째, 5항은 미국 정부는 중·미 관계를 매우 중시하며, 아울러 중국의 주권과 영토를 침범할 뜻이 없고, '중국'에 대해 내정을 간섭할 뜻이 없음을 거듭 천명하며, 역시 '두 개의 중국' 혹은 일중일대 정책을 추구할 뜻이 없슴(had no intention of pursuing)을 거듭 천명했다.

다섯째, 가장 관건적이고 지금까지 중·미 간 격렬한 공방이 오가는 대만군수(軍售)에 관계 된 6번째 항목이다. 즉 "중미 쌍방은 위의 성명들을 고려하여, 미국은 대만에 대한 무기판매를 점차 줄이고 일련의 시간이 경과 된 후에 최후의 해결을 한다(逐步減少它對臺灣的武器出

售, 並經過一段時間導致最後的解決)"는 입장이다.[31] 물론 대만군수
에 관해서 미국은 시간적으로 명확하게 언제까지 대만에 대한 무기판
매를 하지 않겠다고 규정한 것은 없다. 여전히 애매모호하게 처리하고
있다. 하지만 817 공보에서 미국은 대만문제에 관해 너무나 많은 양보
를 한 것은 분명한 사실이다. 중공의 입장에 상당히 가까이 와 있다.
이런 연유로 미국은 대만을 안심시키기 위해 대만에 대한 '6항 보증'을
장징궈에게 구두로 표시했다.

## 5) 레이건의 대만에 대한 6항 보증六項保证, Six Assurances

레이건은 대만에 우호적인 대통령이었지만, 아이러니 하게도 그가
임명한 국무장관 헤이그는 오히려 1982년의 817 공보를 주도했다. 물
론 헤이그 역시 키신저의 충실한 문도였다. 817 공보는 베이징의 압력
이 분명 존재했다. 미국은 대만에 대한 무기판매에 있어서 군사무기의
양과 질을 제한하며 점차적으로 대만에 대한 무기판매를 줄여 나가며,
일단의 시간이 지나면 최종적으로 해결하겠다는 중미 양국의 공통된
성명이다. 이는 베이징에 대한 미국의 최대양보였고, 1979년 대만관
계법에 명확하게 규정된 "필요한 양의 방어 물자를 대만에 제공한
다"것을 정면으로 위배했다. 레이건은 헤이그의 월권을 견책하여 사
임시키고, 동시에 AIT 소장 릴리(James Roderick Lilley)를 시켜 대만
의 장징궈를 달래게 된다.

1982년 중·미는 세 번째 공보인 817공보에 협상했고, 동시에 대만
을 달래기 위해서, 레이건 정부는 미국재대협회(AIT, American
Institute in Taiwan)를 통해 타이베이와 협상을 진행했다.[32] 워싱턴과

---

31) 〈中華人民共和國和美利堅合眾國聯合公報〉, 1982, 8.17.

베이징이 1982년 8월 17일에 817공보에 서명한 그 다음날인 8월 18일 타이베이의 중화민국 정부는 미국이 보증한 여섯 항목(六項保证, Six Assurances)의 내용을 대외에 공포했다.[33] 레이건이 대만의 장징궈에게 해준 6항 보증은 다음과 같다.

첫째, 대만에 대한 무기판매 종결 날짜를 정하지 않는다. 둘째, 대만 관계법 조항을 변경하지 않는다. 셋째, 대만에 대한 무기판매를 결정하기 전에 베이징과 상의하지 않는다. 넷째, 대만과 중국대륙 간을 중재하지 않는다. 다섯째, 미국은 대만 주권에 대한 입장을 바꾸지 않는다. 대만의 주권에 대한 입장은 '중국인' 스스로가 평화적으로 결정할 문제다. 타이베이를 중공과의 협상에 나가라고 강요하지 않을 것이다. 여섯째, 미국은 대만에 대한 '중국'의 주권을 공식적으로 인정하지 않는다.

6항 보증은 레이건이 장징궈에 구두로 해준 내용이다. 하지만 변화가 왔다. 2016년 7월 18일, 미국 공화당 전당대회에서 6항보증을 당강에 삽입시킨 것이다. 당강에는 대만은 미국의 충실한 벗이며, 대만이 자유무역협정의 지위를 취득하는 것을 견고히 지지하고, 적절한 시기에 디젤 잠수함 기술 등을 비롯하여 방어성 무기를 판매하고, 세계보건기구

---

32) 6항 보증은 미국재대협회 데이비드 딘(David Dean)이 집필하고 국무원 대만 사무과의 협조를 얻어 제임스 릴 리가 7월 14일 장징궈에게 전달했다.

33) www.taiwandocuments.org 1. The United States would not set a date for termination of arms sales to Taiwan 2. The United States would not alter the terms of the Taiwan Relations Act. 3. The United States would not consult with China in advance before making decisions about U.S. arms sales to Taiwan. 4. The United States would not mediate between Taiwan and China. 5.The United States would not alter its position about the sovereignty of Taiwan which was, that the question was one to be decided peacefully by the Chinese themselves, and would not pressure Taiwan to enter into negotiations with China. 6. The United States would not formally recognize Chinese sovereignty over Taiwan

(WHO), 국제민항조직(ICAO)등 다자국제조직에서의 대만 참여를 지지한다는 것이 주 골자다. 특히 2017년 7월 미국의 상하 양원은 「88호 공동 결의안」과 「38호 공동결의안」을 통과시켜 서면형식으로 6항 보증을 진술했다. 이 결의안에서 6항 보증과 대만관계법은 모두 미국과 대만관계의 중요한 주춧돌이라고 밝혔다. 이로써 6항 보증은 정식으로 문서화되었다. 더 이상의 구두 약속이 아닌 것이다. 그럼에도 불구하고 공동결의안은 미국 국회의 입장을 나타낸 것일 뿐이며, 대통령의 서명을 요하지도 않는다. 물론 법적인 구속력도 없다.

## 6) 클린턴 정부 대만에 대한 발언 : 삼불정책

클린턴 정부는 여전히 대만과 비정부관계라는 전제에서, 대만인들과의 상호교류에 편리한 약간의 조치를 취했고, 대만이 국가자격을 요구하지 않은 국제조직의 회원가입에 대해서는 지지하였다. 이러한 일련의 다섯 가지 중요한 사건이 있었다.

첫째, 1995년 8월 클린턴은 장쩌민에게 친서를 보내 삼불(三不) 승낙을 하였다. 즉 대만독립 반대, 두 개의 중국 혹은 일중일대 불지지, 대만이 국가자격을 요건으로 하는 국제조직가입을 지지하지 않겠다는 것을 중공에 승낙을 해준 것이다. 또 이 승낙은 클린턴의 방중이 있었던 1998년 6월 상하이에서 공개적으로 구두로 천명했다. '삼불'은 리등후이의 방미로 인해 양안 간 위기를 겪고 나서, 중공이 강렬하게 미국에 항의한 결과 비로소 미국으로부터의 승낙을 받아냈던 것이다.

둘째, 대만 문제의 평화적 해결이다. 1996년 5월 미 국무장관 크리스토퍼(Warren Minor Christopher)의 연설에서 표명한 것으로, 미국이 말하는 '하나의 중국 정책'의 전제는 중화인민공화국이 평화적인 방식으로 타이베이와 문제를 처리하는 것이라는 점이다. 1996년 대만 총통선거 기간, 중공은 동남해 및 대만해협에서 미사일을 발사하고 대대적인 군사훈련을 실시하였다. 그런 연유로 미국은 베이징에 적당한 경고를 준 것이었다. 즉 평화적 해결로 대만문제를 처리하자 않는다면 미국은 하나의 중국 정책을 포기할 수 있다는 의미로도 해석할 수 있다.

**표 4.3** 미국 국회에서 통과된 대만관련 문건

| 명 칭 | 발효 년도 | 성질 | 서명 년도 | 비고 |
|-------|----------|------|----------|------|
| 샌프란시스코 조약 | 1952 | 조약 비준 | 1951 | |
| 중미공동방어 조약 | 1955 | 조약 비준 | 1954 | 1980년 종지 |
| 대만결의안 Formosa Resolution of 1955 | 1955 | 국회 제정 | 1955.1 아이젠하워 서명 | 1974년 10월 법안 폐지 |
| 대만관계법 | 1979 | 국회 제정 | 1979 | |
| 6항 보증 | 2016 | 국회 결의 | 2016 | 1982년 레이건 정부가 장징궈 정부에 구두로 보증 |
| 대만여행법 | 2018 | 국회 제정 | 2018 | |
| 아시아재보증법[34] Asia Reassurance Initiative Act | 2018 | 국회 제정 | 2018 | SEC. 209. COMMITMENT TO TAIWAN. 6항 보증 이행 규정 |
| 대만보증법 | 2019 | | | |

* 2000년 대만안전강화법(台湾安全加强法, Taiwan Security Enhancement Act), 2000년 하원 찬성 341 반대 70표 통과, 단, 클린턴의 부결발언 후, 최종적으로 상원에 방치.
* 2017년 대만안전법(台湾安全法, Taiwan Security Act) 상원외교위원회 아태분과위 가드너(Cory Gardner)와 코튼(Tom Cotton) 2017년 7월 24일 공동 발의.
* 2019 국방수권법, 매년 1년 한시법. 2019년재정년도 국방수권법에서는 대만군수 절차 간소화, 대만의 비대칭전력 발전, 대만후비부대 강화가 주골자.

셋째, 소위 말하는 대중국 정책의 세 기둥이다. 1999년 7월 클린턴이 발표한 것으로, 즉 하나의 중국 정책, 양안대화, 대만문제 평화해결이다. 이 세 기둥은 리등후이가 1999년 발표한 특수양국론 이후 양안이 갈등을 경험한 후 나온 것이다.

넷째, 클린턴은 2000년 2월 24일 주도적으로 중공의 「대만백서」에 대한 이견을 피력했다. 중공이 무력으로 대만문제를 해결하는 것에 대해서 반대한다는 입장을 밝혔다. 반드시 대만인의 동의(臺灣人民贊同)를 거쳐야 한다는 점을 강조했다.

다섯째, 부시 대통령은 2002년 동아시아 방문과정에서 미국은 대만 인민에게 한 승낙을 잊지 않을 것이라고 말을 수차례에 걸쳐 언급했다. 이 후 미국은 이른바 대만인들의 찬성과 양안이 공동으로 받아들일 수 있을 때 대만문제는 해결될 수 있다는 입장으로 변화했다. 대만문제는 반드시 평화적으로 해결되어야 하며, 2천 3백만 대만인민의 동의를 얻어야 하는 민주원칙의 방향으로 나아갔다.

## 3. 트럼프 시대의 대만여행법과 대만보증법

트럼프는 2018년 3월 16일 「대만여행법」에 서명했다. 이는 대만이라는 이름이 들어간 미국의 두 번째 국내법이다. 지금까지 중국대륙, 미국, 대만 삼자 간의 법률적 프레임은 일법삼보였다. 일법 삼보의 프레임은 근 40년간을 유지해온 베이징, 워싱턴, 타이베이 간의 정치적 기초였다. 그러므로 대만여행법은 탈냉전 후 미국이 제정한 첫 번째 대만에

---

34) https://www.congress.gov/bill/115th-congress/senate-bill/2736/text#toc-
   HBC83E05F3CB54A088207211061CF43FA, 2018.12.18 검색.

관계된 법률이며, 중국굴기에 대한 우려와 초조감을 반영하고 있다. 더욱이 시진핑이 2기 국가주석으로 취임한 날 서명했다. 시간과 방법의 선택에 있어서 다른 의도가 있었음을 알 수 있다. 분명한 목적을 지닌 정치적인 행동이다. 중국대륙에 대한 견제는 정부와 국회, 여론에서 미국의 공식이 되었음을 의미한다.

### 1) 대만여행법

대만여행법이 통과됨으로써 미국과 대만 간 교류의 문턱은 이제 법률적으로는 없어졌다. 대만여행법이 미국과 대만 간 고위층 방문을 고무하고 있다는 점이다. 다시 말해 미국이 기존에 엄격하게 금지해오던 대만 고위관료의 워싱턴 방문은 이제 이 법률로 인해서 유명무실해졌다. 기존의 대만의 국방장관, 외교장관, 부총통, 총통의 미국 방문은 중공을 자극하지 않기 위해, 대만정부의 고위 관료의 워싱턴 방문을 자제시켜 왔다. 가령 1995-6년 양안 위기를 가져다 온 리등후이의 코넬대학 방문은 순수한 개인적인 방문이었다. 이제 대만여행법이 통과됨으로 인해 만약 대만의 차이잉원이 미국을 방문하는데 있어서 형식상의 제한은 없어졌다. 물론 베이징은 대만여행법이 하나의 중국원칙을 위배했다고 강력하게 비판했다.

### 2) 대만보증법

2019년 미국은 대만보증법(台灣保證法, Taiwan Assurance Act of 2019)을 통과시켰다.35) 동시에 미국의 대 대만 및 대만관계법 승낙을 집행에

---

35) 2019-04-02 미국 하원의원 엥겔(Eliot Engel)을 비롯하여 기타 초당파 하원의원들은 4월 1일 두 개의 대만우대법안을 제출했다. 미국 여러 상원의원 카튼

대한 재확인(重新確認美國對台灣及對執行台灣關係法承諾)하는 결의안도 통과되었다. 이 법의 주요 골자는 대만관계법 및 6항 보증을 현재와 미래 대만 관계의 주춧돌로 삼는다고 밝히고 이를 법률화 한 점이다. 2018년 효력이 발생한 대만여행법에 의거하여, 미국과 대만의 고위층급 관료의 상호방문 및 그 상대창구의 회담을 장려하고 있다. 대만은 미국의 자유개방 인태전략의 중요한 일부분임을 밝히며, 대만에 대한 군수(軍售)를 창타이화(常態化, 일상화)하고, 대만의 비대칭 전력의 협조를 강화한다는 점이다.

미국무역대표부(署)(USTR)는 2019년 미국과 대만 간 TIFA 회담을 재개했다. 아울러 FTA 협정 체결을 목표로 협상은 진행 중에 있다.

## 4. 미국의 '하나의 중국' 정책

미국의 하나의 중국 정책(One China Policy)은 '삼보삼법'을 위주로 하고, 클린턴의 삼불(三不), 대만인의 동의 필요, 평화적 해결 등을 더하고 있다. 미국의 하나의 중국정책의 본질은 애매모호함이다. 그렇기 때문에 미국이 공표한 정책 가운데 가장 이해하기 어려운 맥락을 지니고 있다. 삼보에서 미국은 대만이 중화인민공화국(PRC)의 일

---

(Tom Cotton), 메넨데스(Robert Menendez), 루비오(Marco Rubio)등, 일전에 "대만보증법"을 초안을 공동으로 제출했다. 이 법은 대만과 미국의 쌍방관계를 더욱 심화하고, 대만의 국제사회 참여를 지지하기 위해서, 상원의원이외에도 하원에서도 당파를 초월하여 당지 시간 1일 하원판의 "대만보증법" 초안을 제출했다. 미하원 초당파 의원 모임 두 개의 대만관련 법안 제출 1일 민주당 엥겔(Eliot Engel), 셔먼(Brad Sherman), 공화당 맥카울(Michael McCaul), 요호(Ted Yoho)등이 적극 나섰으며, 7월에 통과되었다.

부분임을 승인하지는 않았다. 대만은 '중국 China'의 일부분임을 인지(acknowledge)하고 베이징의 입장에 이의를 제기하지 않는다거나, '평화적 해결', '양안 중국인(80% 이상의 대만인은 자신을 중국인으로 인식하지 않는다)이 결정해야 한다' 등이 고작이다. 즉 미국의 일중정책은 베이징과 타이베이에 병도 주고 약도 주는 식의 이중적인 정책이고, 애매모호함을 그 특징으로 한다.

양안 문제에서 중·미 간의 최대 공약수는 '하나의 중국' 임이 분명하나, 베이징이 주장하는 하나의 중국과 미국이 말하는 하나의 중국은 다른 것이다. 미국은 일중정책(하나의 중국 정책)을 칭할 때 항상 '우리의 일중정책, our one China policy'이라고 말한다.[36] 통상적으로 "삼보일법에 기초하여(3개의 공보와 대만관계법)가 우리의 일중정책의 기본 프레임"이라고 말한다. 그렇다면 소위 말하는 대만관계법과 3개의 공보에 기초한 우리의 일중정책은 무엇인가.

미국의 '우리의 일중정책'은 정식으로 중화민국(대만)정부를 승인하지 않으면서도 대만관계법으로 대만과의 국방, 상업, 문화 기타 정규 외교관계의 법률적 기초를 유지하는 것이다.[37] 대만은 미국법률에서 언급

---

36) 2017년 2월 9일 목요일 밤, 트럼프와 시진핑은 45분 동안 통화했다. 시진핑은 5분간, 대만문제에 대해서 말했다. "나는 당신이 하나의 중국 정책을 견지하기를 희망한다"고 말하자, 트럼프는 "당신의 요구에 응해서 나는 그렇게 하겠다"고 답했다. 백악관은 신문공보를 통해 양국 원수가 토론한 여러 주제 속에, 트럼프는 시진핑의 요구에 우리의 하나의 중국정책을 지키겠다고 동의했다고 밝혔다.(川普應習近平要求, 同意信守我們的「一個中國」政策. President Trump agreed, at the request of President Xi, to honor our "one China" policy). 잠시 후 세계 각지 백여 개의 신문매체들이 트럼프가 대만에 대한 지지를 포기했다고 대서특필했다. 하지만 트럼프가 동의한 것은 중국의 일중원칙이 아니라 '우리'의 일중정책이다.

한 외국 국가, 정부 혹은 유사한 실체 혹은 이와 유관한 단어에 대만도 포함된다. 다시 말해 대만은 미국의 입장에서 볼 때 국가이면서도 국가가 아닌 지위를 가지고 있다고 하겠다. 즉 미국의 이익에 따라, 특히 중·미 관계에 긴장 정도에 따라, 대만은 주권국가와 비주권국가 사이를 오간다.

미국무장관 파월(Colin Powell)과 AIT 소장이었던 리차드 부시(Richard Bush)의 발언이 대표적이다.[38] 만약 대만이 주권국가가 아니라면 대만의 국제적 지위는 무엇인가? 만약 대만이 중국의 일부분이라면, 미국은 대만관계법 및 대만에 대한 무기를 제공할 근거가 약해진다. 다시 말해 미국은 오랫동안 최소한 대만은 사실상(de facto) 주권독립국임을 묵인했다. 그러나 미국은 대만이 이른바 법률상(de jure)의 독립으로 나가는 것을 희망하지 않는 것이다. 미국은 명시적으로 대만해협에 대해서 오직 '하나의 중국'만이 있음을 인정했다. 그러나 '하나의 중국 정책'은 '현재에 있지 않은' 정책이다. 표면적으로는 양안은 미래에 '평화적 해결'을 요구하지만, 실제적으로는 대만을 지지한다. 왜냐하면 미국은 양안의 통일에 대해서 시간이 경과할수록 그 장애도 클 것이라는 것을 잘 인식하고 있다.[39] 그래서 미국은 불통, 부독, 불전(不統, 不獨, 不戰)의 안정적인 상태 즉 현상유지(status quo)를 원한다. 이 상태가 곧 미국의 국가이익에 가장 부합하기 때문이다. 한편으로는 대만에 무기판매를 통해 이익을 획득하고 다른 한편으로 중공을 견제하는 카드로 활용

---

37) 미국의 전 국무원 아태 차관보 제임스 켈리(James A.Kelly)가 2004년 4월 21일 국회청문회에서 정식으로 밝힌 내용이다.

38) 林文程、林正義,〈臺灣修憲與台美中三角關係〉,《臺灣民主季刊》, 第3卷第4期, 2006.12, 頁125-164.

39) 〈不統不獨, 不戰不和, 以獨制中〉,《海峽評論》, 186期, 2006.6月號的社論.

할 수 있다.

미국은 양안관계에서 줄곧 전략적으로 모호한 입장을 유지했다. 미국의 전략적 모호(戰略模糊)란, 양안 간 전쟁이 발생할 경우 미국이 이에 개입하는가에 대한 애매모호함을 의미한다. 중공도 만약 대만을 공격한다면 미국은 출병할 것인가 여부에 대해서 끊임없이 미국의 마지노선을 시험 한다. 그러므로 미국은 이중억제(double deterrence) 전략을 사용하고 있다. 즉, 타이베이에 대해서는 타이두(대만독립)의 방향으로 나가는 것을 경고하고, 베이징에 대해서는 대만에 대한 무력 침공을 경고한다. 미국은 중공의 대만에 대한 불무(不武)와 대만에 대한 부독(不獨) 정책이다.[40] 미국은 대만문제의 평화적 해결을 강조한다. 그러므로 대만에 대해서 충분한 방어성 무기를 공급해야하지만 그렇다고 공개적으로 타이두를 지지하지는 않는다. 미국이 양안 간에 실시한 평형정책은 지금까지 변화된 것은 없다. 저울의 추가 과도하게 타이베이로 기울거나 아니면 베이징으로 기울시에, 얼마 되지 않아 다시 원위치로 돌아온다. 미국은 때로는 양안 간에 대화의 촉진자가 되기도 하고 때로는 대화에 브레이크를 걸기도 하는 결정적인 영향력을 구비하고 있기 때문이고 이것이 미국의 국익에 부합되기 때문이다.


## 5. 하나의 중국 정책에 대한 중·미 간의 마지노선

워싱턴과 베이징의 대만에 대한 전략은 모순적이다. 이 모순은 기본적으로 미국이 중국대륙의 미래발전 방향에 대해서 부정적으로 보기

---

40) 羅致政、宋允文, 《解構「一個中國」: 國際脈絡下的政策解析》, 臺北: 台灣智庫, 2007, 「美國的一中政策」編.

때문이다. 한편으로는 중국대륙의 경제발전은 세계와 연결시키고, 다른 한편으로는 대륙의 강대한 영향력이 증가되면 아시아 및 세계정치와 군사역량을 변화시킬 것이기 때문이다. 이러한 전략적 사고 속에서 미국의 대중국정책은 교류와 억제라는 이중 책략을 사용하여, 미래 중국 발전의 방향과 절주(節奏)를 통제하고자 한다. 비록 중국대륙의 발전을 미국이 주도하는 세계전략체제로 편입시키지 못할지라도 최소한 중국 대륙의 미국에 대한 도전은 미국이 인내할 수 있는 범위 내에 묶어 둘 능력을 유지하고자 한다.41) 이런 연유로 기실 미국이 대중정책을 어떻게 형용하던지 간에 본질적으로는 억제가 핵심이다. 이른바 미국의 관여(engagement) 혹은 봉쇄(containment), 관여와 봉쇄를 결합한 위합(congagement)정책은 그 본질상 중국 대륙을 억제하는 것일 뿐이다. 단지 중국대륙에 대한 유연한 봉쇄(soft containment)와 강경한 봉쇄(hard containment)의 차이일 뿐이다.

멕데빗(Michael McDevit)은 1990년대에 미국이 공포한 4부의 국가안전 전략보고서를 분석한 후에 미국의 아·태 안보 전략은 이 지역에서 패권국의 굴기를 막는데 있다고 보았다.42) 이는 트럼프 취임 이후 4개의 전략보고서에서도 중국대륙을 미국에 도전할 라이벌, 심지어 현상변경을 도모할 수정주의 국가로 인식했다. 중미 관계가 개선되고 난 후 지금까지 미국은 중국대륙의 발전 속도와 방향을 자신의 전략적 이익을 고려하여 최종적으로 대만에 대한 정책을 결정한다. 만약 미국이 대만을 잃어버린다면 미국은 서태평양상의 전략적 배치에 빈틈을 노출될

---

41) 徐博東,《大國格局變動中的兩岸關係》, 臺北 : 海峽學術, 2008, 頁8-9.
42) 林文程,〈美、中國際政治領域的機遇與挑戰(一)〉, 台北 : 新世紀智庫論壇, 第53期, 頁27.

뿐 아니라 이 지역의 주변국도 미국에 대한 신뢰를 다시 확인하게 될 것이다. 또한 미국이 대만에 대한 영향력을 잃어버린다면 장차 이 지역 시장에 대한 영향력, 남사군도와 대만을 잇는 남중국해에서의 항행의 자유도 잃게 되며, 중국대륙의 굴기를 막을 수 없다. 이런 연유로 대만 문제는 중·미 간의 가장 민감하면서 핵심적인 그레이트 게임이 되었다. 그 결과 미국요소는 대만문제에서 가장 중요한 국제적 요인이 되며 양안관계의 가장 핵심적 상수로 작용하고 있다. 다시 말해 대만 문제를 중·미관계의 프레임에서 하나의 문제로 여기는 것이 학자들 간에 합의 된 일반적인 견해다.

사실 대만은 중·미관계에 종속되었고 여태껏 주도적 지위를 지니지도 못했다. 이제껏 미국은 대만을 줄곧 중국대륙에 대항하는 바둑돌이나 한 장의 카드로 여겼다. 하지만 트럼프 집권 이후 대만에 대한 전략적 가치가 더 높아졌다. 비록 타이두를 지지하지는 않지만, 미국은 중공의 대만에 대한 무력사용을 경고하면서 점진적으로 전략적 모호성(strategic ambiguity)에서 전략적 명확성(strategic clarity)으로 이동하고 있다는 점이다. 트럼프는 2016년 공화당 경선 강령에서 관례처럼 해오던 일중정책과 중미 간 삼보를 언급하지 않았다. 그러나 대만관계법 뿐만 아니라 6항 보증은 언급했다.

차이잉원도 미국의 인·태 전략에 적극적으로 동조하면서, 대미관계를 실질적으로 강화하고 있고, 대만과 미국의 군사 협력은 지속적으로 심화하고 있고, 차이잉원도 군사예산을 대폭 증폭하고 미국에 대한 로비를 강화하고 있다. 현재 중·미 간의 새로운 변화에 따라서, 즉 중·미 간의 종속변수로서 대만과 미국 간의 관계가 강화되고 있는 추세다. 예를 들어, 대만군수의 일상화, 대만에 대한 각종 우대 법률이나, 인·태전략에 대만을 참여시키려는 시도, 솔로몬 군도에서의 대만군과 미군 간의 합동 군사훈련 등 점점 노골화되고 있다. 그럼에도 불구하고 미국이 하나의 중국정책이 조정되고 베이징에 충격을 가하는 듯이 보이지만, 실상 미국은 베이징이 설정해 놓은 '하나의 중국'에 대한 마지노선을 넘지 않고 있다.

트럼프 집권 이후, 중·미 관계의 새로운 변화 및 대만과 미국 관계의 승온(升溫)은 대만을 정치적으로 지지하는 것 외에도 외교와 군사 협력을 더욱 강화하고 있다. 이는 대만해협에 불안정한 요소와 불확정한 요소를 증가시켰지만, 오히려 구체적인 행동에서 하나의 중국에 대한 '저선(底線, bottom line)'을 넘지 않고 있다.

균세 전략을 핵심으로 하는 미국의 신현실주의는 여전히 미국 외교 전략의 주도적 이념이다. 중·미관계는 여전히 경제영역에서의 경쟁(전면적 대항이 아니다)에 처해 있는 것이지, 완전히 전면적인 신냉전체제로 진입할지 여부는 더 지나보아야 한다. 트럼프 이후 미국의 대 대만 정책은 삼법과 6항보증에 기초를 두고 있고, 기존의 일법(대만관계법)에서 두 법이 더 추가되었다. 간단히 말해, 현 단계에서 미국은 양국이 공동으로 성명한 삼보와 일중정책에 대해 끊임없이 도발하고 있다. 대만을 이용하여 베이징을 억제하는 기량은 더해지고 있다. 이로써 대만해협의 장기적 분리 상태를 확보하고자 한다. 다음의 세가지는 미국의 대 대만 정책 전략 주요한 방향이다.

첫째, 현상유지 정책이다. 미국 국회와 펜타곤의 일치된 지지 속에서 트럼프는 거리낌 없이 중·미관계를 악화시키고 대만과의 관계를 강화했다. 아울러 무역, 남중국해 등의 문제에서 중국대륙에 양보를 강요하고 있다. 그러므로 미국으로서 내밀 수 있는 유효한 전략적 방안은 대만카드를 더욱 활용할 것이다.43) 양안 통일은 미국의 장기적 이익에 부합되지 않고, 타이두는 미국의 단기적 이익에 부합되지 않는다. 그렇기 때문에 미국의 대만해협 정책의 기본 입장은 현상유지다. 즉 불통, 부독, 불무(不統不獨不武, 통일도 독립도 무력사용도 안된다)의 입장이다. 이 기본입장에서 미국의 양안정책은 국제정세, 특히 중미 관계에 따라 불통, 부독, 불무 어디에 더 치중하는지 그 주안점(主眼點)이 정해진다.

2010년 이후 미국은 중국대륙의 발전 추세를 막는 것이 갈수록 어려워지고 있다. 그러므로 향후 10년은 양안 통일을 막고, 중국대륙의 굴기를 막기 위한 최후의 기회가 될지도 모른다. 그러므로 미국이 대만문제를 이용해서 중국대륙을 견제는, 필연적이고 보다 더 강렬해질 것이다.

둘째, 미국의 대만카드 활용의 비용이 높아지고 있다는 점이다. 과거 미국은 대만카드를 사용하여 자신의 구미에 맞게 카드를 치고 싶은 대로 패를 빼내 들었고 대만카드를 통해 베이징을 양보하게 만들었다. 하지만 이제는 상황이 점점 변화하고 있다. 가장 큰 변화 원인은 중공의 대만해협 정세 장악 능력도 과거에 비해 증강했고, 중공의 반타이두 능력도 이미 과거와 다를 뿐 아니라, 국제조직에서도 그 영향력이 크게 향상되어, 대부분의 국가가 일중원칙을 인정함에 따라 베이징의 영향력이 강화되고 있는 추세다. 또 다른 변화는 대만의 쇠퇴다. 최근 대만의 정치, 경제, 문화 등 각 영역에서 전면적으로 쇠퇴하고 있다. 미국의 대만카드를 사용하는 비용은 점점 더 높아지고 있고 효율은 점점 더 낮아지고 있는 추세다.

셋째, 미국은 대만이라는 바둑돌의 가치가 떨어지지 않기 위해서 향후 대만에 더 깊게 관여할 것이다. 과거 미국은 대만에 대한 국민당,

---

43) 上海市公共關係研究院院長、研究員陳士良(中評社　海涵攝)、上海市公共關係研究院院長、研究員陳士良指出.

민진당의 핵심주장을 명확하게 이해하였으며, 이들 양당의 정치 엘리트들도 확실히 파악했다. 가령 대만에 선거 시즌이 도래하면, 미국은 비교적 중립적인 자세를 취했다. 하지만 최근 대만 민중의 양당정치에 관한 불만 정서가 늘어났고, 대만의 전통적 정치엘리트들도 민중의 신뢰를 얻지 못하고 있다. 따라서 미국이 대만내부에 관여할 수밖에 없는 구조가 형성되고 있다.

넷째, 미국은 대만에 대해 시종일관 지지와 제한적인 이중적인 태도를 보여 왔다. 차이잉원 정부는 「92공식」을 받아들이지 않음으로서 양안 관계가 교착에 빠졌는데도, 차이잉원 정부의 현상유지 정책에 대해서 칭찬을 아끼지 않고 있다. 대만에 대해서 지지를 강화함으로서 포상(褒獎)하고 동시에 최대한도로 대만카드를 이용하면서, 베이징과 거래하기 위한 칩으로 삼고자 한다. 대만지지의 표현은 주로, 대만과의 군사 안보 협력, 미국과 대만의 정치관계 정상화 시도, 양안 수교국 쟁탈전에서 대만 지지, 한편으로 대만을 지지하지만 중공의 마지노선을 대만이 넘지 말도록 대만에 대해서 압력 행사, 중공이 대만에 대한 강경한 조치를 취할 모험적인 거동을 하지 않도록 대만에 압력 등 미국은 브레이크 작용을 한다. 즉 어느 정도는 대만을 구속한다. 80년대 미국은 대만의 전략능력을 박탈했다. 이러한 원인은 어디에 있는가? 대만 스스로 핵억제력도 없었고 미국의 안보 우산 아래로 편입되지도 못했다. 일본과 한국 및 필리핀과 다른 이유다. 대만은 미국으로부터의 확고한 승낙을 받지 못했다. 이는 위협에 직면한 소국 이스라엘과는 또 다른 점이다. 대만은 지금까지 비밀리에 핵무기 개발을 용인 받지도 못했다.

종합하자면 베이징과 워싱턴은 세계와 지역 안전에 있어서 양국이 대항의 이익보다 협력의 이익이 클 때 미국은 대만 문제에서 양보가 증가하며, 그렇지 않을 때는 그 반대로 감소한다. 물론 닉슨의 5항 원칙이나 카터의 대만관계법, 1998년 클린턴의 삼불정책(三不政策), 조지 부시의 "일체를 아끼지 않고 대만을 도운다는 승낙", 2003년 11월 대만 지도자에 대한 대만해협 현상유지 변경 반대 등, 미국의 이러한 전략적 사유는 여전히 대만문제가 중·미 간 핵심문제이기 때문이다.

사실 양안 간 분쟁이 시작되면서부터 미국은 줄곧 그 갈등의 중심위치에 서 있었다. 베이징은 미국의 간섭이 없었다면 양안은 이미 통일되었을 것이라고 확신한다. 사실상 한국전쟁 발생 이틀 후에 미국은 대만해협에 개입했고 동아시아에서의 이익을 확보하기 위해서 대만문제를 처리할 때도 십분 중요한 역할을 하고 있다. 민진당 집권 후 미국은 양안문제에 있어서 이중억제정책을 취했다.[44] 이러한 미국의 이중억제 전략은 원치 않게 대만해협 전쟁에 끌려 들어가는 것을 방지하기 위해서이고 타이두에 대해 그 정치적 한계를 밝히는 것과 동시에 베이징의 대만에 대한 무력사용과 위협을 억제하는 패권전략을 구사하고 있다. 이러한 상황에서 미국이 추구한 정책은 자신들의 이익을 보호하기 위해서 양안 간 어느 일방에 끌려 들어가지 않는 것이었다.

지난 20년 간 미국은 대만 문제에 대해서 크게 두 개의 요소에서 제한적 영향을 받고 있었다. 첫째, 중국대륙의 굴기다. 대만의 미래에 관해서 베이징은 분명한 자신의 입장을 가지고 있다. 둘째, 대만의 민주화다. 이 민주화는 대만인 스스로 대만을 다스린다는 당가작주(當家作主)를 의미한다. 자신이 자신의 집을 관리하는 것이다. 하지만 이는 또 미국이 대만에 대해 예기치 못했던 요소를 만들어 낸다. 곧 대만정체성이 제고되기 시작한 것이다. 즉 민주화를 통한 대만주체성이 제고되면

---

44) Richard Bush, Untying the Knot : Making Peace in the Taiwan Strait (Washing,
   D.C. : Brooking Institution Press, 2005), p.257.

서 대만인들은 중국인과 분리되는 대만인 정체성이 확대되기 시작했고, 이는 현재 대부분 대만의 주류 민의가 되었다. 중국인으로서의 정체성보다 대만인으로서의 정체성이 돌이킬 수 없을 정도로 확대 되었다는 사실이다. 그러므로 이런 요소로 인해 미국의 대만해협 정책을 더욱 복잡하게 만들고 있다. 더구나 중국대륙의 굴기는 미국의 대중영향력을 약화시키고 따라서 중공의 대만정책에 있어서 미국의 역할과 입지를 줄어들게 만들 수 있는 결정적인 요인으로 작용할 수 있다는 점이다. 또 다른 하나는 대만인의 자주적 결정은 탈냉전시대에 민주와 민족자결은 국제사회에서 정치적인 원칙으로 받아들여지고 있다. 따라서 한편으로는 중공의 대만에 대한 자의적 통일을 저지할 수 있게 만드는 국제적 압력요인으로 작용하여 미국이나 중국의 국내·국제정치적 목적에 따라 대만문제가 단순히 중·미 양국의 의지에 따라 움직이지 않을 수도 있다는 점이다. 다만 확실한 것은 대만독립이 그 촉매제가 될 것이라는 점이다.

그렇다면 베이징이 설정한 마지노선은 무엇인가. 분명하게 언급한 것은 없지만 유추해 볼 수 있는 것은 중·미 관계 설정의 3원칙이 곧 중·미수교의 전제조건이다. 즉 대만과의 단교, 폐약, 철군이다. 만약 미국이 이 원칙을 어기고 대만과의 국교수교나 대만에 미군 전투기 혹은 미군 함정이 정박하거나, 아니면 대만에 미군이 주둔할 때, 이는 중공이 설정한 마지노선을 넘는 것이므로 베이징은 강경한 조치를 취하지 않을 수 없다. 대만에 대한 무력사용도 불사할 가능성이 높다. 베이징이 주권 영토를 수호하는 의지와 능력에 대해 미국은 여기에 대해 분명하게 인식하고 있다.

2019년 5월 미국 국방부는 「중국군력보고서」를 발표했다. 여기서 미국은 베이징이 대만에 대한 무력 동원의 7대 조건을 발표했다. 첫째,

대만독립 선포, 둘째, 대만이 독립을 선포하지 않지만 실질적으로 독립일 때, 셋째, 대만 내란 발생, 넷째, 대만이 핵무기를 보유할 때, 다섯째, 양안 통일의 대화를 무기한 연기될 때, 여섯째, 외국세력이 대만의 내정에 간섭할 때, 일곱째, 외국 군대가 대만에 주둔할 때이다.[45] 그러므로 만약 미국이 중미 수교의 삼대 원칙을 명확하게 위배한다면 이는 베이징으로서 어쩔 수 없는 선택을 취하게 될 것이다. 20세기에 발흥한 중국민족주의가 리훙장의 전철을 밟지 않으려는 중국 지도층에 의해서 21세기에 부활할 가능성이 있다. 특히 '중국몽'을 제창한 시진핑의 일인집권체제하에서 중국몽이 위협을 받게 되는 것은 곧 시진핑 체제와 공산당영도체제의 몰락을 의미하며 그것은 바로 대만합병을 통한 중국굴기의 완성이 무산되는 일이기 때문일 것이다.

## 제3절 중국대륙요인

중국의 미래를 '자전거 타기'로 비유하곤 한다. 자전거가 넘어지지 않으려면 힘껏 두 페달을 밟는 길 뿐이다. 물론 자전거를 운전하는 사람은 중국공산당이다. 공산당도 중심을 똑바로 잡아야겠지만, 계속 페달을 밟지 않으면 자전거는 멈추게 마련이다. 페달은 바퀴를 굴러가게 힘을 전달한다. 한쪽 페달은 경제발전이라는 바퀴에, 다른 쪽 페달은 민족주의라는 바퀴다. 하지만 그동안 잠복해 있던 중국의 대내외적 위험요인이 서서히 고개를 들면서 자전거가 흔들거리며 가고 있다는 사실이다. 이 위기의 근원은 공교롭게도 개혁개방이란 매우 성공한 국가

---

45) 미국방부 2019년 중국군력보고

정책 때문이다. 사회주의의 특징은 공유제와 계획경제에서 나온다. 하지만 개혁에 의해서 촉발되는 것은 사유제와 시장경제다.

반면에 민족주의에 의해서 고취되는 내용은 주로 민족의 간난신고의 경험, 독특한 가치, 및 독립 내지 배타적 의미의 발전이다. 개방에 의해서 강조되는 것은 오히려 외부 인재, 외국자금, 전문지식, 제도, 사상을 이용하고 흡수하는 것이다. 다른 한편으로 이는 국제적 접궤(接軌)를 필요로 한다. 그래서 개혁개방과 중국 본래의 민족의식은 잠재적 모순을 안고 있다. 개혁개방이 부유와 발전을 가져왔지만, 오히려 사회주의가 퇴색해졌으며, 강렬한 민족의식을 소지한 사람들은 이에 반대 목소리를 낸다. 이는 매우 자연스럽게도, 서구 국가와 적지 않은 해외 화교가 중국의 인권, 민족, 사법, 지적 재산권 등 여러 문제에서 중공에 대하여 공격을 가하기 마련이다.

시진핑(習近平)의 자전거 타기는 세 부분으로 구성된다. 먼저 자전거를 타는 사람이다. 즉 중앙 영도, 이는 반드시 안정적이어야 한다. 물론 덩샤오핑이 설계한 중공 지도부의 집단지도체제는 이미 변질되어 마오쩌둥 시대로 회귀한 면이 있다. 압박 있는 곳에 저항 있고, 독재는 필연적인 저항을 만들게 된다. 내부적 투쟁이 없을 수가 없다. 공청단과 상하이방, 태자당과의 파벌투쟁도 있다. 하지만 중국공산당의 탄력성은 다른 사회주의 국가와 비교하더라도 그렇게 낮은 경직적인 체제는 아니다. 여기에 더해 중국문화 전반에 흐르는 세간주의(世間主義)는 영활성을 발휘한다. 지도부에 갈등이 있더라도, '너 죽고 나 죽자'는 식이 아니라 타협으로 처리할 가능성이 높다.

문제는 왼쪽 바퀴와 오른쪽 바퀴다. 한 바퀴는 민족주의이고, 다른 한 바퀴는 경제발전이다. 어쨌든 두 바퀴가 제대로 굴러가야 안정적으로 목적지까지 갈 수 있다. 오늘날 중국 인민은 중화주의로 충만해 있다. 정부의 신뢰도와 시정 만족도 조사에서 중국 인민에 대한 중공의 신뢰도는 매우 높다. 아직도 중국인은 아편전쟁 이후의 굴욕적인 백 년을 기억하고 있다. 이제는 더는 과거를 되풀이해서는 안 되며, 국격에 맞는 민족 존엄을 갈망하고 있다. 이는 미국을 비롯한 국외적 도전에 대해서도 두려워하지 않게 만드는 요인이 된다.

실제로 아편전쟁 이후, 100년간 중국의 근대는 중국 인민이 맞아 죽고, 굶어 죽고, 욕먹는 싼아이(三挨－挨打, 挨餓, 挨罵)에 처해 있었다. 제국주의에 치욕을 겪은 데는 나라가 힘이 없고 민족이 분열되었기 때문이라는 현실주의적 진단을 내리고 있다. 미래에는 두 번 다시 이런 치욕을 겪지 않기를 원한다. 그래서 사회안정, 경제성장, 국가강성이라는 중화민족의 목표를 공산당은 제시하였다. 시진핑의 중국몽은 전 세계를 공산화하는 이데올로기적인 것이 아니다. 중화민족의 위대한 부흥을 이루겠다는 것이다. 원래대로 자신의 자리로 돌아가겠다는 선언이다. 중국인민도 대체적으로 공산당을 인정한다. 하지만 민족주의는 양면성을 지니고 있다. 만약 대만과의 통일에 실패할 경우 그 화살은 공산당으로 향하게 될 것이다.

가장 중요한 문제는 경제성장이라는 바퀴다. 지난 40년 동안 중공은 경제발전을 제1우선 순위에 두었다. 줄곧 인민을 향해 경제적 목표치를 제시했다. 1990년부터 경제성장 목표를 매년 공포했으며, 바오치니(保七), 바오류(保六)니 하는 경제성장률의 수치 달성이 마치 정상 궤도를 달려가는 성공의 상징으로 보았다. 2012년 시진핑이 중국몽을 선포할 때에도 이러한 약속은 매우 구체적이었다. 하지만 예상치 않게 코로나19가 진행 중이다.

장쩌민 시기에 중공은 '두 개의 백 년'이란 과업을 설정했다. 중국공산당 창당 백 주년인 2021년까지는 전반적인 먹고 사는 문제가 해결되는 '전면소강사회건설'을, 건국 백 주년이 되는 2049년까지는 부강, 민주, 문명, 조화의 현대화된 사회주의 강국 건설이라는 목표를 상정하고 있다. 이러한 목표를 달성하기 위해서는 반드시 대만과의 통일을 이루어 내야 한다. 이를 후진타오를 거쳐 시진핑의 꿈으로 이어받고 있다. 현재 코로나 19는 진행 중이고 중국공산당이 여태껏 경험하지 못한 경제 위기를 초래할 수도 있다. 이미 이 위기를 어떻게 극복할지는 국제적인 주목의 대상이 되었다. 왜냐면 내부의 경제적 위기는 중국의 사회 안정을 위협하는 최대의 요인이기 때문이다.

역사적으로 보더라도 중공은 외적 요인은 내적 요인보다 더 어려움이 많았지만 잘 극복한 편이다. 중국대륙은 19개국과 육지와 바다를 맞대고 있다. 주변국 10개국과는 아직도 영토 분쟁이 남아있다. 신장 독립파, 티베트 독립파, 홍콩, 대만을 비롯하여 만주 독립파도 네트워크를 갖추고 있다. 이러한 방대하고 다원적이고 모순이 중첩된 국가를 운영하고 관리한다는 것 자체가 어쩌면 중국의 정치지도자에게는 극한 도전이다.

## 1. 경제발전과 통일

양안 관계에 있어서 중국 대륙 내부의 요소가 양안에 직간접적 영향력으로 작용한다.[46] 1978년 개혁개방 이래 중공의 목표는 여전히 경제 현대화다. 즉 부국강병을 위한 초석으로서의 발전이 제1이다. 2000년대 베이징의 국가 전략은 경제성장, 기술자본, 에너지 확보, 외부의 위협

---

46) 쑤치(蘇起) 전 대륙위원회(大陸委員會) 주임위원은 대륙내부의 요소가 양안에 대한 영향이 가장 직접적인 것이다고 밝혔다.

감소 등에 초점이 맞춰져 있었다.[47] 양안관계에서도 통일을 이룩할 수 있는 핵심 에너지는 중국대륙의 종합적이고도 총체적인 발전에 달려 있다고 보았다. 대륙의 경제발전은 양안관계의 발전과 베이징의 사회 정치경제 정세의 안정에 역시 중요한 역할을 한다. 이러한 발전 위주의 전략은 그 목표와 장점에도 불구하고 대내외적으로 다음과 같은 단점을 가지고 있다. 첫째, 중국이 현재 직면한 정치 형세, 예를 들어 중·미 간의 갈등, 미국의 대중무역적자의 누적으로 인한 대중 무역적자해소에 대한 미국의 대중 압박과 미국 내부에서 경제발전모델의 수정요구가 비등해지고 있다. 둘째, 경제 세계화의 충격에 따른 '중국특색사회주의'의 시장경제 개혁의 부작용과 걸림돌, 예를 들면 과도하게 국유기업에 의존한 사회주의 경제발전, 관료기구의 부패, 중앙과 지방의 이익충돌, 심한 빈부차이에 직면에 있다. 셋째, 고성장으로 인해 사회가 직면한 곤경들이다. 압축성장의 배후에는 부작용이 수반된다. 각종의 산업오염이 확대되고 있고, 지역 간의 차이도 심화되는 추세며, 부패문제는 여전히 엄중한 경제발전과 사회 안정을 해치는 큰 문제다. 넷째, 경제체제, 관리체제의 개혁 역시 여러 모순과 문제에 직면해 있다. 특히 불균형한 발전은 마치 자전거 타기와 같다. 이는 간신히 경제성장과 민족주의(혹은 애국주의)라는 두 바퀴에 의존하여 지탱되고 있다. 일단 경제성장의 바퀴가 늦게 돌아간다면 자전거는 불안정할 것이고, 많은 문제들이 꼬리에 꼬리를 물고 나타나 사회의 불안요소가 된다. 중국사회주의 경제발전은 글로벌 경제와 맞물려 있기 때문에 세계경제의 발전추세와 미국의 보호무역주의에 의해 타격을 받을 가능성이 크다. 자전거의 두 바퀴

---

47) David M. Lampton, "The Faces of Chinese Power", Foreign Affairs, Vol.86, No.1, 2007.

즉 경제성장과 민족주의를 강타할 수 있는 유일한 상대는 미국뿐이기 때문이다.

현재 양안삼지(兩岸三地 - 대만, 홍콩, 마카오)의 경제투자는 이미 경제공동체로 접근해가고 있고, 경제발전은 양안 통합의 구심력이다. 1990년대 중기 이후 경제와 과학기술 등의 실질적인 협력은 양안 민중 간 상호협력의 기회를 증가시켰다. 그러나 만약 중국대륙이 민족주의와 애국주의라는 자전거 바퀴를 강조한다면 양안 간은 그 후유증을 크게 앓을 것이다.[48] 왜냐면 양안 간에는 이미 정체성 분기가 분명하게 나타나고 있기 때문이다. 그 다음으로 중국특색사회주의의 발전과정에서 국제적 자본주의 시장과의 경제적 협력과 교환, 공산당 일당독재체제를 중심으로 한 중국특색민주주의의 저변확대, 중국경제발전에 따른 중국 정치·사회·문화·경제상의 충격과 변화에 따른 내부적 조정, 중국민족주의를 중국특색사회주의와 결합하는 과정에서 노정된 각종 중국적 현상들이 나타나고 있다.

## 2. 정치체제와 통일

권위주의체제 문제 특히 공산당 일당영도체제, 공산주의 사상의 쇠퇴와 변형된 자본주의적 의식의 확대, 중국대륙의 발전과 중국의 대 대만정책 등은 양안관계에 영향을 끼치는 주요한 정치적 요소다. 중공은 정치적으로는 사회주의와 경제적으로는 시장 자본주의를 결합하여, 자칭 중국특색사회주의를 표명했고, 경제발전을 촉진시켜 인민 생활을

---

48) 蘇起, 〈美國與中華民國 : 如何促進亞洲及世界的和平與繁榮?〉研討會, 中華民國八十八年六月二十一日陸委會主任委員演講.

대폭 개선하고 이를 통해 지속적인 통치의 정당성을 확보했다. 그러나 여전히 사개견지(四個堅持 : 사회주의 도로, 인민민주전정, 공산당 영도, 마르크스 - 레닌 마오쩌둥 사상견지)에 의해 일당독재를 유지하고 있다. 이러한 중국대륙의 발전은 내부의 다양한 정치·사회·경제적 모순을 중국특색사회주의로 통합시켜 발전적이고도 효율적으로 운영해 온 결과라고 할 수 있다. 그러나 통합된 모순이 서서히 그 균열을 노출시키면서 양안문제를 다룸에 있어서 '병'과 '약'의 모순적 기능을 노정시키고 있다. 양안문제에 있어서 정치방면에서의 중국변수는 다음의 몇 가지로 요약할 수 있다.

### 1) 정좌경우政左經右의 노선

이 노선은 본질적으로 모순적이다. 8-90년 초에 소련의 해체, 동구권의 붕괴를 경험하였지만, 40년 동안의 개혁개방 정책은 중국대륙 역시 동구권 사회주의 국가와는 다른 사회구조를 형성했으며, 사회의 주류계층은 더 이상 프롤레타리아가 아니다. 경제권력을 장악한 그룹은 관료자본주의 계급 및 자산계급이다. 만약 자본주의 계급과 결합하지 않으면 정치적 대립면에서 저항세력의 출현 가능성이 더욱 더 커진다. 그런 결과로 장쩌민은 삼개대표(三個代表)를 제시했다. 자본가의 공산당 입당도 허용했다.

현재 중국대륙은 이미 맑스주의에 근거를 둔 이데올로기인 경제기초 - 상부 구조 혹은 생산력과 생산관계라는 이분법으로서 답안을 찾을 수 없게 되었다. 심지어 2007년 3월 전인대는 물권법을 통과시켰다.[49] 물건법 통과는 법률로 사유재산의 보장을 규범지웠으며, 이데올로기적

---

49) 《新華網》, 2007.3.16. 16일 전국인대는 2799표 찬성, 50표 반대, 37표 기권

으로 사회주의 시장경제발전 노선을 확립했다는데 그 의의가 있다. 일부진영에서 물권법을 반대하였던 주요한 이유는 물권법이 사회주의 기본원칙을 위배하고, 중공 헌법에서의 '신성불가침의 공공재산'의 원칙을 위배하고, 동시에 공산당 간부의 부패문제, 국유재산 착복의 합법화를 우려한 것이다.[50] 이러한 중국특색자본주의는 양안관계에서 양날의 칼로 작용하고 있다. 하나는 대만의 중국귀속이 대만의 자본주의체제의 근간을 유지시켜줄 수 있다는 동질적 경제적 통합의 논리다. 그러나 동시에 이는 중국특색이라는 사회주의적 요소가 더욱 강하기 때문에 대만의 타이두 진영에서는 이를 대만자본주의의 말살로 의심의 눈초리를 보내고 있는 것이다.

## 2) 민족주의

중국 민족주의라는 내재적 원동력이 자리하고 있다. 그러나 민족주의는 중국 정부로서는 양날의 칼이다. 아래는 중국 민족주의가 표출하고 있는 내용과 그것이 내포하고 있는 몇 가지의 장점과 단점이다. 이러한 장점과 단점은 민족주의에 고유한 특성인 환경에 따라 공격성과 방어성, 목표에 따라 진보성과 수구성, 진행 과정에 따라 포용성과 고립성을 동시에 포함하기 때문이다.

첫째, 대내적 관계에 있어서, 애국주의의 요구를 통해서 인민의 정체성을 응집시킬 수 있고, 아울러 이를 빌미로 '중국특색'을 강조할 수 있다. 그 결과 동양과 서양을 분리시키고 따라서 서방의 가치체계, 이데올로기 형태 등이 혼입(混入) 되지 않게 하며, 이로써 정치사회적 안정을 유지할 수 있다.

---

50) 《中國時報》, 2007.3.7.

둘째, 대외관계상, 민족주의를 통해서, 국가 주권의 행사능력과 정당성을 강화할 수 있고, 아울러 중국대륙 인민의 역량을 단결시켜 한편으로는 국제적으로 경시당하지 않으며 다른 한편으로는 신굴기의 패권을 형성할 수 있다. 아편전쟁 이후 청조의 몰락과정에서 경험한 민족적 수치는 일반 민중과 지도자 양쪽에서 대외관계를 추동하고 결정하는 원동력으로 여전히 작용하고 있음을 알 수 있다.

셋째, 양안의 통일문제에 있어서도, 민족주의의 고양된 분위기에서는 외국세력의 개입을 불허하게 만드는 정서적 장치라고 할 수 있다. 이를 통하여 중국의 통일문제는 민족내부의 문제로 처리하는 데에 매우 유리한 분위기가 창출된다. 그러나 베이징의 이러한 민족주의 논리와 장점은 그만큼의 단점도 동시에 내포하는 것이 사실이다.

첫째, 대립의 강화를 야기한다. 중국특색의 이념과 실천이 세계로 확산함에 따라 대국 특히 미국에는 NO라고 말할 수 있는 중국을(中國可以說不)을 강조하여 격정적이고 강렬한 대중국의 출현을 원해 곳곳에 대립적인 문제를 야기 한다. 동시에 약소국이나 개도국에는 간접적으로 중화주의의 전파(공자학원)와 경제적 지원을 통한 경제적 종속(일대일로)을 요구하고 있다.

둘째, 모순의 발생이다. 중공이 극도의 문화 민족주의 방향으로 걸어간다면 이는 일종의 중국식 동방주의로 발전할 가능성이 크다. 중화문화를 인식하는 것은 단지 중공에 적용하는 것뿐만 아니라 동남아, 동북아, 심지어 아시아까지 확대되어 중화문화 우월감으로 표출될 것이다. 이는 과거 문화 제국주의 표현이며, 타국가의 반감을 쉽게 불러일으킨다.

셋째, 이데올로기 형태의 경직이다. 중국이 과도하게 민족주의를 조장한 결과, 민족주의가 중국 내부의 최고원칙이 되어 언론 매체에 대대적으로 조작되고, 무제한적으로 인터넷에 민족주의를 불러일으켜 대립

적이고 충돌적인 면이 강화된다.[51]

중국특색사회주의 이념에 대한 선전과 선동은 중국 내부에 국한되는 면이 있으나 대외적으로는 중화주의를 통한 민족주의의 확산은 지속되고 확산되어가는 추세에 있다.

문제는 이러한 중국의 민족주의가 강화되면 될수록 반동적으로 대만의 대만 민족주의가 그만큼 더욱 공고해질 것이라는 패러독스가 있다. 민족주의의 요구 속에서 양안문제를 조국통일대업으로 분류할 것이고, 대만에 대해서 조국의 신성한 영토의 일부분으로 지나치게 집착한 나머지, 애국주의, 민족주의 감정에 의해 대만과의 회담을 압박하고, 무력동원도 불사하면서 일국양제를 관철시키려 한다. 이러한 민족주의에 호소하는 통일 책략은 대만 민중을 끊임없이 설득하고, 또한 대륙의 인민에게도 호소력을 지니는 것은 자명의 사실이다. 더군다나 이는 중국대륙의 내부 불안정한 요소를 홀시할 수 있다. 예를 들어 대만문제, 남사군도문제, 조어도 문제는 모두 민족주의를 대내외적으로 적절하게 동원한 가장 좋은 의제들이다. 다민족으로 구성된 중국의 민족구성현실에 비추어 최근 중국대륙의 민족주의는 종족적 민족주의에 관심을 돌리고 있다. 대만 외에도 내몽고, 신쟝(新疆), 티벳(西藏)의 민족분열활동을 상당히 의식하고 있기 때문이다. 중국의 민족주의는 자연적으로 한족 민족주의로 귀납될 것이며 이는 소수민족의 민족주의를 자극하여 중국의 정치적 통합을 저해하는 핵심분열요소가 될 것이다. 만약 대만이 실제로 독립한다면, 이는 각지의 독립의 도미노 효과를 초래할 것이 자명하게 되며, 따라서 대만이 독립을 선포한다면 중공은 무력수단으로 대만을 통일할 가능성이 매우 높다.[52] 대만문제는 중국의 핵심

---

51) 李英明, 《全球化時代下的臺灣和兩岸關係》, 臺北 : 生智, 2001, 頁31-33.

제4장 양안관계에 영향을 미치는 요소들  213

이익 가운데서도 최고의 핵심이익이기 때문이다.

### 3) 정책결정 과정에서의 문제

권위주의 체제하의 중국의 대대만 정책 결정은 블랙박스를 여는 작업이다. 대 대만정책결정의 프로세스가 공산당영도체제 하에서 극소수의 집권층에 의해서 자의적으로 결정될 가능성이 높다는 점이다. 이는 양안정책의 일관성을 유지하는데는 효율적일 수 있으나 만일의 사태 즉 미국과의 갈등과 충돌의 조정과 대만독립문제에 있어서의 군사적 결정과 같은 문제에 있어서 지도자의 자의적 판단이 결정적으로 작용할 제도적 결함을 지니고 있다. 더구나 과거의 집단지도체제 하에서는 파벌간의 경쟁과 균형에 따른 견제가 가능했다. 그러나 오늘날 시진핑 일인의 책임과 결단에 의해 중국의 운명은 물론이며 세계적인 질서와 대만의 미래가 결정될 수 있다는 점에서 중국정치의 정책결정 과정의 독단성은 대만문제를 합리적이기보다 위기로 몰아넣을 수 있는 가변적 요소를 지니고 있다.

## 3. 중국굴기와 대만문제

2010년 중국대륙은 독일을 초월해 세계 최대의 수출국이 되었고, 2013년 무역총액은 미국을 초월하여 세계 최대 무역국이 되었다. 구매

---

52) Deng Xiaoping, "speech at the Third Plenary Session of the Central Advisory Commission of the CCP", Selected Works of Deng Xiaoping (Bejing : Foreign Language Press, 1994), Vol.3(1982-1992). 덩샤오핑이 말하길 "대만에 대해 무력사용을 배제하고 있지 않다는 사실을 우리의 후대는 반드시 기억해 두어야 한다"고 밝혔다.

력 평균지수는 2014년 미국을 이미 초월하여 세계 제1의 경제체가 되었다. 현실주의 정치에서 본다면 국강필패(國强必覇)는 피하기 어렵다.[53]

중국경제의 급성장은 비록 많은 문제점을 내포하고 있지만[54] 대만에 대한 무력통일보다는 흡수통일의 가능성을 한층 높여주는 지렛대로 작용할 자원으로 등장하였다. 즉 중국의 경제발전은 세계는 물론 자연적으로 대만경제를 중국시장으로 편입시키는 효과를 가져왔다. 2002년 왕용칭(王永慶)은 이미 중국대륙의 경제 굴기에 따라, 아시아의 경제 정세는 이미 역전되었고, 튼튼한 경제력을 지닌 일본일지라도 자국의 산업적 이익을 위해서 부득불 중국대륙으로 올 수 밖에 없으며, 그런 결과로 중국대륙은 일본을 초월해 실력을 겸비한 아시아의 경제체가 될 것이라고 이미 갈파했다.[55] 당시 대만의 기업가들은 중국대륙을 이익창출의 기지로 봤다는 점이다. 그러므로 대만정부의 기업에 대한 영향력을 노정하고 있었다. 중국 대륙은 광활한 시장을 제공하여 각국의 산업이 업그레이드 될 수 있는 조건을 만들어 주었다.[56]

중국대륙의 종합국력의 상승에 따라 베이징은 대만 문제에 보다 더

---

53) 중국은 세계 강철의 80%, 천연가스 40%, 대두 70%, 80%의 구리와 황금을 사용한다. 세계 30% 자동차 생산, 41% 선박, 50% 냉장고, 60% 텔레비전, 80% 이상의 컴퓨터를 생산한다. 가장 많은 중산 계급과 억만 부자 또한 세계 최대다.
54) 이러한 경제발전은 또 여러 문제를 야기했다. 베이징대학의 린이푸(林毅夫)는 중국대륙경제는 여섯 개의 불균형문제를 안고 있다고 밝혔다. 도농차 확대(城鄕差距擴大), 수입차이의 확대(收入差距擴大), 무역흑자와 외환보유고 급증, 투자증가에 비해 소비 부족, 경제발전의 자원과 환경의 거대한 압력을 꼽았다. 行政院大陸委員會, 〈大陸工作簡報〉, 2007.9.12, 頁12.
55) 王永慶 : 大陸有可能超越日本〉, 《工商時報》, 2002.11.6.
56) 林毅夫, 〈中國發展和亞洲的未來〉, 《新華社》, 2003.2.21.

경제적으로 접근하기 시작했다. 양안 30여 년 간의 호혜적인 발전은 양안 간 경제무역 증가량과 중국대륙에의 투자는 매년 증가되고 있으며, 대만과 대륙은 경제상에 있어서 상호 의존적인 정황에서 산업분공, 상호협력을 추진했다. 그러나 경쟁적인 면에 있어서도, 대만의 중국대륙의 투자는 높은 비중을 차지하고 있고, 대만의 산업은 대륙의 저가 상품과의 경쟁을 벌여야 한다. 2004년의 대만의 대중국대륙의 무역의존도는 이미 25.8%며, 2007년, 2013년(무역의존도 42.5%)를 넘어섰고, 대륙은 대만의 제1의 무역 파트너가 되었고, 최대의 수출시장과 최대의 무역 흑자의 저수지가 되었다.[57] 반대로 말해, 대만은 대륙의 제7대 무역 파트너며, 제7대의 수출시장이며, 제5대 수입시장이다. 이는 양안경제의 상보성이 높다는 것을 나타내며, 대만경제가 단순히 중국경제에 의존하거나 부수적인 역할에 그치는 것이 아니라 상호이익적인 측면에서도 어느 정도의 지분과 역량을 지니고 있다고 할 수 있다.

중국대륙경제의 발전은 대만경제에도 유리하다. 첫째 대만산업은 업그레이드 되어야 하며 시장을 필요로 한다. 둘째 대만의 전통적인 우세산업은 해외로 이전되어야 하고, 중국대륙이 가장 이상적인 곳이다. 베이징의 주장은 중국대륙의 외환보유고가 증가하고, 자본이 증가되면 대만에 투자하는 것은 필연적이다. 사실 이는 마잉주가 대삼통을 실시하고 나서 현실이 되었다. 그래서 대륙경제의 발전은 대만에 대해 그 영향력은 매우 크다.

첫째 중국대륙의 굴기와 종합국력의 상승, 특히 중공이 보유한 미국국채는 미국에 대한 카드로 활용할 수 있다. 경제력은 양안관계에 있어

---

57) 文馨, 〈從藍綠均打經濟牌看"台獨"的不可行性〉, 《光明網－光明觀察》, 2007. 11.19, http://guancha.gmw.cn/content/2007-11/19/content_699409.htm

서 중공의 대만정책에 대한 수단중의 하나가 될 수 있다. 대만문제는 미국에는 동아태 지역의 4대 도전지로 인식된다.[58] 중미관계는 매우 복잡하다. 그렇기 때문에 간단히 적과 동지의 관계로 분류할 수 없다. 중·미는 전략적 모순이 존재하는 것과 동시에 국제상 협력을 필요로 하는 곳도 존재한다. 예를 들어 기후변천, 북핵문제, 이라크, 이란, 핵비확산 문제가 이들이다. 중국대륙과 일본 사이도 그렇다. 양국은 정치, 안보적으로 경쟁하고 있으나 일본경제의 지속발전은 이미 중국 대륙과 떠날 수 없다. 중국대륙을 견제한다면 자국에 미칠 충격을 계산에 넣어야 한다.

둘째, 중국 대륙 경제력의 상승 역시 대만에 대한 초오마(카드)를 제고한다. 양안경제의 발전은 정치적으로 매우 중요하다. 거액의 무역 적자는 정치흑자로 보상받을 수 있고 대륙의 대만에 대한 흡인력과 영향력을 증가시킨다. 경제이익과 정치이익에 기초하여 양안간의 경제무역 영역의 협력은 쌍방 공동이익의 기초다. 그러므로 양안은 경제무역 관계가 악화되기를 바라지 않기 때문에 양안은 경제발전관계에 있어서 비교적 쉽게 공통된 인식에 도달할 수 있다. 양안의 상호경제발전은 이미 대만해협을 안정시키는 상규적인 역량이 되기 때문에 양안의 어느 일방의 정책이 현상을 변경하여 원래의 균형상태를 깨뜨리게 되면 역량대비의 불균형을 조성해 연쇄반응을 일으키게 된다. 따라서 양안은 서로가 상대방의 다음 한 수(정책)에 대한 조정을 면밀하게 주시함으로써 현상유지와 현상변경에 대한 손실과 방향을 조정한다.

---

58) Dennis C. Blair and John T. Hanley Jr. "From Wheels to Webs : Reconstructing Asia-Pacific Security Arrangements, " The Washington Quarterly, Vol.24, No.1 (Winter 2001), pp.7-8.

셋째, 경제성장은 군사적 역량의 증가를 가져온다. 중공의 군사력은 2000년 이후 거의 20년 넘게 두 자리 성장을 기록하고 있다. 이는 상호 경제성장의 선순환이 군사역량증가의 악순환으로 연결되는 선순환과 악순환의 모순적 결과를 되풀이 하고 있는 것이다. 중공이 설정한 군사능력의 기본적 목표의 하나는 베이징이 설정한 방안을 대만이 수용하도록 압박함과 동시에 대만해협 유사시, 미국의 대만에 대한 지원을 지연, 저해시키도록 하는 것이다.[59] 해방군은 이미 선진적인 탄도미사일, 무기체계 장비, 훈련 등 정예의 군대가 대만을 조준하고 있다. 대만해협 지역의 군사평형은 지속적으로 중국에 유리한 방향으로 전개되어 이미 그 평형이 무너진지 오래다. 중공의 대만에 대한 군사적 공격능력은 대만의 방어능력을 훨씬 상회하는 것으로 그 부족분을 미국에 의존하고 있는 현실이다. 대만 역시 더 이상 대만해협에서의 공군의 우세를 누릴 수 없다. 톰과 제리의 경쟁과 대결처럼 해방군은 지속적으로 군사적 역량을 발전시켜 대만을 파멸시킬 정도의 군사기술을 구비하고 있다. 이는 2A(anti-access/area-denial) 즉 반개입, 지역 거부전략, 핵무기, 우주항공, 인터넷전등 군사평형이 변화되고 있으며 그 영향은 아태 지역을 초월하고 있다. 또한 2012년 9월 25일 랴오닝함(遼寧艦) 항공모함을 남해함대에 배속시켰다.[60] 2025년까지 3척의 항모가 배치될 전망이다. 즉 정치는 경제를 견인하고 경제는 국방을 견인하여 대 대만 전략은 정치와 경제의 양 방면에서 총체적으로 수립하고 있다.

---

59) U.S. Department of Defense, http://www.defenselink.mil/advisories/advisory.aspx?advisoryid=2843

60) 〈我國第一艘航空母艦"遼寧艦"正式入列服役〉,《新華網》, 2012.9.25, http://news.xinhuanet.com/2012-09/25/c_113201683.htm.

## 4. 사회적 측면

중국대륙 굴기의 가능성은 크게 세 종류다. 순조롭게 굴기, 어렵게 굴기, 굴기가 중단되는 경우다. 중국대륙의 굴기가 중단되는 경우는 내부에 문제가 발생할 경우다. 현재 세계 경제의 상호작용은 깊어지고 있고, 역시 세계 금융시장의 파동, 보호무역주의, 에너지 부족 등 환경, 질병의 불확정성과 마주 보고 있다. 동시에 중국대륙의 경제사회 역시 경제성장으로 인한 큰 대가를 지불해야한다. 예를 들어, 도시와 농촌문제, 지역문제, 경제불평등 등 문제, 농업문제 즉 삼농문제, 농업, 농촌, 농민, 노동 취업 문제, 사회보장, 수입 분배, 교육위생, 거민주방(居民住房), 안전생산, 사법과 사회치안 등의 문제는 나날이 증가되고 있고, 저수입 민중생활등의 문제를 드러내고 있다.

이러한 중국대륙 내부의 사회경제적 부작용을 전문가들은 중국대륙이 마주한 문제로 지적한 삼차(三差) 문제로 귀결된다. 도시와 농촌 간의 차이(城鄉差距) 빈부차이(貧富差距) 동부와 서부 차이(東西差距)다. 최근에는 관과 민의 차이(官民差距)를 포함시켜 4차문제가 되었다. 중공의 내정의 엄중한 문제들은 11.5계획부터 지속적으로 문제의 복잡성과 엄중성을 강조하고 있다.[61]

2008년 베이징 올림픽 및 2010년 상하이 엑스포 개최 후, 사회 불평등 발전이 두드러지고 있다. 만약 대륙 내부의 4차 문제가 계속 악화되고 경제성장이 둔화되고, 홍콩을 비롯해 민주화운동이 거세진다면 이는 중국대륙 내부에도 깊은 영향을 미칠 것이다. 더군다나 세계화 추세와 더불어 대륙민중의 가치관도 과거와 달리 변화되고 있어 생존과 안

---

61) 王央城主編,《前瞻兩岸關係發展的趨勢》, 臺北 : 國防大學戰略研究所出版, 2007, 載 : 王央城,〈台海兩岸關係的現況〉, 頁2-4.

전 및 자율을 요구하는 군중항의도 하루 몇 백건에 이른다. 이러한 가
치관의 변화는 자연스럽게 대륙민중의 대만에 대한 인식의 변화와도
연결될 수 있다. 이에 대응하기 위하여 시진핑 체제 출범 후 다양한 방
면에서의 조치가 실시되고 있다. 예를 들면 부패와의 전쟁을 과감히 벌
이고, 농촌개혁, 인민폐 안정, 실업문제 등을 적극적으로 해결하기 위한
노력들이 진행되고 있다. 상술한 문제들은 중국의 정치지도부들이 시
급히 해결해야 할 사회적 난제들이다. 그리고 이러한 난제들은 대만의
타이두 진영의 좋은 공격목표와 선전대상이 되고 있다. 중국대륙 내부
적으로는 사회적 분열의 단초가 되고, 대만에 대해서는 통일 후의 비전
에 상처를 입히는 이중의 악재가 되고 있다.


## 제4절 대만요인

중국변수가 양안문제의 전개 방향에 상수로 작용하고 미국변수는 차
상수로서 기능한다면 마지막 변수로서 대만의 내재적 발전과 그에 따
른 반응이 더해져서 양안문제는 완결에 이르게 될 것이다.

「하나의 대만 두개의 세계(一個臺灣, 兩個世界)」는 대만의 사회현
상을 형용하는 단어다.62) 여기에는 여러 함의가 내포되어 있다. 국가정
체성에 대한 남색과 녹색진영의 분기, 통일과 독립에 대한 의식의 차,
남북문제 즉 북람남록(북쪽에는 남색진영, 남쪽에는 녹색진영)의 현상,
본성인과 외성인 간의 성적 문제, 동서개발 정도의 문제, 연해지구와
내지 지구의 문제, 베이징어와 민난어(대만어, 모어(台語、母語)문제

---

62) 〈一個台灣．兩個世界, 水蜜桃阿嬤〉,《台北 : 商業週刊》1021期, 2007.6.16, 郭
奕伶, 〈一個台灣·兩個世界〉,《e商業週刊》, 第800期, 2003.3.24.

등 복잡다양하다.[63] 이러한 대만의 대립, 분기는 대만통합의 최대 걸림 돌이다. 대륙에 대하여 일관된 한목소리로 대응할 수 없게 되어 결집된 동력을 만들어내지 못하는 단점이 있다. 그러나 달리 보면, 베이징으로 서는 대상으로 하는 타겟이 여럿이라서 정책수립이나 대상의 설정 및 각기 다른 대응 등에서 많은 자원과 노력을 낭비해야 한다는 난점을 갖게 한다.

양안관계에 영향을 미치는 대만요소를 크게 즉 경제요소 및 정치민 주화 요소와 대만주체성의 제고가 주요한 변수다.

## 1. 경제방면

립셋은(S. M. Lipset) 세계적인 사회경제발전과 정치 민주화 간의 상 관성을 적용하여, 경제발전과 사회민주 양자 간에는 분명한 정비례 관 계가 있음을 논증했다. 즉 경제발전은 민주화의 척도, 민주와 경제발전 의 수준 간에는 높은 상관성이 있다는 것이다. 모든 지역의 발달한 경 제는 완전한 민주제 혹은 최소한 반(半)민주제 국가며, 독재와 전제적 인 지역은 경제가 발달하지 않았다.[64] 그러므로 경제발전은 민주정권 의 기초가 된다고 한다. 대만은 이 이론에 전형적으로 부합되는 경우에 속한다. 먼저 대만경제의 발전은 기러기이론(the flying-geese model)[65]

---

63) 樂為良,〈濁水溪, 把臺灣分兩半〉,《環球時報》, 2004.3.29., 版19.

64) S. M. Lipset, "Some Social Requisites of Democracy : Economic Development and Political Legitimacy", The American Political Science Review, Vol.53, No.1. (march 1959), pp.69-105.

65) 赤松要(Akamatsu)는 기러기 편대 이론(Flying Geese Model)을 발표했는데 전 후 동아시아 국가 경제 및 산업구조의 변천과정이 기러기 편대의 형태를 띤다

에 부합된다. 대만경제는 1965년부터 급성장하여 80년대 중엽에 비약했다. 1950년과 1987년을 예로 들어 비교하자면 1인당 국민소득은 100 달러에서 5397달러로 바뀌었고[66], 대만경제의 빠른 발전은 사회의 다원화를 추동했으며, 사회계층의 구성에도 변화가 발생하였고, 문화수준을 제고시켰다. 전문적 기술직부터, 관리, 매매업 등 비체력형 산업의 인구도 이때부터 증가했다. 대만경제 발전 모델의 가장 큰 특징은 중소기업 조직이 주체가 되어 대만경제의 성장을 지탱한 점이다. 이로 인해 대만중산계층은 형성될 수 있었고, 중산계급이 인구점유율의 1/3 이상이 된 후에는 민주화를 요구하기 시작했다. 즉 경제발전으로 인한 중산층의 형성은 공업화와 산업화의 산물이며, 곧 권위주의 체제에 반대하기 시작하여, 점진적으로 민주화를 이루어 냈다. 이외에도 대만의 경제발전은 대만인들의 자존심은 향상으로 이어져, 대만의 국제공간을 개척할 필요성과 희망이 더 높아졌다. 예를 들어 무실외교정책(務實外交政策)등이 이 시기에 펼쳐졌다. 양안 간의 경제적 격차가 커지자, 대만의 자신감이 향상되고 자신감이 외부로 표출되기 시작했다. 1946년부터 1986년 까지 양안 간의 상호작용에 있어서 물론 평화 혹은 전쟁 기간을 막론하고 그 주도권은 중국의 수중에 있었다.[67] 대국이라는 이점을 앞세워 양안문제를 주도해 왔으나 1987년부터 국제정세의 변화, 대만방면의 정치경제성장으로 인한 자신감등으로 인해 타이베이는 베이

---

는 것이다. 일본을 리더로 아시아의 네 마리 용인 한국, 대만, 홍콩, 싱가포르가 그 뒤를 따르고, 중국과 인도네시아, 말레이시아, 필리핀, 태국 등이 그 뒤를 따른다는 이론이다.

66) 《中華民國統計資訊網》, 請見 http://www.stat.gov.tw/public/Attachment/9218 1714471.xls
67) 黃天中, 張吾岳主編, 《兩岸關係與大陸政策》, 台北 : 五南圖書, 1993, 頁51.

징에 대해서 점차적으로 주도적이고도 능동적인 조치를 취하기 시작했다.[68] 하지만 2000년대에 접어들어 2010년 특히 양안 간의 격차가 재차 역전되면서 양안관계의 주도권은 다시 중국대륙으로 이동하였고, 대만은 중국대륙에 피동적인 입장으로 변했다. 이로써 알 수 있듯이 베이징이나 타이페이 모두에게 경제문제는 양안문제를 주도하거나 적어도 방어능력을 제고하는데 있어 결정적이고도 핵심적 요인임을 알 수 있다.

## 2. 정치방면

대만의 정치적 변수는 역시 민주화에 있다. 심녹 진영의 입장에서 보자면 대만은 400년 동안이나 외래통치를 겪었다. 마침내 본토대만인(native Taiwanese)들은 1990년대 초에 민주정치의 맛을 만끽할 수 있었다. 대만의 민주화는 대만 인민들의 자주적 역량을 제고하였고, 대만민주주의는 탈냉전 이후의 글로벌 민주주의의 거대한 흐름의 일부가 되어 국제적인 지지를 획득할 수 있었고, 자유민주적 시장경제는 민주주의가 경제발전을 견인할 수 있다는 전통적 자본주의의 대만판 부활이다. 대만민주화는 세계적인 추세에 따른 국제적 압력, 대만 내부의 자체적 민주화요구의 상승, 장제스, 장징궈 시대를 마감하고 대만인에 의한 통치라는 시대적 요구에서 동시에 이루어진 것이다.

미국 카터정부의 인권외교, 레이건 정부의 민주계획 등은 대만정치 민주화의 외부의 강력한 압박으로 작용했고, 미국은 국제무대에서 민주와 인권 촉진을 추동시켰다. 1980년대 이래 미국은 끊임없이 국민당

---

68) 아태평화재단의 오기평 이사장과 중국사회과학원 아태연구소장 장윈링의 대담에서 대만이 경제적으로 발전하는 상태에서 중국대륙이 사실상 양안문제에 있어서 수동적이었다고 털어놓았다.

에 대해 압력을 행사했고, 또 펑밍민 등의 타이두 세력들이 미국에서 적극적으로 유세한 결과 미국 정계에 친타이두적인 인사들이 증가하게 되었다.[69] 그들은 국민당의 권위주의 통치를 반대하였으며 심지어는 대만에 대한 무기판매 정지라는 카드를 내세워 압력을 행사했고, 심지어 일부 의원들은 타이두를 지원했다. 대만 내부 역시 1980년대 말에 정치계획을 요구하는 계속된 시위가 출현했고, 장징궈는 부득불 대만 민주화를 받아들일 수밖에 없었다. 대륙 역시 개혁 개방 이래 '평화통일 일국양제' 정책을 주장했으므로 장징궈는 1987년 7월 15일 38년 간 동안 유지해왔던 계엄령을 해제하였으며, 진보인사들 역시 당금(黨禁)을 뚫고 1986년에 민진당을 창당했다. 이어서 1987년 장징궈는 역사적인 대륙탐친(大陸探親)을 실시해 양안간 교류가 시작되었다.

대만민주화에 있어서 1990년 3월의 「야백합」 학생운동의 영향이 컸다. 중정기념당 광장에 철야 데모를 시작했고, 그들은 국민대회 해산, 임시조관폐지, 국시회의 개최 및 정치경제 개혁 일정표 제출 등 4대 요구를 주장하여 대만의 정치에 상당한 영향을 미쳤다. 리등후이는 한편으로는 학생들의 요구를 승낙하여 곧 국시회의(國是會議)를 개최하였고, 다른 한편으로는 1991년 동원감란시기임시조관을 폐지하였으며 대만민주화의 가장 큰 장애인 만년국회[70]는 1996년 6월 사법원대법관회

69) 若林正仗,《蔣經國與李登輝》, 臺北 : 源流出版公社, 1998, 頁154.
70) 만년국회(萬年國會)는 1947년 중화민국이 정식으로 헌법에 의거하여 제1기 국민대표대회, 입법위원, 감찰위원을 선출했고, 1948년 수도 난징(南京)에서 회의를 개최했다. 그러나 국공내전 발발로 인해서 중화민국 중앙정부는 1949년 12월 7일 대만성 타이베이로 천도했다. 얼마 후 중국대륙지구의 실제통치권을 상실했다. 그 결과 대만성과 푸젠성을 제외하고 다른 성(省)의 대표는 선출할 수 없었다.

의의 결정을 거쳐 제1기 중앙민인대표, 즉 국대대표(國大代表)와 입법 위원등 770인은 1991년 연말 전에 모두 퇴직할 것을 결정했으며, 아울러 이른바 만년국회의 운영을 중지하고 대만의 민주화 공정은 이로서 새로운 신기원을 열었다.

민주헌법 제정은 민주화 성과를 제도화하는 것이며, 이로써 민주화는 헌정궤적(憲政軌跡)에 안착되었다. 그러나 대만의 헌법 개정은 매우 빈번하게 만들어졌다. 1991년 1차 개헌부터 2005년까지 총 7차례의 개정이 있었고, 평균적으로 2년마다 1차례의 헌법 개정이 있었다. 헌법 개정이 빈번한 원인은 여야가 개헌이라는 카드로서 권력 쟁취의 도구로 활용했기 때문이었다. 이로서 타이두 세력은 장대해지기 시작했고, 헌법 개정을 빌미로 타이두를 고취하며, 개헌을 통과하여 평화독립적인 헌정요구는 점진적으로 개만의 헌정개혁을 주재(主宰)했다. 애초 중화민국 헌법은 중국대륙에서 탄생하였으며 대만에 적용해 온 여러 조항들은 시대의 변화와 더불어 한계점을 노출했고, 여러 문제를 파생시켰다. 예를 들어 헌법이 규정하는 국민대회는 반드시 전국인민(중국대륙과 대만을 포함한)의 직선에 의해 뽑힌다. 그러나 대륙에서 더 이상 다음 기의 선거를 실시할 수 없었으므로, 대만에 온 국민대표의 임기는 종신 동안 이어졌고 만년국대(萬年國代)가 출현했다. 이후 헌법 조문 증수를 통해 긴박한 문제를 해결하기 위해 처리했지만 여전히 여러 조문들은 현실과 그 거리감이 있었다.

대만의 민주 체제의 전이의 역정을 회고해보자면 대체적으로 평화롭게 달성되었다. 이렇게 된 가장 중요한 관건은 정치엘리트들 사이에서 비폭력적인 방법으로 민주화 달성이라는 데 전반적인 동의가 있었으며, 군대는 중립을 유지하였다. 이는 대만민주화의 중요한 의의다. 그러므로 일단 반대세력이 체제내의 개혁을 진행하기로 결정했다면 정권전이의 주요한 전장은 바로 전국적인 선거다. 먼저, 국민대회 및 입법원의 선거는 1991, 1992년 실시되어 정상화 및 선거법의 개정으로 인해, 국민당 내의 본토 대만인인 리등후이는 1996년에 최초의 직선제 총통이 되었다. 그리고 본토 재야 민진당의 천수이벤은 국민당 내부의 쟁집, 분열 등으로 인해 2000년 첫 정당교체를 이룩했다.[71] 직접선거는 인민주권의 직접적인 표현이다. 총통의 상징성이 강화되고 국가정체성 역시 재창조된다. 나아가 이는 대만주체성을 강화시키는 원인이 되었다.

대만의 민주화 과정은 대만 민주주의의 성격을 결정지었으며 그 과정에서 주도적인 정치적 역량이 어떻게 이동해 가느냐에 따라 대만의 대 양안정책이 깊은 영향을 받을 것이다. 대만 민주화는 양안문제를 더욱 어렵게 만들었으나, 동시에 대만문제의 자결적 원칙을 더욱 높이게 된 정치과정이었다고 할 수 있다.


## 3. 사회방면 : 대만주체의식의 제고, 타이두의 흥기

대만의 경제발전, 중산계급의 흥기, 정치개혁의 요구, 대만 민주화의 과정에서 대만인의 주체의식이 제고되는 것은 필연적인 결과이다. 대만민주화는 대만주체의식이 고양되는 계기가 되었고, 이 일련의 본토 정체성은 중화민국의 헌법 법통, 양안 관계, 국가정위(定位) 등의 주권 문제의 위기를 조성했다. '대만독립'이라는 단어는 양장(장제스, 장징궈)으로 대표되는 권위주의 정권시대에는 금기어였다. 그러나 대만민주화의 진전과 더불어 이제는 타이두에 대한 토론이 가능해졌다. 이와

---

71) Wong, Timoth Ka-Ying and Milan Tung-Wen Sun, "Dynamic Democratization in Taiwan", *Journal of Contemporary China*, Vol. 10(2000), 339-62.

더불어 민주화 과정에서 대만의 모순은 점차 악화되기 시작했다. 예를 들어 선거 기간에 경쟁의 과열로 인해 대만의 성적문제(省籍)기 왜곡되어 국가정체성 문제로 변질되었다. 즉 대만 혹은 대만인에 대한 정체성은 중화민국 혹은 중국인 간에 모순이 출현했다. 대만에서 성적모순의 국가화(國家化)는 대만독립사상과 사회적 근원(來源)을 제공해, 대만 민주화의 변질을 초래했다.

타이두 세력의 선동과정에서, 본성인과 외성인의 모순은 사회 족군(族群)의 대립으로 전화되었고, 대만내부의 안정과 단결을 파괴시켰으며, 정치인들끼리의 상호 격렬한 권력투쟁 역시 사회내부의 서로 다른 군체 간의 모순을 확대이용, 재생산시켰다. 예를 들어 리볜시기(리등후이, 천수이볜 집권기, 1988-2008) 20년 동안 타이두 세력은 다수의 대만 유권자를 통제할 수 있었다. 특히 대만 선거 시기가 도래하면 애대만(愛臺灣)과 외성인 물러가라(外省人滾回去)등이 구호가 등장한다. 양안관계에 있어서도 외성인에 대한 원한은 중국인에 대한 원한으로 변하며 양안 간에 상호 신뢰를 구축하기 어렵게 만든다. 그러므로 중공의 인식은 비록 양안 간 경제무역 교류가 보다 밀접해 지고 있음에도 불구하고 리볜시기 20년 간 지속된 타이두 운동으로 인해서 대만인에 대한 정체성을 느끼는 민중들은 점차 더 증가되고 있다고 파악하였다. 즉 1990년대 자신을 중국인이라고 인식하는 사람들은 48%였고, 2004년도는 10%이하로 떨어졌다. 반대로 자신을 대만인이라고 인식하는 비율은 1990년 14%에서 2004년 67%에 이르렀다.[72] 2008년 국립중산대학 대학생을 67명을 조사한 결과, 중국인이면서 대만인으로 인식하는 경우는 23명, 대만인으로 인식하는 경우는 43명, 1명은 무답이었다. 그리고 대

---

72) 閻學通, 「兩岸經貿交流無法遏阻台獨」, 《中國時報》, 2008.4.26.

부분의 고등학생 역시 자신을 대만인으로 인식하고 있다.[73]

　중국대륙학자 옌쉐통(閻學通)은 양안 간에 경제 무역, 인적교류·문화교류 등을 추진하더라도 모두 대만의 분열의식을 막을 수 없으며, 오직 집권당의 타이두에 대한 강력한 탄압이 비로소 주효했음을 주장했다. 옌쉐통은 대만 분열의식은 1992년 이후 주로 성장했고, 그 이전의 42년 동안, 타이두 의식의 성장이 저조한 이유는 양장의 38년 동안 백색 계엄통치로 인해서 타이두를 엄격하게 탄압하였기 때문에 대만 민중의 민족정체성에 근본적인 변화가 없었다. 그러므로 가장 근본적인 것은 양장의 정책으로 말미암은 것이었다고 분석했다.[74]

---

73) 筆者調査, 對象是國立中山大學學生67個人, 高雄市立三民高級中學學生25個人. 高中學生都認同自己是臺灣人. 2008.3.4.以及2009.3.4.調査的結果.

74) 閻學通, 「兩岸經貿交流無法遏阻台獨」, 《中國時報》, 2008.4.26.

# 제5장
# 중공의 대 대만정책

## 제1절 중공 대 대만정책 결정 구조

중공의 정책 결정은 독특한 특징이 있다. 한번 결정되고 나면 좀처럼 쉽게 변화시키지 않는다는 점이다. 물론 여기에는 장단점이 있다. 잘못된 정책 결정이 내리지면 그 후과는 엄청나게 큰 피해를 발생한다는 사실이다. 반대로 좋은 정책이 결정되면 그 역시 지속적으로 시행되는 특징이 있다. 대표적으로 문화대혁명 시기의 문화정책이 그랬고, 일태화(一胎化)정책이 그렇고, 개혁개방 정책이 그 예다. 일단 정책이 결정되고 나면 마치 거대한 항공모함과 같아서 좀처럼 방향을 쉽게 틀지 않는다. 또 정책결정의 구조 역시 전임자와 후임자가 공동으로 결정하고 전임자가 은퇴하기 때문에, 후임자의 첫 임기 5년은 대부분 전임자가 내린 결정을 그대로 따르는 경향이 있다. 1978년 베이징은 대내적으로 중공 11기 3중 전회에서 개혁개방정책을 채택하였고, 대외적으로는 미국과의 수교를 마무리 지었다. 이후 지금까지 대만문제를 해결하기 위한 베이징의 정책은 '하나의 중국 원칙' 아래에서의 평화통일, 일국양제(和平統一、一國兩制)를 벗어나지 않았다. 장쩌민, 후진타오, 시진핑도 기본적으로 이 정책을 계승했다. 그러나 베이징의 대 대만정책은 국내외의 상황과 대만도내의 변화에 따라 기본원칙은 불변이나 정책 집행의 측면에서는 변화와 조정이 있었다. 기본적으로 베이징의 대 대만정책은 국가전략과 관계되어 있고 국가 대외발전전략과 연계되어 있다.

1949년 신중국 수립 이래, 중공의 대 대만정책은 시종일관 하나의 중국, 국가통일 견지, 민족이익 견지, 대만에 대한 무력 사용 포기는 없다는 불변적인 주선(主線)을 지니고 있다. 특히 대만에 대한 무력사용 불포기는 타이두와 대만사무에 간섭하는 외국세력을 겨냥한다고 공언하고 있다. 무력 사용은 대만인민을 겨냥한 것이 아니며, 이는 주로 대만 내부의 타이두 분자들과 미국과 일본 세력의 대만개입에 대해서 사용할 수 있음을 의미한다. 그러나 베이징은 대 대만정책에 있어서 그 원칙을 견지하지만 그 정책의 내용에 있어서 영활성(靈活性, 융통성)을 발휘한다. 마잉주 시기가 그 예다. 그러나 민진당이 일단 대만의 집권당이 되면, 민진당이 타이두 강령을 포기하지 않는 한, 베이징의 일중원칙을 강조하는 방향으로 선회할 수밖에 없다. 그 결과 민진당의 입장은 그만큼 좁아진다. 다시말해 공산당과 민진당은 하나의 중국에 대해서 악순환에 빠지게 된다. 중공이 강조한 하나의 중국원칙 만큼이나 민진당은 하나의 중국 원칙을 반대하게 된다. 하나의 중국을 실현하기 위한 베이징의 대 대만정책 결정 과정을 종합해서 도표로 나타내면 다음과 같다.

**그림 5.1** 중공의 대(對)대만정책 결정과정도

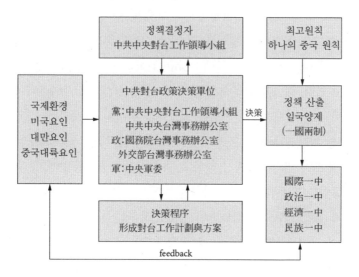

* 국제일중(대만의 국제기구 가입 방해, 대만과 타국의 수교 방해 vs 단교 방지, 국제기구 참여)
* 정치일중(92공식 vs 92정신, 사불일몰유(四不一沒有) vs 사요일몰유(四要一沒有) · 정상국가
  결의문, 헌법일중 vs 제헌국민투표 · 국통강령 및 국통위원회 종지終止)
* 경제일중(하나의 중국시장 · 대중화경제체 vs WTO 프레임)
* 민족일중(중화민족 vs 新대만민족)


## 제2절 중공대대공작영도소조中央對台工作領導小組

중공의 대 대만정책의 최고 결정권은 중공 중앙의 대만공작 영도소
조(中央對台工作領導小組)에 있다. 1992년 중공 14대부터 당총서기가
조장을 맡고 있다. 중공중앙의 정책결정권(중공중앙대대영도소조, 중앙
군사위, 중대판 · 국대판) 내부에서는 항상 온건파와 강경파의 입장이
존재했다. 강경파의 주된 입장은 대만 내부 정체성의 심각한 변화로 인
해 천연독(天然獨, 자연적인 독립지향의 젊은이들, 주로 대만민주화와

본토화 이후 출생한 이들)이 늘어나 무력이 아니고는 통일은 어렵다고 판단한다. 주로 베이핑(北平) 방식[1], 시랑(施琅) 방식[2]이 거론된다. 하지만 중공은 개혁개방 정책을 지속하는 내내 온건파가 주도했다.

대만정책을 결정하는 서클에도 2010년 이후 상무부장이 조원으로 참여하고 있다. 대만을 공격해서 얻는 이익보다는 대만을 구매(購買)하는 방식이 보다 경제적이고 손실을 최소화할 수 있다고 생각한다. 온건파의 주된 입장은 물이 흐르면 자연히 도랑이 생기듯(水到渠成), 양안교류는 반드시 양안융합에 유리하고, 융합발전은 평화통일에 유리하며, 평화통일은 민족부흥에 유리하다는 것이다. 양안교류가 심화되고 양안사회가 융합 발전되면, 국대판이 늘상 인용하는 "내 속에 당신 있고 당신 속에 내가 있네(我中有你, 你中有我)"의[3] 단계로 진입하여 자연스럽게 통일을 이루는 방식이다. 하지만 문제는 시간이다.

통일을 무작정 기다릴 수 없다. 시진핑은 이를 명확히 했다. 2019년

---

1) 2차 국공내전 핑진(平津, 베이징, 톈진)전역의 마지막. 국공내전에서 베이징 (당시 北平)을 평화적으로 해방한 방식을 말한다. 톈진을 섬멸한 해방군은 베이징을 포위한 공산당이 고립무원에 놓인 국민당군과 협상을 통해 베이징을 확보했다.

2) 복건성 수사제독(水師提督) 시랑은 1681년 대만내부에서 변고가 발생하자, 팽호열도를 무력으로 탈환한 후, 대만의 정극상(鄭克塽)에게 최후통첩을 띄우고, 이에 정극상은 항복하였고, 대만은 청나라의 판도에 편입하게 된다.

3) 관도승(管道升, 1262~1319) 아농사(我儂詞). "你儂我儂, 忒煞情多, 情多處, 熱如火。把一塊泥, 捻一個你, 塑一個我, 將咱兩個一起打破, 用水調合, 再捻一個你, 再塑一個我, 我泥中有你, 你泥中有我。與你生同一個衾, 死同一個槨。국대판, 해협회가 줄곧 인용하는 관도승의 시다. 조맹부는 첩을 들이고 싶었다. 시를 한편 써서 부인의 마음을 떠 본다. 이에 대한 답으로 그의 부인 관도승이 써 준 시가 아농사다. 내 속에 당신 있고 당신 속에 내가 있네. 살아서는 한 이불 덮고 죽어서는 한 무덤에 묻힌다네.

고대만동포서 40주년 기념담화[4])에서 일종의 통일강령이자, 통일 선언서를 발표했다. 이 담화는 대만정책에 대한 중대한 정책 선언이자 이제는 양안관계가 평화통일을 탐색하는 실천 단계에 새롭게 진입했음을

**표 5.1** 중공대대공작영도소조(中央対台工作領导小組)

| 기수<br>구성원 | 중공17대(2008년) | 중공18대(2013년) | 중공19대(2018년) |
|---|---|---|---|
| 조장 | 후진타오<br>총서기 | 시진핑<br>총서기 | 시진핑<br>총서기 |
| 부조장 | 자칭린(贾庆林)<br>정협주석 | 위정성(俞正声)<br>정협주석 | 왕양(汪洋)<br>정협주석 |
| 소조<br>비서장 | 따이빙궈(戴秉国)<br>겸 국무위원 | 양지에츠(杨洁篪)<br>(국무위원) | 양지에츠(杨洁篪) 국무위원,<br>중공외사위원회판공실주임 |
| 국대판<br>주임 | 왕이(王毅)<br>국대판, 중대판 주임 | 장쯔쥔(张志军)<br>국대판, 중대판 주임 | 류지에이(刘结一)<br>국대판, 중대판 주임 |
| 조원 | 왕치산(王岐山)<br>국무원부총리 | 왕치산(王岐山)<br>중앙기율위 서기 | 류허(刘鹤)<br>국무원부총리 |
| 조원 | 류윈산(刘云山)<br>중앙선전부장 | 류치바오(刘奇葆)<br>중앙선전부장 | 황쿤밍(黄坤明)<br>중앙선전부장 |
| 조원 | 류옌동(刘延东)<br>국무위원 | 양징(杨晶)<br>국무위원 | 딩쉐샹(丁薛祥)<br>중앙판공청 주임 |
| 조원 | 궈보슝(郭伯雄)<br>중앙군사위부주석 | 뚜칭린(杜青林)<br>정협부주석 | 시치량(许其亮)<br>중앙군사위 부주석 |
| 조원 | 왕강(王刚)<br>정협부주석 | | 왕이(王毅)<br>국무위원, 외교부장 |
| 조원 | 뚜칭린(杜青林)<br>통전부장 | 까오후청(高虎城)<br>상무부장 | 쫑산(锺山)<br>상무부장 |
| 조원 | 천윈린(陈云林)<br>해협회 회장 | | 요우치앤(尤权)<br>통전부장 |
| 조원 | 겅훼이창(耿惠昌)<br>국가안전부장 | 겅훼이창(耿惠昌)<br>국가안전부장 | 천원칭(陈文清)<br>국가안전부장 |
| 조원 | 마샤오티앤(马晓天)<br>해방군 부총참모장 | 쑨지앤궈(孙建国)<br>해방군부총참모장 | |

4) http://www.xinhuanet.com/tw/2019-01/02/c_1210028622.htm

밝히고, 통일을 다음 세대에까지 물려줄 수 없다는 입장을 명확히 했다. 더구나 시진핑은 일국양제를 중화민족의 위대한 부흥과 연결시키고 있다는 점이다. 따라서 대만과의 통일이 없다면 중화민족의 위대한 부흥은 없다고 단언했다. 과거 덩샤오핑의 일국양제가 평화발전이라는 선언적인 면에 머물렀다면, 시진핑의 일국양제는 분명한 전략적 목표가 있고, 원칙이 있고, 단계가 있다. 중화민족의 위대한 부흥에는 두 개의 마디를 상정하고 있다. 즉 두 개의 백년이다. 공산당 창당 100주년이 되는 2021년까지 전면소강사회를 실현하고, 건국 100주년이 되는 2049년 까지는 현대화된 사회주의를 건설한다는 목표다. 중공 19대가 규획한 건국 백년의 사명과 임무와 미래 30년 양안관계 사명과 임무를 제출했다.

미래 30년은 다시 전후 15년 간 두 단계로 규획했고, 바로 시진핑의 신시대는 전(前)15년에 진입했음을 의미한다. 그러므로 중공의 규획대로 한다면, 대만과의 통일은 늦어도 2035년까지 즉 15년 이내에 통일을 이루어야 한다. 중화민족의 위대한 부흥을 위해서라도 대만과의 통일은 필연적이기 때문이다.

시진핑이 강조한 일국양제의 대만방안 탐색은 과거와는 질적으로 다른 것이다. 과거 당 대 당, 양회(해협회와 해기회)가 아니라 이제는 직접 대만의 각계와 통일방안을 의논하겠다는 입장을 명확히 했다. 이를 인제관계(人際關係)에 비유할 수 있다. 과거 베이징의 논리는 만약 나와 이혼(독립)하면 차라리 널 죽여 버리겠다는 것이었다. 왜냐면 "너는 나의 일부분"이라는 것(대만은 중국의 일부분이다)이다. 그러므로 이혼만은 절대로 안 된다는 방독(防獨, 대만독립 반대)에 초점이 맞춰져 있었다. 주로 장쩌민(江澤民), 후진타오의 대만정책이 그러했다. 하지만 2019년 고대만동포서 40주년 기념 담화에서 「시5점, 習五点」을 발표하고, 일국양제의 대만방안 탐색 촉구는 과거와 달리 대만 당국을 건너 띄고, 심지어 국민당마저도 불신한다. 과거 '하나의 중국'에 대한 국민당과의 애매모호한 묵계인 「92공식」도 분명히 했다. 즉 시진핑의 92공식은 양안은 모두 하나의 중국에 속하며, 공동으로 국가통일을 도모한다는 새로운 함의를 덧붙였다. 「고대만동포서 40주년」을 기점으로 해서, 완전히 촉통(促統)단계로 들어섰다. 이제 베이징의 논리는 나와 결혼(통일)하지 않으면 차라리 널 죽여 버리겠다는 입장이다. 결혼을 싫다고 해도 소용없고(민진당의 입장), 결혼 시기가 아직 멀었다고(국민당의 입장) 해보아도 소용없다. 결혼을 방해하는 세력도(미국) 개의치 않는 분위기다. 사실 미국의 양안 통일에 대한 입장은 양안이 "너무 가까이 가지 않고 연애결혼"하라는 것이다. 그런 면에서 본다면 베이징 지도부는 중국대륙 굴기의 자신감을 보여준다고 하겠다. 특히 양안이 교류를 시작한 1987년만 해도 중국대륙의 경제규모는 대만의 3배에 불과했다. 하지만 2018년에 이르러 대륙의 경제력은 대만의 22배에 이른다.5) 경제력 규모로는 미국의 70%(2019년)에 와 있고, 대만해협에서의 군사력은 미국과 견줄 수 있을 뿐만 아니라 증강상태에 있다. 대만과는 이미 군사적 평형관계는 깨졌다. 압도적으로 차이가 나고 있다. 대만과 대륙의 관계는 마치 달과 지구와의 관계처럼, 인력 때문에 달은 지구를 떠날 수 없다. 대만이 아무리 대륙으로부터 떨어져 나가고 싶어도 나갈 수가 없도록 하는 것이다. 여기에 더해 베이징의 제도적 자신감도 포함되어 있다. 시진핑이 일국양제가 양안문제 해결에 있어서 최적의 통일방안이라고 강조한 연유다. 양안동포의 복지에 가장 부합하고, 대가가 적고, 그 후유증도 가장 작은 통일이다. 이를 실현하기 위해, 가장 먼저 대만에 대한 무력역량을 강화하고 있다. 베이징은 대만에 대한 무력 사용은 지금까지 포기한 적이

---

5) 중국평론, 2020년 4월 21일, "孫亚夫谈新时代两岸关系".

없다. 이는 설령 민진당이 협상의 테이블로 나온다고 해도 마찬가지다. 대만에 대한 무력사용 불포기는 마오부터 시진핑까지 공산당이 취하는 일관된 입장이다. 신중국 혁명의 삼대 법보(法寶)[6] 중의 하나인 무장역량은 결코 포기할 수 없는 것이다. 그러므로 무엇보다도 무장역량을 구비한 상황에서 '하나의 중국원칙'을 견지한다.

하나의 중국원칙은 정책의 원칙이다. 정책 중의 가장 기본적이고 가장 핵심적인 지도사상이다. '하나의 중국 원칙'은 정책의 목적이고, 정책의 근거며, 정책실행의 판단근거가 된다. 그러므로 원칙은 불변이고, 항구적이고 추상성이 강하다.[7] 만약 원칙이 변한다면 정책의 판단근거 역시 변하고 이로써 정책의 연속성은 중단된다. 그러므로 '하나의 중국 원칙'은 마오부터 시진핑까지 본질적으로 변한 적이 없다.

## 제3절 최적의 통일 방안 : 일국양제

### 1. 일국양제 의미

일국양제(一國兩制, One country, two systems)는 베이징이 제시한 양안 평화통일에 관한 중공의 국책이다. 즉 일국양제는 하나의 국가, 두 개의 제도를 의미한다. 세계에 전례가 없는 독창적인 것이다. 이는 변증법적 사유를 보여주고 있다. 하나의 중국 원칙에서 국가의 주체는

---

6) 통일전선전술, 무장역량, 당의 건설
7) 楊開煌, 「當前中共對台政策」, http://www.peaceforum.org.tw/filectrl/CSR0107004.htm, 양카이황(楊開煌)은 중공의 대만정책에 대한 내용은 통상적으로 3개의 층차에서 이해해야 한다고 말한다. 즉 정책원칙, 정책책략, 정책집행의 층면이다.

사회주의 제도를 견지하고, 홍콩, 마카오, 대만은 자본주의 제도를 실시하고 이를 장기적으로 보증한다.

원래 일국양제는 대만문제의 해결을 위해서 나온 국책이며, 현재 홍콩과 마카오 두 개의 특별행정구에 채택하고 있는 제도다. 개혁개방의 총설계사인 덩샤오핑이 일국양제 구상을 실천에 옮겼다. 중화인민공화국헌법(中华人民共和国宪法) 제 31조 규정에 의거한다. 국가는 필요시에 특별행정구를 설립하고, 특별행정구에서 실행하는 제도는 구체적인 정황에 의거하여 전인대가 법률로 규정한다. 또 헌법 62조 규정 중 전인대 직권(职权) 중의 제13항은 특별행정구의 설립과 그 제도를 결정한다에 근거하고 있다.

나아가 1994년 「대만문제와 중국의 통일」백서, 2014년 「홍콩에서의 일국양제 실천 백서」를 통해 이를 상세히 설명하고 있다. 베이징의 입장에서 일국양제는 더 이상 손볼곳 없이 완전하다. 하지만 대만에서의 반응은 이와 다르다. 민진당은 물론이고 국민당도 일국양제를 반대한다. 따라서 극소수 친중파를 제외한다면 대만에서의 일국양제 시장은 거의 없다. 그 이유는 일국양제는 중앙과 지방의 관계를 상정하고 있기 때문이다. 일국양제에서 양제는 이미 문제가 되지 않는다. 현재 양안은 자신의 제도를 견지하고 있다. 결국 문제는 일국이며, 일국양제의 본질이다. 즉 일국은 하나의 중국이다. 이는 일국양제의 핵심이며 정수다. 베이징의 입장에서 일국은 중화인민공화국이다. 가령 홍콩특별행정구는 중앙인민정부 직할의 지방행정구역이다. 중화인민공화국은 단일제 국가다. 중앙정부는 홍콩특별행정구 내의 일체 지방행정구역에 대한 전면 관치권이 있다. 홍콩특별행정구의 고도자치권도 고유한 것이 아니라 그 근원은 중앙에서 부여한 권력일 뿐이다. 홍콩특별행정구의 고도자치권은 완전자치가 아니며 역시 분권도 아니다. 중앙이 수여한 지방사무 관리권일 뿐이다.

고도자치권의 한도는 중앙이 지방에 얼마나 권력을 수여하는지에 따라 홍콩특구도 규정에 따른 권력을 향유할 수 있다. 잉여권력이 존재하지 않는다. 동시에 헌법이 규정한 국가의 근본제도는 사회주의 제도다. 아울러 국가의 기본제도, 영도핵심, 지도사상 등 제도와 원칙을 규정해 놓고 있다. 근본은 국가주권, 안전과 발전이익을 수호하는 것이며, 국가 실행의 제도 및 기타제도와 원칙을 존중하는 것이다.

양제는 일국의 안에 있다. 국가 주체는 사회주의 제도를 실행하고, 홍콩 등 일부 지역은 자본주의 제도를 실행한다. 그러기에 일국은 양제를 실행하는 전제며 기초다.[8] 양제는 일국에서 파생하고 종속된다. 또 일국 내의 양제는 결코 국가의 주체와 동일시해서는 안된다. 이는 변화할 수 없는 부분이다. 이런 전제에서 출발하여, 홍콩 등 일부 지역의 역사와 현실의 정황을 고려하여 자본주의 제도 장기불변을 보장해 주는 것이다. 홍콩이 자본주의 제도를 유지할 수 있는 것은 홍콩기본법에 의거하여 실행하는 항인항치, 고도자치다. 이는 반드시 하나의 중국원칙이라는 전제하에 이뤄진 것이다.

## 2. 일국양제의 내용

평화통일 일국양제는 중국특색사회주의 이론과 실천의 중요한 구성 성분이고, 중앙정부의 장기적 불변의 기본 국책이다. 이 방침은 4개의 기본점이 있다.

---

8) 2014년 홍콩특별행정구 일국양제의 실천 백서, "一国两制"在香港特別行政区的实践, 中华人民共和国国务院新闻办公室, http://www.ccpph.com.cn/ sxllrdyd/ qggbxxpxjc/qggbxxpxjn/201901/t20190128_257391.htm

첫째, 하나의 중국이다. 세계에는 오직 하나의 중국이 있고, 대만은 중국과 분할할 수 없는 일부분이다. 중앙정부는 베이징에 있다. 이것은 대만문제를 평화적으로 해결하는 전제다. 그러므로 두 개의 중국, 일중일대(一中一臺), 일국양부(一國兩府) 등 일체의 대만독립 시도에 대해서 반대한다. 대만은 중국대륙과 분할될 수 없다는 지위는 확정적이고, 변화시킬 수 없으며, 여기에는 자결의 문제가 존재하지 않는다.

둘째, 양제의 병존이다. 하나의 중국 전제하에서 대륙의 사회주의 제도와 대만의 자본주의 제도를 실시한다. 누가 누구를 먹고 먹히는 문제가 아니다. 이러한 발상은 대만인의 실제적인 이익을 고려한 것이다. 통일 후에도, 대만의 현행 사회경제제도, 생활방식, 외국과의 경제문화 관계는 불변이다. 사유재산, 주택, 토지, 기업소유권, 합법계승권, 화교와 외국인 투자 등 일률적으로 법률의 보호를 받는다.

셋째, 고도자치다. 통일 후 대만은 특별행정구가 된다. 기타 일반 성구(省区)와 달리 고도의 자치권을 누린다. 즉 대만의 행정관할권, 입법권, 독립적 사법권, 최종심판권, 당, 정, 군, 경, 재정 등에 관한 사항도 스스로 관리한다. 외국과의 상업적, 문화적 협정 체결 등 일체의 외사권(外事权)을 향유할 수 있고, 군대도 보유할 수 있다. 중국대륙은 대만에 군대 파견, 행정 관료의 파견도 하지 않는다. 특별행정구와 대만 각계의 대표들은 중앙기구의 영도 직무, 전국적 사무의 관리에 참여할 수 있다. 대만의 입장에서 볼 때 고도자치는 완전자치가 아니다. 베이징의 입장에서 완전자치는 곧 독립을 의미하는 것이기 때문이다. 남북한의 예를 들면 일국양제는 연방제와 유사하다. 단 차이가 있다면 일국양제는 중앙과 지방의 관계로서 실행하는 것이고, 연방제는 평등한 관계에서 실시한다. 그 내용에 있어서 일국양제와 연방제는 별 차이가 없다.

넷째, 평화협상이다. 협상을 통해 국가통일을 실현한다는 것으로 중공의 입장에서 본다면 양안은 모두 중국인이다. 평화통일은 전민족의 대단결에 유리하며, 대만사회 경제의 안정과 발전에 유리하고, 전중국 진흥과 부강에 이익이다. 양안 간 적대상태 종결, 평화통일 실현을 위해 하루 빨리 대만은 협상에 참여하여야 한다고 촉구한다. 하나의 중국 전제하에서 어떤 문제라도 대화가 가능하며, 협상의 방식, 참가의 당파, 단체 각계 대표 인사, 대만이 관심을 가지는 일체의 문제에 관해서 협상을 진행할 수 있다고 강조한다. 물론 그 대화의 전제조건이 하나의 중국이다.

## 제4절 중공의 대 대만정책의 기조

2005년 3월 14일 전국인대(全國人大)에서 통과된 '반분열국가법(反分裂國家法)'은 대만 문제 처리에 관해 비평화적방법(무력)을 동원할 수 있다는 내용의 법률이다. 베이징의 핵심이익인 국가 정당성, 영토 완정, 국가 생존 등 문제에 있어서는 일말의 타협을 기대하기는 어렵다. 특히 주권문제에 관해서 베이징은 극도로 민감한 반응을 보이며 타협의 여지가 없다. 영국과의 홍콩 협상이 대표적이다.[9]

---

9) 1982년 9월 24일 덩샤오핑은 영국의 마거릿 대처(Margret Hilda Thatcher)와의 면담에서 밝혔다. "우리의 홍콩문제에 대한 기본입장은 매우 명확하다. 이 것은 세 개의 문제가 있다. 하나는 주권문제, 다른 하나는 1997년 이후 중국이 어떠한 방식으로 홍콩을 관리하여 계속적인 홍콩의 번영을 구가하는가의 문제, 나머지 세 번째의 문제는 중국과 영국 두 정부가 협상을 통해 타협점을 찾아 1997년까지 15년 동안 큰 파동이 나오지 않게 하는 문제다. 주권문제에 관해서 중국은 돌이킬 수 있는 여지가 없다. 솔직히 말해, 주권문제는 토론의 문제가 아니다. 현재 이미 시기가 무르익었으므로 분명하게 긍정해야 한다.

베이징의 입장에서 국가통일은 중국공산당이 제국주의 세력과의 투쟁 과정에서 건국한 신중국정권의 정당성에 대한 당연한 역사적 임무다. 베이징의 관점에서 본다면, 대만통일은 민족대업에 속하는 문제로 어떠한 대가를 치루더라도 쟁취해야만 하는 것이다.[10) 대만과의 통일은 중국대륙이 겪은 백년 치욕의 마지막 마무리며, 민족적 대의가 걸려 있는 핵심이익이 걸려 있는 중대한 사안이며, 중국몽을 실현하기 위해서 반드시 회복해야 할 전략적 이익이 존재하는 곳이며, 이념적인 입장에서도 대만과의 통일은 선택이 아니라 필수다. 대만을 잃고 정권을 유지할 수 있는 베이징의 지도자를 상상할 수 없다. 공산당 당강, 중화인민공화국 헌법에도 대만과의 통일을 규정하고 있기 때문이다. 더구나 2005년 통과된「반분열국가법」은 미국의「대만관계법」과 맞대응하고, 대내적으로는 중화민족 통일의 정당성 및 대만을 위협하는 수단으로 삼는다. 2015년「국가안전법」을 통과시켜 아예 대만인도 국가의 통일과 영토완정에 대한 의무가 있음을 밝혔놓고 있다.[11)

1997년 중국은 홍콩을 회수할 것이며 중국이 회수해야할 것은 신계뿐만 아니라 홍콩섬, 구룡반도다. 중국과 영국은 이러한 전제하에 협상을 해야 한다." 당시 덩샤오핑은 홍콩을 회수하지 못한다면 이것은 중국정부가 청나라 말기 정부와 다를 바 없으며 중국지도자는 곧 리홍장(李鴻章)이 되는 것이라고 밝혔다. "만약 15년 이내 홍콩을 회수하지 못한다면 중국인민들은 우리들을 신임할 이유가 없고, 그렇다면 어떠한 중국정부도 스스로 정치무대에서 물러나야 한다. 여기에 다른 선택은 있을 수 없다."고 밝혔다.

10) 中共中央文獻編輯委員會,〈1982年9月24日, 鄧小平會見英國首相撤切爾夫人時的談話〉,《鄧小平文選》, 北京 : 人民出版社, 1993, 頁12.

11) 第十一条 中华人民共和国公民、一切国家机关和武装力量、各政党和各人民团体、企业事业组织和其他社会组织, 都有维护国家安全的责任和义务。中国的主权和领土完整不容侵犯和分割。维护国家主权、统一和领土完整是包括港澳同胞和台湾同胞在内的全中国人民的共同义务。

「반분열국가법」의 본질은 대만에 대한 무력동원을 법률로 정해놓았다는 점에 있다. 이 법률은 양안관계의 지속적인 교류협력을 고무하기 위해서라고 주장하나, 세 가지 상황에서는 대만에 대해 무력을 동원하여 국가통일을 완수한다는 점을 법률로 확정했다. 「반분열국가법」 화평통일, 일국양제를 실현하기 위한 것으로 후진타오의 네가지 의견(후4점) 을 관철시킨 결정체였다.[12] 대만문제의 방침정책을 최종적으로 법률화 시켰다는 점에서 그 의의가 매우 크다.[13] 반분열국가법은 대략 몇 개의 문제를 규범화하고 있다. 첫째 베이징의 대만정책에 대한 방침을 국가의지의 차원으로 제고시켰다. 둘째, 대륙의 양안교류와 교류의 정책을 규범화했다. 셋째, 양안협상의 정책방침을 규범화하였다. 즉 '하나의 중국원칙'하에서 양안은 무엇이든지 토론할 수 있다는 점이다.[14]

「반분열국가법」은 총 10조로 구성되어 있다. 먼저 1조는 타이두 분열세력에 대해 반대하며, 타이두를 억제하여 평화통일을 촉진하고, 국가주권과 영토완정, 중화민족의 근본이익을 표명화하여 헌법에 근거하여 반분열국가법을 제정했다. 2조는 세계에는 오직 하나의 중국이 있고, 대륙과 대만은 모두 하나의 중국에 속하며, 중국주권과 영토완정은 분

---

12) 2003년 3월 11일 후진타오가 전국인대 대만심의단에게 발표한 4점(가지) 의견, 1.하나의 중국 견지, 2.양안의 경제문화교류 촉진, 3.기희망대만인민의 방침을 깊히 관철, 4.양안동포가 공동으로 중화민족의 부흥을 추진, 2005년 3월 4일에 발표한 4점의견은 하나의 중국원칙은 결코 동요하지 않는다. 2.평화통일을 위한 노력을 결코 포기하지 않는다. 3.기희망대만인민의 방침 관철을 절대로 변화시키지 않는다. 4.타이두 분열활동에 대해서는 결코 타협하지 않는다. 전자는 구후4점이라고 하며 후자는 신후4점이라고 한다.

13) 李家泉, 〈政治春風吹拂兩岸, 賈慶林對台講話釋善意〉, 《人民日報海外版》, 2005.2.22.

14) 陳星, 〈《反分裂國家法》大陸對台政策的新發展〉, 《人民日報》, 2005.3.18.

할할 수 없다는 것이다. 3조는 대만문제의 정의를 중국내전이 남겨둔 문제로서 중국내부의 사무로 규정했다. 그렇기 때문에 외국세력의 간섭을 받아들일 수 없다. 4조 주권완정을 수호하고 양안통일을 촉진하는 것은 대만을 포함하여 전체중국인민의 공동의무와 신성한 책무다. 제5조 일중원칙은 평화통일의 기초다. 양안은 평화통일 후에 대만은 대륙의 제도와 다른 고도의 자치를 실시할 수 있다. 무엇보다도 여기에 일국양제를 제기하지 않았으나 그 조문에는 일국양제의 내용을 암시하고 있다. 제6조 중국정부는 양안의 교류를 추진하며, 경제합작과 직접 3통을 추진한다. 교육, 과기, 문화 등 각 영역의 교류 또한 고무하며, 타이상(台商)의 이익을 보호한다. 삼통을 실시하여 양안은 하나의 중국시장을 확대하며 동시에 양안 간 교육, 과기, 체육, 문화, 위생 분야의 교류를 추진하며 양안 공동으로 중화문화의 우수한 전통을 홍양한다. 즉 민족일중(民族一中)을 실현하겠다는 것이다. 제7조 협상을 통하여 평화적으로 양안문제를 해결하며, 양안은 적대상태 종결을 포함하여 대만의 정치적 지위, 대만의 국제 공간 등 여섯 방면에서 협상을 진행한다. 무엇보다도 반분열국가법에서 가장 주목을 받는 조항은 제8조로 타이두 분열세력이 어떠한 명의, 어떠한 방식으로 중국으로부터 대만을 분열하거나 혹은 대만이 중국대륙으로부터 분열해 나가는 중대한 사변 혹은 평화통일의 가능성이 완전히 상실되었을 때, 중공은 비평화적 방법으로 그에 필요한 조치를 취해 국가주권과 영토완정을 보위하겠다는 점이다. 비평화적 방법 혹은 그에 필요한 조치는 국무원 및 중앙군사위의 결정과 동시에 전인대 상무위원회에 보고된다.

반분열국가법은 법률로서 타이두를 제압할 필요에서 제정된 것이다. 하지만 민진당의 입장에서 본다면 이 법은 오히려 양안관계 발전을 저해하는 가장 큰 위협이며 장애다. 물론 중공은 「반분열법국가법」은 타

**표 5.2** 덩6조, 쟝8점, 후4점 비교

| 덩6조(1983) | 쟝8점(1995) | 후4점(2005) |
|---|---|---|
| 대만문제의 핵심은 조국통일. 평화통일은 이미 국공 양당의 공동 언어다. | 일중원칙 견지 | 일중견지 절대 부동요 (不动揺) |
| 제도는 다를 수 있다. 단 국제상 중국을 대표하는 것은 오직 중화인민공화국뿐이다. | 대만이 외국과 민간성 경제문화 관계에 대해서는 이의를 제기하지 않는다. | 평화통일 노력 쟁취 절대 불포기 |
| 대만 완전자치에 찬성하지 않는다. 완전자치는 곧 두 개의 중국이다. | 통일담판 진행 | 기희망어대만인민의 방침 절대 불개변(대만인민에 희망을 건다) |
| 조국통일 후, 대만특별행정구는 대륙과 다른 제도를 실행할 수 있다. 사법독립, 군대 보유 가능 | 평화통일 실현위해 노력 | 타이두 활동 반대 절대 불타협 |
| 평화통일은 누가 누구를 먹는 먹히는 문제가 아니다. 그래서 삼민주의 통일 중국은 실현 불가능하다. | 양안경제교류협력 추진 | |
| 통일을 실현하기 위해 적당한 방식으로 양안 평등 회담 거행, 제3차 국공합작 추진. 중앙과 지방의 협상이 아니다. | 중화문화는 전체 중국인들의 정신 유대다. | |
| | 대만동포는 성적에 관계없이 모두 중국인이다. | |
| | 대만지도자가 적당한 신분으로 대륙 방문을 환영 | |

이두 세력을 억제하는 것으로 예방적이고 방어적인 법률이며 공격적 법률이 아니고 대만무력동원법(對台動武法)이 아니라고 강조한다.[15] 반분열법은 양안관계를 강화하고 개선하는 평화통일법이며 이 법은 대만민중을 겨냥하고 있는 것이 아니며 전쟁법이 아니라고 강변한다.[16]

---

15) 藍天, 〈台海瞭望 : 試毀反分裂國家法居心何在〉, 《人民日報海外版》, 2005.3.12.

16) 溫家寶, 〈溫家寶在十屆全國人大三次會議記者招待會上談臺灣問題〉, 《中共中央臺灣工作辦公室、國務院臺灣事務辦公室「反分裂法」及重要文獻選

그러나 대만내부에서 본다면 베이징의 반분열국가법은 전쟁법이며, 대만에 대한 무력사용법이며 전쟁동원법일 뿐이다. 이 법은 베이징이 일방적으로 양안현상을 타파하고자 하는 법일 뿐이다.[17)

## 제5절 후진타오·시진핑의 대對대만정책

기본적으로 화평통일 일국양제라는 방침에서 본다면 후진타오와 시진핑의 대만정책에 대한 근본적인 입장은 같다. 다만 국제환경(특히 미국), 대만 내부의 상황변화, 양안 간 실력변화로 인하여 그 책략에 있어서는 약간의 다른점도 보인다. 후진타오와 시진핑은 각기 고대만동포서 30주년과 40주년 기념 담화에서, 각기 후6점과 시5점을 발표했다. 후6점과 시5점을 비교하면 아래와 같다.

**표 5.3** 후6점과 시5점

| 후6점(2008년 12월 31일) | 시5점(2019년 1월 2일) |
|---|---|
| 일중원칙 견지, 정치신뢰 증진 | 민족부흥 추동, 평화통일 목표 실현 |
| 경제합작 추진, 공동발전 추진 | 양제 대만방안 탐색, 평화통일 실천 풍부 |
| 중화문화 홍양, 정신유대 강화 | 일중원칙 견지, 평화통일 전망 유지 |
| 인적교류 증가, 각계교류 확대 | 양안융합발전 심화, 평화통일 기초 다지기 |
| 국가주권 수호, 대외사무 협상 | 동포 심령계합(부합) 실현, 평화통일 정체성 증진 |
| 적대상태 종결, 평화협정 달성 | |

編》, 北京 : 九州出版社, 2005, 頁14-5.

17) 行政院大陸委員會, 〈近期民眾對反分裂國家法的看法〉, http://www.mac.gov.tw/public/Attachment/9779405842.pdf

후진타오와 시진핑 시기, 미국의 대중 정책은 완전히 다른 국면이 조성되었다. 중·미관계는 경쟁과 협력이 항상 존재해 왔지만 특히 후진타오 시기는 양국의 협력이 주를 이루었다면 시진핑 시기는 경쟁과 충돌이 주를 이루고 있다.

후진타오와 부시는 타이두 문제에서 공동으로 보조를 맞추었다. 대만을 중·미 양국이 공동 관리한 셈이다. 베이징과 워싱턴의 이해가 일치했기 때문이었다. 아프가니스탄과 이라크 두 개의 전쟁에 빠진 부시는 후진타오의 도움을 필요로 했다. 대만 내부에서는 천수이볜의 모험적인 급진 타이두 노선이 추진되었다.

2005년 4월 26일 민진당의 반대에도 불구하고 국민당의 롄짠 주석은 후진타오의 요청으로 56년 만에 처음으로 국민당 대표단을 이끌고 대륙을 방문해 후진타오와의 회담을 개최했다. 이후 매년 국공회담이 개최되고 있다. 민진당을 철저하게 고립시키고자하는 일종의 통일전선 강화의 측면이 강했다. 2008년 12월 후진타오는 고대만동포서 30주년 기념담화에서 「후 6점」을 발표했다. 시진핑은 고대만동포서 40주년 기념 담화(2019년 1월 2일)에서 「시5점」을 발표했다. 기본적으로 후진타오와 시진핑의 대만정책에 대한 사고는 아래의 다섯 방향에서 비교된다. 시진핑은 기본적으로 후진타오를 계승하고 있으나, 후진타오와 시진핑의 차이점은 중·미관계의 변화와 대만 도내의 상황변화에 대한 인식에서 분명한 차이를 보이고 있다. 즉 미국을 이용하는 측면과 기희망어대만인민(대만인민에게 희망을 건다)측면에서 차이가 두드러진다.


## 1. 중공의 대만정책에 대한 주축主軸 : 평화통일

대만과의 통일은 중국대륙의 발전에 달려 있다고 베이징은 파악한

**표 5.4** 시진핑의 통일관

| | 발언 내용 |
|---|---|
| 총체적 지도 이념 | 양안일가친(兩岸一家親) 이념과 양안 운명공동체 사상 |
| 양안관계 기초 | '하나의 중국원칙' |
| 통일의 방식 | 평화통일 일국양제(和平統一、一國兩制)<br>: 국가통일을 위한 가장 최선의 방식[20] |
| 통일의 성질 | 1949년 이래 양안은 아직 통일을 이루지 못하고 있지만 대륙과 대만은 모두 하나의 중국에 속한다는 사실은 지금까지 변한 적 없다. 또 이러한 사실은 변할 수도 없다. 통일로의 복귀는 정치대립을 종결하는 것이지 영토와 주권의 재건이 아니다.[21] |
| 통일의 관건적 요소 | 양안관계 방향을 결정하는 관건적 요소는 중국대륙의 진보와 발전이다.[22] |
| 통일의 장애와 위협 | 타이두 세력. '6개 어떤' |
| 통일의 동력 | 양안동포가 당파, 계층, 종교, 지역에 관계없이 공동으로 민족부흥의 과정에 참여하여 공동으로 중국몽 실현[23] |
| 통일의 경로 | 양안관계 평화발전 : 통일의 광명대도[24] |
| 통일의 진행과정 | 국가통일은 중화민족의 위대한 부흥으로 나아가는 역사적 필연[25] |
| 통일의 의의 | 중화민족 근본이익이 존재하는 곳. 전체 중화인들의 소원이자, 신성한 직책[26] |

다. 대륙이 순조롭게 굴기하는 한 대만은 그 구심력으로 인해 대륙을 벗어날 수 없으며, 이는 마치 지구와 달처럼 인력에 의해 묶여 있을 수밖에 없다. 그러므로 화평발전론은 국외적으로는 주변국들을 안심시키고, 대만에 대해서는 손톱을 드러내지 않는다. 원래 화평굴기라는 단어가 화평발전(和平發展)으로 고쳐진 배경이다.[18] 국내외적으로 중국위

---

18) 원래 중국화평굴기(中國和平崛起)는 중공중앙당교(中共中央黨校) 부교장 쩡비지앤(鄭必堅)이 2003년 보아오 포럼(博鰲亞洲論壇)에서 발표한 것이다. 邵宗海, 《中國和平崛起與中國現代民族主義的互動》, 臺北 : 韋伯出版社, 2009. 그 후, 원쟈바오 총리가 ASEAN 회의 및 미국방문에서 거듭 표명하였다. 그러나 굴기(崛起)라는 단어는 서구국가들에 있어서 무력정복의 의미로도 번역이 가능했다.

협론이 커지는 것을 방지하고자 했다.19) 대내적으로는 화해발전(和諧發展)을 대외적으로는 화평발전(和平發展)을 사용했으며, 화(和)는 후진타오를 핵심으로 하는 중공 제4세대 영도집체의 전략적 기조가 되었다. 후진타오는 「후4점(胡四點)」의 제2점에서 평화통일을 쟁취하는 노력을 결코 포기하지 않을 것이며(爭取和平統一的努力決不放棄), 반분열국가법 제7조 역시 평화통일의 중요성을 강조하고 있다. 하지만 이는 후진타오 시기에는 선전적인 면이 주를 이루었다면, 시진핑은 한걸음 더 나가 화평통일을 중국몽(중화민족부흥)과 연결시키고, 양안 운명공동체 건설로 진일보하여 인류운명공체로 건설을 위하여 평화통일을 실현하고자 한다.

19) 2004년 3월 14일 전국인대 제10기 2차 회의 기자회에서 원쟈바오는 거듭 중국화평굴기의 의의를 설명했다. 그 의의는 중국의 굴기는 어떠한 사람들도 방해하지 않고, 어떠한 사람도 위협하지 않으며, 패권자라 칭하지 않을 것이며, 장래 강대한 후에도 영원히 패권자라 칭하지 않겠다는 것을 천명했다. 2004년 중반기에 접어들어 화평굴기라는 단어는 신문, 교육, 정치선전구호에서 점차적으로 퇴색되어 갔다.
20) 同上註.
21) 新華社北京2014年9月26日電 :《習近平總書記會見台灣和平統一團體聯合參訪團》.
22) 新華社北京2015年3月4日電 :《習近平 : 決定兩岸關係走向關鍵是大陸發展》.
23) 中新社北京2014年2月18日電 :《習近平總書記會見國民黨榮譽主席連戰一行》.
24) 新華網北京2015年3月4日電 :《習近平強調 : 堅持兩岸關係和平發展道路促進共同發展造福兩岸同胞》.
25) 新華社北京2014年9月26日電 :《習近平總書記會見台灣和平統一團體聯合參訪團》.
26) 人民網北京2016年11月11日電 :《習近平 : 絕不允許任何一塊中國領土從中國分裂出去》.

## 2. 대만 정책의 또 다른 축 : 방독防獨과 촉통促統

후진타오는 2004년 「517성명(五一七聲明)」, 2005년 「후4점(胡四點)」, 나아가 「반분열국가법」 제1조와 2008년 「후 6점」을 통하여, 모두 대만 분열세력의 반대를 강하게 비판하고 있다. 시진핑도 중공 19대 보고에서 타이두에 대한 매우 강경한 입장을 밝히고 있다. 하지만 시진핑은 타이두를 반대하는 데에 중공의 어떠한 지도자들보다 더 강경한 입장을 취하고 있다. 시진핑은 분명하게 민진당을 향해서 마지노선을 그었다. 중공 15대, 16대의 「2개의 어떠한(任何)」, 17대와 18대의 「3개의 어떠한」, 19대의 「6개 어떠한」을 발표했다. 어떠한 사람, 어떠한 조직, 어떠한 정당, 어떠한 시기에, 어떠한 형식, 어떠한 한 치의 땅이라도 중국으로 분열해 나간다면 절대로 용서하지 않겠다는 매우 강경한 입장을 밝혔다. 베이징은 타이두를 분쇄할 의지, 신념, 능력이 있음을 강조했다.[27] 후진타오에 있어서 급선무가 대만독립활동을 방어만 하는 차원이었다면, 시진핑은 여기에 더하여 촉통(促統)에 방점이 찍혀져 있다. 고대만동포서 40주년 담화에서, 양제의 대만방안을 찾아라든가, 통일을 다음 세대로 넘겨 줄 수 없다는 입장은 자신의 세대에서 대만문제를 해결해야 한다는 의지를 담고 있다.

## 3. 법률에 의거한 타이두 견제

1997년 9월 12일 중공 15대 보고에서 정식으로 의법치국(依法治國)을 발표했으며, 의법치국은 국가를 다스리는 기본 방침이며, 사회주의

---

27) 중공 19대 시진핑 習近平陳明「絶不允許任何人、任何組織、任何政黨、在任何時候、以任何形式、把任何一塊中國領土從中國分裂出去」。加上強調有意志、有信心、有能力挫敗任何台獨

시장경제의 객관적 수요이며, 사회문명 진보의 중요한 표지로서 국가가 장기적으로 안전을 다스리는 중요한 보장으로 못 박았다. 1999년 3월 의법치국에 의한 사회주의 법치국가 건설(依法治國, 建設社會主義法治國家) 헌법에 삽입했고, 2002년 12월 헌법공포 20주년 기념대회에서 후진타오는 사회주의 민주정치, 당의 영도, 인민들의 당가작주와 의법치국을 강조했고 2007년 6월 후진타오는 중앙당교에서 의법치국 기본방략을 밝히고, 법치정신 홍양(弘揚)은 사회공평정의를 유지하는 것으로 의법치국을 강조했다.[28] 또한 마카오 행정특별구 제2기 정부 취임식에서 일국양제는 참신한 것이며 그 실행 중에 다소의 모순이 발생하더라도 그 모순을 적절히 처리해야 함을 밝히면서 의법치항(依法治港)과 의법치오(依法治澳) 즉 법에 의거하여 홍콩, 마카오를 다스리고, 항인치항(港人治港), 오인치오(澳人治澳) 즉 홍콩인이 홍콩을 다스리고 마카오인이 마카오를 다스린다는 것을 의미한다. 그러므로 홍콩과 마카오는 이미 법률에 그 근거를 마련했고, 나아가 대만에 대해서도 반분열법을 제정해 법에 의거해서 타이두를 견제하는 근거를 마련했다.

무엇보다도 반분열국가법으로은 대만에 대한 무력동원을 법률로 제정하였지만 시진핑은 여기에 더하여 2015년 「국가안전법」을 제정했다. 이 법률 제2조에 의하면 국가안전은 국가 정권, 주권, 통일, 영토완정, 인민복지, 경제사회의 지속발전과 기타 중대한 국가이익이 위험이 없고 국내외 위협을 받지 않는 상태를 의미한다. 또 제11조에서는 중국의 공민은 국가 안전을 수호할 책임과 의무가 있다고 규정하고 있다. 홍콩, 마카오, 대만 동포들도 전중국 인민으로 규정하여 공동의 의무가 있다고 강조한다.[29]

---

28) 〈法治改變中國依法治國十年見證·歷程〉, 《人民日報》, 2007.9.12.

## 4. 기희망어대만인민寄希望於臺灣人民

기희망어대만인민은 "대만 인민에 희망을 건다"는 뜻이다. 당국자 간에 대화의 문이 닫힌 상태에서 베이징은 대만인민에 그 희망을 건다는 뜻이다. 이는 민간부분의 교류를 활용해 대만의 민의를 변화시키고 이를 통해 집권당에 압력을 가하고자 하는 것이다. 가령 이를 남북관계에 적용한다면, 정부 대 정부가 교착에 빠졌다면 북한 인민에 기대를 하겠다는 것과 마찬가지다. 후진타오 시기, 천수이볜이 과격한 타이두 노선을 획정하자, 베이징은 대만총선에 영향을 주기 위해서 문공무혁(文攻武嚇)을 펼쳤으나 그 목적을 달성하지 못했다. 글로서, 무력으로서 위협하는 것은 별로 이득이 없었음을 반면교사로 삼아 대만민중과 민진당 정부와, 타이두 세력을 분리해서 다루었으며, 연성(軟性)의 「기희망어대만인민(寄希望於台灣人民)」의 정책을 실시했다. 민진당 정부와 대만민중은 서로 다름을 강조하며, 대만민중에 대해서 줄곧 민족의 정에 호소했고, 선의를 베풀어 대만사회에서 발생하는 중국대륙에 대한 불신을 감소시키고자 하였다. 이는 민족일중을 실현하기 위함이었다. 즉 후진타오는 천수이볜 정부를 아예 제껴두고, 대만인과 범람진영과의 교류와 협력을 강화하고자 했다.

단지 대만동포에 이익이 되는 일, 양안교류를 촉진시키는데 도움을 주는 일, 대만해협의 평화에 유리한 일, 오직 조국통일에 도움이 되는 일에 대해서 최대의 노력으로 기울이는 책략을 취했다.[30] 그러나 여기에는 두 가지 문제가 발생한다. 하나는 대만민중의 통전(統戰)에 대한 우려와 두려움이며, 다른 하나는 대만의 인민들이 대륙의 제도를 이해

---

29) http://www.npc.gov.cn/npc/xinwen/2015-07/07/content_1941161.htm

30) 胡四點.

하지 못한다는 점이다. 실제로 베이징이 말하는 통일전선공작(統一戰線工作)은 이견이 있는 사상을 화해시키는 업무이며, 모순을 제거하는 화해의 공작이다. 그러나 대만민중의 통전에 대한 해석은 특히 리벤시대(리등후이, 천수이벤)의 중공의 통전에 대한 시각은 사기와 음모의 다른 이름일 뿐이며, 대만을 병탄하는데 사용되는 도구일 뿐이다. 후진타오는 대만농산품의 대륙에서의 판매문제, 대만농민의 이익 확대를 고려하고, 양안의 항운과 해운도 양안 민간단체와 의견을 교환할 수 있다고 밝혔다.[31] 실제적으로 이는 민간부분에서 경제교류가 늘어나 민진당에게는 압력으로 작용했다. 이어서 후진타오는 국민당의 롄짠, 친민당의 쑹추위, 신당의 위무밍 주석과 회담을 진행하고, 이들의 대륙방문 열기를 이용해 연성수법(軟性手法)으로 국제사회에 평화대화 세력임을 도모하고자 하였다. 하지만 시진핑 시기에 들어서서는 입장이 달라졌다. 물론 여러 가지 혜대(惠臺)조치를 취해 대만민중의 호감을 증가시키려고 하지만, 후진타오 시기에 비해 국민당에도 별반 관심을 가지고 있지 않다는 점이다. 시진핑은 당을 떠나, 통일에 관심 있는 어떠한 당, 단체도 일국양제를 협의할 수 있는 대상임을 밝혔다.[32] 이제 직접적으로 각종 혜대(惠臺, 대만에 대한 우혜) 조치를 통하여 대륙에 있는 대만인들에게는 이미 창업, 취업, 학업 등 중국인과 같은 준국민 대우를 해주고 대만민심에 영향을 행사하고 있다.

31) 〈貫徹寄希望於臺灣人民的方針決不改變〉,《新華網》, 2005.3.4, http://www.sina.com.cn
32) 시진핑, 고대만동포서 40주년 기념 담화, 2019년

## 5. 후진타오의 통미봉독通美封獨과 시진핑의 봉미봉독封美封獨

후진타오 시기의 중·미관계는 중국대륙에 훨씬 유리했다. 즉 911 테러 사건으로 인해서 미국은 두 개의 전쟁에 빠져들었고, 2009년 금융위기로 인해서 미국은 자신을 돌볼 겨를이 없었다. 오히려 미국은 국제사회에서 베이징의 도움을 필요로 했다. 후진타오는 이를 전략적 기회로 판단하고, 자국에 유리한 국제정세를 활용하여 대만에 압박을 가했다. 다시 말해 통미봉독(미국을 통한 대만 독립파 봉쇄)을 진행했다. 미국은 천수이벤의 급독노선을 막았다. 물론 미국은 대만문제를 이용해서 베이징을 견제할 의도를 가지고 있었으나, 당시의 양국은 대만해협의 평화안정과 대만독립을 저지하는 문제에 있어서는 공통의 이해관계를 가지고 있었다. 그러므로 대만내부가 점점 더 타이두의 경향으로 나아간다면 중·미 간은 대만문제에 있어서 협력의 가능성 역시 증가했다. 다시 말해 미국은 대만의 천수이벤 정부에 압박을 가한 것이다.[33] 후진타오 시기 중·미 관계는 대만문제에 있어서 상호 대화를 통해, 이는 양국이 점진적으로 대만해협 위기관리에 공동으로 대응하는 공감대가 형성되었다.[34] 비록 2005년 「반분열국가법」 제정을 전후로 하여 미국과 일본은 분명하게 반대의 입장을 밝혔다.[35] 그러나 미국은 이에 대한 후속조치를 취하지는 않았다. 따라서 베이징은 미국을 비롯하여 국제사회의 실질적인 제재를 받지도 않았다. 특히 2005년 5월 31일 부시는

---

33) 劉愛成, 〈阿米蒂奇 : 台灣是顆地雷美沒義務防衛台灣〉, 《人民網》, 2004.12. 24, http://人民網.cn/BIG5/guoji/1030/3081188.html
34) 黃家樹, 〈中國新領導核心對台政策的調整與新意〉, 《中國評論》, 2005.5.
35) 반분열국가법은 중공 전인대에서 2005년 3월 14일 통과된 이후 미국국무원 대변인 바우처(Richard Boucher)는 미국은 이 법안이 통과된 것은 불행(unfortunate)이며 이법은 양안의 형세에 도움이 되지 않는다고 밝혔다.

중·미 양국은 대만해협에서 서로 협조하는 것이 지역안정에 유리하다고 발표했다.[36] 그러므로 미국은 중공의 반분열법 통과에 대해서 면죄부를 준 것이다. 물론 미국 역시 국내외 문제로 인해서 현존하는 정세를 통제할 여력이 없었다. 하지만 미국이 안정된 다음, 오바마의 아시아 재균형 전략, 이를 계승한 트럼프의 인·태전략이 중국대륙을 봉쇄하려는 목적을 분명하게 드러내었고, 중·미 간에는 '백년의 마라톤'에 진입했다. 중·미경쟁은 아태지역에서 점점 더 격렬해지고 오히려 미국이 대만카드를 활용하여 베이징에 압력을 가하는 형세로 전환되었다. 대만카드의 활용 빈도도 증가되고, 미국 국회에서도 각종의 대만우대 법안이 통과되자 더 이상 미국과의 공조를 통한 타이두 세력의 압박이 불가능해졌다. 시진핑은 미국에 대한 강경책을 구사했다. 다른 문제는 양보가능할지 모르나 대만문제에 있어서 미국과의 타협은 절대 없음을 분명히 했다. 2019년 5월 말 샹그릴라 대화에서 국방부장 웨이펑허는 미 국방부 대리장관 새너한에게 대만문제에서 분리를 조장하는 미국의 개입을 용납하지 않겠다고 분명하게 밝혔다.[37]

## 제6절 두 개의 공보兩個公報

베이징의 대만정책은 강온·화전·연경(軟硬)의 이중성을 띠고 있다. 첫째, 반분열국가법은 무력동원법이며, 전쟁법에 가까운 매우 강경한 수단이다. 둘째, 연성의 수단으로는 후롄공보, 후쏭공보다. 먼저 2005년 4월 29일 후진타오와 렌짠의 5점 성명과[38], 동년 5월에 후진타오와 쏭

---

36) 邵宗海,《兩岸關係》, 台北 : 五南智庫, 2006, 頁263-264.
37) http://eng.chinamil.com.cn/view/2019-06/03/content_9523716.htm

추위 간 6점 성명이다. 특별히 관심을 두어야 하는 것은 후롄공보에서 안정적인 경제협력기제를 수립하여 양안협상을 회복하고 양안공동시장 문제를 토론하자는 것이었다. 이는 양안경제기본협정(ECFA)[39] 주장의 발원지다. 결국 이 두 개의 공보는 훗날 국민당의 마잉주가 집권하고 나서 대삼통을 비롯한 에크파(ECFA)를 체결하는데 지침이 되었으며 마잉주는 이를 충실히 수행했다.

## 1. 후·롄공보胡連公報

2005년 중국공산당 총서기 후진타오와 중국국민당 주석 롄짠은 베이징에서 회담을 가지고, 5항의 공보성명을 발표했다. '92공식' 견지와 타이두 반대의 공통된 입장에서 출발하여 공동의 주장을 내놓았다. 양안협상의 촉진과 '92공식' 기초에서 평등한 협상을 회복하며, 적대상태 종결을 촉진하고 평화협정을 달성하며 양안경제기본협정(ECFA) 실시, 무역 및 투자의 왕래와 보장강화, 농어업 협력, 교류질서 개선, 공동범죄 소탕 등을 포함하여 양안관계 평화 안정 발전의 틀을 구축하고자 한

---

38) 중국공산당 총서기 후진타오의 요청으로 중국국민당 주석 롄짠이 2005년 4월 26일부터 5월 3일까지 중국을 방문했다. 4월 28일 정치국 상무위원 쟈칭린(賈慶林)이 국민당 방문단 전체성원들과 만났다. 양당 양안업무 책임자들 간에 회담이 있었다. 4월 29일 후진타오 총서기와 롄짠주석은 베이징에서 회담을 개최했다. 쌍방은 양안관계 개선과 발전의 중대한 문에 및 양당 간의 교류 등의 사안에 광범하고도 깊게 의견을 교환했다. 이는 60년 만의 국공양당 영수의 첫 만남이었다. 회담이 끝난 후에 롄짠은 베이징호텔에서 화평지려(和平之旅)로 명명한 자신의 방문에 대한 기자회견이 있었다. 《人民網》, http://tw.people.com.cn/GB/26741/47107/47312/3360547.html
39) 마잉주의 집권후에 양안기본경제협정은 체결되었다.

것이다. 이는 국민당의 마잉주가 집권하자 현실화 되었다.


## 2. 후·쑹공보胡宋公报

2005년 5월 12일, 후진타오는 베이징 인민대회당에서 친민당 주석 쑹추위와 회담을 갖고 공보를 발표했다. 후진타오는 쑹추위의 타이두 반대라는 입장을 긍정적으로 평가하며[40], 아울러 이 회담도 결국 후·롄 회담과 마찬가지로 타이두 반대, '92공식' 견지라는 정치적 기초를 확인하고 후·쑹은 6항의 중요한 공통된 인식을 회담공보라는 형식으로 대외에 발표하였다. 쌍방은 '92공식'과 동등하게 '양안일중(兩岸一中)'이라고 양안 관계를 규정했다. 관건적인 시기에 공동노력으로 양당관계의 평화발전을 열어 대만해협의 평화안정과 양안인민의 복지를 구축하고, 나아가 중화민족의 전체이익을 보호하자는 취지의 6개 항목의 공통된 인식을 발표했다.[41] 첫째, 92공식의 기초에서 양안은 신속히 평등협상을 진행한다. 둘째, 타이두에 반대한다. 셋째, 적대상태를 종식시켜 양안평화프레임을 구축하며, 넷째 양안 간의 경제무역 교류를 강화하여 안정적인 양안경제협력기제를 건립한다. 다섯째, 대만의 국제활동 참여문제에 관해서 협상을 촉진하며, 여섯째 양안민간의 엘리트 포럼 및 타이상을 위한 서비스 시스템을 만들자는 내용이다. 이 역시 마잉주 시기에 모두 현실화 되었다.

---

40) 中共中央總書記胡錦濤會見親民黨主席宋楚瑜〉,《新華網》, 2005.5.12, http://big5.china.com.cn/chinese/zhuanti/scy/860945.htm

41) 「中共中央總書記胡錦濤在北京人民大會堂會見親民黨主席宋楚瑜」,《新華社》, 2005.5.12.

**표 5.5** 반분열국가법 및 후 - 렌, 후 - 쑹 공보 비교

| 반분열국가법 |
|---|
| 제1조 타이두 분열세력 반대와 억제를 위하고 조국평화통일을 촉진하고 대만해협의 평화안정, 국가주권과 영토완정, 국가주권 및 영토완정, 중화민족의 근본이익을 유호하기 위해서 헌법에 근거하여 이 법을 제정함 |
| 제2조 세계에는 오직 하나의 중국이 있고, 대륙과 대만은 모두 하나의 중국에 속하고, 중국의 주권과 영토완정은 분할할 수 없다. 국가주권과 영토완정의 유호는 대만동포를 포함하여 전중국인민의 공동의무다. 대만은 중국의 일부분이다. 국가는 절대적으로 타이두세력이 어떠한 명의, 어떠한 방식으로 대만이 중국으로부터 분열해 나가는 것을 허락치 않는다. |
| 제3조 대만문제는 중국내전이 남겨놓은 문제다. 대만문제를 해결하고 조국통일을 실현하는 것은 중국내부의 사무다이므로, 어떠한 외국세력의 간섭을 받을 수 없다. |
| 제4조 조국통일의 대업을 완성하는 것은 대만동포를 포함하여 전중국인민의 신성한 직책이다. |
| 제5조 하나의 중국원칙을 견지하는 것은 조국통일평화통일을 실현하는 기초다. 평화적 방식으로 조국통일을 실현하는 것은 대만해협의 양안동포의 근본이익에 가장 부합한다. 평화통일 후에 대만은 대륙의 제도와 달리 고도자치를 실시할 수 있다. |

| 후 - 렌공보 | 후 - 쑹공보 |
|---|---|
| 1. 92공식 견지, 타이두를 반대하며 대만해협의 평화안정을 강구하고, 양안관계발전을 촉진, 양안동포이익을 보호하는 것은 양당의 공통된 주장이다. <br> 2. 양안동포의교류와 왕래 촉진하고 중화문화 발전 홍양은 양안 간격을 해소하는데 도움이 되며, 상호신뢰를 증진시키고 공통된 인식을 누적시킨다. <br> 3. 평화발전은 21세기의 조류며 양안관계평화발전은 양안동포의 공동이익에 가장 부합되며 역시 아태지구와 세계 이익에 부합한다. | 1. 92공식의 기초상에서 가능한 빨리 양안간 평등한 협상을 회복한다. 1992년 양안간에 달성한 공식은 마땅히 존중받아야한다.(1992년 양안양회는 각자 구두방식으로 하나의 중국원칙을 표출한다.) <br> (92공식 원문 : 해기회는 해협양안 공동으로 국가통일을 모색하는 과정중에 쌍방은 모두 하나의 중국원칙을 견지한다. 그러나 하나의 중국에 대한 함의에 대한 인지는 각각 서로 다르다. 해협회는 해협양안은 모두 하나의 중국원칙을 견지하며 국가통일 강구를 노력한다. 그러나 해협양안 사무성 협상에 있어서는 하나의 중국 원칙의 함의와는 관련되지 않는다.) <br> 전술한 각자 모두 하나의 중국원칙 견지를 표명한다. 즉 92공식(양안일중)의 기초하에서, 양안평등협상담판을 회복하고, 상호존중, 구동존이로서 양안의 공동관심의 중대의제를 무실적으로 해결한다. <br> 2. 타이두를 견결히 반대하며 공동으로 대만해협 안정을 도모한다. <br> 타이두의 주장은 양안인민의 감정을 상해하고, 대만과 대륙간 정상적 상호 협력관계에 이롭지 않다. 쌍방은 정 |

<table>
<tr><td>

명, 공투제헌을 추진하는 것은 대만해협 현상을 파괴하는 타이두 활동과 같으며 견결히 반대한다.
대만당국영도인은 2월24일 거듭천명한 4불일몰유의 승낙을 절실히 이행과 헌법개정을 통한 법률타이두를 진행하지 말아야한다. 단지 대만이 타이두로 발전할 어떠한 가능성이 없는 것이야말로 비로서 대만해협의 군사충돌을 막는 것이다.

</td></tr>
</table>

### 반분열국가법

제6조 국가는 아래와 같은 조치를 취하며 대만해협의 평화안정을 유호하고 양안관계를 발전시킨다.
첫째, 양안인원 왕래를 고취하고 이해를 증진시켜 상호 신뢰를 쌓는다.
둘째, 양안경제교류와 협력을 추진하며 직접적인 통우, 통항, 통상을 실시해 양안경제관계를 밀접하게 하며 상호이익과 혜택을 준다.
셋째, 양안 간 교육, 과학기술, 문화, 위생, 체육교류를 추진하고 공동으로 중화문화의 우수한 전통을 선양시킨다.
넷째, 공동으로 범죄를 소탕한다. 다섯째 대만해협지구의 평화안정과 양안관계를 발전에 유리한 활동을 추진한다.

| 후-롄공보 | 후-쑹공보 |
|---|---|
| 1. 양안경제전면교류 촉진, 양안경제협력기제 건립하여 양안간 전면적 경제협력 촉진, 전면적, 직접적, 쌍방향의 삼통(통상, 통항, 통우)을 실시하고 투자와 무역왕래에 관한 보장을 강화하며, 농어업협력을 통해 대만농산품이 중국대륙에서의 판매문제를 해결하고, 교류질서를 개선하여, 공동으로 범죄를 타격하며, 안정적인 경제협력기제를 만든다. 나아가 양안간의 협상회복을 촉진한 후에 우선적으로 양안의 공동시장문제를 해결한다.<br>2. 양당 간의 정기적인 소통 기제를 건립한다. 여기에는 서로다른 직급의 당무인사 상호방문, 양안관계 개선과 관계된 의제의 연구토론를 진행하며, 양안동포가 실제적인 이익에 관계된 의제에 협상을 거행한다. 각계인사 참여를 요청하여 양안교류의 조치를 논의한다. | 1. 양안경제무역교류를 강화하고, 안정적인 양안경제협력기제 건립을 촉진한다. 양안이 합하면 둘 다 이롭다. 나눠지면 둘다 손해다. 통하면 둘 다 이긴다. 상방은 양안경제무역 등 호혜협력, 윈윈의 기초에서 실질적인 교류를 촉진하며 양안관계의 양호한 활동을 연다.<br>첫째, 양안 통항 적극추진한다. 2005년 춘절 전세기가 성공적인 모델을 경험삼아 해운과 항운을 일상화시키고 2006년까지 전면적이고 직접적인 쌍방향의 통항을 이루어지게 한다.<br>둘째, 양안직접무역과 직접송금을 촉진하고 나아가 양안경제무역관계 정상화를 실현한다.<br>셋째, 양안협상을 재개한 후, 양안무역편리와 자유화(양안자유무역구)등 장기적이고 안정적인 상관 기제문제에 관해서 논의를 진행한다.<br>넷째, 양안농업협력을 강화한다. 농업영역의 투자를 확대하고 대만농산품이 중국판매를 증가시킨다. 중국방면에서는 통관, 검문, 검역의 편리와 일부분의 농산품(과일)에 대해 무관세 우대조치를 취하며, 대만과일의 중국시장 소비 문제 해결에 협조한다. 대만은 농산품 직접운수를 실시한다.<br>다섯째, 양안 기업 간의 쌍방향 투자를 촉진한다. 양안 |

간 은행, 보험, 증권, 운수, 의료 등 서비스업의 구체적인 협력을 추진한다. 양안 간에 전면적 경제교류를 촉진하고 나아가 안정적인 경제무역 협력기제를 건립한다.

여섯째, 호혜호리의 기초에서 타이상 투자권익의 문제 해결을 촉진한다. 논의를 통해 대만의 이중과세 문제를 해결한다.

일곱째, 양안 민간교류를 확대하고, 양안 인원왕래에 편리를 제공한다. 중국방면은 대만동포의 출입경수속을 간단히 한다.

여덟째, 중국방면은 빠른 시일 내에 중국에 취업하는 대만학생과 중국학생과 동등한 학비수준을 실시한다. 아울러 학교 내에 대만학생장학기금회를 설립한다.

아홉째, 양안 인재교류를 확대한다. 중국은 취업정책을 점진적으로 완화하여 대만동포의 중국에서의 취업을 촉진하고 고무한다.

4.양안 민간엘리트포럼 건립 및 타이상 서비스기제 건립을 추진하며, 양안 간 전문가 학자 및 각계의 걸출한 청년의 지혜와 경험을 모아 양안 민간엘리트포럼을 건립한다. 여러 사람의 지혜를 모아 양안관계발전의 각 항 정책성 건의를 토론하며 쌍방은 공동으로 타이상 서비스 기제 건립을 추진한다.

## 반분열국가법

제7조

대만해협 양안평등한 협상과 담판을 통해 평화통일을 실현한다. 협상과 담판은 순서적이고 단계적으로 진행하며 방식은 다양하게 융통성을 발휘한다. 대만해협양안은 아래의 사항에 대해 협상과 담판을 진행한다.

1.정식으로 양안적대상태 종결
2.양안관계발전에 관한 계획
3.평화통일의 절차와 안배
4.대만당국의 정치지위
5.국제사회에서의 대만의 활동 공간
6.평화통일 실현과 관계된 어떠한 문제들

| 후-롄공보 | 후-쑹공보 |
|---|---|
| 1. 빠른 시일내에 양안협상회복 촉진, 양안인민의 복지를 공동으로 도모하고, 92공식의 기초위에서 평등협상을 회복한다. 쌍방의 공동 관심과 각자가 관심가지는 문제에 대해서 토론을 진행한다. 양안관계의 양호한 발전을 추 | 1. 92공식의 기초위에서 양안 간의 평등한 협상 재개를 촉진한다<br>2. 양안 간의 적대상태 종결을 추진하고, 양안평화프레임 건립을 촉진한다. 양안은 협상을 통해 정식으로 적대상태를 종결한다. 아울러 미래에 평화협의를 달성하여 |

| | |
|---|---|
| 진한다.<br>2. 적대상태 종결을 촉진하고 평화협의를 달<br>성한다. 정식으로 양안간의 적대상태 종결을<br>촉진하고 평화협의를 달성한다. 군사신뢰구축<br>기제를 포함하여 양안군사충돌을 피하기 위해<br>서 양안관계에 평화적이고 안정적인 발전의<br>틀을 건립한다.<br>3. 대만민중이 관심을 가지는 국제활동 참여<br>의 문제에 관한 협상을 촉진한다. 양안이 협상<br>을 회복한 후에 우선적으로 세계위생조직 참<br>여 문제를 포함하여 대만민중이 관심을 가지<br>는 국제활동 공간문제에 토론한다. 쌍방은 공<br>동노력으로 조건을 창조하고 점차적으로 해결<br>할 방법을 찾는다. | 양안군사신뢰구축기제를 만들고 공동으로 대만해협의<br>평화와 안전을 보호하고 양안관계의 평화, 안정적인 발<br>전을 확보한다.<br>3. 대만민중이 관심을 가지는 국제활동 참여 공간문제<br>에 협상을 촉구한다. 양안은 평등한 협상을 재개한 후,<br>세계위생조직(WHO) 등 대만민중이 관심을 가지는 국제<br>활동 참가 문제를 토론한다. 쌍방은 공동으로 노력하여<br>구동존이의 자세로 문제해결의 방법을 찾는다. |

## 3. 일법양보－法兩報의 함의

일법양보는 중공의 반분열국가법과 국민당과 공산당, 친민당과 공산당 간 주석이 회담을 갖고 공동으로 성명을 낸 후· 롄공보와 후· 쑹공보를 말한다.

첫째 원칙적인 면에서 남색진영과 공산당은 함께 '92공식'을 인정하며, 양안간 하나의 중국을 인정하고, 베이징의 일중원칙을 공보에 담고 있다. 둘째, 두 개의 공보는 중공의 반분열국가법 제3조, 4조, 6조에 완전히 호응한다. 양안은 모두 중화민족이며 장래에 「민족일중」을 추구한다는 것이다. 셋째, 「경제일중」을 지향한다. 이는 대만의 경제가 중국대륙에 의존하는 것을 의미하고, 양안 간의 공동시장을 건설하는 것이다. 대륙은 먼저 양안 공동시장 건립을 수립하여야 한다고 주장했다. 넷째, 「국제일중」의 추구다. 대만과의 협상을 통해 대만의 국제공간 참여문제를 논하고, 국제적으로 대만과 대륙의 평화통일을 홍보한다. 다섯째, 「일법양보」는 중공 대 대만 정책의 프레임이 되었다. 기실 마잉주 시기 베이징은 일법양보에 근거해서 양안 간의 교류심화를 추진했고 이에 국민당이 호응함으로써 양안 간의 긴밀한 결합을 가져오게 되었다.

그렇다면 즉 원심력과 구심력을 결정해 주는 기본원칙으로서의 '하나의 중국'이 지니는 핵심적 기능과 그 의미는 무엇인가? 만약 '하나의 중국'이라는 연결고리가 없다면 양안의 관계는 어떻게 될 것인가? 바로 양국론으로 변한다. '두 개의 중국'이 되거나 '하나의 중국과 하나의 대만'이 된다. 이는 대만으로 하여금 실질적 타이두 또는 법률적 타이두로 나아가게 할 뿐만 아니라 '중국' 이외의 또 다른 하나의 국가가 탄생하는 것을 의미한다.

민진당의 기본적인 입장은 대만과 중국대륙은 완전히 남남관계가 되는 것이다. 민진당의 입장에서 본다면 대만의 전도(미래)는 대만인들이 결정해야 된다. 통일과 독립도 대만인들의 선택사항 일뿐이다. 그러므로 민진당이 타이두 당강을 실천하기 위해서는 최대한 '하나의 중국'이란 즉 양안 간의 교집적인 부분을 삭제하고자 한다. 이는 탈중국화의 방향이며 결국 양국론(兩國論)으로 전환되고 만다. 두 개의 중국이 되거나 하나의 중국과 하나의 대만(一中一台)이 된다.

민진당에 있어서 가장 걸림돌이 되는 것은 현행 대만의 일중헌법이다. 만약 차이잉원 정부가 중화민국의 일중헌법을 버리고 일중일대를 추진한다면 현상에 큰 변동이 생긴다. 일중, 즉 하나의 중국은 본래 중화민국헌법의 기초였다. 그 영토는 중국대륙과 외몽고를 포함하여, 대만, 펑후, 진먼, 마주를 포괄한다. 그러나 민진당으로서는 '하나의 중국헌법'에 대한 딜레마가 존재하고 있다. 현실적으로 긍정할 수도 부정할 수도 없기 때문이다. 일중헌법을 긍정한다면 중국대륙과는 분리될 수 없고, 일중헌법을 부정한다면 민진당이 당강에 못 밖아 놓은 '중국'과 별개인 대만공화국의 건설이 요원하기 때문이다. 이에 더하여 무엇보다도 새로운 헌법 제정이나 영토에 관련된 헌법 개정이 어려운 이유는 국내외적인 엄혹한 정치적 현실이 존재하기 때문이다. 무엇보다도 민진당이 베이징에 대해 불독(독립하지 않겠다는)하지 않겠다는 분명한 전략적 보증이 없다. 더군다나 양안 사이 교집적인 부분을 없애는 탈중국화(去中國化)의 방향으로 매진할 수밖에 없는 구조다. 당강을 폐지하지 않는 한 민진당이 취하는 조치들은 비록 양안에 긍정적인 결과를 가져올지라도 '두 개의 중국' 혹은 '하나의 중국과 하나의 대만(一中一臺)'으로 나아가는 것을 두려워하는 베이징의 우려를 걷어내기는 힘들다.

장쩌민(江澤民)은 중국공산당 80주년 기념 담화에서 "신세기 현대화 건설을 추동하며 조국통일대업을 완수하고 세계평화와 공동발전에 기여하는 것은 우리 당이 짊어지고 있는 역사적 임무"라고 밝혔으며 중국대륙이 대만을 통일하는 것은 신세기 역사의 3대 임무중의 하나라고 강조했다.[42] 통일문제에 관해서 중국대륙의 입장이 구체적으로 확립된, 1987년 4월 16일 덩샤오핑(鄧小平)은 홍콩특별행정구 기본법을 초안한 위원들과의 회견에서 한 미국기자가 덩샤오핑을 향해서 질문을 던졌다. "현재의 중국경제발전 수준은 대만에 비해 매우 낮다. 그렇다면 대만이 왜 중국대륙과 통일을 해야 한다고 생각하는가?"라고 질문했다. 덩샤오핑은 두 가지로 회답했다. "첫째 중국통일은 아편전쟁 이래 백여 년 이상 염원해 온 중국의 바램이다. 중국의 통일은 대만인을 포함하여 전 중화민족의 공통된 소망이다. 바꿔 말해 대만통일의 문제는 중화민족의 문제며 전체민중의 소망이다. 둘째, 만약 대만이 중국대륙과 통일하지 않는다면 중국영토의 지위는 보장받을 수 없을 뿐더러 미래의 어느 시점에 타국의 영토가 될지도 모른다는 것이다.[43]

---

42) 〈江澤民在慶祝中國共産黨成立八十周年大會上的講話〉,《新華社》, 2001.7.1.
43) 中共中央文獻編輯委員會,《鄧小平文選(卷三)》, 北京 : 人民出版社, 1993, 頁9.

# 제6장
# 사면일중四面一中 정책

　사면일중이란, 국제일중, 정치일중, 경제일중, 민족일중 등 네 개의 방면에서의 '하나의 중국'을 가리키며, 베이징이 대만과의 통일을 위해 네 가지 방면에서 추진 중인 일중정책이다. 하나의 중국원칙을 관철시키기 위해서 정책 집행 측면에서 이를 필자가 범주화 한 것이다.

　국제일중은 국제사회에서의 하나의 중국으로 이는 대만의 국제적 지위와 참여문제와 관계있다. 베이징의 시각에서 본다면 대만은 국가가 아니다. 하지만 대만내부의 입장에서 본다면 대만은 국가의 지위를 지니고 있다. 사실상(de facto)의 국가인 상태에 있는 것이다.

　정치일중은 중국의 주권은 과연 하나인가와 관련된다. 이는 곧 "중화민국은 무엇인가"로 귀결된다. 양안 간 가장 핵심적이면서 민감한 문제다. 베이징의 입장에서 볼 때 대만문제는 곧 중국의 내정이다. 하지만 대만이 주장하는 하나의 중국은 중화민국(대만)이며, 베이징이 주장하는 하나의 중국은 본질적으로 중화인민공화국이다. 양안 간 상호배타성을 특징으로 하는 주권문제가 걸려있다.

　경제일중은 양안 간 하나의 중국시장 혹은 대중화시장(大中華市場) 모델을 이용해서 경제분야에서 하나의 중국을 이루고자하는 것이다.

즉 베이징은 양안 간의 경제무역 발전이 하나의 중국을 형성하는 데에 유리하다고 판단한다.

민족일중은 양안 간에 오직 중화민족의 중국인만이 있다는 의미다. 양안은 모두 중국인이며 이는 곧 언어, 문화, 혈연에서 하나의 중국임을 뜻한다. 그러므로 양안의 인민을 중국인으로 규정하며, 양안은 동문동종이기 때문에 분열을 절대 용납할 수 없는 것을 의미한다.[1]

## 제1절 국제일중國際一中

### 1. 국제일중의 의미

국제일중은 세계에는 오직 '하나의 중국'만이 있다는 뜻이다. 역사적으로 중국이 분열하여 두 개의 왕조가 생길 때, 항상 정통(正統)의 문제가 발생했다. 누가 유일합법(唯一合法)의 중국 대표인가의 문제였다. 또 '유일합법(唯一合法)'이라는 이 명분론은 "하늘에는 두개의 태양이 있을 수 없으며, 백성은 두 군주를 섬기지 않는다(天無二日, 民無二主)"는 유가의 사고에서 왔다. 즉 봉건시대에 왕위를 다투는 명분이었고 지금까지도 이어져 오고 있다. 베이징이 주장하는 국제일중은 이 세계에 오직 하나의 중국만 존재하는 것이다. 베이징의 시각에서 본다면 하나의 중국원칙은 공인된 국제관계 준칙이며, 국제사회의 보편적 공식이며, 중국대륙이 기타국가와 관계를 맺는 근본적 전제이자 정치적 기초라고 공언하고 있다.[2] 현재 타이베이와 베이징을 동시에 외교관계

---

1)《人民日報海外版》, 2005.3.11.
2) 2018年5月26日下午在北京釣魚台國賓館同布基納法索外長巴里擧行會談

를 수립하고 있는 나라는 없다. 이는 남북한과 다른 점이다.

1970년대 이전까지만 해도, 장제스의 중화민국은 미국의 지지를 등에 업고, 국제사회에서 전중국을 대표하는 유일합법 정부이면서 유엔 안보리의 상임이사국이었다. 그러나 1971년 10월 25일, 제26회 유엔총회는 2758결의안을 통과시켰다.[3] 이 결의안은 중화인민공화국이 유엔에서 합법적 권리를 회복하는 안건이었다. 이로써 장제스의 중화민국은 유엔에서 축출 당했으며, 중화인민공화국이 공식적으로 그 자리를 대체했다. 이 결의안은 중화인민공화국이 안보리에서 거부권을 지닌 상임이사국이며, 중화인민공화국만이 세계에서 전 중국을 대표한다는 「국제일중」의 근거가 되었다. 베이징은 타국과의 수교에서 반드시 대만과의 단교와 대만 정부 간의 단절을 요구했고, 심지어 수교 성명에서 대만은 '중국, 중화인민공화국'의 일부분임을 관철시킨다.

결국 베이징의 공식적 입장은 대만 문제는 중국의 내정문제이고 중국인의 일은 중국인 스스로 해결해야 한다는 원칙을 이 결의안에서 찾고 있다. 특히 유엔헌장 제2조 7항의 규정 즉 주권국가의 국내적 사무는 간섭받지 않는다는 원칙을 내세워 그 어떠한 외부세력이 대만문제에 간섭하는 것을 용납하지 않는다.

並簽署《中華人民共和國與布基納法索關於恢復外交關係的聯合公報》. http://hk.crntt.com/doc/1050/8/1/9/105081935.html?coluid=93&kindid=15733&docid=105081935&mdate=0527001411

3) 알바니아, 알제리 등 23개국이 제안한 2758 결의안 전문: 중화인민공화국정부의 대표는 유엔의 유일합법 대표며, 중화인민공화국을 안전보장이사회의 5개 상임이사국의 하나로 승인한다. 중화인민공화국의 유엔에서의 일체의 권리를 회복하고, 중화인민공화국 정부의 대표를 유엔 조직에서의 유일합법대표로 승인하고, 또 유엔조직 및 유엔 산하의 기구에서 장제스가 비법적으로 점거하고 있던 의석에서 즉각 축출한다.

2758 결의안은 베이징이 국제법적으로 유엔에서의 합법적 의석을 차지했을뿐 아니라, 유엔 안전보장이사회의 상임이사국이 되었다. 국제사회에는 오직 '하나의 중국'이 있음을 국제법적으로 보장받았고 이는 양안의 지위에도 결정적인 영향을 미쳤다. 또 이 결의안은 장제스로 대표되는 '중화민국'의 정당성에 타격을 가했을 뿐만 아니라 타이두에도 상당한 영향을 미쳤다. 국가가 회원 자격으로 가입할 수 있는 국제조직에서 '중화민국'은 쫓겨나게 되고, 설령 국제조직에 가입하더라도 정식 국명으로는 가입할 수 없게 되었다. 이후 대만은 여러 차례 유엔 재가입 노력을 시도 했지만 모두 베이징의 반대로 무산됐다. 올림픽에 참가할 때에도 올림픽기가 중화민국의 청천백일만지홍기를 대신하게 되었고, 차이니스 타이베이(Chinese Taipei)가 국호로 대신한다. 즉 국가 아닌 국가의 지위가 되었다. 마치 홍길동이 호부호형(呼父呼兄)하지 못한 이유는 당시 사회의 신분구조에 있듯이, 대만의 국가 지위문제도 국제사회 구조라는 엄혹한 국제정치의 현실이 작용하고 있다. 대만은 국민, 영토, 주권이라는 국가의 자격요소를 모두 갖추고 있지만 국가로 대접받지 못하고 있다. 그러므로 2758결의안은 국제사회에서 베이징이 주장하는 「국제일중」의 확실한 근거가 됨은 자명하다. 이는 지금도 외국과의 수교 성명에서 대만은 '중국'의 일부분임을 승인하도록 하게 만드는 근거가 된다. 그 결과 대다수의 국가는 대만을 주권국가로 인정하지 않는다. 2019년 현재 단지 17개국의 국가만이 중화민국(대만)을 국가로 승인하고 있는데, 이마저도 대만(Taiwan)을 승인하는 것이 아니라 중화민국 (中華民國, republic of china)을 인정하고 있으며, 홀슈타인 원칙이 적용되어 대만과 수교한다면 반드시 중국대륙과는 단교를 해야 한다. 그래서 대부분 국제사회에서는 일반적으로 '하나의 중국정책(一個中國政策, one china policy)'을 채택하고 있다. 그런데 여기서, 일중정

책의 '중국'은 중국대륙과 대만을 포괄한다. 베이징은 국제일중에 기초해서, 대만이 국가를 회원자격으로 하는 국제조직에 참여하려 할 때, "대만 문제는 중국내정의 문제"라고 강경하게 대응하는 이유가 여기에 있다. 국제적으로 오직 하나의 중국이기 때문에 대만독립은 곧 중국분열을 의미한다. 대만에서 대만독립을 추구하는 민진당이 집권당이 되면, 베이징은 국제일중의 명분을 내세워 대만의 국제공간 참여를 압박하고, 막강한 경제력과 외교수단을 동원하여 대만과 수교를 맺고 있는 기타 국가들에 단교를 종용한다.

미국은 과거 수십 년간 자신들의 국익을 위해서 양안정책을 조정하였지만 기본적으로 삼보일법의 틀을 벗어나지 않았다. 하지만 트럼프 취임 이후 여러 가지 대만우대 법률을 통과시키고 베이징의 신경을 자극하고 있지만 그럼에도 불구하고 하나의 중국 틀은 깨지 않고 있다. 천둥소리는 요란하나 비가 오지 않은 격이다. 미국 역시 베이징이 설정한 마지노선(대만과의 단교, 철군, 폐약)을 쉽게 넘을 수 없다. 미국이 이 틀(하나의 중국 틀, one china framework)을 깨는 순간 중국대륙과의 일전을 각오해야하기 때문이다. 베이징은 미국과의 충돌을 적극적으로 피하겠지만 대만에 대해서는 예외다. 이는 타협의 여지가 없기 때문이다.

1979년 중미 수교 이후, 전반적으로 국제사회는 대만보다는 베이징에 경도되는 양상을 보였다. 중국대륙의 급속한 경제성장과 그에 따른 종합국력의 상승에 따른 결과다. 여기에 더해 세계 최대의 중국대륙시장이라는 경제이익을 위해 국가이익이라는 측면에서 본다면 기타국가가 중공이 말하는 일중원칙을 위배하기는 현실적으로 어렵다. 이에 반비례하여 대만은 국제사회에서 점차 배제되어가고 있다. 국제일중을 인정하지 않는 민진당이 두 차례 집권하면서부터 베이징으로부터의 계속되는 탄압은 더욱 노골화되어가고 있다.

1971년 중화민국이 유엔에서 축출된 이래, 대만과의 수교를 맺은 국가 수는 급격히 줄어들었고, 이는 대만의 국제생존 공간을 엄중하게 침해했다. 여기에 더해 중국대륙의 경제발전에 따른 종합국력의 상승으로 인해 대만은 국제사회에서 더 주변화, 고립화, 왜소화 되었다.

**표 6.1** 중화인민공화국과 기타 국가와의 수교공보에 나타난 대만문제에 관한 입장

| 중국주권의 내용 | 대만문제에 대한 입장 | 중화인민공화국과 수교한 국가 |
|---|---|---|
| 승인(recognize) : 중국을 대표하는 유일합법정부로 중화인민공화국을 승인한다. | 승인(recognize) : 대만은 중화인민공화국의 하나의 성, 혹은 불가분의 일부분 | 몰디브, 네팔, 보츠나와, 볼리비아, 이스라엘, 한국, 바하마 등 : 39개국 |
| 승인(recognize) : 중국을 대표하는 유일한 합법정부로 중화인민공화국을 승인한다. | 인지(acknowledge) : 대만은 중국의 일부분임을 인지한다. 그러나 베이징은 번역시에 대만은 중화인민공화국의 한 개 성, 혹은 불가분의 일부분으로 번역한다. | 미국4), 오스트레일리아, 뉴질랜드, 스페인, 말레이시아, 태국, 피지, 서사모아 : 8개국 |
| 상동 | 유의(take note of) : 대만은 중화인민공화국의 한 개 성 혹은 불가분의 일부분임을 유의한다. | 캐나다, 이탈리아, 칠레, 브라질 등 : 16개국 |
| 상동 | 이해와 존중(understand and respect) : 대만은 중화인민공화국 영토와 불가분의 일부분이며, 대만은 중화인민공화국의 한 개 성(省)이라는 입장을 존중한다. | 일본, 필리핀, 네덜란드 : 3개국 |
| 상동 | 수교 성명에서 대만문제를 언급하지 않음 | 북한, 헝가리 등 : 38개국 |
| 성명에서 중국주권 부분 무언급 | 무언급 | 러시아, 루마니아, 불가리아 등 : 65개국 |

羅致政, 宋允文主編, 『解讀一個中國 : 國際脈絡下的政策解析』, 臺灣智庫, 2007, p.4 필자 재정리

---

4) 1972년 미국은 상해커뮤니케에서, The United States side declared : the Untied States acknowledges that all Chinese on either side of Taiwan Strait maintain there is but one China and that Taiwan is a part of China. The United States

1979년 1월 1일 중미가 관계를 정상화 된 이래, 중공은 국가안보에 대한 문제가 어느 정도 해결되었고, 개혁개방 30년을 넘어서자 세계 2위의 경제체로 변모했다. 기타국가들도 중국대륙에서의 시장확대와 경제이익을 쫓기 위해서, 또 국제외교에서도 베이징의 도움을 필요로 하는 경향이 강해졌다. 이에 따라 중공의 국제적 영향력은 그만큼 급증했다. 동시에 베이징은 경제력과 국제영향력을 이용해서 대만의 국제적 생존공간을 더욱더 위협하는 강력한 수단을 지니게 된 셈이다.

베이징은「하나의 중국 원칙」에 기초해서 대만과 수교한 국가들을 압박하고, 국제정치에 간여하는 길을 막을 뿐만 아니라, 대만의 협상 카드를 없애버리는 이른바 삼광책략(挖光, 堵光, 擠光)을 채택하여5), 대만의 국제적 생존공간을 통제하고자 한다. 즉 손자병법의 벌교(伐交 : 외교국을 단절시켜 대만이 도모할 계획을 원천 봉쇄)전략과 같다.

## 2. 대만의 국제조직 참여에 대한 베이징의 입장

국제법의 각도에서 보면, 카이로선언, 포츠담선언과 일본항복문서에서 베이징이 대만을 소유할 수 있는 국제법적 조건을 구비한 증거가 될 수 있다. 일본은 '중국'에서 절취한 대만을 중국에 돌려준다는 것을 명확하게 규정했다고 인지한다. 또한 유엔의 2758 결의안이 통과된 후, 세계의 대다수 국가는 중화인민공화국이 전 중국을 대표하는 유일합법 정부로서 승인한다. 비록 타이두 세력은 샌프란시스코 조약에 의거하

---

Government does not challenge that position 이라고 밝혔다.

5) 〈中共三光策略對台外交封鎖〉,《大紀元》, 2006.5.20, http://www.epochtimes.com/b5/6/5/20/n1324541.htm

여, 대만의 귀환은 미확정적이라고 주장하지만, 1978년 베이징은 「중
·일평화우호조약」을 체결하여 포츠담선언 제8조의 입장을 명확히 규
정했다. 즉 대만의 중국귀환을 포함하여 카이로선언의 각항에 규정된
조항들을 이행한다는 것이다. 또한 중·미 간의 일련의 문건들 즉 삼보
에도 이를 명확히 규정하고 있다고 파악한다.[6]

　베이징은 대만의 행하는 국제교류에 대하여 주로 세 가지 입장을 가
지고 있다. 첫째, 대만이 중국의 국제법 주체 자격을 도용하였다고 본
다. 대만이 중화민국이라는 명의로 진행하는 모든 것, 예를 들어 대만과
수교한 17개국은 중화민국(대만)은 전체 중국을 대표하는 유일합법정
부로 승인했다. 즉 이는 도용에 해당된다. 둘째, 중국대륙이 주권국가의
대표로 참여하고 난 후, 대만의 수요와 양안의 정황을 고려하여 베이징
의 선의, 즉 특별 안배의 방식으로, 다시 말해 대만은 '중국의 한 지방'
이란 이름으로 국제조직에 참여하고 있다. 경제무역 부분은 모두 여기
에 속한다. WTO, APEC 등이 이에 포함된다. 셋째는 비정부 혹은 민간
의 교류다.[7] 여기에 대해서는 트집을 잡지 않는다. 그러므로 만약 대만
이 주권국가를 회원자격으로 하는 국제조직에 가입하고자 하면 베이징
의 반대가 너무나 강력하여 대만의 유엔가입은 현실적으로 어려운 일
이다. 이는 중공이 가장 우려하는 것이다. 바로 국제사회에 「두 개의
중국」으로 비춰지기 때문이다. 현재 대만은 국가를 회원자격으로 하는
국제조직에 참가할 방법이 없다. 심지어 ADB, APEC 등 지역적 경제조
직 조차도 대만을 중국의 한 개 구역 예를 들어 Chinese Taipei 명의로
참가한 것이지, 국가의 자격으로 참여한 것이 아니다.[8]

---

6) 〈陳水扁當局操弄「入聯公投」目的何在？〉,《人民日報海外版》, 2007.9.25.

7) 同上註.

2000년「하나의 중국원칙과 대만문제(一個中國的原則與台灣問題)」,
1993년「대만문제와 중국의 통일」이란 백서에서 대만의 유엔가입 요구
및 주권 국가만이 참가할 수 있는 국제조직에서의 대만 참여를 지지하
지 말 것을 강력하게 요구했다.[9] 특히 WTO가입에서도 베이징은 아시
아개발은행, APEC 모델을 참고할 것을 요구했다. 즉 선중후대(先中後
臺, 중국대륙이 먼저고 대만이 그 다음)와 대만을 중국 아래 하나의 독

**표 6.2** 대만명칭 국제표기

|  | 년도 / 명칭 |
|---|---|
| 올림픽 및<br>국제경기 | 1981. 로잔협의, 대만과 국제올림픽협의회 간의 협의<br>1989. 양안 올림픽 위원회 간의 협의 |
|  | Chinese Taipei(中華臺北) |
| APEC | 1991.지구경제체(地區經濟體) 신분으로 가입, 당시 주최국인 한국과 대만 간의 양해<br>비망록(谅解备忘录) 체결. 대만 참가인 자격 : 경제부 관련 장관급 출석가능. 현직<br>외교부장, 차관은 참가 못함. 단, 전직은 고려할 수 있음. |
|  | 경제체신분, Chinese Taipei |
| WTO | 2001. 양안 동시 가입, 베이징 143번째, 대만 144번째로 가입(대만은 2002년 1월<br>1일 효력발생) |
|  | 대만, 펑후, 진먼 및 마주 개별관세영역(The Separate Customs Territory of Taiwan,<br>Penghu, Kinmen and Matsu)명칭으로 가입. 간칭 타이펑진마개별관세영역(TPKM) |
| OECD | 2004. 옵저버 |
|  | Chinese Taipei(中華臺北) |
| WHO | 2009. 옵저버 |
|  | Chinese Taipei(中華臺北) |
| ICAO | 1944. ICAO 창시국 중의 하나로 1971. 퇴출. 2013년 총회 참석 |
|  | 특별요청귀빈(特邀貴賓)신분으로 ICAO 총회 참석 |

8)《臺灣問題與中國的統一》白皮書.
9)《一個中國的原則與台灣問題》白皮書.

립관세 영역의 명의로서 참가해야한다는 것이었으며, 이는 하나의 중국 프레임에서 작용하는 것이다. 결국 대만은 WTO에 가입할 때에도 타이펑진마(타이완, 펑후, 진먼, 마주) 관세무역특별구라는 다소 긴 이름으로 가입하게 되었다. 여기에 더해 대만은 정치적 색체가 덜한 WHO에 가입하고자 하였으나 모두 실패했다. 베이징의 입장에서 본다면 이 역시 타이두 활동이다. 만약 베이징의 주장대로 「하나의 중국」원칙인 92공식을 대만이 받아들인다면, 국제 활동 공간 참여에 적합한 대만의 지위문제를 타협할 수 있다. 하지만 마잉주 시기에도 대만의 국제조직 참여는 그나마 옵저버 자격뿐이었다.

## 3. 올림픽대회 참가에서의 양안 명칭 경쟁

과거 양안은 국제사회에서 '중국'에 대한 명칭을 둘러싸고 결렬한 경쟁을 벌였지만 결국 국제정세의 변화에 따라 대만은 굴복하게 되었다. 이러한 격렬한 투쟁을 보여주는 예가 올림픽에서의 명칭 문제다.

### 1) 양안 대치기(1951-1970)

1949년 중화인민공화국이 건국되기 전, 명칭 문제는 발생하지 않았다. 중화민국 올림픽운동회 대표단은 '중국'이란 이름으로 대회에 참가했다. 영어는 China로 불어로는 Chine로 1924년, 1932년, 1936년, 1948년 올림픽에 참가했다. 1979년 중화타이베이(中华台北)라는 명칭이 출현하기 이전까지, 중화민국 올림픽 대표단은 포르모사-중국(Formosa-China, 코드 ROC ; 1956), 포르모사(Formosa, 코드 ROC ; 1960), 대만(Taiwan, 코드 TWN ; 1964, 1968) 혹은 중화민국(Republic of China, 코드 ROC ; 1972, 1972년 동계, 1976년 동계) 명칭으로 올림픽에 참가했다. 아울러 중화민국 국기(청천백일만지홍기)를 달고 국제대회에 참가했다.

먼저 1952년 제47회 올림픽 총회에서 처음으로 '중국 명칭 문제'를 토론했다. 당시 집행위원은 33대 20으로 양안의 동시 참여를 통과시켰다. 하지만 당시 대만의 중화민국은 한적불양립(漢賊不兩立)의 원칙에 의거하여 이 대회에 불참했다. 이후, 두 개 중국 명칭의 문제는 국제체육 무대에서 격렬한 줄다리기를 전개하게 된다. 1954년 아테네에서 열린 국제올림픽 위원회 총회에서 23 : 21로 중국대륙의 중화전국체육총회를 중국올림픽위원회로 승인했다. 동시에 대만의 중화민국올림픽위원회는 보류되었다. 한 국가에 두 개의 올림픽 위원회를 승인하는 선례를 남겼다. 국제올림픽 위원회는 16회 멜버린 올림픽에 양안이 동시 참가하는 결정을 내렸다. 두 개의 대표단 명칭은 '대만 중국'과 '베이징 중국'이었다. 베이징은 타이베이가 나오지 않으면 베이징은 들어가지 않는다(台北不出, 北京不入)는 원칙을 견지했고, 오성기로서 청천백일기를 대체하고자 하였으나 성공하지 못했다. 결국 베이징은 두 개 중국으로 비춰질 수 있는 올림픽 위원회의 회적을 받아들일 수 없었고, 대회에 불참했다. 1958년에는 중공은 아예 국제올림픽 위원회를 탈퇴했다. 이후 국내적인 정치문제(문화대혁명)로 인해 1979년까지 올림픽에 참가하지 않았다. 하지만 이후 베이징은 올림픽에 참여하지 않았으나, '중화민국'이란 명칭은 여전히 쟁의의 대상이었다. 1959년 뮌휀 총회에서 '중화민국' 에 관한 결의안이 통과되었다. 소련과 동구권 위원의 제안으로 대만의 중화올림픽위원회(Chinese Olympic Committee)는 명단에서 삭제되었다. 즉 타이베이의 중화민국 올림픽 위원회를 정식 명단에서 삭제한다는 방침과 함께 만약 대만이 별도의 이름으로 신청한다면, 국제올림픽 위원회는 이를 고려할 수 있다는 결정이었다.

1960년 대만은 유엔 회원 가입 당시의 국명인 중화민국 올림픽 위원

회(Republic of China Olympic Committee)라는 명칭을 재신청하여 통과
되었다. 하지만 올림픽 참가단 단명은 대만이었다. 이 '대만' 대표단 명
의로 로마(1960), 동경(1964), 멕시코(1968) 올림픽에 참가했다. 당시 이
탈리아, 일본, 멕시코는 모두 중화민국과 수교상태였지만, 대만(Taiwan)
영문 명칭 아래 중화민국을 부기하여 개막식에 참가했다. 1968년에는
중화민국(China R.O) 명칭으로 정명했다. 1970년 대만의 쉬형(徐亨)이
국제올림픽 위원에 당선되었고, 제1회 뉴델리 아시안 게임, 제4회 자카
르타 아시안 게임에서만 주최국의 정치적 간여로 배제되었지만, 1952
년 헬싱키 올림픽에서 대만이 주도적으로 퇴장한 것 외에는 국제체육
대회에서 대만의 권익은 크게 손상 받지 않았다.

## 2) 탁구 외교기(1971~1980)

1971년 3월, 일본 나고야에서 제31회 세계탁구대회가 열렸다. 일본탁
구협회는 중공 선수의 참가를 요청했고, 베이징은 처음으로 적대 진영
에서 개최되는 국제대회에 참가했다. 이 대회를 계기로 미국 탁구팀은
베이징, 상하이에서 우호 경기를 펼쳤다. 저우언라이도 미국의 탁구팀
을 접견했다. 이른바 핑퐁외교의 시작이었다. 이어 키신저는 비밀리에
베이징을 방문했고, 1971년 유엔총회에서 76표 대 35표로 중화인민공화
국이 중화민국의 의석을 대체한다는 결의안이 통과되었다. 이는 베이
징에 매우 유리하게 작용했다. 저우언라이는 작은 공이 큰 공(지구)을
움직였다고 탁구외교를 비유했다. 이어 중화민국이 유엔에서 퇴출된
후, 1973년 하나의 중국 대표권으로 인해 이제 대만은 아시아 게임에서
도 쫓겨났다. 이후 베이징은 각종 국제운동조직에서 대만을 배제했으
며, 1975년 중국은 하나의 중국 대표권을 다시 국제올림픽위원회에 승
인을 신청했다. 하지만 국제 올림픽위원회는 정치적 불간섭이라는 올

274

림픽 정신 원칙을 이유로 들었기 때문에 대만은 축출 당하지 않았다. 하지만 1976년 캐나다 몬트리올 올림픽에 참가한 대만은 중화민국 명의로의 참가를 거부당하자 선수단을 철수시켰다. 당시 캐다다는 이미 중국대륙과 수교를 맺고 있었고, 역시 '하나의 중국'이란 베이징의 정치적 압력에 놓여 있었다. 캐나다로서는 국익을 위한 조치였다.

1979년 10월 나고야에서 열린 올림픽 집행위원회의 결의가 통과되었다. 이 결의는 통신 투표 방식으로 진행되었으며, 중화민국의 명칭, 국기, 국가 사용을 일방적으로 금지시켰다. 타이베이측은 즉시 스위스 로잔 지방법원에 제소했다.즉 국제올림픽 위원회의 나고야 결의안은 올림픽 헌장을 위배했으며, 올림픽에서조차 정치적 편견과 부당한 간여를 받아서는 안된다는 이유로 제소하여, 국제 체육계에 역사적인 소송전이 전개되었다. 1980년 법원은 국제올림픽위원회의 행위는 올림픽 헌장과 정신을 위배했다고 판단했다. 특히 올림픽 헌장의 64조, 65조, 66조의 규정을 위배했다는 것이다. 따라서 1980년 제 82회 미국 레이크 플레시드 동계올림픽 기간에 대만측의 제소로 인해 올림픽 헌장과 조문을 다시 수정하게 되었다. 첫째, 헌장 제 8조의 국가 범위의 규정에 토지 및 영토의 일부분(Part of territory) 부분이 보충되었다. 이는 베이징이 일관되게 주장하는 내용이었다. 둘째, 24조 제2항을 증설했다. 국가올림픽위원회가 사용하는 깃발과 표지는 반드시 국제올림픽 집행위원회의 허가를 받아야 한다. 셋째, 원래 64조, 65조, 66조의 규정에 세칙을 마련했다. 원래 내용은 즉 각국이 개막식, 폐막식에 사용하는 국기, 국가, 국명은 대표단의 기와 노래로 바꾸었다. 국가(National)를 대표단(Delegation)으로 바꾼 것이다.

## 3) 협의 공존(1981~현재)

1980년 모스크바 올림픽 기간 거행된 제83회 총회에서 사마란치 (Juan Antonio Samaranch)가 제7대 위원장으로 당선되면서, 대만의 쉬헝(徐亨, 中華民國奧會, Republic of China Olympic Committee) 위원장과 접촉하여, 회적(會籍) 문제에 대한 협상을 개시했다. 10월(로잔), 12월(로스엔젤레스), 두 차례의 협상을 거쳐, 1981년 3월 23일 스위스 로잔에서 역사적인 문건에 서명했다.「국제올림픽위원회와 중화타이베이올림픽 위원회 간의 협의서(國際奧會與中華台北奧會協議書, An Agreement between the International Olympic Committee and Chinese Taipei Olympic Committee)」다.[10] 이른바 올림픽에 참여하는 대만 명칭에 대한 합의다. 올림픽 모델(양안 명칭 사용)의 시작이었다. 로잔협의에서 규정된 바대로 한다면 대만의 올림픽 참가 명칭은 중화타이베이(Chinese Taipei, 中華台北)다. 중화는 중화민국의 국호를 참고한 것이고, 타이베이는 대만의 행정중심을 대표한다는 것이다.[11] 그러므로 중화타이베이는 행정중심이 타이베이에 있는 중화민국이라는 함의가 들어 있다. 양장(장제스, 장징궈)의 한적불양립 정책과 '하나의 중국 원칙'을 준수한다는 고집은 결국 중화타이베이(Chinese Taipei)라는 명칭을 받아들이게 되었다. 국제 올림픽 위원회의 기본원칙과 입장으로 볼 때, 특히 만약 모리스(Michael Morris, 3rd Baron Killanin, 1972-80) 위원장의 건의를 받아들였다면 로마, 동경, 멕시코에서 사용한 '대만 명

---

10) 湯銘新, 解析「奧會模式」與「兩會協議」我體育界應擺脫政治干預. 教文(研), February 5, 2007.(中英文件參閱拙著「我國參加奧林匹克的滄桑史下冊」, p.468-475)

11) 薛中鼎,「論東奧正名運動」, 해협평론 334기, 2018년 10월호, https://www.haixia-info.com/articles/10396.html

칭은 현재까지 유지될 수 있었을 것이다. 현재 대만은 '대만(Taiwan)'이라는 명칭을 사용하고 싶어도 그럴 수 없는 실정이다. 대만의 육상영웅 지정(紀政)의 주도로 2020년 동경올림픽에 '대만' 명의로 참가하기 위한 국민투표 운동을 벌였지만 실패로 돌아갔다. 베이징은 이에 반발하여 대만 타이중(臺中)에서 처음 열리게 될 제1회 동아시아 청소년 대회 개최 자격을 박탈시키는 조치를 취했다. 녹색 진영은 이러한 왜소한 대만의 명칭을 좋아하지 않는다. 하지만 한국, 일본 등의 한자권 국가들은 베이징의 영향을 받아 Chinese Taipei를 중국타이베이(中國台北 )로 표기하기도 한다. 그러나 설령 영문은 동일할지라도 중화타이베이와 중국타이베이는 단 한자의 차이에 불과하지만 그 의미는 천양지차다. 베이징의 해석은 이렇다. 대만은 중화인민공화국의 한 개 성이며, 지방정부일 뿐이다. 중국의 타이베이라는 의미다.

1981년 로잔 협의 후, 대만 체육계는 침울에 빠졌다. 따라서 대만의 언론매체는 올림픽 행사를 최대한 낮은 수위로 처리했다. 하지만 베이징은 나고야 결의안 및 일국양제의 체육정책을 강조했을 뿐만 아니라 특히 운동단의 회명, 회기를 통제했다. 대만측이 잠시라도 소홀하면 즉시 항의가 들어왔고, 심지어는 불유쾌한 분쟁을 야기했다. 양안은 국제경기, 국제회의의 참가시의 회명 문제 분쟁이 끝나지 않았다. 로잔 협의대로 하면 중화타이베이가 정확한 대만의 참가 명칭이다. 하지만 각 협회의 중영문의 명함이 다르고, 귀빈카드의 발급 명칭이 다르고, 대만은 아시아게임, 세계 게임(World Game) 개최에 좌절을 맞기도 하였고, 경기장 밖에서도 대만인들은 국기를 휴대하거나, 흔들 수도 없다. 타이베이가 주최하는 국제대회의 개폐회식에서도 국기에 대한 분쟁은 여전히 발생했다. 최종적으로 양안은 1989년 4월 6일 홍콩에서 대만의 중화올림픽위원회 사무총장 겸 부주석 리칭화(李慶華)와 중국대륙의 올림픽

위원회 주석 허쩐량(何振梁) 사이에 대만 명칭에 관한 합의가 도출되었다. "중국대륙에서 경기, 회의, 활동에 참여하는 대만지구의 체육단체 조직은 국제올림픽 위원회의 규정에 따른다. 대회(주최단위)에서 출판하는 문건, 소책자, 편지, 명패, 방송 등 대만지구 체육단체 혹은 체육조직의 명칭은 모두 중화타이베이(中華台北)로 칭한다."[12] 하지만 아시안 게임, 올림픽 게임에서는 양안협정을 준수하지만, 중국대륙에서의 신문보도, 언론방송은 여전히 대만을 중국대북(중국타이베이)로 부른다. 이에 대해 대만이 항의를 하면, 베이징은 신문보도의 자유라고 둘러댄다. 바로 대만을 홍콩, 마카오와 같이 특별행정구로 취급하고 있는 것이다.

### 4) 아시안 게임

1954년 제2회 마닐라 대회부터 1970년 제6회 방콕 아시안 게임까지 대만의 중화민국만이 참가했다. 하지만 중화민국이 유엔에서 퇴출당한 영향으로, 1974년 테헤란 아시안 게임부터, 중화인민공화국이 참가

---

12) 台灣地區體育團隊及體育組織赴大陸參加比賽、會議或活動, 將按台國際奧會有關規定辦理, 大會(即主辦單位)所編印之文件、手冊、寄發之信函、製作之名牌, 以及所做之廣播等等, 凡以中文指稱台灣地)區體育團隊及體育組織時, 均稱之為「中華台北」.
The Sport delegations and organizations from Taiwan region visiting China mainland for Competitions, Conferences or activities shall be carried out in accordance with the related regulations laid down by the International Olympic Committee. It is here by agreed that all the Chinese referring to the name of sport delegations organizations from Taiwan region in the documents, manual, correspondences and name boards, or from broadcast, complied, issued or delivered by organizing committee shall be 「中華台北」 Chung Hua Tai Pei, (Chinese Taipei

권을 획득했다. 이후 대만(중화민국)은 근 20년 동안 아시안 게임에 참가하지 못했다. 1990년 베이징 아시안 게임에서 올림픽 모델을 차용하여, 중화타이베이(Chinese Taipei) 명칭으로 아시아 게임에 참가하게 되었다.

## 4. 국제일중을 위한 베이징의 외교책략

2000년 이후 베이징은 장기적 전략적 구상을 가지고 대만을 압박하고 있다. 아울러 굴기하는 지역대국의 입장에서 대만문제를 처리한다. 후진타오 시기는 이미제대(以美抑台, 미국으로써 대만을 억제하고), 촉미제독(促美制獨, 미국을 촉진시켜 대만독립을 억제) 및 주변국과의 관계를 적극적으로 강화하고자 하였다.

시진핑 시기에 들어와서는 타국에 일대일로(一帶一路)참여를 비롯한 강력한 경제적 유인책으로 포섭한 뒤에 대만문제 처리에 유리한 방향으로 전환시키고 있다. 가령 후진타오 시기에 국제적으로 반타이두 전선을 구축하는데 목표를 두었다면 시진핑 시기는 보다 공세적인 촉통으로 그 초점이 옮겨졌다. 즉 대만에 대한 군사적 압박과 병행으로 외교무대에서 대만과 수교를 맺고 있는 국가들과의 단교조치를 강화하고 있다.

### 1) 전략적 파트너 관계 수립

세계 최대 개발도상국인 베이징의 국가전략 목표는 지속적이고 안정적인 경제발전이다. 이를 위해서 평화로운 국내외 환경을 필요로 한다. 이러한 전략적 목표에 근거해서 경제발전을 통해 실력을 비축하고, 실

**표 6.3** 1990년대 말 중공의 외교 동반자 관계 일람표

| 관계 | 국가 | 명칭 | 공보 및 선언 | 날짜 |
|------|------|------|--------------|------|
| 전략<br>파트너 | 영국 | 건설적 전략파트너 | 中(共)美聯合聲明 | 1997.10.29 |
| | 러시아 | 전략협력파트너 | 關於世界多極化和建立新秩序聯合聲明 | 1997.04.23 |
| 전면<br>협력 | 프랑스 | 장기전면파트너 | 中(共)法聯合公報 | 1997.05.16 |
| | 영국 | 전면파트너 | 中(共)英聯合聲明 | 1998.10.06 |
| | 일본 | 평화와발전의 우호파트너 | 中(共)日共同宣言 | 1997.11.26 |
| | 캐나다 | 전면우호협력파트너 | 中(共)加聯合聲明 | 1997.11.26 |
| | 멕시코 | 과(跨)세기 전면합작파트너 관계 | 中(共)墨聯合聲明 | 1997.12.03 |
| | 유럽연합 | 전면파트너 | 中(共) - 歐盟領導人會晤聯合聲明 | 1998.10.29 |
| 목린<br>호신<br>우호 | ASEAN | 목린호신파트너 | 中(共) - 與東協國家元首會晤聯合聲明 | 1997.12.16 |
| | 한국 | 협력파트너 | 中(共)韓聯合聲明 | 1998.11.13 |
| | 남아프리카 | 장기안정우호관계 | 巴基斯坦會中演講 | 1996.12 |

資料來源 : 王央城主編,《前瞻兩岸關係發展的趨勢》, 臺北 : 國防大學戰略研究所出版, 2007, 頁79.

력을 완비한 후 자연스럽게 국가영토의 완정 및 잃어버린 대국의 지위를 찾고자 한다. 무엇보다도 중국대륙은 방대한 시장과 저렴한 노동력을 구유하고 있다. 이러한 조건에서 중국대륙은 여러 국가들과 파트너 관계를 유형별로 구분하여, 경제활동과 외교관계의 진전을 결합시킨다. 때문에 국가영토완정 차원에서 전략적 파트너 관계 추진은 상당한 역량을 발휘한다.

베이징과 타국과의 파트너(협력) 관계 설립은 타이두를 억제하기 위한 유리한 수단이 된다. 나아가 외교적 수단으로 국제사무의 발언권과 영향력을 증가시킨다.[13] 대략 1990년 대 말이 되면 거의 전 세계 대부

---

13) 潘華昇,《後冷戰時期中國戰略夥伴外交關係之研究》, 臺灣 : 政治大學碩士論文, 2005.

분의 주요국들과 협력관계를 체결했다.

특히 2000년 이후 베이징은 이라크전쟁으로 야기된 유럽과 미국의 간극을 이용하여 적극적으로 유럽의 제국과 전략적 파트너관계를 강화시켰다. 나아가 외교수단으로서 무기금수 해제를 돌파하여 미국의 군사과학기술의 봉쇄를 돌파하고자 하였고, 역시 타국의 도움을 빌어 대만의 국민투표안을 반대하게 만들었다. 예를 들어 프랑스는 「반분열국가법」을 지지했다.

### 2) 목린외교睦鄰外交

중공은 여린위반 여린위선(與鄰為伴, 與鄰為善)의 목린책략을 채택하며, 아울러 안린, 목린, 부린(安鄰, 睦鄰, 富鄰) 전략을 채택했다. 동남아 국가에 대해서 진행하는 소위 말하는 목린외교는 지역 대화 기제를 추진시키고, 부채탕감 및 경제원조를 진행하여 주도적으로 중국대륙 시장을 개방했다. 특히 동남아는 중국대륙의 대후원(大後院)이고, 미국과 일본의 동남아 영향력에 도전한다. 베이징은 동남아 국가와 자유무역협정(FTA)을 체결했고 대만과의 경제무역협정체결을 방해하였고, 동남아 국가에 대해서 반드시 하나의 중국원칙 승인을 요구했다. 나아가 ASEAN+1, ASEAN+3 등을 포함하여 지역통합과정에서 대만을 철저하게 고립시켰다.

### 3) FTA외교

베이징은 방대한 시장과 경제무역 이익을 미끼로 정치와 경제를 결합하여 무역외교와 자유무역협정을 진행했다. 특히 대만과 수교국이 가장 많은 라틴아메리카에서 메르코스르(Mercosur, 남미공동시장)를 이용하여 브라질과 아르헨티나를 통해 대만과의 수교국인 파라과이에 압박을 과하거나, 대만과의 단교 후에 중국대륙과의 FTA 협정을 체결할 수 있음을 밝혔다. 이로서 대만과 단교하는 라틴아메리카 국가들의 도미노효과는 대만의 국제공간을 크게 압박했다.

### 4) 포럼외교

베이징은 포럼외교를 이용하여 일대일로 등의 대외정책을 추진하고 있다. 실질적인 경제무역 이익을 쟁취하는 것 외에도 국가 이미지를 개선시키고, 지역영향력을 강화하고자 한다. 대표적으로 중 – 아랍 협력포럼(China-Arab States Cooperation Forum), 중 – 중동부유럽협력포럼 (China-CEEC Business Forum), 중 – 아프리카 협력포럼(中非合作論壇, Forum on China-Africa Cooperation, FOCAC)14), 중 – 라틴포럼(China-

---

14) 중 – 아프리카 협력포럼(中非合作論壇, Forum on China-Africa Cooperation, FOCAC)은 중국대륙이 지역과 건립한 첫 번째며 역사가 유구한 양자 협력포 럼이다. 이 포럼은 1996년 장쩌민의 제의로 2000년에 정식 설립되어 베이징에 서 장관급 회의를 개최했다. 이 포럼은 중 – 라틴아메리카 포럼과 마찬가지로 3년 간격으로 중국과 아프리카에서 돌아가며 개최된다. 중 – 아프리카 합작 포 럼은 기본적으로 장관급 회의다. 하지만 3회(베이징), 6회(요하네스버그) 회의 에서 정상회의로 승급되었다. 그러므로 다음 정상회담은 제9회 2024년 회의 다. 하지만 베이징은 2018년 제7회 회의를 원수급 정상회담으로 선포했다. 장 관급 회의 외에도, 중 – 아프리카기업인 포럼(中非企業家論壇, Conference on Chinese and African Entrepreneurs, 2003), 중 – 아프리카씽크탱크포럼(中非 智庫論壇, China-Africa Think Tank Forum, 2011), 중 – 아프리카청년지도자 포럼(中非青年領導人論壇, China-Africa Young Leaders Forum, 2011), 중 – 아프리카 매체협력 포럼(中非媒體合作論壇, Forum on China- Africa Media Cooperation, 2012), 中非地方政府合作論壇, Forum on China- Africa Local Government Cooperation, 2012)等不同的配套平台, 其中企業家論壇是配合

CELAC Forum)등이 있다. 특히 중-아프리카 협력포럼은 기타 포럼과 달리 만약 중국대륙과 외교관계가 없다면 이 포럼의 회원국이 될 수 없다. 2015년 제6회 중-아프리카 포럼 당시 대만과 수교국인 세인트 프린스페, 브루키 나파소, 스와질랜드는 회원국이 될 수 없었다. 심지어 2013년 대만과 단교하였지만 베이징과는 미수교 상태인 감비아 역시 이 포럼에서 배제되었다.

베이징은 포럼의 플랫폼을 통해서도 일대일로를 추진하고 있다. 2018년 중-아프리카 협력 포럼 중의 베이징 선언에서 일대일로는 쌍방관계를 강화하는 중요한 기초임을 천명했다. 무엇보다 지리적으로 일대일로는 중동지역이 관건이다. 그렇기 때문에 베이징 정부는 2018년 중-아라비아 포럼에서 일대일로 공동건설 행동 선언(Declaration of Action on China-Arab States Belt and Road Cooperation)을 통과시켰다. 또 일대일로는 지리적으로 중부, 동부 유럽도 대상이다. 불가리아 수도 소피아에서 거행된 제8기 중국-중동부유럽 경제무역 포럼에서 리커창 총리는 이 지역 국가들과 일대일로에 관계된 20여 개의 협력 계획에 서명했다. 일대일로와 관계없는 라틴 아메리카 역시, 2018년 협력 포럼에서 역시 이 지역의 회원국들과 일대일로 선언을 통과시켰다 베이징은 라틴 아메리카와 카리비안 해를 해상 실크로도의 자연스러운 연장으로 보고 있다.[15]

중-아프리카 포럼 정상회의에서 통과된 베이징 선언 중, 유엔과의 2030지속 발전 아젠다(2030 Sustainable Development Agenda), 아프리카 연맹의 2063년 아젠다(Agenda 2063)와 상호 결합하여, 아프리카를 베이

---

中非合作論壇的時間，其它則各自在不同時間舉行.

15) 大陸委員會 大陸與兩岸情勢簡報 2018.9 16

징의 편에서 놓게 만든다. 이는 베이징이 타국가와 경쟁관계에 있다면 이들 아프리카는 유효한 도구가 된다. 베이징의 실질적인 경제이익을 쟁취하는 것 뿐만 아니라 동시에 국제사회에 좋은 이미지를 만들고자 한다.

중국대륙과 지역 국가 간의 포럼, 장관급 회의 혹은 정상회의 이외에도 일상적으로 포럼에서 선언을 활용한다. 예를 들어 중-아프리카 협력포럼에서의「보다 긴밀한 중-아프리카 운명공동체 구축에 관한 베이징 선언」, 중-아랍 협력포럼(China-Arab States Cooperation Forum)의 도하선언, 칠레에서 개최된 중-라틴포럼(China-CELAC Forum)의 산티아고 선언이 있고 또 행동강령을 활용한다. 예를 들어 중국-라틴아메리카 및 카리브해 국가 협력 우선영역 공동행동계획(中國與拉美和加勒比海國家合作(優先領域)共同行動計畫, 2019-2021), 중-아랍 협력포럼의 2016-2018 행동집행계획, 중-아프리카협력포럼의 베이징 행동계획(2019-2021)[16] 등이 있다.

중-중동부유럽협력포럼(China-CEEC Business Forum)은 경제협력 외에도, 2017년 제3회 국가위생부 장관급의 부다페스트 선언, 2017년 9월의 문화협력 항저우 선언, 2018년 6월 예술협력 청두(成都) 선언이 있다. 베이징과 중동부 유럽 사이의 위생, 문화, 예술 방면에서 관계를 활용하고 있다. 중공의 적극적 외교로 인해 대만은 갈수록 국제무대에서 고립되고 있고, 주변화되고 있다.

### 4) 에너지외교

에너지는 경제발전에서 매우 중요한 추동력이다. 세계 경제에서 에

---

16) 大陸委員會 大陸與兩岸情勢簡報 2018.9 15

너지 수요는 지속적으로 증가하고 있고 각국은 에너지 안전을 중시할 수밖에 없다. 에너지 안전은 여러 층면을 지니고 있다. 에너지 소비국과 생산국은 에너지 안전에 대한 개념부터 서로 다르다. 에너지 안전은 한 국가의 에너지 독립정도를 의미한다. 세계 에너지 쟁탈전을 끊임없이 격화될 수밖에 없고 여러 위협에 직면해 있는 이유다.

베이징은 에너지협력으로서 에너지 경쟁을 대체하고자 하였고, 아울러 경제원조 등 여러 방식의 수단을 사용하여 에너지 생산국과의 전면적 협력 파트너관계를 건설하고, 이로서 국내경제발전의 안정을 추구하고 에너지 수입국 다원화 전략을 펼친다. 그 중 석유 안전이 가장 중요하다.[17]

아프리카 및 라틴아메리카에서는 차관 제공 등 각종의 외교공세를 발휘해 적극적으로 그 영향력을 넓히고 있다. 베이징의 원조외교와 투자는 이미 필리핀과 과테말라의 전신통신업, 콜롬비아의 탄광, 사하라 사막의 정유공장 등 개발도상국에 거대한 힘을 발휘하고 있다. 이러한 원조, 투자외교는 대만과 수교를 맺고 있는 남태평양의 도서국가들, 중남미, 아프리카 등에서 이른바 '검은 친구(흑인 국가)', '작은 친구들(소국)'에 막대한 영향력을 행사했다. 상업투자, 공공건설, 노동비자 등, 경제원조 혹은 경제이익을 이용하여 상업 판사처를 설립하여, 대만에 압력을 행사한다.

유럽의 경우, 로마 교황청은 유일하게 대만과 수교를 맺고 있지만, 2005년 베이징은 로마교황청이 집도하는 천수이볜의 교황추도미사 참가를 방해했다.[18] 이외에도 대만 고위관료의 방문외교, 외국 고위관료

---

17) 〈構建全球合作背景下的中國能源外交方略〉,《國際能源網》, 2006.12.12.
18) 第六屆第二會期外交施政報告.

**표 6.4** 국제일중 실현을 위한 베이징의 조치(2015년 이후)

| | 내 용 | 비 고 |
|---|---|---|
| 단교 조치 | 상투메프린스페(2016.12), 파나마(2017.6), 도미니카 (2018.5), 부루키나파소(2018.5), 엘살바도르(2018.8), 솔로몬 제도(2019.9), 키리바시(2019.9.20.) | |
| 단교 협박 | 팔라우(관광객 중단), 경제적 유인책 제공 | |
| 국제기구 배제 | 국제형사조직, 세계위생조직, 국제민항조직(ICAO) | 옵저버 자격 취소 |
| 국제대회 취소 | 2019 동아시아청소년 경기대회(East Asian Youth Games), 국제올림픽위원회도 대만에 규정 준수 요구 | 2020년 대만명의의 동경올림 픽 참가 국민투표 서명 이유 |
| 기업체 압력 | 무인양품(일본), 메리어트 호텔(미국), 85℃(대만), 44 개 국제 항공사 등 | 대만을 국가지구로 표기 금지 |
| 연예인 탄압 | 쏭윈화(宋芸桦) 사건, 쯔위(周子瑜)사건 | 대만을 국가로 발언하거나 대만국기를 흔들었다는 이유 |

\* 2018년 현재 대만수교국. 중남미 9개국, 남태평양 6개국, 아프리카 1개국(에스와티니 왕국 구(舊) 스와질 랜드), 유럽 로마교황청 총 17개국.

의 대만방문, 외국정부의 대만의 비자발급을 저지하기도 하였고, 대만 의 주재대표처의 기능 및 지위 등의 방식을 위협했을 뿐만 아니라, 대 만과 미수교 국가 간의 실질적인 관계 개선을 방해했다. 물론 베이징이 이러한 조치를 취하는 근본원인은 하나의 중국원칙인, 주권문제에 있 다. 현재로서는 베이징의 윤허가 없다면 대만의 국제조직 가입은 매우 어려운 실정이다. 심지어 WTO, IOC, APEC, ADB 등 이미 대만이 참여 하고 있는 국제조직에서도 "대만은 중국의 일부분임"을 기타국에게 지 속적으로 환기시키고 있다.19)

---

19) 例如亞銀模式 : 中國臺北(Taipei, China) 亞太經合組織模式 : 中華臺北(Chinese Taipei) 世貿組織模式 : 台澎金馬單獨關稅領域(Separate Customs Territory of Taiwan, Penghu, Kinmen and Matsu (Chinese Taipei)), 奧會模式 : Chinese Taipei. ChineseTaipei譯為「中華臺北」, 英文意義還是「中國的」臺北.

## 소결

1971년 이전, 대만의 중화민국은 유엔 창시국 회원국의 하나였으며 거부권을 가진 유엔 안보리 상임이사국이었고, 중화민국 정부가 중국을 대표하는 유일합법 정부였다. 이시기 양안은 기본적으로 모두 '하나의 중국'을 주장했으므로 쌍방 간 쟁의의 초점은 정통성의 문제였다. 「하나의 중국」의제는 쟁의의 초점이 아니었지만 한적불량립(漢賊不兩立)의 정통성 논쟁은 풀 수 없는 매듭이었다. 그러나 1971년 유엔총회의 2758 결의안이 통과된 후 중화인민공화국이 중국을 대표해서 기존의 중화민국 의석을 대체하였고, 이로써 중화민국의 정통성 및 역대 중국의 정통을 계승하였다고 자부한 장제스의 중화민국은 그 정당성에 심한 타격을 받았다. 더구나 중공이 유엔에 진입한 후 양안 간에는 질적인 변화가 일어났다. 다시 말해 중화인민공화국 정부가 중국을 대표하는 유일합법 정부였으므로 베이징은 국제사회에서 '중화민국'이라는 대만 국호의 사용을 막을 수 있는 명분을 갖추게 된 셈이었고, 중화민국에 대한 지속적인 항의와 보이콧을 벌였으며 이로써 대만의 중화민국은 점차적으로 '중화민국'이란 국호 사용을 포기하고 오히려 「대만」이란 단어가 중화민국을 대체했다. 이 결과 국제사회에서도 관습적으로 대만이라는 명칭을 사용하게 되었다. 만약 대만이 중화민국이란 국호를 사용한다면 베이징은 두 개의 중국을 만든다고 반발한다. 그러나 대만이란 명칭으로 국제조직 가입을 시도한다면 베이징은 오히려 일중일대(一中一台, 하나의 중국과 하나의 대만)의 책략을 기도한다고 역시 반발한다.

요약하자면 중화민국이란 국호의 말살은 오히려 국제사회에서 중화민국을 대만으로 고쳐 부르게 하였다. 국제사회는 중화민국을 대만으로 칭한다. 그러므로 대만이라는 명칭은 중화인민공화국이 국제사회에서 중화민국을 배제한 결과로 생겨난 것이다.

중화민국과 중화인민공화국은 최소한 둘 다 모두 「중국」이란 단어가 가지는 의미에 대해서 서로 이해하고 있다. 다시 말해 대륙과 대만의 교집적인 부분은 바로 「중국」이다. 현재 양안의 헌법은 모두 일중헌법이다. 즉 현행 대만의 헌법에서는 여전히 하나의 중국이다. 이런 이유로 베이징은 「중화민국」의 논술에 있어서도 약간의 융통성을 보이기 시작했다. 왜냐면 특히 급진 타이두는 아예 중국 자체를 부인해 버린다. 그들에게 중화민국은 대만을 식민통치하는 외래정권일 뿐이다. 대만민주화 이후 녹색진영이 사용하는 「중국」은 대부분 중화인민공화국을 가르킨다. 사실 '중화민국'의 존재는 하나의 중국 문제에 있어서 양안간 서로 교집적인 부분이 있다는 사실을 의미한다. 베이징은 국제사회에서 중화민국을 절대로 인정하지 않지만, 양안 간 내부의 특수한 상황에 따라 '중화민국'이란 명칭에 대해 어떤 때는 침묵하거나, 묵인하기도하고, 부인하지 않을 때도 간혹 있다. 그러므로 하나의 중국에 대한 논술에서 대륙과 대만은 모두 하나의 중국에 속한다는 점을 강조한다.

일반적으로 서양은 법치주의 사고가 우세한 반면, 상대적으로 중화제국의 국제질서 원리는 예치주의(禮治主義)다. 예(禮)는 장차 그러하기 전에 금하는 것이요, 법(法)은 이미 그러한 뒤에 금하는 것이다(禮者禁於將然之前, 法者禁於將燃之後). 이 때문에 법의 쓰임은 보기가 쉽고, 예가 생겨난 이유는 알기가 어려운 것이다.[20]

동양에는 전통적으로 예치와 법치의 구별을 중시한다. 예치는 먼저

---

20) 통감절요, 凡人之智 能見已然 不能見將然, 夫禮者 禁於將然之前 而法者 禁於已然之後 是故 法之所爲用 易見而禮之所爲生 難知也.
http://db.cyberseodang.or.kr/front/sabuList/BookContent.do?mId=m01&bnCode=jti_2b0102&titleId=C132

명분을 필요로 하고 후에 질서를 건설한다. 명은 명의며, 분은 직분이다(名者名義, 分者職分).그러므로 명분이 정해지면 항상 그러한 도리가 생겨나고(名分定則倫常生), 질서가 서면 항상 그러한 도리가 행해진다(秩序立則倫常行). 그러므로 명분을 정하는 것은 먼저 정명이어야 한다. 이것이 바로 명분질서론이다. 양안관계를 명분질서론으로 본다면 그 어떤 타협의 가능성이 없다. 즉 국호문제, 제호문제(帝號問題, 베이징의 최고영수는 국가주석이라 부르며, 타이베이 방면은 총통), 연호문제(중국대륙은 서력기원을 사용하고 대만은 민국 연호를 사용), 정부명의(베이징은 대만을 중국의 지방정부라고 간주한다), 국제회의(베이징은 국제회의에서 대만의 중화민국, 중앙, 국제 등의 사용을 용납하지 않는다), 국기문제, 영수방문(天無二日, 民無二主, 하늘에는 두 태양이 있을 수 없고 백성은 두 주인을 섬기지 않는다), APEC문제(만약 대만의 총통이 출석한다면 중공은 한 단계 낮은 관료를 파견한다) 등 대만의 최고정치지도자는 지방수장에 불과하다.

외교승인, 자매시문제(베이징시와 타이베이시의 자매결연은 불가능하다). 모두 수평적 관계가 아니라 수직적 관계다. 중국의 정치 DNA에서 나라와 나라 사이를 수평관계보다는 수직관계로 보는 경향이 있다. 베이징의 입장에서 대만은 중국의 일개 지방, 한 개 성에 불과하다. 여기에 대해서는 타협의 여지가 없다.


## 제2절 정치일중政治一中

### 1. 정치일중의 의미

정치일중의 핵심은 '중화민국'이다. 즉 '중화민국'은 무엇인가? 로 귀결된다. 베이징에 있어서 '중화민국'은 청나라를 타도하고 들어선것과 마찬가지로, 중화인민공화국이 수립됨으로써 중화민국은 이미 그 역사적 수명을 다했다고 본다.[21] 그러므로 과거 중화민국이 가진 모든 권리는 중화인민공화국에 의해 계승되었다는 입장이다. 그러나 국민당의 중화민국은 이와 다르다. 1912년 신해혁명으로 건국되어 지금까지 이어져 오고 있다. 민진당의 '중화민국'은 1912년에 수립된 중화민국과 현재 대만의 '중화민국'은 다른 국가로 인식한다. 다만, 민진당을 비롯한 천록진영은 국내외적인 정치현실로 인해 국명을 개명할 수도, 독립을 선포할 수도 없는 처지에 있다. 그 결과 「정상국가결의문」을 채택하여 현재에 이르고 있다. 지금은 '중화민국'으로 부르지만 언젠가는 '대만공화국'으로의 개명 가능성을 열어두고 있다. 다시 말해 민진당은 우회상장의 방법을 채택한 것이다. '중화민국'이란 간판을 걸고 있지만, 실제적으로 타이두 노선을 채택하고 있다. 베이징의 입장에서 본다면, 국민당이 말하는 중화민국이나 민진당의 중화민국 모두 '타이두'다.

양안 간 쟁의의 근원은 주권에 있다. 주권이 서로 자신에게 있다거나 (국민당, 공산당), 아예 서로 다른 주권임(녹색진영)을 강조한다. 비록 냉전이 해체되었다 하더라도 양안관계는 주권문제와 관련되어 있기 때문에 정랭경열(政冷經熱)의 구조를 띨 수밖에 없다. 다시 말해 경제적으로는 밀접한 관계를 유지하는 것이 서로 이익이지만 정치적인 모순은 해결하기 어려운 상태다. "너는 나의 일부분이다." 이것이 베이징의 마지노선이다. 베이징이 주장하는 '하나의 중국원칙'을 수용한다면, 이는 곧 대만이 '중화인민공화국'의 일부분임을 인정하는 것과 같다. 베이징은 아예 대만의 주권 그 자체를 인정하지 않기 때문이다.

---

21) 《一個中國的原則與台灣問題》《人民日報》, 2000.2.22. 第3版.

그러나 녹색진영이 주장하듯이 대만은 '중국'의 일부분이 아니라는 논리 역시 그 근거가 빈약한 것은 아니다. 녹색진영 학자들 역시 베이징이 주장하는 논리의 대척점에서 역사적, 문화적, 국제법적으로 대만이 누구의 일부분이 아님을 확고하게 주장하고 있다. 그럼에도 불구하고 녹색진영이 부인할 수 없는 것이 있다. 양안을 묶어 놓고 있는 실체가 있는데 현재 대만에 적용되고 있는 헌법이 그것이다. 장제스가 난징에서 가지고 온 중화민국헌법은 '일중헌법, 즉 하나의 중국헌법'이며, 양안은 '하나의 중국'임을 밝히고 있다. 중화민국헌법에 근거하면, 1946년 제정한 제4조(중화민국 영토는 고유의 강역에 의거한다)의 규정과 1991년 공포한 개정 헌법 조문의 서문에도 "국가통일 전의 수요에 인응하여"라는 구문, 11조의 자유지구와 대륙지구 간 인민 권리 의무관계 및 기타 사무의 처리는 법률로서 특별한 규정을 얻어야 한다라는 조문에서도, 역시 중화민국은 대만과 대륙을 포괄하고 있고, 양안 간의 자리매김(정위)은 자유지구와 대륙지구 간의 관계라고 규정하고 있다. 더구나 중화민국이란 국명 역시 양안을 묶어 놓고 있다. 하지만 대만은 주권독립의 국가며 별도로 대만독립을 선포할 필요가 없고(녹색진영 주류의 입장), 대만의 전도는 오직 2300만 대만인들이 결정해야 한다는 입장에 선 녹색진영은 대륙과 묶여져 있는 '하나의 중국'이라는 근거를 없애고자 한다. 왜냐하면 베이징이 주장하는 '하나의 중국원칙'은 '대만의 주권은 독립'이라는 민진당의 논조와 대척점에 있기 때문이다. 설령, 국민당이 주장하는 '하나의 중국'을 인정하더라도, 현재 대만의 주류민의, 즉 대만의 앞날은 2300만 대만인들이 스스로 결정해야할 문제며, 통일과 독립은 대만인들의 선택사항이라는 점이다. 그 결과 아직까지 양안의 어느 한쪽도 이러한 대립을 해소할 능력이 없기 때문에 양안은 불독·불통·불화(不獨不統不和)의 현상을 유지하고 있다.

본문에서 말하는 정치일중은 양안 간 주권에 관계된 것으로 베이징의 입장은 너무나 명확하므로, 주로 대만의 입장에서 분석하고자 한다. 논의의 대상이 되는 것 '중국'과 대만의 명칭, 일중헌법, 국가통일강령, 92공식, 사불일몰유(四不一沒有), 국민투표, 제헌, 사요일몰유(四要一沒有), 정상국가결의문이 그들이다. 만약 일변일국의 관점에 선다면 정치일중은 존재하지 않는다. 소위 국민당이 주장하는 일중각표(하나의 중국 각자 표술)는 대만(타이펑진마, 중화민국)은 중화인민공화국의 밖에 독립되어 있다는 것이고, 이는 대만내부에서는 의심할 여지가 없다. 국민당의 일중각표는 '중화민국'은 하나의 주권 국가며, 민진당에 있어서도 '대만'은 하나의 주권국가다. 그 이름은 중화민국이라 부른다. 사실상, 그들이 표술한 주체는 모두 대만(대만, 펑후, 진먼, 마쭈)에 한정된다.

**표 6.5** 민진당의 반(反) 정치일중 조치

| 내 용 | 조 치 | 비 고 |
|---|---|---|
| 정명(正名) | 국호 개명 시도<br>대만명의 유엔가입 시도 | 실패 |
| 일중헌법<br>(一中憲法) | 국민투표, 제헌 시도 | 1988년 이후 7 차례의 헌법 개정이 있었으나 주권에 관한 부분은 변경 못함 |
| 베이징과의 승낙 파기 | 사불일몰유(四不一沒有) →<br>사요일몰유(四要一沒有) | 천수이볜 취임 초기 베이징을 자극하지 않기 위해서 |
| 對 베이징 지도원칙 | 대만전도 결의문<br>정상국가 결의문 | 민진당의 최고 지도 원칙 |
| 92공식 | 부정 | |
| 국민투표법 | 국민투표법 제15조 규정에 의거 방위성 국민투표 실시 | 2004년 대만 최초의 국민투표 실시. 실패 |
| 통일기구 | 국통강령 적용 중지, 국가통일위원회 종지(終止, cease to apply) | 대륙정책의 최고지도 원칙. 현재 통일정책 없음 |
| 양안관계 정위(定位) | 천수이볜 : 일변일국<br>차이잉원 : 현상유지 | |

## 2. 베이징의 일관된 입장

중공의 일관된 입장은 일중원칙(하나의 중국 원칙)에서 만큼은 타협의 여지가 거의 없다. 후4점, 반분열국가법, 중공 17대 정치보고부터 중공 19대 정치보고, 국대판, 중대판의 문건 등 모두 일중원칙에서 한 치의 동요도 없으며 타협도 없다. '하나의 중국 원칙' 아래에서 일국양제 화평통일을 견지하고, 대만은 중국의 일부분이라는 사실에 대해서는 일말이라도 재고할 가치가 없다.

## 3. '중화민국'에 대한 각 당의 입장

### 1) 중화민국과 대만

'중화민국'과 '대만'이라는 명칭은 모순이 존재하고 있다. 지명과 국명이 혼동되어 사용되고 있을 뿐만 아니라, 중화민국과 대만, 두 개의 명칭은 대만정치에서 양안 통일과 대만독립(臺獨)을 대표하는 서로 다른 두 개의 스펙트럼이다. 독립과 통일의 갈등 축은 홍(紅), 남(藍), 녹색진영에서 첨예하게 부딪힌다. 이러한 모순의 근본 원인은 중화민국에 대한 서로 다른 역사적 인지와 이해관계에서 발생했다. 결국 양안의 가장 큰 이견인 '하나의 중국'은 '중화민국'은 무엇인가? 로 귀결된다고 하겠다.

### (1) 녹색진영

'중화민국'이라는 명칭은 녹색진영에 있어서 매우 쟁론적인 의제다. 대만이 민주화되기 전까지만 해도 녹색진영은 '중화민국'을 외래통치집단으로 보았다. 하지만 현재 심록진영을 제외한 녹색진영의 대체적인 인식은 대만은 이미 주권독립의 국가이며 새 헌법과 새로운 국호를 만들기 전까지는 '중화민국'이라는 국호를 계속해서 사용하는 것으로 일단락되었다.[22] 물론 대만독립을 강력하게 추구하는 심록(深綠)진영의 기본교의 파는 아직도 '중화민국'을 망명정부(流氓政府)로 인식하고 있다.

1949년 장제스(蔣介石)는 국공내전에서 실패한 책임을 지고 중화민국 총통직을 사임했다. 그 뒤를 이어 대리총통 리종런(李宗仁)이 중화민국을 이끌었지만, 그는 병치료를 핑계로 미국으로 가서 돌아오지 않았다. 때문에 대만으로 천도해 온 장제스가 다시 집무를 시작한 복행시사(複行視事)[23]는 아무런 법률적 근거가 없는 것이고 근본적으로 비합법적 정권이 된다. 또한 심록진영은 베이징이 주장하는 바와 같이 중화인민공화국은 이미 중화민국을 대체하였으므로 중화민국의 존재는 비록 이름은 있을지라도 그 실체는 없다고 본다. 그러기에 심록진영은 중화민국을 철저하게 부정한다. 더구나 일제시기 마오쩌둥(毛澤東)도 대만독립을 지지했으며[24], 일본 패전 후에 국민당이 대만의 광복을 선언하였음에도 불구하고, 이는 일본이 식민통치했던 총독부와 같은 또다른 대만행정장관 공서일 뿐이라는 것을 강조하고 있다. 심지어 악랄하고 약탈적인 통치는 대만인들의 반항에 직면했고 결국 228사건[25]이 발

---

22) "馬政府遇到中國就把台灣主權閹割", 『自由時報社論』, 2010.3.31.

23) 국공내전의 실패로 인해서 장제스는 하야하고, 국민당 총재직만 유지하고 있었다. 당시 형식상의 중화민국 총통은 리종런이었다. 리종런이 미국으로 가서 돌아오지 않자, 장제스는 사회안정이라는 명분을 내세우며 다시 총통업무에 복귀한다. 그러므로 반대쪽에서는 장제스가 중화민국의 총통으로 나선 것은 비합법적임을 강조한다.

24) 모택동과 애드가 스노우와의 대화, 『紅星照中國』, 1936.7.1.

25) 1947년 2월 28일 국민당정부의 통치에 맞서 타이완 내 본성인(本省人)들이 일으킨 항쟁을 말한다. 2만 명 이상이 사망하고, 타이두의 흥기에 영향을 미쳤다.

생했다. 그 결과 대만인들은 과거에 있었던 중국대륙에 대한 동경을 잃어버렸고, 더구나 중국대륙으로부터 철수해 온 대만의 국민당 정권과는 철저하게 결별하였다.

1949년 난징에서 물러난 장제스가 대만으로 철수한 1950년에 다시 총통으로 복직할 때의 연설에서조차 "중화민국은 이미 멸망했다"고 말했다.[26] 심록진영의 입장에서 본다면 비록 양장 정권이 대만에서 시행한 38년 간의 계엄통치가 종결되었지만, 아직까지 중화민국 그 자체를 인정하지 않고 있다. 오히려 공산당에 패퇴해 온 국민당은 대만본토의 주체성과 문화적, 정치적인 간극을 만들었고 이러한 모순은 지금까지 여전히 대만내부에 격동하고 있다. 하지만 녹색진영의 절대 다수인 민진당을 비롯한 천록((淺綠)진영은 중화민국에 대해서 비교적 실용적이고 현실적인 관점을 취하고 있다. '대만'을 하나의 주권독립의 국가로 보고, 중화민국은 이미 대만에 의해서 흡수, 동화되었다는 견해를 취하고 있다. 왜냐면 장제스의 중화민국 당·정 체제는 현재의 중화민국(대만) 체제와 확연이 다르다는 것이다. 이러한 입장에는 기본적으로 세 개의 출발점을 가지고 있다.

첫째, '중화민국'이라는 국호를 대만으로 개명해야 한다고 본다. 그러나 왜 지금까지 국명을 개명하지 못했는가의 문제가 남는다. 그 이유는 국제현실과 대만 내부에서 공통적으로 일치된 견해를 달성하기 어려운 데 있다. 그러므로 여전히 국명, 국기, 국가 역시 개명해야 하며, 아울러 현실에 부합되는 헌법을 만들어야 한다는 입장을 견지한다.

---

26) 李筱峰, "阿K正傳素材續錄", 『自由時報』, 2007.10.28. 장제스가 1950년 3월 13일 양밍산(陽明山)국회산장에서 자신이 복직한 사명과 목적에 대한 연설 중에 "우리의 중화민국은 작년(1949)에 중국대륙의 함락으로 인해서 망했으며, 우리의 오늘은 이미 망국의 백성이 되었다"고 밝혔다.

둘째, 대만문화가 중국문화의 일부분이 아니라 중국문화는 대만문화의 일부분이라는 입장에서 출발한다. 대만은 대만 특유의 역사와 문화가 존재한다. 대만 4백년사를 통해 대만 특유의 역사문화를 형성했으며 중화민족사관을 전복해야 한다고 본다. 대만문화 속에 있는 중국문화를 가능한 뽑아내야(去中國化, 탈중국화) 한다는 것이다. 리등후이(李登輝), 천수이볜(陳水扁)시기와 현재 차이잉원(蔡英文)도 이러한 입장의 연장선에 있다.

셋째, 대만의 전도는 2300만의 대만인들이 스스로 결정해야 한다는 것이다. 통일이나 독립이나 모두 대만인들의 자주적 역량으로 결정할 문제다. 녹색진영에 있어서 대만공화국 건립은 최종적인 목표다.[27] 하지만 샌프란시스코 조약 및 기타 국제법에 이론에 의거해 대만은 이미 모든 국가조건을 구비했지만 대만의 지위문제에 관해서 국제적으로 이견이 존재함을 인정한다. 예를 들어 승인설과 존재설, 형식적 법률국가(de jure)와 사실상의 국가(de facto) 등. 다시 말해 대만의 지위문제에 아직도 쟁론이 남아 있다.

민진당은 창당 때부터 대만공화국의 건설을 목표로 했다. 그러나 이것은 결코 대만은 이미 대만공화국이라는 것을 의미하지 않는다. 현재 대만의 지위에 대한 녹색진영의 견해는 크게 두 분류로 나눌 수 있다. 즉 독립설과 미독립설이다.[28] 민진당의 3대 장전(章典)은 1991년의 「타

---

27) 譚中, "評美國霸權衰落與台灣前途", 『海峽評論』, 220期, 2009.4.
28) 陳議深, "臺灣地位論述總整理"에 의하면 대만지위 관해서는 첫째 당연독립설이다. 이는 카이로선언은 무효이며, 1952년 샌프란시스코 조약을 주관적으로 해석한 것이다. 이 조약에서 일본이 타이완, 펑후, 진먼, 마주에 관한 일체의 권리를 포기한다고 밝혔지 누구에게 귀속시킨다고 밝히지 않았기 때문이다. 둘째로 펑밍민(彭敏敏)등이 주장한 상태독립설이다. 1949년부터 양안은

이두 강령(台獨綱領)」, 1999년의 「대만전도결의문(臺灣前途決議文)」, 2007년 천수이벤(陳水扁) 주도로 통과된 「정상국가결의문(正常國家決議文, 이하 결의문)」이다. 라이이쭝(賴怡忠) 교수는 이 결의문들은 민진당의 집단적 지혜의 결정이며 대만의 주류 민의를 나타낸다고 본다.[29] 주민자결에 의해 국민투표를 거쳐 대만공화국을 건립하는 것에서부터 실질적인 독립으로, 대만지위미정으로부터 일변일국(一邊一國)의 주장, 정명제헌(正名制憲)제창으로부터 법률적 타이두(法律台獨)의 완성까지, 국민투표로 거쳐 대만명의에 의한 유엔 가입까지 등, 결의문은 민진당과 범타이두세력의 주장하는 바와 일맥상통한다.[30] 민진당 전 주석 요우시쿤(游錫堃)은 "신헌법 제정, 대만으로의 국호개명(정명), 국제사회에 대만은 주권독립의 국가임을 선포"하자고 주장했으며, 2007년 7월과 8월에 천수이벤은 두 차례에 걸쳐 '대만명의의 유엔가

---

상호 분치가 시작된 이래로 독립상태에 있다는 것이다. 세번째로 천롱즈(陳隆志)등의 진화독립설이다. 1991-1996년 민주화의 과정은 일종의 유효자결의 과정이었으므로 이미 독립했다는 것이다. 이 논술은 민진당의 주류논술이다. 그러므로 장제스와 장징궈 시대는 외래정권의 비법통치시대로 규정한다. 대만지위의 미독립설 중 하나로, 린쯔승(林志升), 허뤠이위앤(何瑞元)은 주권재미설을 주장한다. 주권이 미국에 속한다는 논리다. 2차대전 종결 후에 미국은 대만의 주요한 점령국가고, 중국정부는 맥아더의 명령으로 인해서 대만을 위임통치했을 뿐이며, 점령으로 인해 주권은 전이되지 않는다고 주장한다. 이 주장은 비록 탈중국화시키는 작용이 있지만, 미국정부의 입장에 변화가 없기 때문에 설득이 약하다. 황쥐쩡(黃巨正), 푸윈친(傅雲欽)은 주권은 대륙의 중국에 있다고 주장한다. 1949-1970년 간, 양안의 정부는 명백하게 통일의 염원을 선포했을 뿐만 아니라, 차이가 있다면 누가 중국을 대표하는가의 합법성의 문제일 뿐이라고 주장한다.

29) 『民進黨電子報』, 2007.10.12.
30) 徐克禮, "評民進党正常國家決議文", 『解放軍報』, 2007.10.4, 第4版.

입신청'의 서신을 반기문 유엔사무총장에게 발송했고, 대규모의 국민 투표 서명운동을 전개했다.[31] 그러나 최종적으로는 실패에 그쳤다.

이러한 인식에서 민진당이 집권하면 양안 간의 가장 큰 교집합적인 부분인 '일중(一中)'을 삭제하고 법률적 독립방향으로 진행하고자 한다. 즉 이들의 기본입장은 대만은 이미 주권독립의 국가가 되었고 현재의 헌법에 의거하여 그 이름은 '중화민국'이라는 것이다. 이것이 내포하는 함의는 지금까지 대만은 국제정치의 엄혹한 현실 속에서 중화민국이라는 명칭을 사용하지만, 미래에 헌법 개정이나 제헌을 통해서 국호를 변경할 수 있다는 것을 의미한다. 민진당은 국민당이 주장하는 중화민국 다시 말해 중국대륙은 중화민국에 속한다는 논조는 대만의 현실을 반영하지도 못할 뿐만 아니라, 그 실제성을 결핍하고 있다고 간주한다. 왜냐하면 1947년 난징에서 제정 공포한 중화민국의 헌법에 의하면 그 영토는 대만, 신쟝, 티벳, 심지어 현재 러시아의 영토까지도 포함한다. 그러므로 그 현실성을 결핍하고 있다는 것이다.

### (2) 남색진영

남색진영의 입장에서 본다면 '중화민국'은 국가의 명칭이다. 1912년 쑨원(孫文)이 영도해서 건국한 것이며, 제국주의의 반대를 무릅쓰고 동아시아에서 최초로 탄생한 민주공화국이 바로 중화민국이다. 대만과 중국대륙은 모두 중화민국에 속하고, 대만은 중화민국의 하나의 성(省)일뿐이다. 그렇지만 현재 중화민국이 유효적으로 관리하고 통치하는 구역은 대만(臺灣), 펑후(澎湖)와 마주(媽祖), 진먼(金門,) 난사군도(南沙群島)의 태평도(太平島)까지다. 중화민국은 1912년 1월 1일 난징에

---

31) 『民進黨電子報』, 2007.10.12.

서 건국했으며, 1949년에 대만으로 천도한 후, 대외적으로는 타이베이에 있는 중화민국정부(The Government of the Republic of China in Taipei) 혹은 대만에 있는 중화민국정부 The Government of the Republic of China on Taiwan)라 칭했으나 그 후 정부라는 단어를 삭제해 버리고 대만에 있는 중화민국(The Republic of China on Taiwan)이라 칭했다.[32]

녹색진영에서는 비록 '대만'은 주권독립의 국가라고 말하지만, 이러한 논리는 근본적으로 성립하지 않는다고 남색진영은 반박한다. 왜냐면 1947년 1월 1일 국민당이 대륙에서 선포한 중화민국헌법에 근거해야 하기 때문이다. 이 헌법에 의하면 중화민국의 주권은 전체 국민에 속하며, 전체국민은 곧 전체 중국인민을 가리킨다. 그러므로 대만은 지리적인 명사일 뿐이지, 결코 국가의 명칭이 될 수 없다. 특히 외국과의 수교에서 어떠한 국가들도 '대만'이라는 명칭을 사용해서 국교를 수립하지는 않았다. 모두 '중화민국'과 수교한 것이다

## 2) 중화민국 4단계론

천록진영의 중화민국에 대한 입장에서 변화가 있었다. 과거에는 중화민국을 통째로 부정했고, 중화민국을 외래 통치집단으로 규정했다. 그러나 민진당은 현실적 필요에 의해서 선거에 나가게 되고, '중화민국'의 국회에 진출했다. 도둑을 잡으려고 도둑의 집으로 들어가 그 집의 주인이 되어 버린 격이다. 이후 '중화민국'은 정치적으로 외래정권의 통치기구는 더 이상 아니게 되었다. 민진당은 2000년에 치르질 대만총통 선거에 참가하기 위해서 과격한 타이두 노선을 추진할 수 없었다. 중도 표심을 의식해야 했기 때문이다. 그래서 민진당은 1999년 「대만전도결

---

32) "馬政府遇到中國就把台灣主權閹割", 『自由時報社論』, 2010.3.31.

의문」을 통과시켜 대만은 이미 주권 독립국가이며, 헌법에 의거하여 그 명칭은 '중화민국'이라고 부른다고 밝혔다. 민진당에 있어서 「대만전도 결의문」의 지위는 마치 헌법과 동등하거나 헌법 위에 있다는 착각마저 불러일으킨다. 이로써 '중화민국은 대만'이라는 말이 출현하게 되었다.[33] 현실적으로 '중화민국 헌법'을 시행하고 있다는 대만의 현실과 민진당의 이상인 '대만 공화국' 간의 타협한 결과가 바로 대만중화민국(臺灣中華民國)이다. 2005년 8월, 천수이볜은 중화민국과 대만의 관계를 네 가지 진화의 단계로 요약했다.[34] 즉 1912년 난징에서 건국한 중화민국이 1949년 대만으로 오기 전까지는 중화민국재대륙(中華民國在大陸), 즉 1912년부터 1949년까지 38년간 중국대륙에 있었고, 1949년부터 1987년까지 중화민국도대만(中華民國到臺灣), 1988년부터 2000년 리등후이 집권기는 중화민국재대만(中華民國在臺灣), 그리고 2000년 이후부터는 중화민국취시대만(中華民國是臺灣)이라는 네 단계의 진화론을 밝혔다. '중화민국'의 중화는 '중국'과 관계되고 민국은 민주정치와 관계된다.

### (1) 중화민국재대륙中華民國在大陸, 1912~1949

첫째, 중화민국재대륙은 중화민국이 대륙에 있었던 시기다. 이 기간은 대만과 대륙은 아무런 관련성이 없다. 대만은 대만이고 중화민국은 중화민국이다. 양자는 서로 다르다. 1912년 중화민국 건국 시에 당시 대만과 펑후는 일본의 식민지였으며, 대륙은 열강이 유린하는 반(半)식

---

33) 雲程, "中華民國是台灣, 錯！", 2010.4.10, http://www.oceantaiwan.com/society/20050805.htm
34) 미국 포모사(Formosa) 기금회(基金會)의 청년친선대사와의 담화.

민지 상태였다. 이 시기 대륙은 군벌할거, 일본의 침략, 국공내전으로 혼란의 시기를 경험했다.

1936년 중화민국 헌법 초안에서는 대만을 포함하지 않았다. 하지만 당시 이미 독립을 한 몽골이나, 일본의 괴뢰정부인 만주국은 중화민국의 영토로써 헌법초안에 실렸다. 이 초안은 쑨원(孫文)의 오권(입법, 행정, 사법, 고시, 감찰)분립 사상을 헌법에 반영한 정식초고였다. 1945년 일본이 패망하고, 1946년 12월 25일 정치협상회의의 헌법초안은 제헌국민대회의 의결을 거쳐 공식적으로 중화민국 헌법이 되었다. 다시 말해 1946년이 되어서야 비로소 대만은 헌법에 삽입되고 중화민국 영토에 편입된 것이다.[35] 녹색진영의 주장에 따르면, 1945년 2차 대전이 끝난 후, 장제스 군대는 연합군 총사령관인 맥아더의 명령을 받아 일본의 항복을 접수했다. 하지만 이것은 일시적인 군사관리였으며 주권이전과는 아무런 관계가 없다고 인식한다. 당초 국민당 군대가 대만을 점령하였다 하더라도 대만이 중화민국 영토의 일부분이 되었다는 사실이 될 수 없다는 논리다.

(2) 중화민국도대만中華民國到臺灣, 1949~1987 장제스 장징궈 시기

장제스가 대륙에서 정권을 상실하고, 대만으로 파천한 이후가 중화민국도대만(中華民國到臺灣, 1949-1988)시기다. 1949년 국공내전에 실패해 대만으로 후퇴한 장제스 정권은 백색테러와 38년간의 계엄을 통해서 이름뿐인 중화민국의 정통성을 유지할 수 있었다. 또한 중화민국 헌법 이외에 반공대륙(反攻大陸)이라는 구호와 계엄법, 동원감란시기 임시조관 등으로 국민당 일당독재통치를 위한 수단으로 활용했다. 이

---

35) 鄧鴻源, "流亡政府百年祭？", 『自由時報』, 2010.1.9.

시기 중화민국과 '하나의 중국'은 동일어였다. 양장시대(장제스, 장징 궈)는 공산당과 마찬가지로 당·정·군 일치의 통치를 통해 중화민국 정권의 안정을 유지했다. 중화민국은 중국을 대표하는 유일한 합법정부이며, 대만은 반공복국(反共復國)의 기지였다. 정책의 관심사는 어떻게 반공복국 할 수 있는가로 귀결되었다. 반공복국은 국가시정의 목표였지 결코 대만 민중의 이익을 위해서가 아니었다.

대만으로 천도한 장제스의 중화민국은 1970년대 이전까지 미국의 지지를 받았고, 국제사회에서도 중국을 대표하는 유일한 합법정부였고 유엔의 상임이사국이었다. 그러나 유엔총회 2758 결의안은 냉혹한 국제정치의 현실 속에서 장제스를 유엔에서 축출했다. 이로써 유엔 상임이사국이었던 장제스의 중화민국은 정통성에 큰 타격을 받았다. 하지만 장징궈 집권 이후, 대만적(籍) 인사들을 중용하고, 정부정책의 중점을 반공복국으로부터 대만의 경제발전으로 전환시키면서 중화민국과 대만의 거리는 가까워졌다. 그러나 문화정책에 있어서 여전히 '탈대만화'를 시행했다. 이 때도 중화민국은 중국대륙에 대해 한적불양립(漢賊 不兩立)정책을 채택했다.

### (3) 중화민국재대만中華民國在臺灣, 1988-2000

중화민국재대만(中華民國在臺灣, 1988-2000)은 대체적으로 리등후이(李登輝) 집권기에 해당된다. 1988년 장징궈가 죽자, 당시 부총통이었던 리등후이는 이를 계승했다. 리등후이는 베이징이 싫어하는 모든 것을 갖춘 복합적인 인물이었다. 그러나 중공의 리등후이에 대한 집권 초기의 인상은 좋았다. 리등후이는 젊어서 공산당에 가입했으며, 1991년 국통강령 제정은 최종적으로 양안은 통일을 해야 한다는 의지를 표

출한 것이었다. 중공은 리등후이에 비교적 높은 기대감을 표출했다.[36)]
1992~1995년 리등후이는 여러 차례 밀사를 파견하여, 홍콩, 주하이 등
에서 공산당과 협상했고, 타이두 노선, 두 개 중국을 획책하지 않겠다는
인상을 보여 주었다. 심지어 제3차 국공합작을 밝히기도 하였으며, 국
공 양당이 협상을 통해 평화협정을 체결하자고 주장했다. 물론 92공식
도 리등후이 집권초기에 국공 협의가 이뤄진 것이다. 이를 계기로 1993
년 제1차 싱가포르 구왕(해기회의 구쩐푸와 해협회의 왕다오한)회담을
성사시켰다. 하지만 곧 리등후이가 통일에 뜻이 없음을 중공도 알아차
렸다. 1995년 6월 리등후이는 모교인 미국 코넬대학을 방문하여 이 연
설에서 총 17차례나 '중화민국'을 언급하였을 뿐만 아니라, '두 개의 중
국'을 언급했다. 통일문제는 꺼내지도 않았을 뿐더러, 결국 1999년에는
특수 양국론 주장으로 나아갔다.

리등후이는 중국대륙에 대해서 아무런 관심도 없었을 뿐만 아니라,
본토화라는 이름으로 본성인과 외성인 간의 성적모순(省籍矛盾)을 일
으켜, 대만민중의 동정과 지지를 이끌어 냈다.[37)] 그는 공산당이야말로
대만의 주요위협이며 전제독재의 베이징 정권은 국제사회에서 인정받
을 수 없다는 확고한 신념을 가지고 있었다. 더군다나 천안문 사건의
여파로 인해, 미국을 위주로 하는 서구사회는 베이징에 대해 봉쇄정책
을 실시했다. 국내적으로도 정통 중국인을 자부하던 장징궈가 죽었고,
국외적으로는 천안문 사태로 인해 베이징이 고립에 처한 시기에 리등
후이는 대만의 실질적인 권력을 장악한 장본인이었다.

---

36) 「我們都被李登輝騙了！」, 해협평론 334기, 2018.10. https://www.haixia-info.com/,
追憶楊斯德二三事.
37) "憲法一中與本土化", 『海峽評論』, 221期, 2009.5.

결국 리등후이의 초기 입장은 국민당 내의 권력을 공고화하기 위해서, 당내의 주류와 비주류의 투쟁을 이용했고, 본성인과 외성인의 성적모순을 이용해서 집권에 안정을 가하고자 한 것이었다. 또한 당시의 국제정세는 대만에 유리했다. 그러므로 리등후이의 양안 정책은 베이징에 대해서 강경했다. 비록 1992년의 '하나의 중국'에 대한 묵계를 도출하고, 국통강령, 통일위원회의 설치를 통해 국민당 비주류파를 안심시키고자 하였지만, 그 자신은 통일에 대한 의지가 전혀 없었다. 오히려그는 국민당을 장악한 후에 암암리에 대만독립 노선을 취했다. 특히 이러한 투쟁은 족군(族群, 본성인과 외성인)의 민감한 신경을 건드렸고, 다수 본성인의 지지에 힘입어 오히려 국민당을 외래정권으로 규정했다. 이로써 국민당 내부에 투쟁이 격심하게 일어났고, 그 결과 자오사오캉(趙少康)을 위주로 하는 일부분의 외성인들이 국민당을 탈당하여1993년 신당(新黨)을 창당했다. 동시에 리등후이가 의도했던, 의도하지 않았던 간에 이는 야당인 민진당을 돕는 결과를 낳았다. 리등후이는 몸은 국민당에 있어도 마음은 민진당에 있었다. 이어서 치앤다오후(千島湖事件)[38] 사건의 발생을 이용하여 중국공산당에 대한 적대감을 유발시키고, 베이징을 자극하여 대만내부의 단결과 응집을 꾀했다.

베이징 역시 리등후이의 노선을 명확히 알게 되었고, 대만에 대한무력위협을 취했다. 1995~6년 양안 위기[39]가 발생한 배경이다. 이어서

---

38) 1994년 봄, 중국대륙의 저장성 치앤다오후(千島湖)를 유람하던 대만인들이 살해당한 사건이다. 24명의 대만관광객 및 선원 8명이 강도에 의해 살해당했다. 이 사건은 대만에 큰 파장을 불러일으켰고, 사건을 처리하는 과정에서 대만인들은 중공 공안에 분개했다. 이는 대만의 정체성에 큰 영향을 미쳤다.
39) 1995년부터 1996년 사이 양안관계는 지속적인 긴장상태에 있었다. 중공은 군사연습을 실시하고, 인민해방군 제2포병과 난징군구가 대만 해역에 미사일을

리등후이는 경제적으로는 '계급용인' 정책을 취했고, 급기야 1999년에 양안은 특수한 국가대 국가의 관계라는 '특수양국론'을 발표했다. 대륙에 있는 중국도 하나의 국가며, 대만에 있는 중국도 하나의 국가라라는 점을 부각시켰다.

이러한 상황에서 리등후이는 중화민국과 대만의 융합을 시도했다. 비록 성공하지 못했지만, 어느 정도의 성과는 거두었다. 그 성과는 중화민국재대만(中華民國在臺灣)에 담겨있다. 중화민국재대만(中華民國在臺灣)이라는 용어는 1949년에 나타난 용어이지만 당시만 해도 일상적으로 사용하지는 않았다. 1995년 리등후이는 모교인 미국의 코넬대학 방문에서 "민지소욕상재아심(民之所欲, 常在我心)"이란 제목으로 강연을 하였다. 대만인들이 원하는 바는 항상 내 마음에 있다는 의미였다. 이때 처음으로 국가원수의 신분으로 '중화민국재대만'의 개념을 사용했다.[40] '중화민국재대만'을 쓰기 전, 외교적으로는 중화민국(Republic of China)이란 단어를 사용했다. 그러므로 '중화민국재대만'이라는 용어는 상당한 쟁의성이 있었다. 중화민국재대만'은 중화민국의 주권은 대만, 펑후, 진먼, 마주로 한정되며 중국대륙은 포함되지 않음을 의미한다. 그렇다면 헌법에 명시된 중화민국의 영토인 중국대륙은 무엇인가라는 문제가 남는다. 이상적으로는 대만공화국을 선포하고 싶으나, 국제적인 현실과 국내 상황을 고려하여야만 했기 때문이다. 다시 말해 형식적으로 중화민국은 주권독립국이란 껍데기를 차용해서 대만에 있는

---

발사했고, 상륙작전 훈련을 펼쳤으며, 미국은 항공모함을 출동시켜 대만해협은 전운이 감돌았다. 1차 위기는 리등후이의 미국방문에 항의하기 위해서, 2차위기는 대만에서 처음으로 실시되는 직접총통선거에 영향을 미치기 위해서였다.

40) 1995년 리등후이의 미국 방문 시, 코넬대학에서 한 연설.

중화민국은 주권독립 국가라는 개념을 만들어낸 것이다. 이른바 주식
시장을 비유하자면 우회상장하는 방법을 택한 것이다. 대만에 있는 중
화민국과 중국대륙에 있는 중화인민공화국은 대등하며 상호 예속되지
않는다. '중화민국재대만'의 진정한 함의는 중화인민공화국은 대륙에

**표 6.7** 리등후이 양안관계 논술 진화 과정

| 연도 | 양안 관계 논술 | 출처 | 비 고 |
|---|---|---|---|
| 1991 이전 | 순수한 하나의 중국 한적불양립(漢賊不兩立) | | 장제스·장징궈 시기와 동일 |
| 1991.3. | 완화된 하나의 중국 대륙과 대만은 모두 중국의 영토 | 국가통일위원회 국가통일강령 | 최고지도원칙, 2006년 종지(終止-) |
| 1992.8. | 주권은 전중국(全中國)에 미치지만 치권(治權)은 대만, 펑후(澎湖), 진먼(金門), 마주(馬祖)에만 미친다. 주권과 치권의 분리. 두 개의 정치실체가 대만해협을 사이에 두고 분치 | 국가통일위원회 「하나의 중국에 관한 함의」 결의안 통과 | 일국양부(一國兩府), 일국양치(一國兩治), 일국양헌(一國兩憲) 등, 두타이(獨臺) 개념 초보적 형성 |
| 1994.7. | 하나의 중국은 역사적, 지리적, 문화적, 혈연적인 중국. 중화민국은 1912년 건국한 이래로 국제사회에서 독립주권을 가진 국가다. 하나의 중국, 두 개의 대등정치실체(一個中國, 兩個對等政治實體) | 「대해양안관계설명서(台海兩岸關係說明書)」 | 하나의 중국에 관한 주권적인 함의 퇴색. 두타이 논술 |
| 1999.7. | 특수양국론. 양안은 특수한 국가대 국가다. 하나의 중국 안의 내부관계 아님 | 도이치벨레(Deutsch Welle)와의 인터뷰 | 타이두(臺獨) |

※ 리등후이의 양안논술은 일중(一中)에서 두타이(獨臺), 다시 두타이에서 타이두(臺獨)로 점진적으로 진화
했다. (1)일중(하나의 중국)은 즉 중화민국이다(일중논술에 속한다) → (2)일중, 즉 중화민국이다. 그 주권은
대륙을 덮는다. 치권은 타이펑진마에 한한다. 실질적으로는 주권과 치권이 분리된 프레임에서의 일국양
부(一國兩府)에 속한다(두타이) → (3)일중, 즉 역사적, 지리적, 문화적, 혈연상의 중국이다. 중화민국은
그 아래 두 개의 대등한 정치실체 중의 하나다(실질적으로는 주권과 치권이 분립된 프레임에서 보다
먼 일중양국(一中兩國)이다(두타이)→(4)일중을 말하지 않는다. 중화민국은 중화인민공화국과 대등한 특
수 국가다(타이두). (1)이 진정한 일중논술에 속한다. (2)와 (3)은 일중의 외피를 입은 타이두 논술이다.
즉 두타이다. (4)는 일중과 관계없는 타이두 논술이다. 리등후이는 시작하자마자 목표를 (4)에 두었다.
8년에 걸쳐 앞 3개의 논술을 전개시켰다. 점진적인 타이두의 길을 걸어갔다. 외관적으로는 두타이 논술을
사용하고 있다.

있고, 중화민국은 대만에 있다는 의미다. 바꾸어 말해, 국민당 일당 통치와 국민당의 중국의식이 농후한 시기에 '중화민국재대만'은 중화민국체제로부터 대만체제로 나아가기 위한 일종의 점진적인 책략이었다. 비록 혈연, 지리, 문화, 역사상에 있어서 중국대륙과 그 연원을 공유한다고 하더라도, 대만과 대륙의 관계는 외국도 아니고 본국도 아닐 뿐만 아니라 외국인도 아니고 국민도 아닌 관계를 의미한다.

리등후이는 총통직에서 물러난 후에 '중화민국재대만'은 단계적인 정명운동의 일부분이라는 사실을 공개적으로 인정했다. 그 최종목표는 중화민국이라는 국호를 대만으로 개명하는 것이다. 리등후이가 발표한 '중화민국재대만'은 대만과 중화민국 간의 접합점을 찾기 위한 고육책이었다.

남색진영의 입장에서 본다면 '중화민국재대만'은 헌법에 명시된 중국대륙의 영토를 포기할 뿐 만 아니라, 중화민국 영토를 대만섬으로 한계지우고, 왜소화시키는 조치들이다. 심록진영의 입장에서 본다면, 중화민국은 이미 국제사회에서 존재하지 않는 국가다. 즉 유령국가이며 또한 '중화민국재대만'은 대만은 유령국가의 한 개 성(省)일 뿐이다.

2000년 리등후이는 국민당의 이용가치가 가장 낮을 때에 그 당을 탈당하여 심록진영의 대표정당인 대만단결연맹을 창당하였고, 그 당의 정신적 영수가 되었다. 퇴임 후 그는 더 강경한 대만독립을 주장하였고, 대만은 이미 주권독립 국가며 중화민국은 이미 존재하지 않는다고 밝히기도 했다. 이것은 민진당의 주장보다 한 걸음 더 나간 것이다. 현재 정명, 제헌, 국가정상화 및 대만명의의 유엔가입은 범녹색진영의 공통된 인식이 되었다.[41] 다만 시기의 차이가 있을 뿐이다. 즉각적으로 정

41) 黃昭堂, "台獨理論的整合", 國家定位政策硏討會(主辦單位 : 台灣安保協會、

명, 제헌을 하자는 쪽과 상황을 보아서 하자는 차이일 뿐이다.

### (4) 중화민국취시대만中華民國就是臺灣, 2000년 이후

2000년 민진당은 대만 역사상 처음으로 정당 교체를 이루어 냈다. 중화민국취시대만(中華民國就是臺灣), 즉 "중화민국이 바로 대만이다"는 주장이다. 이 시기는 민진당의 천수이볜이 당선 된 이후 지금까지의 기간에 속한다. 천수이볜은 대만민주화의 개혁은 권위주위체제 시기의 일중프레임(하나의 중국)의 포기하에서 전개된 것이라고 밝혔다.[42] 즉 냉전시기, 중화인민공화국이 유엔의 중화민국 의석을 대체한 후에 중화민국은 국제법적인 정당성을 잃었고, 이후 대만민주화의 과정은 직선제를 쟁취하는 과정이었으며, 대만 혹은 중화민국이라는 국호를 사용함으로써 대만(중화민국)의 주권은 독립적임을 강조한 기간이다.

중화민국과 대만은 어떻게 융합하여 일체화가 되었는가? 그 답은 민주선거와 국민주권을 통해서이고, 중국대륙으로부터 대만으로 철수한 중화민국체제가 대만독립을 주장하는 온건한 세력들과 융합하게 되면서 질적인 변화를 일으킨 것이다. 이것이 중화민국 = 대만이다. 하지만 여기에도 쟁론이 남는다. 대만독립의 강경파인 심록진영의 견해가 그것이다.

---

台獨聯盟主辦、現代文化基金會、亞洲安保論壇), 2007.8.4.

42) 2010년 3월27일 대만의 전부총통 뤼시우롄(呂秀蓮)은 '96공식(共識)'을 발표했다. 96공식은 대만 역사상 총통선거가 최초로 실시된 날을 '국가주권독립기념일'로 삼자는 것이다. 뤼시우롄은 민진당과 대만단결연맹 그리고 36개 시민단체가 참여하는 '96공식' 연맹을 발기하여 민선 대만총통선거일을 국가주권기념일로 정하자는 활동을 벌였고, 마잉주에게는 '92공식'을 비판했다.

## 4. 심록진영의 견해

"중화민국은 대만"이라는 명제에 대해서 심록의 입장은 민진당의 온건한 입장과는 다르다. 먼저 대만인이 당가작주(當家作主) 해야 한다는 데에 기초를 두고 있다. 당가작주는 민주주의의 최소한의 기본원칙인 자신의 일은 자신이 처리해야 하며, 이와 마찬가지로 대만인들이 대만인들의 일을 해결해야 한다는 소박한 것이다. 민진당은 여기에 바탕을 두고 이상과 현실적인 결합을 목표로 하였기 때문에 중화민국은 대만이 되었다. 그러나 심록(강경 대만독립파, 기본교의파) 진영은 "중화민국이 대만"이라는 이 명제는 정부계승의 위험을 숨기고 있는 것으로, 법률상 모순이라고 주장한다. 첫째, 국제법상으로 중화인민공화국이 중화민국이 소유한 일체의 권리, 권리의 근원(來源), 주장 및 청구권을 합법적으로 대체했다. 만약 중화민국이 대만이라면 그것은 바로 중화인민공화국은 대만이라는 말이 된다. 이는 대만인은 중국인이 된다. 둘째, 국제사회에 있어서 주권전이(主權轉移)는 모두 조약으로 완성된다. 1912년 중화민국이 건국 될 당시 대만은 중화민국의 영토가 아니었다. 언제부터 대만이 중화민국의 영토가 되었는가?라는 의문점이 남는다. 나아가 어떠한 조약에 의거해서 중화민국은 대만의 권리를 획득했는가? 일본이 대만을 포기할 때 어떤 절차와 과정에 의해인지 또한 대만이 중화민국의 수중으로 왔는지에 대해서도 회의적인 태도를 보인다. 예를 들어 부동산을 사고 팔 때에도 서로 간, 중개인과 입회하에 쌍방의 문서를 첨부하여 등기로 완료되듯이, 국가주권의 전이에서도 마찬가지다. 사후에 일방적으로 주권이전을 해석한다면 이는 틀린 것이라는 점이다. 더구나 심록진영은 대만인들이 주권에 대해서 오해를 하고 있다고 주장한다. 주권은 양면성을 지닌다. 즉 국가주권(영토주권)

과 국민주권이 있다. 국가주권은 17세기 유럽에서 기원하였다. 군주국가의 흥기와 종교개혁을 계기로, 1625년 그로티우스(Hugo Grotius)의「전쟁과 평화법(De jure belli ac pacis libri tres)」및 1648년「베스트팔리아 조약(Treaties of Westphalia)」은 국제법상 국가주권의 근거가 된다. 국민주권은 18~9세기 개인주의 및 자유주의의 힘을 빌린 사조와 헌정질서를 반영하였다. 대만인들은 국제법상의 국가주권과 헌법상의 국민주권을 오해한다는 것이다. 바꿔 말하면 오직 천록진영은 전면적으로 민주를 실시하면 대만의 주권은 대만인들에게 있다고 본다.[43] 여기에 대해서 심록진영은 천록진영에 비판을 가하고 있는 것이다.

1912년 건립된 중화민국, 현재의 합법 영토는 단지 진먼(金門), 마주(馬祖)에 불과하다. 대만은 1945년 연합군 사령관 맥아더의 위탁을 받은 장제스가 점령한 토지이지 결코 중화민국의 합법 영토가 아니다고 강조한다. 그 결과 오늘날 합법적인 중화민국의 영토는 진먼, 마주에 불과하고 중화민국은 이에 대해 일체의 정치결정을 할 수 있지만, 대만섬에 대해서는 불과하다는 입장이다. 이런 이유로 인해서 심록진영 강경파들의 주장은 중화민국은 영원히 대만에 존재하지 않으며, 중화민국은 바로 진먼, 마주에 불과할 뿐이라는 것이 정확한 표현이라고 강조한다. 이런 주장에도 불구하고 대다수 범록진영의 주류 견해는 아직도 중화민국은 바로 대만이라는 점이다.

## 5. 뤼시우롄呂秀蓮의 견해

2010년 3월 27일 대만의 전 부총통 뤼시우롄은「96공식」을 발표했다.

---

43) 雲程,《佔領與流亡―台灣主權地位之兩面性》, 臺北, 2005, http://www.oceantai-wan.com/society/20050805.htm

96공식은 대만 역사에서 처음으로 총통 직접 선거를 실시한 날을 국가 주권 독립기념일로 삼자는 게 골자다.[44] 뤼에게는 총통민선일인 1996년 3월 23일이 대만독립일이다. 뤼 전부총통은 「96공식 연맹」을 발기하였는데. 이 조직에는 민진당, 대만단결연맹, 36개 본토 사회단체가 참여하였다. 즉 대만 총통 민선일을 국가주권 기념일로 삼자는 것이다. 하지만 "대만은 이미 주권독립국가"라고 생각하는 사람들에게 있어서 반드시 언제(since when?) 독립했는가의 문제가 남는다. 설령 대만이 몇 월 몇 일에 독립했다고 여기는 사람들 역시 그날 '누가' 국제사회를 향해 선포를 했는가의 문제가 남는다. 또한 새로운 국가 대만은 어디인지의 질문이 남는다.[45] 실제로 범록진영의 약점은 대만은 언제 독립했는가를 모르며, 독립일이 언제인지를 모른다는 점이다. 그러므로 대만을 주권독립국가라고 주장한다면, 논리적으로 성립할 수 없다.

하지만 헌팅턴(Samuel P. Huntington)의 말대로 국민이 보통선거를 통해서 국가의 최고결정권자를 선출하는 것이 민주정치의 정수라면, 이는 민주화의 가장 관건적인 일임에는 분명하다. 바로 자유, 공개, 공평의 선거로서 정부를 탄생시켰다는 점에서 뤼 부총통의 의견은 일종의 타당성이 있다.[46]


## 6. 일중헌법(하나의 중국헌법)

현재 대만에서 시행되고 있는 중화민국 헌법에 따르면 대만은 중화

---

44) 呂秀蓮 : 台灣已獨立十四年〉, 《台灣 : 聯合報》, 2010.3.27.
45) 雲程, 《佔領與流亡―台灣主權地位之兩面性》, 臺北, 2005, http://www.ocean-taiwan.com/society/20050805.htm
46) 〈總統直選台灣法理獨立日〉, 《台灣 : 玉山周報》, 第39期, 2010.

민국의 한 개 성이다. 그러나 중화민국은 결코 대만섬 만 있는 것이 아니다.[47] 중화민국이 관할하는 구역은 대만성(타이완, 펑후)외에도, 푸젠성의 진먼(金門), 마주(馬祖) 및 남중국해의 동사군도 및 남사군도를 관할하며, 특히 남사군도에서 가장 큰 섬인 태평도(太平島)에 대만의 해양경찰이 주둔하고 있다. 하지만 진먼, 마주, 남사군도는 협소하고 쓸모없는 탄환지지(彈丸之地)의 땅으로 만약 대만섬을 상실한다면 입족의 여지가 없다.

과거 양안은 각기 자신의 헌법에 근거해서 통일방침을 설정했다. 베이징은 과거 대만해방 정책에서 개혁개방 이후 평화통일 일국양제 정책으로 전환했고, 국민당 역시 중국대륙을 탈환하기 위한 반공대륙(反攻大陸), 삼민주의통일중국(三民主義統一中國), 국가통일강령에서 그 통일의 입장을 밝혔으나, 대만내부에서 양안 통일에 관한 정책은 없다. 양안 간에는 불전불화(不戰不和)의 현상이 조성되고 있지만, 베이징의 입장에서 본다면 대만과의 통일은 천만년이 걸려도 실현해야 할 조국의 삼대 임무중의 하나다. 반면 대만의 입장에서 본다면 통일과 독립은 2300만 대만인들의 선택사항이다. 그럼에도 불구하고 양안의 각자 헌법은 일중헌법으로서 전체중국 주권과 영토완정을 포괄하고 있다. 대만에 온 이후 중화민국 헌법은 주로 리덩후이 집권기에 수차례 개헌이

---

47) 全國法規資料庫,《中華民國憲法》, http://law.moj.gov.tw/Scripts/newsdetail. asp?no=1A0000001

中華民國憲法(民國36年0月01日公佈), 中華民國憲法第一章如下 ;

第1條中華民國基於三民主義, 為民有民治民享之民主共和國。第2條中華民國之主權屬於國民全體。第3條具中華民國國籍者為中華民國國民。第4條中華民國領土, 依其固有之疆域, 非經國民大會之決議, 不得變更之。第5條中華民國各民族一律平等。第6條中華民國國旗定為紅地, 左上角青天白日。

있었지만 주권과 영토완정에 관해서는 개정할 수 없었다. 여전히 대륙과 대만을 포괄하는 하나의 중국헌법이다. 만약 민진당이 개헌이나 제헌의 방식으로 현상을 변경한다면 이는 중공의 마지노선을 넘는 일이다. 반분열국가법에 의하여 대만에 대한 무력을 동원할 가능성이 높다. 다시 말해 중공은 대만이 '하나의 중국헌법'을 고쳐서 대륙으로부터 대만이 분리해 나가는 법률적 타이두의 노선에 매우 강경한 태도를 취하고 있다.

일중헌법은 객관적으로 양안 간에 '하나의 중국'이라는 교집합이 존재하게 만든다. 각자의 현행 헌법에서는 대륙은 중화민국의 일부분이고, 대만 역시 중화인민공화국의 일부분이다. 하지만 만약 베이징이 대만의 중화민국을 승인한다면 이는 곧 두개의 중국이 된다. 그렇지만, 대만의 현행헌법인 '중화민국' 헌법은 하나의 중국이라는 사실을 부인하기는 어렵다. 대만과 대륙이 서로 서로 각자가 주장하는 '하나의 중국' 헌법을 가지고 있기 때문이다. 그러나 모순적인 것은 베이징이 중화민국을 인정할 수 없다는 데에 있다. 이는 베이징과의 대등, 평등, 공정한 대우를 원하는 대만인들에게 받아들여지기 어렵다.

2007년 대만총통선거 경선 기간에 씨에창팅(謝長庭)은 현재 양안 간의 최대의 교집적인 부분은 일중헌법이라고 밝혔다.[48]

현행 대만의 중화민국 헌법은 사실상 대중국 일통(一統)의 헌법이며, 헌법을 어떻게 고치든지 간에 여전히 일중헌법이다. 비록 여러 차례 개헌이 있었지만 여전히 '하나의 중국'이라는 모자를 벗어버리지 못한

---

48) 謝長廷抛出的「憲法一中」是，一是可以化解馬英九「愛台灣愛本土理論」對淺綠選民的本土攻勢；二是可藉此議題與陳水扁施壓「謝蘇配」進行討價還價；三是可以兩岸與「統獨」的話題為主軸，轉移社會上對謝長廷涉及玉皇宮等九大弊案的關注.

이유가 여기에 있다. 더군다나 미국도 이에 반대한다.[49] 이러한 상황에서 민진당은 오랜기간 동안 일중헌법에 대해서 모호한 태도를 취했으며, 민진당의 대만전도결의문 역시 대만은 하나의 주권독립국가라고 강조하면서도 중화민국의 헌법체제를 인정한다. 이는 원래 대만공화국을 건설한다는 타이두 강령과는 다른 것이다.[50] 물론 깨끗하게 때에 맞는 헌법을 제정하면 모든 것이 해결된다. 그러나 헌법제정을 법률 타이두로 여기는 베이징의 인식, 당연히 반분열국가법에 해당되므로 베이징이 대만에 대한 무력을 동원하는 조건이 된다. 여기에 더해 현상변경을 바라지 않는 미국의 입장과 대만내부에서의 통일과 독립을 둘러싼 극심한 이견이 존재하기 때문이다. 이런 결과 대만 조야는 대만이 비정상국가라는 데는 동의하나, 「새로운 헌법」의 제정 여부에 대해서는 각 당은 각자의 방식을 주장한다.

대만 내부와 베이징, 워싱턴의 반대에도 불구하고, 2007년 3월 4일 원소절 저녁, 천수이볜은 대만인공공사무회 25주년 경축 만회에서 사요일몰유(四要一沒有)를 발표했다. 즉 대만은 독립해야 하며, 정명해야 하며, 신헌법을 필요로 하며, 대만은 발전해야 하며, 대만에는 좌우의 노선은 없고 오직 통독의 문제만 있다고 밝힌 것이다.[51] 또 2007년 9월 30일에 개최된 민진당 전국당원대표대회에서 「정상국가결의문」이 통과되었다. 그러나 민진당 주석 요우시쿤(游錫堃)이 제출한 국호개명의 수정본은 통과되지 못했다. 요우시쿤의 판본은 대만은 신헌법을 제정해야하고, 국호를 대만으로 개명하며, 대만은 주권독립국가임을 국제

---

49) 同上註.

50) 《自由時報》, 2007.5.11.

51) 〈四要一沒有扁宣示台灣要獨立〉, 《自由時報社論》, 2007.3.5.

사회에 정식으로 선포해야 한다고 밝혔다. 이 여파로 그는 당내 고위 인사들의 반대에 직면해 주석직을 사퇴하게 되었다. 민진당의 주류민 의는 오히려 국호개명문제는 총통선거에서 중간 유권자층을 끌어들이 는데 불리하고, 미국의 마지노선을 넘는다는 이유였다. 국호를 대만으 로 정명 한다는 「국가정명위대만(國家正名為台灣)」조항 역시 표결 결 과 통과되지 못했으며, 결국 절충적인 공식 판본은 "이른 시일 내에 대 만정명을 완성하고, 신헌법을 제정하며, 적당한 시기에 국민투표를 실 시해 대만은 주권독립국가를 드러낸다(早日完成台灣正名, 制定新憲 法, 適當時機擧行公民投票, 以彰顯台灣是主權獨立國家)"는 것으로 완화되어 타협했다. 대만의 명의로 유엔 가입을 신청하고 이른 시일 안 에 신헌법제정과, 적당한 시기에 국민투표 실시 등을 요구하고, 국민투 표를 통한 신헌법제정, 유엔가입을 한꺼번에 연계시키고, 대만의 주권 독립국가 이미지를 국제사회에 표시하는 조치들은 결국 실패로 돌아갔 다.52)


## 7. 국민투표에 의한 헌법제정公投制憲

2004년 3월 14일 천수이볜은 까오슝(高雄)에서 개최된 세계대만인동 향회(世界臺灣人同鄕會) 연례 행사에서 만약 그가 연임한다면, 2006 년에 국민투표에 의한 제헌, 2008년에 대만신헌법을 실시할 것이라고 발표했고, 자신이 추진할 타이두의 로드맵을 발표했다.53) 2008년 자신 의 총통 퇴임 전까지 대만의 몸에 맞고, 때에 맞고, 쓰임에 맞는 신헌법

52) 徐克禮, 〈評民進党"正常國家決議文"〉,《解放軍報》, 2007.10.4, 第4版.
53) 〈陳水扁"世台會"言論表明他想鋌而走險〉,《新華社》, 2004.3.15.

을 제정할 것임을 거듭 밝히면서 민진당이 견지해야 할 이상을 밝혔다. 제헌은 인민민주와 불가분의 관계에 있을 뿐만 아니라, 아래에서 위로, 인민의 참여와 지지를 통해 대만인민은 자신의 헌법을 지닐 수 있음을 밝히고, 대만은 민주국가며, 대만전도에 관한 그 어떠한 변화도 오직 2300만 대만인민이 최후의 결정을 할 권리가 있다고 발표했다.[54] 미국의 대만관계법 제15조에도 "1979년 미국이 승인한 중화민국의 대만통치당국 및 그 통치당국을 계승한 당국에도 대만관계법이 적용된다"고 밝히고 있다. 그러므로 중화민국의 국호를 대만으로 개명하거나 대만인민이 제헌의 권리를 행사하더라도 대만관계법의 규정을 넘지 않는다고 파악하고 있다.[55] 하지만 결국 천수이볜은 국내외의 반대를 극복하지 못하고 그의 조치들은 실패로 귀결되었다.

## 8. 2006년 국가통일강령國家統一綱領 및 통일위원회 종지終止

### 1) 국가통일강령國家統一綱領

국가통일강령은 2006년 적용이 종지(終止, cease to apply)될 때까지 대만의 중국대륙정책에 관한 최고지도원칙이었다. 1991년 2월 23일 국가통일위원회(국통회) 제3차 회의 결의로 통과되어 동년 3월 14일 행정원 2223차 회의에서 집행되었다. 국통강령은 민주, 자유, 균부의 중국을 건립을 목표로 하여 4대 원칙과 3단계 과정을 밝힌 대만과 대륙의 중국통일을 목적으로 하는 강령이었다.[56] 2006년까지도 대만은 중국과의

54) 《自由時報》, 2005.6.27.
55) 〈國家正常化 : 台灣人民需上下一心追求新憲法〉, 《自由時報社論》, 2005.6.27.
56) 국가통일강령(国家统一纲领, 이하 국통강령)은 과거 대만의 대륙정책에 관한 최

고지도원칙이다. 1991년 국가통일위원회 제3차 회의에서 통과 되었다. 전문에 "중국의 통일, 국가의 부강과 민족의 장기적 발전을 모색하는 것은 해내외 중국인 공동의 소망이다. 해협 양안은 마땅히 이성, 평화, 대등, 호혜의 전제에 서 솔직하고 성실한 교류, 협력, 협상을 거쳐 민주 자유, 균부의 공통된 인식 을 건립하며, 공동으로 하나의 통일된 중국을 건설한다. 이러한 인식에 기초 하여, 특별히 본 강령을 제정하며, 마땅히 해내외 전체 중국인들이 동심협력 하여 공동으로 함께 관철해야 한다. 목표는 민주, 자유, 균부의 중국을 건립하 는 것이며 4대원칙으로서 첫째, 대륙과 대만은 모두 중국의 영토다. 국가의 통일 촉진은 마땅히 중국인 공동의 책임이다. 둘째, 중국의 통일은 마땅히 전 체인민의 복지가 출발점이자 귀착점이며, 당파의 싸움이 아니다. 셋째, 중국의 통일은 마땅히 중화문화를 홍양하고, 인성존엄을 지키며, 기본인권을 보장하 고, 민주법치 실천을 종지로 한다. 넷째, 중국의 통일, 시기와 방식은 먼저 대 만지구 인민의 권익이 존중되어야 하고, 그 안전과 복지를 지키고, 이성, 평화, 대등의 원칙에서, 단계적이고 점진적으로 달성한다.

3단계 과정

1. 단기(近程, 호혜교류의 단계) : 1)교류로서 이해를 촉진하고, 호혜로서 적의 를 화해하며, 교류 중에 상대의 안전과 안정에 위해를 가하지 않고, 호혜 중에 상대방의 정치실체를 부정하지 않으며, 양성적인 상호작용의 관계를 만든다. 2)양안교류질서를 건립하고, 교류규범을 제정하며, 중개기구를 설 립하고, 양안 인민의 권익을 지킨다. 점진적으로 각 항의 규제를 풀고, 양안 민간교류를 확대하여 쌍방 사회의 번영을 촉진한다. 3) 국가통일의 목표에 서 양안인민의 복지를 증진한다. 대륙지구는 적극적으로 경제개혁을 추진 해야하며, 점차적으로 여론을 개방하고, 민주 법치를 실행한다. 대만지구는 마땅히 신속한 헌정 개혁을 통해 국가건설을 추진하고 균부사회를 건설한 다. 4) 적대상태를 제거하고, 하나의 중국원칙 아래에서 평화방식으로 일체 의 쟁단을 해결한다. 국제사회에서 상호존중하며, 상호 배척하지 않으며, 대등한 관방의 소통채널을 만든다.

2. 중기(상호신뢰협력단계, 中程) : 1) 양안은 대등한 관방의 소통채널을 만든다. 2)양안은 직접적인 통우, 통항, 통상을 개방하여 공동으로 대륙의 동남연해 지구를 개발한다. 아울러 점차적으로 기타 지구로 확대하여 양안인민의 생

통일 가능성을 열어놓고 있었다. 대만의 통일에 대한 구상은 양안 대립의 상황에서 진화되어 온 것으로 대략 4단계로 나눠 볼 수 있다.

제1기는 무력해방기다. 1949-1954년 군사충돌 시기로써 서로가 서로를 무력으로 해방을 추진했다. 한국전쟁으로 인해 장제스는 기사회생했다. 한국전쟁이 정전되고, 1954년 미국과 장제스의 중화민국은 방위협정을 체결하여 공산당의 대만해방을 억제하였다.

제2기는 교류 없는 평화적 대치 시기였다. 1955-1986년 기간이다. 양안 간에 충돌이 전혀 발생하지 않았던 것은 아니었지만, 1957년 공산당은 당내부의 좌우운동(反右運動), 당내문제 및 사회문제가 누적되었고, 대외적으로 흐루시쵸프의 중국 인민공사에 대한 비판이 있었고 중·소관계에 균열이 발생하기 시작했다. 물론 베이징은 이러한 배경에도 불구하고 1958년 대만 진먼섬에 823포격을 일으켰다. 장제스도 1962년 대륙에서 대기황이 발생하여 난민들이 증가하자, 무력으로 중국대륙수복 가능성을 추진하고자 했다. 하지만 미국의 반대로 실패했다. 1971년 미국의 대중정책의 변화와 1979년 중·미수교 등. 양안 간에 거대한 충격을 주었지만, 진정한 군사충돌의 의도는 없었다. 그러므로 이 시기를 대략적으로 평화대치 혹은 비군사대치기에 속한다.

제3기는 1987년~1991년 기간이다. 대만이 일방적으로 이산가족 찾기인 대륙탐친을 실시하고 중공도 이에 호응했고, 이로 인해 교류가 늘어

---

활 차이를 단축한다. 3) 양안은 상호 협조하며, 국제조직과 활동에 참가한다. 4) 양안 간 고위급 인사 방문을 추진하고, 통일협상의 유리한 조건을 창조한다.

3. 장기(통일협상 단계): 양안통일협상 기구를 만들고, 양안 인민의 의원에 의거하여 정치민주, 경제자유, 사회공평 및 군대 국가화의 원칙을 견지하여 통일대업을 함께 상의한다.

나자, 양안관계는 새로운 단계로 접어들었다. 교류를 통해 양안 상호간 서로 영향을 미치게 되었다.

제4기는 국통(국가통일위원회) 강령기다. 1991-2006의 시기다. 형식적으로 양안 간 통일의 가능성이 배제되지 않았던 시기다.

제5기는 국통강령 종지 2006년부터 지금까지의 시기다. 마잉주(2008-16)와 차이잉원(2016~현재) 시기로 현상유지기다. 현재 대만의 통일정책은 없으며 그나마 마잉주는 통일을 먼 미래에 두었다.

## 2) 국가통일위원회 강령 종지終止의 배경

양안통일에 대한 민진당의 인식은 천수이볜 집권기 국통회와 국통강령의 종지를 통해 잘 보여주고 있다. 국통회는 법률에 의거하지 않은 임무편제(任務編組)의 형태로 운용되고 있었고, 국통강령은 국민당 정부의 정책 강령이며 법적인 구속력을 가지고 있지 않았다.[57]

천수이볜은 2006년 3월 일본 요미우리신문(讀賣新聞)과의 인터뷰에서 국통강령 종지(終止)의 배경을 밝혔다.[58] 대만에 대한 공산당의 군사적 위협이 계속 증가하고 있고, 특히 반분열국가법이 통과 된 후, 양안 간 군사력의 균형은 점차 중국대륙으로 기울어진 시점에서 대만은 이에 대응하는 조치를 취해야 했다. 주권재민의 원칙에 기초하여, 2300만의 대만인민이 자유롭게 선택할 권리를 주기 위함이며 이는 오히려 대만해협의 평화를 유지하기 위한 것이라고 밝혔다.[59] 즉 국통강령을

---

57) 〈行政院院長蘇貞昌, 立法院第6屆3會期上報告〉, 行政院大陸委員會, 2006.3.6.

58) 일본 요미우리 신문사의 하라키 이치로(原野喜一郞)는 천수이볜에게 국통강령 종지의 목적은 무엇인지 또한 2000년 천수이볜 총통 취임연설에서 베이징에 대해 승낙한 사불일몰요에 위배되지는 않는지 그 여부를 물었다.

59) 〈陳水扁先生本(95)年3月3日接受日本讀賣新聞國際部部長原野喜一郞〉,

종지시킨 배경으로 중공이 전인대에서 반분열국가법을 통과시키고 대만에 대한 무력사용의 준비에 대응하기 위한 조치가 필요했다. 아예 양안 간의 제대관계(臍帶關係)를 없애버리고, 각자의 길을 걸어가자고 천명 한 것이다. 천수이벤은 국통회와 국통강령을 과거 황당무계한 시대에 황당무계한 산물(過去荒謬年代的荒謬産物)로 국통강령은 완전히 이당영정(以黨領政)의 비민주적인 산물로 규정했다. 특히 국통강령은 중국통일을 추구하고, 일중원칙을 받아들이는 것과 다를바 없으며, 대만사회의 주류가치와 부합되지 않았다. 통일을 할지 안할지는 오직 대만인들이 결정해야하며, 종극통일(終極統一)은 2300만 대만인민의 선택사항일 뿐이다. 2006년 여론조사에서도 현상유지는 60%, 대만독립 찬성17%, 양안통일 주장자는 겨우 4%에 불과하다. 기실 종극통일론자는 대만사회에서 소수며, 77% 대만민중은 종극통일에 반대한다. 대만의 절대다수의 민의에도 부합되는 것이다. 이는 현재 차이잉원 정부도 마찬가지다.[60]

2006년 국가안전회의를 개최하고 그 결과 최종적으로 국가통일위원회 종지(終止, cease to function)를 결정했으며, 위원회의 예산을 배정 하지 않았다. 국가통일강령 역시 적용을 종지시켰다(cease to apply). 원래 천수이벤의 의도는 종지가 아니라 폐지(abolish)였다. 하지만 야당과 미국 등 각 방면의 반대에 직면하여 그 입장을 수정하지 않을 수 없었다.

천이 국통강령 적용을 중지한 이유는, 첫째, 원래 국통회와 국통강령은 법률에 의거하지 않았던 것이며, 둘째, 대만의 민의를 고려한 것이다. 80% 이상의 대만민중은 대만해협의 현상유지를 원한다. 셋째, 중공

---

《總統部新聞稿》, 2006.3.3.
60) 同上註.

의 압박과 대만내부의 분화다. 공산당은 대만에 대해서 시종일관 강온
·화전·연경(軟硬) 양면적인 이중책략을 취한다. 대만정부와 민간의
관계를 분화시키고, 각종 양안교류를 빌미로 대만민중을 유인하여, 민
진당의 참여를 배제시켰다. 이외에도 베이징은 대만의 정치, 군사 외교
및 경제 등 층면에서 중국대륙에 의존하게 만들어 대만해협의 안정과
지역안정에 엄중한 위험을 조성하는 것으로 파악한 것이다.[61] 이러한
민진당 천수이볜의 노선은 차이잉원 집권기에도 유지되고 있다.

## 9. 사불일몰유四不一沒有에서 사요일몰유四要一沒有로

사불일몰유는 천수이볜이 2000년 총통 취임 연설에서 베이징에 해
준 약속이다. 단, 하나의 전제조건이 있었다. 공산당은 대만에 대한 무
력사용의 뜻이 없어야 한다는게 그 전제조건이었다. 2000년 그의 취임
담화에서 베이징에 대해서 사불일몰유를 발표했다. 자신의 임기 안에
대만 독립선언, 국호를 변경, 양국론 입헌, 양안 현상 변경을 위한 통일
과 독립에 관한 국민투표를 시행하지 않을 것이며, 국통강령과 국통회
를 폐지하지 않을 것임 천명했다.[62] 하지만 대만을 겨냥한 탄도미사일
숫자는 2001년 300기, 2003년 450기, 2005년 730기, 2006년 790기, 2007
년 1070기, 2008년 1400기로 지속적으로 증가했다.[63] 더구나 2005년 전
인대는 「반분열국가법」을 통과시켜 대만에 대한 무력사용을 법률로 명
문화 했다. 이런 상황에서 천수이볜은 사물일몰유는 더 이상 의미가 없

---

61) 〈有關「國家統一委員會」終止運作及「國家統一綱領」終止適用政策說帖〉,
    行政院大陸委員會, 2006.3.1.
62) 不會宣佈獨立, 不會更改國號, 不會推動兩國論入憲, 不會推動改變現狀的
    統獨公投, 也沒有廢除國統綱領與國統會的問題.
63) 《聯合報》, 2008.3.30.

었다고 밝혔다.

한걸음 더 나아가 2007년에는 「사요일몰유」를 발표했다. 즉 대만은 독립해야하고, 정명해야하고, 신헌법을 제정해야하고, 발전해야 하며, 대만에는 좌우노선이 없으며(台灣要獨立, 台灣要正名, 台灣要新憲, 台灣要發展 ; 台灣沒有左右路線) 오직 통독의 문제만 있다고 발표했다.[64]

첫째, 대만은 독립해야한다. 대만은 중화인민공화국 이외에 존재하는 주권독립국이며, 대만독립은 대만인의 이상이며, 장기적인 목표로 천명했다.

둘째, '중화민국'을 대만으로 정명(正名)해야 한다. '대만'은 아름다우며, 가장 힘 있는 이름이다. 유엔에 가입하거나 국제조직에 가입할 경우 가장 적당하고 적합한 이름은 대만이다.

셋째, 신헌법을 제정해야한다. 대만은 정상국가로 나아가야하고, 때에 적합하고, 몸에 맞고 쓰임에 적절한 신헌법이 필요하다.

넷째, 대만은 발전해야 한다.

다섯째, 대만에서는 좌우의 문제는 없다. 오직 통독의 문제가 있을 뿐이며, 좌우노선의 문제는 절대로 없다.[65]

이러한 주장에 대해서 국민당은 중화민국 형법의 외환죄에 해당된다고 주장했고, 중공의 외교부장 리자오씽(李肇星)도 「반분열국가법」은 무용지물의 물건이 아니라고 위협했다. 또한 워싱턴도 양안의 어느 일방이라도 편면적인 현상변경 시도에 반대하며, 천수이볜의 발언은 지역평화안정을 위협한다고 밝혔다.[66] 그러나 민진당의 입장에서 본다면

---

64) 원소절 날 대만인공공사무회(臺灣人公共事務會) 25주년 기념축사.

65) 《自由時報》, 2005.3.5.

66) 美國國務院, 대변인 션 맥코맥(Sean McCormack)의 담화, 2007.6.19, http://www.state.gov/r/pa/prs/dpb/2007/jun/86611.htm

사요일몰유는 사불일몰유의 매듭을 풀기 위함이었으며, 중공의 일중원칙에 대응하기 위한 것일 뿐만 아니라 대만내부의 선거를 고려한 것이다. 범록 진영의 유권자들을 응집시키고, 베이징을 자극하여 대만내부에서의 정치이익을 도모한 것이었다.

## 10. 국가오법國安五法 수정

「국안오법(國安五法)」 수정이란, 2019년 5월 7일 통과된 형법의 일부분 조항의 수정(刑法部分條文修正案), 국가기밀보호법 일부분 조항 수정, 5월 31일 양안조례 제5조 3항 수정(兩岸條例增訂第五條之三修正案), 6월 19일 국가안전법 일부 조항 수정 및 양안조례 일부분 조문 수정안(兩岸條例部分條文修正案)을 말한다.

형법에서의 수정안은 중국대륙, 홍콩, 마카오 및 지역외 적대세력에도 외환죄의 적용 범위에 포함시켰다. 과거 중죄를 내릴 수 없는 결함을 보충시켰다. 국가기밀보호법의 수정은 국가기밀에 관련된 일에 종

표 6.8 차이잉원 정부 국가오법(國安五法) 수정

| 법률 명칭 | 수정 내용 |
|---|---|
| 형법 | 중국, 홍콩, 마카오 및 역외 적대세력을 외환죄 범위에 포함시킴 |
| 국가기밀보호법 | 기밀 업무 관련 퇴직 인사 출경 제한. 위반 시 최장 6년, 기밀누설죄 15년 중형 가능 |
| 양안인민관계조례 | 양안 간 정치협의는 국회 쌍심제(협의 시작 전, 협의 후 국회 심의)를 통과된 후 국민투표로 실시. |
| 양안인민관계조례 | 국방, 외교, 대륙사무 혹은 국가 안전기구의 정부 수장, 소장(小將) 이상 및 정보기관 수장은 종신 동안 중국의 당·정·군 기념 활동 참가 금지 |
| 국가안전법 | 사이버 안전을 국가안보에 포함. 위적발전조직죄(爲敵發展組織罪) 형사 책임 대폭 강화, 군인·공무원·교직자가 범법할 경우 연금, 퇴직금 등 박탈하고, 국가존엄을 해친 자는 월봉, 연봉 박탈도 가능 |

사하고 퇴진한 자의 출국 제한을 3년으로 규정하는 것 외에 최대한 6년까지 제한을 둘 수 있다. 이는 중공에 기밀 누설을 막기 위한 조치다. 이를 위반하면 3년 이상 10년 이하의 유기징역에 처하거나, 절대 기밀 누설은 형량의 반을 더 가중시킬 수 있다. 전시의 기밀 누설은 사형에 처할 수 있도록 하였다. 국가안전법의 수정에서는 사이버 공간을 국가 안보 범위에 포함시켰다. 국가기구가 사이버 공격 안건을 조사할 수 있게 했으며, 적을 이롭게 하는 발전 조직죄의 형사책임을 대폭 높였다.

현재 양안 간의 관계를 규정하는 대만의 법률은 양안인민관계조례다. 차이잉원 정부는 양안 간의 정치협상은 국민투표로 결정한다고 개정했다. 양안 간의 정치협상에 관한 의제는 국민투표에 의해서 결정되고, 설령 양안 간 정치협상을 시작할 때도 이를 국회에 보고를 하여야 한다는 항목을 첨가했다. 나아가 양안정치 협상 시에 반드시 협상 전후로 국회의 심의를 거쳐야 될 뿐만 아니라 또 최종적으로 국민투표를 실시해서 결정된다. 다시 말해 양안 간 협상의 문턱을 대폭 높였다. 물론 국민당이 재집권하게 되면 양안평화협정을 시도할 가능성도 있기 때문에 이를 사전에 방지하기 위한 조치로 보인다. 국민당은 민진당의 이런 조치들에 반대했다. 대만을 북한화한다는 것이 그 이유다.


## 제3절 경제일중經濟一中

### 1. 경제일중의 의미

경제일중은 양안 간 하나의 중국시장 혹은 대중화시장(大中華市場) 모델을 이용해서 경제분야에서 하나의 중국을 이루고자하는 것을 의미한다. 베이징은 양안 간의 경제무역 발전이 하나의 중국을 형성하는 데에 자국에 더욱 유리하다고 인식한다.

경제분야에서 양안 간에 '하나의 중국' 시장을 만들고자 하는 의도는 중공의 개혁 개방과 함께 시작되었다. 과거 무력으로 대만을 수복하겠다는 노선이 평화통일로 전환되면서, 양안 간에 대중화권 경제권을 건설하여, 결국 양안융합으로 통일을 이루고자 하는 구상이다. 먼저 경제분야에서 대만과 대륙을 묶어놓고, 상호의존성을 확대하고, 경제가 융합되면 양안 간 상호 구심력이 확대되기 마련이다. 베이징은 대만과의 경제통합을 진행시킨 후 다시 정치통합으로 재완성하고자 하는 것이다.

베이징의 시각에서 본다면, 양안통일의 최상의 수단은 경제통일(융합)로 정치통일을 실현하는 것이다. 특히 1978년 중공 11기 3중 전회에서 개혁개방 노선이 채택되고 난 후, 베이징은 시종일관 대만에 삼통(三通, 통상, 통항, 통우)을 요구하였다. 결국 2008년 국민당의 마잉주가 집권하자 양안 간에는 대교류의 시대가 열렸고 대삼통을 비롯한 양안 경제기본협정(ECFA)이 체결되었다. 하지만 2016년 민진당의 차이잉원이 집권하고 기존에 이어져 오던 양회의 제도적 협상과 교류는 중단되었지만 경제교류는 막을 수 없다. 양안 간 경제 단절은 수출을 위주로 짜여진 대만 경제에 더 치명적이기 때문이다. 그래서 베이징은 대만의 약점은 경제에 있다고 파악한다.

2015년 전국대대공작회의(全國對台工作會議)에서 위정성(俞正聲)도 양안경제융합발전을 추진하고, 양안산업협력을 진하고, 양안 간의 금융합작을 심화시키며, 대만의 중소기업, 대만 농어민의 수익확대를 위해 노력하겠다고 밝혔으며[67], 2015년 시진핑은 국민당 주석 주리룬

---

67) 習近平總書記會見宋楚瑜一行》, 新華網北京, 2014.5.7電.

(朱立倫)과의 회견에서도 양안 간의 이익융합을 심화시키고 양안동포 복지를 증진하는 것은 양안관계 평화발전의 종지라고 말했다.[68]

2016년 12기 전인대 4차회의에서 통과된「135규획(十三五規劃)」에서 양안경제 융합발전 촉진에 관한 항목을 단독으로 제55장에 배치했다. 이는 국가 전체 발전전략의 지위를 확보했다는 의미다. 양안관계 평화발전의 지침이 된 것이다.[69] 2017년 중공 19대 정치보고에서도 시진핑은 양안경제문화교류협력 확대와 대만동포들의 중국대륙에서의 학습, 창업, 취업, 생활편의제공에서 중국인들과 동등한 대우를 강조했고[70], 이것이 더 구체화되어 2018년 대만에 대한 우대 조치인「혜대31조치」를 실시했고, 한걸음 더 나아가 대만사람에게도 중국대륙에서 대륙인들과 동등한 생활제공을 누릴 수 있는 대만동포 거주증을 발급했다. 이는 경제로서 통일을 촉진하고, 문화로서 통일을 촉진하는 이경촉통(以經促統)·이문촉통(以文促統)의 정책효과를 분명히 하기 위한 것이다. 다시 말해 경제적인 분야에서 '하나의 중국'을 실현하는 것은, 결국 경제로서 통일을 촉진하여 양안 경제일체화를 통해 하나의 중국시장을 실현시키고 결국 양안 간 하나의 생활권으로 융합하는 것이다. 이는 곧 대만인의 대륙화(대만인의 중국인화) 즉 양안 간의 동질화를 의미한다. 그러므로 베이징에 있어서 양안 간의 경제일중 실현은 곧 통일을 의미한다.

---

68) 習近平總書記會見中國國民黨主席朱立淪,《人民日報》, 2015.5.5.

69) 中华人民共和国国民经济和社会发展第十三个五年规划纲要, 第五十五章 推进两岸关系和平发展和祖国统一进程, 2016.3, http://www.xinhuanet.com /politics/2016lh/2016-03/17/c_1118366322.htm

70) 중공 19대 정치보고, http://www.gov.cn/zhuanti/2017-10/18/content_5232659.htm

## 2. 중국대륙의 대만에 대한 영향력

2018년은 중국대륙이 개혁개방 정책을 추진한지 40주년이다. 어느 한 국가가 40년 동안 GDP가 40배로 증가한 적은 역사에 없었다. 더구나 40년 만에 1인당 평균소득이 백배로 띈 적은 더욱 없었다.[71] 1978~2018년 40년 기간 9% 대의 성장률을 기록한 셈이다. 이러한 비약적인 중공의 경제성장에 따라 양안관계에서도 변화가 나타나기 시작했다. 베이징은 전에 비해 대만에 대해 더욱더 자신감과 능력이 생겼으며, 자국이 마주한 도전과 위험을 극복하는데도 어느 정도 자신감이 생겼고, 나아가 양안관계에서도 평화발전을 이룰수 있다는 자신감을 제고시켰다.

해협회 부회장 쑨야푸는 "중국대륙은 절대적으로(絕對地), 완전하게(完全地), 역전할 수 없을 정도로(不可逆轉) 대만을 초월했다. 두 개의 백년을 목표로 분투하는 가운데, 대륙의 종합실력은 대폭적으로 성장할 것이고, 세계에 보다 더 큰 영향을 발휘할 것이다. 이는 또 양안관계를 발전시키는 더 큰 추진력으로 작용한다"고 밝혔다. 다시 말해 중국대륙은 대만에 대해서 보다 더 큰 흡인력을 가질 것이고 이는 다시 양안관계 발전과 통일을 추진하는 힘으로 전환된다는 것이다.[72]

민진당의 천수이볜 집권기에는 비록 중공이 바라던 대삼통이 실현되지는 못했지만, 민간인의 중국대륙진출을 막기에는 역부족이었다. 왜

---

71) 朱高正 : 蔣介石這一點功在千秋蔣介石這一點功在千秋,
   https://opinion. chinatimes.com/20181022001548-262115
   歡迎收看《無色覺醒》第141集播出, 由前立法委員朱高正為觀眾分析 : 「中蔣介石這一點功在千秋」.
72) 孫亞夫 : 台灣前途就是與大陸統一, 2018.12.20. http://hk.crntt.com/doc/1052/8/6/2/105286296.html?coluid=1&kindid=0&docid=105286296&mdate=1220065637

냐하면 대만의 경제가 너무 개방적이었고, 대외수출에 의존했기 때문이다. 베이징의 경제정책은 민간의 경제무역 왕래를 통해 관방회담을 촉진시키는 쪽으로 변화했고, 대만의 중국대륙에 대한 투자액도 계속해서 증가하였고, 투자기한도 장기투자로 변해갔다. 투자영역도 계속 확대되어 초기의 노동밀집형 산업으로부터 고기술, 금융, 부동산 에너지 등으로 폭이 넓어져 갔다. 투자구역도 동쪽에서부터 서쪽으로 추진되었다. 이미 푸젠, 광둥성으로부터 쟝쑤, 저쟝, 상하이, 허베이, 베이징, 텐진 등지로 넓어졌고 중서부 지구로 확대되고 있었다.

2007년 중국대륙은 대만의 최대무역 파트너가 되었고, 대만의 최대 수출시장, 최대의 무역 근원지가 되었다. 대만은 중국의 7대 무역 파트너며, 7대 수출시장, 5번째의 수입국 및 최대의 무역적자 진원지가 되었다.[73] 2008년 국민당 마잉주 정권이 들어서자 양안의 대교류 시대가 열렸다.

**표 6.9** 양안 경제 역량 대비

| 연도 | 중국 GDP 규모 |
|---|---|
| 1980 | 대만의 45% |
| 1990 | 2.3배 (대만 GDP 1700억 달러) |
| 2000 | 3.7배 |
| 2010 | 13.6배 |
| 2016 | 21.9배 |
| 2020 | 24.5배(예정) |

※ 2017년 성별 경제 규모 순서 : 광둥, 쟝쑤, 산둥, 저쟝, 허난, 쓰촨, 후베이, 대만
대만 면적 중국대륙의 3.75%, 인구는 1.76%
2016년 일인당 평균소득 선쩐(深圳) 252,000달러로 대만을 초월
(楊開煌, 中共統一工作的組成部分, 海峽評論, 333期, 2018.9. 필자 재구성)

---

73) 于健龍, 〈台商投資企業運用仲裁方式解決經貿糾紛之現狀〉, 中國國際經濟
貿易仲裁委員會, http://cn.cietac.org/Hezuo/7_3.shtml

대만의 대륙에 대한 의존도가 지속적으로 증가하자, 베이징은 양안의 경제적 요인이 타이두를 억제하기 위한 물질적 기초역량으로 분명히 인식했다. 베이징의 다수 견해는 양안 간 경제가 발전하면 할 수록 양안 간의 정치관계를 적극적으로 촉진하는 작용을 할 것이며, 통일의 방향에 유리하다고 판단했다. 물론 이와 상반되는 견해도 있었다. 즉 양안경제의 확대와 발전은 대만의 타이두에게 자본수혈을 제공하게 만들고, 대만이 대륙에서 벌어들인 거액의 흑자로 인해 대량의 외화가 축적되어 이는 오히려 대륙을 겨냥하는 군수품을 구입할 것이라는 견해도 존재했다. 또 일부의 타이상들은 대륙에 진출하여 돈을 벌지만, 오히려 대만에서는 타이두를 지지하기도 했다.[74] 양안경제 일체화의 발전은 양안 정치관계를 촉진시키기도 하지만 반드시 정치일체화로 나아가는 것은 아니다. 비록 대만은 중국에 대한 시장의존도는 높아지고 있지만, 대만의 수입은 중국대륙에 의존하지 않는다. 따라서 베이징의 양안 무역에 대한 주도권은 한계가 있을 수밖에 없다. 만약 대륙 시장이 노동력 절감의 우세가 감소되면 타이상을 끌어들이는 힘이 점차 약화되는 것과 같이 비록 대만의 수출이 대륙시장에 의존하더라도 이러한 의존성은 근본적인 성질을 변화시키기에는 역부족으로 파악한다. 왜냐면 대만의 수입으로 볼 때 일본이 중국대륙보다 영향력이 더 크다. 일본으로부터 수입점유율이 중국대륙보다 보다 높다. 중국대륙과 대만은 2001년 WTO에 가입한 후부터, 보다 더 대륙과의 경제무역관계를 밀접하게 진행시켜 쌍방무역협정과 지역무역협정을 동시에 쟁취하고자 하였다.

2001년부터 중국대륙은 이미 대만의 가장 중요한 수출시장이 되었

---

74) 例如許文龍案等.

고, 2002년에는 대만외자의 반 이상이 중국대륙으로 이전되었으며, 2005년에는 대륙시장은 대만 수출의 40%를 흡수하게 이르렀다.[75] 그러므로 공산당은 총을 쏠 필요도 없이 대만을 혼란으로 빠뜨리기에 충분한 카드를 가진 셈이다. 베이징은 경제무역이라는 수단을 사용하여 대만을 제재할 수 있다는 점은 분명하다. 나아가 이것이 타이두를 쇠퇴하게 만드는 요인 중의 하나가 된다고 인식했다.[76]

베이징의 각도에 볼 때 대만은 세계 여러 국가와 FTA를 체결해야 한다는 국내의 압력에 직면해 있다. 한편으로는 한국을 비롯한 여러 나라들이 자유무역협정에 선두로 나가고 있어 대만이 자유무역협정에서 주변화되어 자국의 생산품 경쟁력이 저하될까 우려했고, 다른 한편으로는 미국과 일본과의 FTA체결은 곧 베이징에 대한 압력을 행사하는 수단으로 사용하는 가운데 특수이익을 획득하는 중요한 수단이 된다. 또 다른 한편으로는 대만은 FTA를 이용하여 경제문제를 정치화하고자 한다. 자유무역은 대만의 정치체제를 강화시키는 것이다. 그러므로 베이징은 대만이 경제수단으로서 정치상의 국제공간을 개척해 나가는 것을 우려했다. WTO, APEC에 지속적으로 참여하여 중·미 간의 지렛대로 활용하고자했고 동시에 중·미와 경제통합협정을 체결하고자 하였다. 이런 종합적인 고려에서 베이징은 대만에 대해서 대삼통을 비롯하여 양안 간 경제자유무역기본협정인 에크파체결을 줄기차게 요구하였

---

75) 미국의 『Foreign Affairs』 격월간에서 2006년 3-4월호 "Taiwan's Fading Independence Movement"가 실렸다. 하버드 대학 동아연구소 페어뱅크(FairBank Center) 로스(Robert S. Ross)교수가 분석한 결과는 놀랍다.

76) Robert S. Ross, "Taiwan's Fading Independence Movement", Foreign affairs, March/April 2006. http://www.foreignaffairs.com/articles/61516/robert-s-ross/taiwans-fading-independence-movement

다. 결국 마잉주 집권기에 이를 관철 시켰다.


## 3. 베이징의 대對대만 경제정책

### 1) 전략적 기조

양안 경제무역에 대한 베이징의 인식은 다음과 같다. 첫째, 경제적인 측면에서 본다면, 양안경제의 발전은 중국대륙보다 대만에 더 중요하다. 만약 양안의 경제적 관계가 역전된다면 대만의 경제 손상이 훨씬 크다. 둘째, 정치적인 면에서는 이와 반대다. 양안경제의 발전은 대만보다 중국대륙에 훨씬 중요하다. 거액의 무역 적자를 정치흑자로 통한 보상으로 만회할 수 있다. 중국대륙의 대만에 대한 흡수력과 영향력을 증가시키기 때문이다. 셋째, 경제이익과 정치이익에 기초해서 경제영역에서의 양안협력은 공통의 이익이 있다. 그러므로 양안 모두 관계 악화를 바라지 않는다. 이런 이유에서 경제분야에서 양안 간 협상은 쉽게 달성할 수 있다. 넷째, 경제발전은 이미 대만해협을 안정시키는 관례가 되었다. 다섯째, 베이징은 반테러, 북한 핵문제, 이란, 아프카니스탄 및 중·미 간 채무관계를 이용하여 양안문제에서의 미국의 영향력을 감소시키고 견제하는 카드로 인식했다.

베이징의 입장에서 본다면, 대만의 약점은 무역에 있다. 대만은 전형적인 외향적 경제구조로서 수출을 통해서 전체적인 경제성장을 끌고 나간다. 그러므로 대외무역이 중요한 지위를 차지할 수밖에 없다. 대만은 태평양에 고현(孤懸)되어 있을 뿐만 아니라, 자원도 매우 부족하다. 따라서 베이징은 양안 간 경제무역 교류를 통해 대만해협이라는 천연적인 분단선을 극복하며, 대만과 대륙의 거리를 좁히고, 통일을 위한 경제 무대를 만들뿐만 아니라 타이두를 막는 방파제로 삼고자 한다. 대

만과의 적당한 무역적자는 오히려 대만에 대한 영향력을 확대하는 것
이다. 언젠가 재개할 양안 간의 협상에서 카드를 증가시킬 수 있고, 양
안통일의 기반을 닦는데 있어서도 긍정적으로 작용할 뿐만 아니라 타
이두 세력을 억제할 수 있다.

홍콩은 1997년, 마카오는 1999년에 중화인민공화국에 회귀하였다. 이
제 대만만 남았다. 종합국력의 부단한 증가와 개혁개방 이래 40년 여 년
간 쌓인 부와 건설경험은 대만문제의 해결에 있어서도 자신감을 증가시
키고 있다. 종합적으로 말해 베이징은 이경촉통 이문촉통(以經促統, 以
文促統) 정책에 대한 자신감을 가지고 있다. 경제로서 무역을 촉진하는
이경촉통은 양안경제 일체화와 양안 간 하나의 중국시장을 위해서이며,
무력이 아니라 말로서 통일을 촉진하는 이문촉통은 양안은 민족일중(民
族一中)이며 운명공동체, 중화민족의 부흥에도 활용된다.

## 2) 베이징의 대만에 대한 경제정책

개혁개방 이후 양안을 하나로 묶어 대중화경제권을 실현하려는 베이
징의 목표는 변화한 바가 없다. 하지만 대만내의 정치·경제적인 상황
과 국제환경에 따라서 베이징의 대 대만 경제정책도 조정이 있었다. 우
선 대략적으로 세 시기로 구별할 수 있다.

첫째, 덩샤오핑 장쩌민 시대는 정책적 우대를 대만에 주는 경제정책
을 실시했다. 1978년 중공11기 3중 전회에서 경제발전 위주의 노선이
확정된 후부터 대만에 대한 경제정책도 근본적인 전환점을 마련했다.
개혁개방과 더불어 대만의 기술과 자본을 흡수하고자 했다. 이 시기는
중국대륙이 수혜자가 되고 대만이 시혜자가 되었다. 나아가 베이징은
지속적으로 대만에 대하여 삼통을 요구했다. 여기에 더하여 타이상들
을 대륙으로 유도하기 위한 각종의 법률이 제정되었다. 「대만동포투자

**표 6.10** 개혁개방 이후 베이징의 대 대만경제정책

| 최고지도자 | 년도 | 정책 | 조치 | 내용 |
|---|---|---|---|---|
| 덩샤오핑<br>장쩌민 | 1978<br>~<br>1999 | 타이상<br>우대정책 | 각종 법률통과<br>대만의 기술흡수<br>투자유도 | 대만동포투자 격려에 관한 규정(關於鼓勵<br>台灣同胞投資的規定 1988년), 중화인<br>민공화국대만동포투자보호법(中華人民<br>共和國台灣同胞投資保護法 1994년),<br>1999년 12월5일 대만동포투자보호법실시<br>조례(台灣同胞投資保護實施條例) |
| 후진타오 | 2005 | 양리정책<br>(讓利) | | 국민당과 공산당 간의 합의<br>대만에 대한 이익 양보 |
| | 2008 | 양리정책 | 대규모 구매사절단<br>파견 | 양안협상 재개<br>2008-2016(23개 협정체결) |
| | 2010 | 양리정책 | 3중 | 대만의 중남부, 중하층, 중소기업에 이익<br>돌아가게 조정 |
| 시진핑<br>1기 | 2014 | 양리정책 | 3중1청<br>대만중소기업, 중산층,<br>중남부, 대만 청년에<br>초점 | 태양화 운동 영향. 대만 청년에 관심 |
| 시진핑<br>2기 | 2017 | 혜대융합<br>정책 | 일대일선<br>(年輕一代, 基層一線) | 젊은 세대, 기층민중에게 이익 돌아가게<br>조정 |
| | 2018 | 혜대융합<br>정책 | 혜대31조 | 준국민대우 |
| | 2018 | 혜대융합 | 거주증발급 | 중국인과 동등한 대우 |

격려에 관한 규정(關於鼓勵台灣同胞投資的規定1988.6.25.)」, 「중화인
민공화국대만동포투자보호법(中華人民共和國台灣同胞投資保護法
1994.3.5)」 1999년 12월5일 「대만동포투자보호법실시조례(台灣同胞投
資保護實施條例)」를 실시했다. 대만의 기업, 경제조직 또는 개인투자
자들은 대륙에서의 성, 자치구 및 직할시 투자에 대해서 법률적 보호를
받을 수 있었다. 대만과 대륙의 경제무역 왕래에 관련된 일련의 특수한
법률, 법규와 정책을 실시한 것이다. 이는 대만과의 경제기술교류를 촉
진시키기 위한 방편이었고, 결과적으로도 양안 간 경제무역에 상당한

촉진작용을 하였다.

둘째, 2005년부터 베이징은 대만에 대한 양리정책(讓利政策)으로 전환된다. 기존 대륙이 타이상들의 기술과 투자를 받는 입장인 수혜자의 입장에서 있었다면 이 시기부터는 대만인들에게 시혜를 베푸는 입장으로 전환된다. 물론 이런 입장으로 전환된 데는 대만내의 타이두로 향하는 정치분위기와 관련 있다. 우선 중국대륙과 홍콩은 2003년「내지와 홍콩의 보다 긴밀한 경제무역관계를 위한 안배(內地與香港關於建立更緊密經貿關係的安, Mainland and Hong Kong Closer Economic Partnership Arrangement 간칭 세파, CEPA)」를 체결했다. 홍콩이 중국대륙으로 회귀한 지 6년이 지난 후, 베이징은 홍공에 대한 실질적인 경제무역 우혜대우 조치를 실시했다. 세파는 홍콩과 중국대륙간의 무역자유화 협정이다. 이는 베이징 뿐만 아니라 동시에 홍콩도 처음으로 체결한 자유무역협정이기도 했다. 상품무역, 서비스, 무역투자편리화 조치가 골자다. 이를 바탕으로 대륙은 대만에 대한 경제일체화 정책을 시도하였다.

2005년 후진타오 - 롄짠의 공보에서(兩岸和平发展共同愿景) 향후 전개될 양안관계 발전의 청사진을 그렸다. 후진타오 - 롄짠 간 다섯 개 항목의 성명에서 양안은 공동으로 "안정적인 경제협력 기제를 건립하며, 양안협상을 재개를 촉진하고, 먼저 양안 공동시장문제를 토론한다"고 발표했으며, 국민당은 이를 정강에 포함시켰다. 당시 양안 공동시장에 대한 논의는 샤오완창(蕭萬長)이 주도했다.[77] 샤오완창은 마잉주 시기에 부총통이 된 인물이다.

---

77) 蕭萬長,「衣經濟力量創作美中台三贏關係」,《兩岸共同市場基金會通訊》, 2007, vol.14.

2008년 세계금융위기로 인해 대만의 경제는 상당한 어려움에 직면했다. 이에 후진타오는 대규모의 구매단을 대만에 파견하였다. 근 1년 동안 구매단은 대만에서 400억 달러어치를 구입했다. 이에 힘입어 대만은 금융위기를 안전하게 극복했다. 마잉주 집권 시기에 양안은 대삼통, 에크파(ECFA)를 비롯한 총 23개의 협정을 체결했다. 물론 이들 협상은 모두 경제적인 의제에 관려된 상업협상이었다. 게다가 협상 대부분은 베이징이 손해를 본, 이익을 대폭 양보해준 양리협상이다. 물론 베이징은 경제적인 면에서는 적자를 보았지만, 정치적인 면에서는 오히려 흑자다. 최대의 정치적 이익은 대만을 대륙에 묶어 놓는 역할을 한 것이다. 양리정책은 대만의 생존과 미래발전을 유도하고, 불가역적으로 대륙에 묶이게 하게 만들었다. 2015년 포비스 조사에 의하면 대륙시장에 수출의존도가 가장 높은 국가 중 오스트레일리아에 이어 두 번째였다.[78] 이후 대만의 중국대륙에 대한 무역 의존도는 40%선을 유지하며 내려가지 않았다. 따라서 중국대륙의 경제성장이 다소 느려지거나 경제적 동탕이 오면, 대만 역시 경제적 재앙을 면하기 어려운 구조다. 중국대륙의 성장에 맞춰 대만의 미래도 대륙과 더 밀접해질 수밖에 없다. 바꿔 말해 양안관계는 서로 묶여져 있다. 일단 디커플링 하려면 그만큼 힘들다.

하지만 엄청난 교류의 성과에도 불구하고 베이징의 의도가 완전히 성공한 것은 아니었다. 이른바 낙수효과(trickle-down effect)는 크지 않았다. 낙수효과는 대기업, 재벌, 고소득층 등 선도부문의 성과가 늘어나

---

78) Kenneth Rapoza, Top 10 China Dependent Countries, Nov 26, 2015, https://www.forbes.com/sites/kenrapoza/2015/11/26/top-10-china-dependent-countries/#396c230a4932

면, 연관 산업을 이용해 후발·낙후 부문에 유입되는 효과를 의미한다. 비록 양안 간의 교류로 인해 통계상의 수치는 증가하더라도 실제로 양안 교류를 통하여 이익을 보는 사람은 대만의 대기업, 재벌과 일부분의 호텔을 소유한 관광업자에 불과했고, 대만의 민생은 과거와 비해 크게 나아진 점이 없었다. 이는 국민당이 분배보다는 성장을, 형평성보다는 효율성을 우선시한 정책실패를 의미한다. 베이징도 이러한 점을 인식하고, 2010년부터 '삼중' 정책으로 전환하였다. 즉 기존의 대만 대기업 위주의 교류에서 벗어나 대만의 중남부, 중산계층, 중소기업에게 혜택이 많이 돌아가도록 조정했다. 이는 주로 대만독립 성향이 다수인 대만 중부와 남부 서민들의 민심을 얻기 위한 것이었고, 특히 중·남부의 농민들이 주된 관심대상이 되었다. 이들로부터 대규모의 농산물을 구매했다.

2014년 봄부터 대만학생들의 '태양화운동'이 펼쳐졌다. 충분한 소통 없이 진행된 양안 간의 밀실협정, 역사교과과정 개편 등의 문제로 1990년 이후 가장 큰 학생 데모를 하였으며, 이를 계기로 베이징은 대만 청년들의 관심을 유도하기 위해서 2014년 '삼중일청' 정책으로 재전환하였다. 삼중일청이란 대만중소기업, 중산층, 중남부, 대만 청년에 초점을 맞춘 경제정책이었지만, 후진타오와 시진핑의 양리정책은 효과가 제한적이었다. 양리정책은 그 자체에 문제가 있는 것이 아니라, 특수한 양안관계에서 오히려 폐단을 일으킬 가능성이 있었다.

먼저 양리정책은 양안 당국의 협의에 의해서 추동된 것이다. 양리정책은 간접적인 정책이며, 대만에서 그 정책의 집행과 협조가 필요하다. 베이징이 양보한 이익은 국민당과 줄을 대고 있는 사람들에 의해 독점되어버려 베이징의 원래 의도가 실종되었다. 일부분의 국민당과 연계된 자본가들만 이익을 누리는 현상이 발생한 것이다. 결국 이는 2016년 민진당이 재집권하게 되는 계기를 만들었다.

셋째, 2017년에는 혜대융합 정책으로 조정되었다. 여당인 민진당과의 전면적인 협상이 불가능한 상태에서 중공이 일방적 조치를 취한 것이다. 2018년 2월에는 간칭 혜대 31조(惠台31條)가 나왔다.[79] 이는 중국대륙에 거주하는 대만인도 학업, 창업, 취업, 생활 등의 방면에서 대륙의 중국인과 동등한 대우를 받게 하는 조치다. 이른바 대만인들에게 준국민대우를 해주는 것이다. 이는 과거의 대만에 대한 양리정책과는 차이가 있다. 첫째, 하늘에서 선녀가 꽃을 뿌리는 식의 과거방식의 양리가 아니라 이제는 수혜의 대상이 명확하다.[80] 과거의 양리는 전대만을 대상으로 해서 선시적이고 선전적인 의미가 강했다. 시진핑 시기의 혜민정책은 그 대상이 명확하고, 조치가 분명하다. 둘째, 과거의 방법이 간접적이라면 이제는 직접적으로 변했다는 점이다. 우선 혜대정책은 대륙에서 실시한다. 그러므로 직접적이고 즉시 해결할 수 있고, 효과도 과거와 다르다. 대만인으로서 대만인을 끌어 들이는 이대인대(以台引台)의 효과를 거둘 수 있다. 셋째, 과거 국민당 집권기에는 92공식의 묵계가 국공 양당 간에 있었다. 양안의 모든 일은 협상을 통해 진행했다. 그래서 시일이 오래 걸리며, 소비가 많고, 시효가 다해 버리고 나면 선의가 흩어져 버린다. 민진당 집권 이후, 양안 간에는 상호 정치적 묵계의 속박도 없고, 협상도 필요 없다.[81] 넷째, 집행방식으로 볼 때도 과거와 차이난다. 혜대31조치는 집행방식은 우선 지리적으로 대만동포를 구분했다. 대륙에 등록한 대포(대만동포)와 대만에 있는 대포를 구분했

79) 關於促進兩岸經濟文化交流合作的若干措施
80) 楊開煌, 北京對台政策 : 從讓利到惠台, 332기, 해협평론, 2018년 8월호. https://www.haixia-info.com
81) 楊開煌, 北京對台政策 : 從讓利到惠台, 332기, 해협평론, 2018년 8월호. https://www.haixia-info.com

다. 대륙에서 대포들이 평등한 대우를 받고 대륙의 생활제도에 익숙해지고, 공산당의 통치방식을 이해하고, 새로운 공작의 대상이 증가 되었다. 이를 통해 베이징은 양안 간 융합심화발전이 가속화되는 효과를 거두고자 한다.

## 4. 대삼통과 양안경제기본협정(ECFA)

경제정책은 엄밀한 의미에서 정경분리가 불가능하다. 경제와 안보가 분리될 수 있는 시대가 아니며, 최근의 디지털 경제는 데이터가 돈이며 안보인 시대다. 더구나 경제는 정치에 정치는 경제에 상호 영향을 주고받는다.

특히 통일과 독립에 대한 견해가 일치하지 않는 대만의 주류정당인 국민당과 민진당은 그 당파의 정치적 이익을 고려하여 경제정책을 채택한다. 국민당과 공산당(후-롄 공보)이 2005년 달성한 「양안화평발전공동원경(兩岸和平發展共同願景)」다섯 항목(5항)은 「92공식」과 「타이두 반대」라는 두 개의 전제에서 성립한 것이다. 5항은 17대 국민당 당강에 삽입되었다. 2008년 국민당의 마잉주가 집권하자 이를 실천하면서 양안 간에 대교류의 시대가 열렸다. 마잉주 임기 내에 ECFA를 비롯한 23항의 경제협정을 베이징과 체결했다. 그러나 민진당은 창당이후 시종일관 국민당의 입장에 반대했다. 현실적인 경제문제 때문에 국민당과 같은 노선을 따른다면 이는 곧 민진당의 이념적 해체를 의미하기 때문이다. 즉 민진당이 대만독립을 당강으로 채택하고 있는 한 불가피한 일이다. 우선, 경제문제에 관하여 가장 뜨거운 주제였던 통상, 통항, 통우, 즉 '삼통82)'과 양안경제협력기본협정(ECFA)에 관한 민진당과 국민당 간의 입장을 살펴보면 양당의 노선이 얼마나 다른지를 이해할 수 있다.

## 1) 대삼통

민진당의 관점에서 삼통은 대만의 병탄을 자초하는 트로이 목마였고, 중공이라는 승냥이를 집으로 불러들이는 것이나 다름없다. 삼통이 실현되면 대만경제의 붕괴를 불러와 대만내부의 실업률을 높일 뿐만 아니라, 양안 직항은 국가주권의 문제와 관계된 것으로 보았다. 삼통은 양안관계에 구조적 변화를 초래할 것으로 보았던 것이다. 양안삼통에서 항공 및 해운을 개방하는 것, 전세노선을 정기노선으로 바꾸는 것은 실질적으로 대만의 중국대륙 의존도를 보다 더 높이는 것이며, 대만군의 훈련공간을 침해한다고 주장했고, 해운직항은 반대로 중국대륙의 항구 물동량을 배증시키고, 대만이 지역허브중심으로 가는 것을 방해한다고 보았다. 항공의 직항은 대륙의 여행객들이 일방적으로 대만여

82) 대만섬과 대륙 간의 통상, 통항, 통우를 대삼통이라고 칭한다. 2008년 12월 15일 직접적으로 대삼통시대가 열렸다. 이로써 상하이－타이베이 간의 항공편은 82분 만에 도착할 수 있고, 일일생활권이 형성되었다. 해상 운수 역시 상하이－지룽항은 과거에 비해 8시간을 절약할 수 있었다. 우편도 제3지역을 경유하지 않았다. 직접발신이 가능해졌다. 대만의 중화우정 이사장 우민요우(吳民佑)가 대륙의 우정집단 총경리 류안둥(劉安東)에게 첫 편지를 보냈다. 소삼통(小三通)은 중국대륙의 푸젠성福建省과 대만의 푸젠성(진먼현(金门县), 롄장현(连江县)과의 소규모 통상, 통항, 통우가 2001년부터 시작되었다. 원래 1992년 베이징은 양문 양마 구상을 발표했다. 즉 샤먼(厦门)과 진먼(金门)의 양문과, 마웨이(马尾)와 마주(马祖)를 양마개방하자는 것이었다. 전자는 중국대륙의 복건성이며, 후자는 대만행정 구역의 복건성이다. 지척의 거리라 푸젠성 연해지역은 이른 시기에 교류가 있었다. 2001년 푸젠성 근해에서 소규모의 소삼통(통상, 통항, 통우)이 실시되었고, 2003년 명절부터 전세기 운항이 시작되었다. 그러나 비행기는 여전히 홍콩과 마카오를 경유해야만 했다. 2008년 7월 4일 양안 간에는 주말 전세기가 도입되었고 비행기는 홍콩비행정보구역을 우회해야했다. 1989년부터 2008년 사이에 쌍방은 간접적인 통우를 실시했다. 2008년 대삼통과 더불어 전면적으로 개방되었다.

행의 노선과 항공 좌석을 장악해버려 저가경쟁의 시장이 형성된다고 보았다. 더구나 양안항공노선은 국가와 국가 간의 국제항선이 아니다. 이는 근본적으로 베이징의 주장하는 하나의 중국의 개념에서 통제되게 할 뿐이고, 항공직항은 단지 대만이 중국대륙의 지역허브공항으로 변화는 데 도움을 줄 뿐이며, 대만의 국방과 해관을 공동화시킨다고 인식했다. 반면에 국민당은 세계화의 대추세를 이용해야만 대만의 활로가 비로소 보장된다고 인식했다. 중국대륙경제와 접궤해야만 대만 내부의 투자환경이 개선되고, 국외의 자본이 대만으로 회류한다고 주장했다. 대만경제의 주변화를 위해서 삼통을 비롯하여 양안경제협력기본협정(ECFA) 체결을 주장했다.

**표 6.11** 삼통에 관한 각 당의 입장

| | 기본인식 | 내용 |
|---|---|---|
| 민진당 | 트로이 목마, 승냥이<br>경제문제가 아니라 안전문제 | 자본과 기술, 인재의 대륙 유출 |
| | | 농산품 수입 확대, 대만 농업 및 제조업의 위기 초래 |
| | | 직항은 국방안전과 국가주권 문제 |
| 국민당 | 대만경제부활의 황금열쇠<br>대만경제발전의 필연적 요구 | 경제 세계화의 대추세 이용 |
| | | 대륙경제와 접궤하여 대만내부 투자환경 개선 |
| | | 양안 간의 분업화와 비교우위를 이용하여 대만의 기업경쟁력을 증강 |
| 공산당 | 1979년 고대만동포서(告臺灣同胞書) 이후 즉각 삼통 실시 주장 | 전제조건 : 하나의 중국원칙 인정 |

## 2) 양안경제협력기본협정(Economic Cooperation Framework Agreement : 간칭, ECFA)

에크파는 양안 특색의 모델이다. 홍콩과 마카오 중국 간에 체결된

CEPA(Comprehensive Economic Partnership Agreement, 포괄적 경제동반자 협정)는 국내 간에 체결된 협약이었다. 에크파는 국가 간에 체결하는 자유무역협정(FTA)은 아니지만, WTO 정신을 위배하지 않으면서 순수하게 양안 간의 경제협력을 규정했으며, 주권이나 정치 문제와는 관련되지 않는다. 협상의 주요 내용은 양안 간의 관세 감면이었다. ECFA는 양안이 관세 조항의 감면을 통해 상대방의 시장에 빨리 진입하는 경제프레임조약이다.

2008년 국민당이 재집권하면서 양회는 2008년 6월 11일부터 2015년 11월 30일 까지 11차례의 회담을 개최했다. 비록 정치에 관계된 의제는 아니었지만 양회는 23개 항의 협의를 체결했다. 우선 2010년 해기회 이사장 쟝빙쿤(江丙坤)과 해협회 회장 천원린(陳雲林)간에 협정이 체결되었다. 2011년부터 효력이 발생했다.

민진당의 입장에서 볼 때 에크파의 실행은 경제분야에서의 급격한 중국대륙 경사현상을 일으키며 이는 하나의 중국시장을 과속화 시킬 것이고, 대만의 경제는 중국대륙에 구속될 것으로 인식했다. 그렇다고 중국대륙과의 경제교류를 전면적으로 중단할 수는 없다. 때문에 민진당 집정기(2000-2008, 2016~)는 양안 간 일중현상의 가속화를 피하기 위해 대륙에 대한 무역의존도를 줄이면서 시장을 다원화하는 방향으로 진행하고자 했다. 경제적으로 중국과 너무 가까이 가지 않음으로서 '중국화'의 위험을 막고 대만의 경제자주성을 유지하고자 하였던 것이다. 하지만 민진당 집권기에도 양안 간 정치적으로는 봉쇄되어 있었지만, 경제적인 문제에 대해서는 민생문제라 막기가 어렵다.

2008년 마잉주는 경선공약으로 베이징과 호혜의 경제협정을 체결하겠다고 공약했다. 국민당은 FTA를 이용하여 경제문제를 정치화하고자 하였고, 경제를 수단으로 정치적인 국제공간을 개척해 나가고자 하였다. 적극적이고 주도적으로 세계경제화 추세를 따라잡고, 지정학적인 혼탁에서 탈피하고자 하였다. 예를 들어 WTO, APEC에서와 같이 지속적으로 참여하여 중·미 간의 지렛대로 활용하고자 하였으며, 중·미와 동시에 경제통합협정을 체결하고자 하였다. 특히 한국을 경쟁상대로 여기는 국민당은 한국이 맺은 FTA 체결 숫자를 열거하면서 대만이 경제분야에서 점점 주변화되고 왜소화되고 있다고 대만민중에게 환기시켰다. 즉 마잉주의 양안경제 정책은 중국대륙을 통한 세계화 따라잡기로 요약된다. 경제세계화와 국제화라는 대추세에서 중국대륙경제와 접궤시켜야만 대만내부의 투자환경이 개선되고 세계경제의 주류자원이 대만내부 시장으로 흡인되어, 대만의 경제불황 출로를 찾을 수 있다고 인식했다. 또 양안 간의 분업화의 비교우위를 이용하여 타이상(台商)의 기업경쟁력을 강화시키며 경제영역에서의 양안합작은 공통적인 이익을 지니고 있다고 인식했다.

**표 6.12** ECFA에 관한 각 당의 입장

|  | 기본인식 | 내용 |
|---|---|---|
| 민진당 | 꿀단지에 빠진 파리로 전락<br>불로 뛰어드는 불나방 | 대만의 '중국화' 진행, 양안 일중시장 형성 |
|  |  | 제조업의 위기 초래 |
|  |  | 경제자주성 상실 |
| 국민당 | 중국대륙을 통한 세계화 따라잡기 | 경제를 수단으로 국제정치 공간 확보 |
|  |  | 중·미 간의 지렛대 활용 |
|  |  | 한국보다 먼저 중국대륙 선점 |
| 공산당 | 타이두를 위한 방화벽, 선경촉통(경제로서 통일을 촉진)에 필요 | 전제조건 : 하나의 중국원칙 인정 |

## 5. 대만의 양안경제정책

대만의 대륙에 대한 경제정책은 2000년 이 후 각 당의 입장에 따라 상이하다. 즉 대만의 중국대륙에 대한 경제정책은 베이징을 어떻게 보는가의 관점과 국제상황의 변화에 따라 조정되어져 왔다.

1996년 리등후이는 중국붕괴론의 분위기 속에서 중공이 망할테니 조금만 참고 기다리라는 계급용인(戒急用忍)정책을 채택했다. 천수이벤은 집권초기에 WTO 가입을 계기로 2001년 11월 다소 실용적인 적극개방유효관리(積極開放有效管理) 정책으로 전환했다. 이는 취임 초기의 무실적 입장에 기인한 것이었다. 하지만 양안관계의 악화와 더불어 2006년부터 중국대륙에 대해서 매우 배타적인 적극관리유효개방(積極管理有效開放)정책으로 바꾸었다.

2008년 마잉주가 집권하자 무실·개방의 경제정책이 시행되어 대협상의 시대가 열리고 양안 간에 23개 항의 경제협정이 체결되었다. 하지만 2016년 민진당의 차이잉원이 집권하자 중국대륙에 대한 경제적

**표 6.13** 대만의 양안 경제정책

| 지도자 | 연도 | 경제 정책 | 내 용 | 비 고 |
|---|---|---|---|---|
| 리등후이 | 1993~2000 | 남향정책 | 대만기업 동남아 유도. 1997 아시아 금융위기로 인하여 실패 | |
| | 1996~2000 | 계급용인정책 | 대만기업 중국투자 제한 | 중국붕괴론 영향 |
| 천수이벤 | 2001~2006 | 적극개방 유효관리 | 다소 실용적. 중국대륙에 대한 투자한계를 완화 | 양안 WTO 가입 영향 |
| | 2006~2008 | 적극관리 유효개방 | 배타적. 정부의 적극관리 | 반분열국가법 등 영향 |
| 마잉주 | 2008~2016 | 무실·개방경제정책 | 대삼통, ECFA체결 | 23개 경제 협정 체결 |
| 차이잉원 | 2016~ | 신남향정책 | 중국의존도 줄이기 위해 대만기업을 동남아로 유도 | |

의존도를 줄이기 위해 신남향정책이 추진되고 있다.

계급용인(戒急容忍) 정책은 1996년 타이상들의 중국대륙에 대한 의존도가 점차 심해지고 있다는 현실에 바탕을 두고 있다. 양안경제의 위험부담을 피하고, 대만의 전체이익을 고려하여 대륙으로의 진출에 대해서 '급함을 경계하고 참아야' 한다는 입장을 리등후이가 천명한 것이다. 즉 계급용인정책을 실시하여 대만기업의 중국대륙에 대한 과도한 투자를 방지하고자 하였다. 그러나 천수이볜은 집권 초기에 세계화 추세의 진척과 양안의 WTO가입 등의 영향으로 대만기업의 세계 경쟁력 강화를 필요로 했다. 계속해서 계급용인정책을 써서 중국대륙에서의 투자를 억제하는 소극적 행위는 부적절하다고 판단했다.[83] 이외에도 타이상들은 자신들의 경쟁력 강화를 위해 대륙시장에 대한 투자정책의 확대를 대만정부에 강력하게 요구했다. 이러한 상황에서 천수이볜은 대만의 기업 환경과 타이상들의 현실적 주장을 받아들여 「계급용인 정책」을 변화시켜 「적극개방 유효관리(積極開放有效管理)」정책으로 조정했다. 민진당 정부는 중국대륙에 대한 투자제한을 완화시킴과 동시에 베이징은 그 경제적 이점을 적극적으로 활용했다. 타이상을 이용하여 대만정부에 압력을 가하는 수단으로 삼았고, 상인들로 하여금 대만정치를 포위하고 경제로서 통일을 촉진하는 이상위정, 이경촉통(以商圍政、以經促統)의 책략을 구사했다. 특히 2005년 베이징이 「반분열국가법」을 통과시켜 대만에 대한 무력사용을 법률로 명문화하자, 민진당은 이를 전쟁법으로 인식했고, 공산당에 대한 부정적인 영향이 대만내부에서 크게 증가했다. 더구나 베이징은 대만내부에 통일전선을 펴고 대만 내부의 단결을 분화시키고자 했다. 무엇보다도 베이징은 일관되

83) 〈積極開放、有效管理政策說明〉, 行政院大陸委員會, 2001.11.7.

게 하나의 중국원칙과 92공식의 인정을 협상의 전제조건으로 내세워
관방 간의 양안대화의 접촉을 막았고 반면에 대만의 국민당, 친민당,
신당 등 이른바 범람진영과 통일지향적인 특정 민간단체들과의 연계를
강화했다.[84]

이런 상황에서 칭화대학의 후안강(胡鞍鋼)은 만약 공산당이 대만에
대해서 경제제재를 발동하면 단지 7일이면 대만을 무너뜨릴 수 있다고
장담했다.[85] 당뇨병환자가 지속적으로 인슐린을 필요로 하듯이, 대만
을 당뇨병 환자로 비유했다. 대만의 인슐린은 바로 중국대륙과의 무역
뿐이라는 결론이다. 양안의 무역전쟁, 즉 7일이면 대만을 붕괴시킬 수
있다는 것이다.[86] 이 논리는 민진당에 큰 압력으로 작용했다.

결국 2006년 기존의「적극개방 유효관리」의 경제정책에서「적극관
리 유효개방(積極管理有效開放)」으로 다시 전환했다.「적극관리 유효
개방정책」은 대만정부가 적극적으로 관리의 책임을 떠맡을 때 비로소
개방의 위험을 낮출 수 있다는 의미다. 물론 여론을 안정시키기 위해서
양안교류를 긴축시키는 의미도 아니고 더구나 쇄국은 아니라고 강조하
고, 양안관계발전은 필수적으로 주권, 민주, 평화, 대등의 원칙에 부합
해야하며, 대만의 전도는 오직 2300만 대만민중의 의지로 결정해야함
을 밝혔다.[87]

---

84) 〈中樞擧行中華民國95年開國紀念典禮暨元旦團拜〉, 中华民国总统俯新闻稿,
    2006.1.1, http://www.president.gov.tw/Default.aspx?tabid=131&itemid=11241&
    rmid=514&sd=2006/01/01&ed=2006/01/01
85) 《自由時報》, 2006.12.24. 2006년 중국 전국정협위원 후안강(胡鞍鋼)은 중국
    대륙에 대한 대만의 경제의존도에 대해 내부 모의실험을 진행했다.
86) 《自由時報》, 2006.12.24.
87) 同上註.

천수이볜은 베이징이 경제를 이용해서 대만을 병탄하려는 시도로 인식하였다. 공산당은 대만에 대해서 이중적 책략을 사용한다. 대만을 겨냥하는 탄도미사일 배치를 증가시키고, 여론전, 법률전, 심리전을 운용하여 최종적으로 대만을 병탄하고자 한다. 양안경제의 통합 역시 이로 인해 정치통합으로 갈 가능성이 높아진다. 타이두의 입장에서 보면, 베이징의 선의 역시 대만병탄을 위한 책략으로 인식할 수밖에 없다.

2008~2016년 국민당의 마잉주가 집권하자 양안은 92공식을 묵계로 인정하고, 급속한 교류협력의 시대를 열었다. 실용적이고 경제적 이익을 중시하는 국민당의 입장과 공산당의 정치이익이 일치했기 때문에 가능했다. 베이징의 이경촉통과 마잉주의 선경후정(先經後政)이 맞아떨어진 결과였다. 이른바 무실·개방의 경제정책이다. 마잉주는 중국화와 세계화는 상호보완적인 것이지 상호대립적인 것이 아니라는 입장에 서 있었다. 하지만 여기에는 원칙이 있다. 첫째, 정경(政經) 분리 원칙이다. 마잉주 집권기에 양안 간 23개의 협정체결은 전부 경제적 의제였고 정치적 의제는 없었다. ECFA와 양안직항문제도 경제적인 의제로 분류되어 양안 항선의 개념에서 협상을 진행했다. 둘째, 선이후난(先易後難)의 원칙이다. 구체적이고 실용적이고 쉬운 의제부터 먼저 협상에 착수하고 추상적인 것은 후일로 넘겼다. 타결된 협정은 대륙관광객의 대만여행과 양안 간 결혼, 대륙학생의 대만유학 등 비교적 쉬운 문제들이었다. 셋째, 선급후완(先急後緩)이다. 현재 꼭 필요하고 급한 의제를 먼저 선택하여 체결하였다. 다섯째, 선경후정(先經後政)원칙이다. 경제분야에서 우선 협정을 체결하고 그 후에 평화협정체결을 시도하고자 하였다. 이는 이미 2005년 후진타오와 롄짠의 성명에서 구체화되었던 것이다.

양안이 정치협상의 단계에 진입할 즈음에 대만에서는 태양화운동의 발생과 2014년 11월 29일 국민당의 지방선거 참패, 이어진 2016년 민진당의 재집권으로 인해서 양안 간 협상은 중단되었고, 경제정책은 '신남향정책'으로 조정되었다. 민진당의 기본적인 입장 즉 대만의 경제자주성과 '중국화'의 위험을 피하고자 하였던 것이다. 하지만 민생 향상을 위해서는 대륙과의 교역도 중요하다. 돈은 중국에서 벌고, 안보는 미국에 의존할 수 없다. 여기에 민진당의 딜레마가 있다. 예를 들어 2018년 중국대륙의 푸젠성 정부는 대만의 영토인 진먼(金門)에 생활용수를 전면 공급하기 시작했다. 대륙과 진먼 사이에 해저 파이프를 연결하여, 진먼현에 생활용수를 공급하기 시작한 것이다. 물론 민진당 정부는 반대했지만 생활개선을 원하는 진먼 민중들의 청원을 막지는 못했다.

## 소결

대만 역시 타국의 기업들이 대륙시장으로 진출하는 추세에서 무조건적으로 대만기업의 대륙진출을 억제할 수는 없다. 양안 간의 경제무역 발전은 각기 장단점을 갖추고 있다. 베이징은 이를 경제적자와 정치흑자의 논리로 파악했다.

첫째, 양안 간 하나의 중국 시장이 형성되면 대만 안보는 그만큼 더 취약해진다. 즉 양안 간에 긴장관계가 발생한다면 대만이 대륙보다 더 타격을 받는다. 대만은 과도한 수출주도형 경제고 중국대륙에 대한 무역 의존도가 2019년 40%를 초월했다. 둘째, 양안경제의 발전은 정치적으로는 베이징에 더 중요하다. 현재 대만과의 경제교역에서 발생한 거액의 적자는 정치적 흑자로서 만회할 수 있다고 본다. 셋째, 양안 간 경제영역의 합작은 중국대륙과 대만에 상호 이익이다. 양안은 서로 관계가 악화되기를 바라지 않는다. 해협의 안정유지에 도움을 준다. 그러므로 경제영역에서 양안협상은 타결이 비교적 쉽다. 넷째, 양안 간의 경제발전은 이미 양안 간의 정세를 안정시키는 힘으로 작용하고 있다. 다섯째, 양안 간 일중시장의 형성은 미국의 대만 개입을 억제시키는 작용을 한다.

종합하면 베이징의 대만에 대한 경제일중은 선경후정 선이후난 순서 점진, 이상핍정, 이민핍관, 화독점통(先經後政、先易後難、循序漸進、以商逼政、以民逼官、化獨漸統)의 방식으로 진행하고 있다. 즉 경제가 먼저고 정치는 나중이며, 쉬운 것을 먼저 처리하고 어려운 것은 그 후에, 상업으로서 정치를 견제하며, 민으로서 관을 압박하고, 타이두를 화해시켜 통일로 나가고자 한다. 대만의 경제가 중국대륙에 의존도가 더 이상 지탱할 수 없을 때 마치 따뜻한 물에 개구리 삶듯이(溫水煮青蛙), '하나의 중국'시장 형성은 양안통일의 기반을 마련할 수 있다. 이는 중국공산당이 대(對)대만정책에서 경제를 통해서 통일을 촉진하는 이경촉통(以經促統)의 전략이다. 마잉주 시기는 선경후정과 선이후난이 진행되었다. 차이잉원이 집권하고 나서부터는 현상유지 정책을 고수하고 있다. 마잉주 시기보다 원심력이 더욱 강해졌기 때문이라고 할수 있다.

베이징의 판단으로 볼 때 양안 간의 경제융합은 매우 중요하다. 대만에 대해서 적정한 수준의 무역 적자를 유지하는 것은 양안 협상에 대한 카드로 활용할 수 있다.[88] 양안 간 심화발전융합은 시진핑 집권 후 중공이 일관되게 추진하고 있는 경제정책이다.

오늘날 양안 간 경제교류의 폭과 깊이가 확장되어 경제통합이 주된

---

88) 陳躍雪, 〈中國共產黨第十七大後大陸對臺灣經政策調整分析〉, 《Institute for Security and Development Policy, 2008 policy paper》, 頁35.

흐름이 되는 추세에 있다. 차이잉원이 집권한 4년 동안 미국일변도와 베이징에 대한 강경책을 펴고 있지만 경제분야에서는 대만의 중국대륙에 대한 무역의존도는 오히려 40%를 상회하고 있다. 그러므로 베이징의 각도에서 볼 때 대만을 억제할 수단이 증가된다고 볼 수 있다. 경제로서 대만에 대한 정치적 영향력을 확장시키고, 상업적인 수단으로서 대만의 정치를 포위하며, 민간을 이용하여 대만의 정부를 탄압하는 전략을 구사하는 데에도 유리해졌다.

작용과 반작용은 동시에 일어난다. 과거 민진당은 대만주체성과 국가의 경제안보를 유지한다는 명목으로 중국대륙의 경제의존도를 낮추려고 시도했다.[89] 이는 차이잉원 시대도 마찬가지다. 민진당의 기본적 인식은 대만경제가 중국대륙에 점점 더 의존한다면 장차 대만은 중국대륙의 경제식민지로 전락할 것이고 그 결과 대만병탄으로 이어지는 것을 걱정 할 수밖에 없다. 일중시장의 형성, 즉 대중화권 시장은 곧 양안경제의 통합으로 나아가고, 이는 결국 정치적 통합으로 이어질 가능성이 있다. 민진당에 있어서 하나의 중국시장은 결국 종극통일(終極統一)로 이어지는 첩경으로 인식하고 있고, 베이징이 경제일중으로써 아예 대만을 구매하는 전략을 펴고 있다고 본다. 2008-2016년 마잉주 집권기에 과도한 중국대륙으로의 경사는 대만민중들의 우려를 자아냈고, 결국 대만 민중들은 차이잉원의 민진당을 선택했고, 차이잉원은 '신남향정책'을 채택했다. 경제일중의 함정을 피하기 위해서다. 그렇다고 중국대륙에 대한 무역의존도가 40%이상인 현실에서 중국대륙과의 완전한 디커플링을 추구할 수도 없다. 왜냐면 이는 대만민생에 치명적이기 때문이다.

---

89) 黃偉峰, 〈反分裂國家法與臺灣的兩岸政策〉,《大陸委員會檔資料》, 2006.3.

## 제**4**절 민족일중民族一中

### 1. 민족일중의 의미

　민족일중은 양안 간 중화민족의 '중국'만이 있다는 의미다. 양안은 모두 중국인이며 이는 곧 중화언어, 중화문화, 혈연에서 하나의 중국을 말한다. 베이징은 양안의 인민을 중국인으로 규정하며, 양안은 같은 민족이기 때문에 양안의 분열을 반대한다.[90]

　국대판(國台辦)은 2002년 2월「하나의 중국원칙과 대만문제」(一個中國原則與臺灣問題)라는 백서에서 "대만인은 우리의 골육동포(骨肉同胞)"라는 민족일중의 관점을 체계적으로 정리했다.[91] 언어와 문화, 혈연 공통성에 기초하여 양안은 역사적으로 같은 민족이라는 교집(交集)을 갖추고 있다고 주장한다. 그러므로 베이징에 있어서 민족일중은 정체성의 근본이자 윤리적 기초며 도덕적인 규범이 된다. 이로써 양안은 일가친(一家親)이며 일맥상승의 생명력을 유지한다. 베이징은 민족일중을 통해 대륙과 대만을 이어주는 교량으로 삼고자 한다.

　현실주의 정치학자들은 대만문제의 주요한 모순을 중·미 양국의 모순으로 보는 경향이 강하다. 그러나 대만 본토화와 민주화가 이루어짐에 따라서 대만인들의 주체성이 제고되고, 질적인 변화가 일어났는데 바로 대만인들의 정체성의 변화였다. 이는 대만인의 정체성이 양안 간 주요 모순으로 떠올랐다는 것을 의미한다. 장제스, 장징궈 시기만 해도 양안은 모두 하나의 중국, 모두 중국인이라고 주장했다. 하지만 1989년

---

90)　《人民日報海外版》, 2005.3.11.

91)　國務院臺灣事務辦公室、新聞辦公室,《一個中國原則與臺灣問題》(白皮書), 2000.2.21.

이후 민주화와 본토화를 거쳐 이제는 2300만 대만인들이 대만의 앞날을 결정해야 하며, 통일이든 독립이든 이는 대만인들의 선택사항이지 결코 베이징이 관여할 성질이 아니라는 것이 대만의 주류민의가 되었다.

일본의 대만문제 전문가 와카바야시 마사히로(若林正丈)교수는 대만내부에는 중국민족주의와 대만민족주의의 투쟁이 있다고 파악했다. 이는 과거 양안은 모두 염황의 자손이며 중화민족이라는 데에서 벗어나 중국인과 대만인은 다르다는 민족문제의 진화를 가져왔다는 것이다.[92]

중국공산당의 처지에서 본다면 21세기 양안관계에서 가장 큰 도전은 대외적으로는 미국과의 경쟁, 대내적으로는 민족문제다. 이중 민족문제가 더 풀기 어렵다. 과거 중국공산당은 대만에 대해서 민족의식이라는 생물적이며 감성적 원칙에 호소했다. 그러나 시간이 흘러 과거의 기억을 공유하던 사람들은 대부분 사라졌다. 더 이상 양안 간을 이어주는 교량으로서 민족제대(탯줄)를 통해 공감대를 형성시키기에는 무리가 많다. 그러므로 민족제대를 강조하는 동시에 경제적 제대를 강조한다. 민족제대로 엮여진 항일인사, 외성인(外省人), 친중애국인사, 중국대륙 출신의(籍) 배우자를 둔 이들과의 유대를 강화하고, 양안 교류 40년 동안 누적된 타이상, 해외교포 등, 소프트파워적인 방법을 동원하여 통일전선을 강화하고 있다. 실제로 베이징은 정치 타이두 주창자들 보다 문화 타이두를 주장하는 자들에게 더 민감하게 반응한다. 전자는 명확하게 눈에 드러나므로 통제하기 용이하나 후자는 발견하기도 어려울 뿐

---

92) 若林正丈, 〈「中華民國臺灣化」與「七二年體制」以臺灣民族主義的抬頭為焦點〉, 收錄于《財團法人海峽交流基金會交流雜誌社編》, 台灣 : 岸開放交流20年國際學術研討會會議實錄, 2007, 頁124-125.

만 아니라 교묘하며, 알게 모르게 은연중에 세뇌되기 때문이다. 역사교과서 수정이 대표적이다.

문화 타이두는 대만독립을 위한 일종의 가치지향을 의미하며, 탈중국화(去中國化)를 그 특징으로 하는 문화적 독립운동이다. 천수이볜이 정치적 타이두, 즉 명독(明獨)이었다면 리덩후이와 차이잉원은 문화적 타이두 즉 암독(暗獨)에 가깝다. 때문에 베이징은 대만에 대한 흡인력을 높이기 위해 양안 간 공통의 역사, 문화전통의 기억들을 되살리고자 시도한다. 비록 심록진영은 이러한 중공의 주장을 극구 부인하지만 대다수의 대만인들은 양안 간 존재했던 역사, 문화, 혈연 등 특수한 관계마저 부정하지는 않는다.

경제교류와 문화교류는 정치교류보다 덜 민감하다. 후진타오는 중화문화와 중화민족의 정체성, 물은 피보다 진하다(血濃於水)는 민족감정을 정치적 도구로 활용했다. 시진핑은 양안일가친, 양안운명공동체, 양안심령계합(심령부합)을 강조하여 생물적 유대를 정신과 영혼의 유대까지로 확대시키고 있다. 중화문화는 중국인들의 핵심적 가치가 존재하는 곳이다. 먼저 문화적으로 양안 공통의 문자, 언어, 민족, 문명을 강조해 문화 타이두를 제거해 나가고자 한다.

2000년 이후 양안문제의 핵심은 갈수록 정체성(국가정체성, 민족정체성)문제가 집중적으로 드러나고 있다. 정체성의 본질은 어떤 일이나 상황에 대해 취하는 자신의 가치적 태도를 표명하는 것이다. 현재 40세 이하의 대만 민중은 자신을 '중국인'이라고 부르는 사람은 거의 없다.[93] 이 모두 '민족일중' 문제에서 연유한 것이다.

---

93) 이러한 세대를 천연독(天然獨)이라 칭한다. 특히 1996년 총통직선제가 실시된 이후 민주주의의 원칙인 당가작주(當家作主 : 자신의 일은 자신이 책임지고

민족일중의 핵심적 내용은 정체성이다. 비록 양안 간에 '몇 개의 중국(하나의 중국, 두 개의 중국, 하나의 중국과 하나의 대만)'이 존재하는지가 주권에 관계된 핵심적인 문제지만 그 근원에는 바로 민족정체성의 문제가 도사리고 있다. 기본적으로 범람진영과 공산당은 양안은 모두 중화민족에 속한다는 사실을 인정하나, 심록진영은 그렇지 않다. 국민당과 공산당은 양안은 모두 같이 하나의 중국, 중화민족, 동문동종, 양안은 모두 중국인이라고 인식한다. 이에 대해 민진당의 온건파, 천록진영의 견해는 양안은 동문동종임을 인정하나 그 정체성에서는 또 국공양당과 다르다.

1987년 말부터 양안 간 교류의 길이 열리면서 지난 40여 년 간 문화경제적 교류의 폭과 깊이가 넓어졌다. 하지만 교류의 과정에서 양안 간의 상동성과 상이성을 경험했다. 특히, 타이베이는 대륙과 대만이 서로 다른 세 개의 차이점을 강조했다. 즉 소위 말하는 3D다. 즉 경제차이, 민주차이, 서로 다른 민족지위(development, democracy, difference)다. 이는 또 대만이 통일을 거부하는 명분으로 작용하였다. 첫째, 대만의 경제적 문화적 생활수준은 중국대륙의 수준보다 훨씬 높다고 보았다. 중국대륙인들의 도덕 및 생활습관 등 문화 교양적 소질과 수준은 대만인들에 크게 뒤진다. 이는 자연스럽게 대만인들의 대륙인들에 대한 부정적 인상을 조성하게 했고, 대만민족주의가 흥기할 수 있는 자원을 제공해 주기도 했다. 둘째, 대만의 정치제도는 이미 민주화되었고 대륙은 일당(一黨)전정의 제도다. 양안 간의 정치제도는 물과 기름처

결정하는)가 자리 잡았고 대만인에 대한 주체성이 제고되어, 대만과 대륙은 사실상의 두 개의 국가가 되었다고 볼 수 있다. 대부분의 대만 젊은이들은 자신을 중국인으로 인식하지 않는다.

럼 섞일 수 없는 관계다. 이런 상태에서 굳이 통일을 염원할 이유는 없다. 셋째, 대만의 족군(族群), 문화와 역사의 특징은 중국대륙과는 매우 다르다.[94] 하지만 현재 중국대륙은 신속한 굴기의 과정에 있는 것은 현실이다. 대만은 더 이상 3D를 강조함으로써 양안 간의 차이를 말하기는 어렵게 되었다. 왜냐하면 양안 민간의 교류는 밀접하게 늘어났고, 양안 간의 경제적 차이는 과거에 비해 확실히 축소되고 있으며, 대만의 전체 GDP를 초과한 중국대륙의 성(省)은 2020년이면 10여 개 이상이 될 전망이다.

민주화에 대한 차이도 과거에 비해 축소되는 과정에 있다. 더구나 베이징의 일국양제는 제도의 차이를 인정하고 있다. 즉 양안 간의 차이성의 감소는 베이징에 더 유리하게 작용하고 있는 셈이다. 양안 간 교류의 확대와 심화는 양안민중의 친밀감을 증가시키고, 이는 통일과 독립에 대한 모순을 줄이는 방향으로 진행되고, 통일파의 공간을 더 증가하게 만들어 결국 양안 간의 정치모순을 감소시킬 수 있다. 그러나 문제는 정체성의 변화에 있다. 대만내부에서는 양안 간 민족지위에 관한 차이(difference)가 다르다. 양안은 서로 다른 민족에 속한다는 정체성의 소유자가 늘어난다면 통일의 문제를 해결하기는 더욱 어렵게 된다. 만약 대만이 대만민족과 중국민족은 다르다는 명분으로 통일을 꺼려한다면 설령 중국대륙이 민주화되었다 하더라도 이는 여전히 해결할 수 없는 문제로 남는다.[95]

민진당이 집권하면 탈중국화(去中國化)의 방향은 필연적이다. 대만

94) 汪飛淩, 〈海峽兩岸的民族主義及其前景〉, 《戰略與管理》, 2000, 第4期.
95) 包諄亮, 〈兩岸政治矛盾與未來〉, 載, 王央城主編, 《前瞻兩岸關係發展的趨勢》, 臺北 : 國防大學戰略研究所出版, 2007, 頁38.

주체성의 제고와 대만인 정체성이 확보되지 않는다면 민진당의 종지인 대만공화국의 건설은 불가능하기 때문이다. 이는 또 양안 간의 긴장관계를 형성한다. 양안의 민족정감 문제가 가장 극명하게 드러나는 곳은 일본에 대한 시각이다. 대만인들의 일본에 대한 선호도에서 중국대륙과는 분명한 차이를 보여준다. 이는 대만의 역사, 지리, 이민, 원주민, 식민의 경험과 이에 대한 인지가 베이징과는 사뭇 다르다.96) 일반적으로 말해, 대만독립 경향자, 일제시기 경험자, 혹은 일본 유학파, 일본문화와 자주 접촉하는 사람 등은 일본에 대해서 상당히 좋은 인상을 지니고 있다. 특히 급진 대만민족주의자와 일본 극우파는 거의 일치된 관점을 지니고 있다. 비교적 온화한 민족주의자들조차도, 일본이 비록 그 결점과 역사적으로 대만에 대한 죄가 있지만 그 우수점 또한 비교적 많다고 인식한다. 전체적으로 말해 타이두 주창자들은 국민당과 공산당에 비해 일본에 대한 인상이 훨씬 좋다. 일반적인 대만인들도 중국대륙에 비해 일본을 편애하는 경향이 강하다.97)

타이두를 지지하는 사람들은 비록 민족적·문화적으로도 한족인 중화문화로 인정할지라도, 중국, 중국인, 중국민족주의에 대해서는 혐오감을 드러낸다. 특히 리등후이, 천수이볜 집권기에는 대만민족주의가 고취되었고 차이잉원 정부 역시 탈중국화의 노선을 채택하고 있다. 이는 다시 선거와 밀접한 관련을 맺고 있다. 촌장부터 총통까지 모두 투

---

96) 2010년 3월 24일 재단법인교류학회 타이베이 사무소에서 실시한 조사에 의하면 대만 이외에 가장 좋아하는 국가를 물었을 때 대만인의 52%가 일본, 8%가 미국, 중국대륙은 5%에 불과했다.

97) 民調調查, 在臺灣中山大學大一年級到四年級學生100個人中, 包含南部人 11個人的調查結果. 絶對多數喜比大陸喜歡日本. 25個人偏愛日本, 偏愛大陸0名, 其他無回答, 2008.5.20.

표로 결정하는 대만의 선거에서 가장 큰 의제는 양안문제다. 베이징에 대하여 어떠한 입장에 가지고 있는지 유권자의 선택을 받고, 이는 다시 양안관계에 영향을 미친다. 베이징의 대 대만정책 역시 대만의 선거를 고려하지 않을 수 없다. 민진당이 탈중국화의 노선을 취할 수 있다는 것은 무엇보다도 주류민의에 부합되기 때문이다.

대만도내에는 대만민족주의 중국민족주의의 간의 갈등이 있다. 대만 문제의 주요모순은 중·미 양국의 모순에 있으나 대만정치가 민주화되고, 본토화화가 진행되면서 대만도내에 심각한 변화가 발생했다. 즉 두 개의 민족주의 갈등이다.[98] 민주화가 진행되면서 대만주체성이 제고되고, 이는 또 베이징의 위협에 직면하면서 대만민족주의가 발호할 기회가 제공된다. 분명 대만내부에는 두 개의 민족주의를 둘러싸고 서로 갈등하고 있다. 즉 탈중국화(去中國化)와 탈중국화에 반대하는 흐름이다. 민진당이 집권하면 탈중국화의 방향으로, 국민당이 집권하면 다시 탈대만화의 방향으로 문화정책을 변화시킨다. 이는 국민당과 민진당의 정체성의 차이에서 기인한 것이다.

탈중국화는 리등후이 집권 이후 암암리에 추진한 독립건국노선이었다. 리등후이는 탈중국화에 대해서 비교적 암, 연, 은, 위(暗、軟、隱、偽)의 방법이었다면 천수이볜의 노선은 특히 두 번째 임기시의 노선은 명, 경, 로(明、硬、露)하게 독립노선을 추구했다. 천수이볜은 집권 3년 차부터 과격한 타이두 노선을 밀고 나가다가, 미국의 반대와 국내외의 반대에 부딪혀 점진식 타이두 노선으로 전환했다. 천수이볜은 작은 문

98) 若林正丈, 〈"中華民國臺灣化"與"七二年體制"以臺灣民族主義的抬頭為焦點〉, 《岸開放交流20年國際學術硏討會會議實錄, 台北 : 財團法人海峽交流基金會交流雜誌社編, 2007, 頁124-125.

제에서부터 탈중국화에 착수했다. 예를 들어, 민난어(閩南語)는 국어며, 지방극(地方戲)은 국극(國劇)이며, 주외 기구의 국휘(國徽)를 떼고, 직함이나 칭호에 대만을 추가하고, 특히 여권에 대만이라는 두 자를 추가했다. 주외기구는 개괄적으로 대만판사처(臺灣辦事處)로 고쳤으며, 헌법개정, 교과서개정, 군수확충과 대만명의의 유엔가입, 미일안보체계로의 가입 등을 추진했다. 특히 천수이볜은 '중화민국'이란 글자에 대해서 강한 부정을 보였다. 공개적으로 "중화민국은 무슨 물건이냐 (中華民國什麼碗糕)"고 하기도 했으며, 공식석상에서 장제스를 '살인마왕'으로 부르기도 했다. 그러나 이러한 민진당의 타이두 노선은 베이징의 강력한 반발을 불러온다. 이에 비해 차이잉원은 비교적 무실적인 리등후이 노선을 따르고 있다. 하지만 베이징의 입장에서는 리볜 시기와 크게 달라진 게 없다. 베이징의 눈에는 탈중국화를 종용하고 점진식 타이두 활동으로 양안 간의 교류합작을 방해하는 것일 뿐이다. 타이두 세력을 조종하여, 국민투표, 헌법개정 등의 활동을 통해 대륙에 대한 적의를 고취하며, 양안동포의 엄중한 손해를 끼치는 행위일 뿐이다.

베이징은 이러한 대만에 대해 그 불안감이 증가되고 있고, 대만을 외교적으로 더욱더 강하게 고립시키고, 무력위협을 가한다. 92공식을 인정하지 않는 민진당과는 전면적인 관방교류를 중단했지만 민간교류마저 중단시킬 수 없다. 오히려 민간문화 교류를 강화해야 시진핑이 강조하는 '양안일가친'의 이념을 실현할 수 있다. 그러므로 '하나의 중국원칙'과 '92공식'을 견지하고, 어떠한 타이두 세력이라도 불용한다는 원칙하에서, 양안 간의 경제문화 교류합작을 추진하여 양안 사회의 융합을 도모하고자 한다.

시진핑은 중공 19대(2017년)에서 양안경제문화 교류 협력에 관한 중요한 사상을 피력했다. 이어 2018년 국대판은 대만인들의 중국대륙에서의 학습, 창업, 취업, 생활제공에 있어서 대륙동포와 동등한 대우를 한다는 조치를 발표했다. 이른바 31항의 대만인들에 대한 우대조치(31条惠台措施)다.[99] 이는 곧 대만인들을 '국민대우' 한다는 것을 의미한다. 이미 대륙에 있는 대만인들을 중국국민으로 대우하고 있다. 종합하자면 양안 간 공통적인 교집합 부분인 '문화상의 중국'을 탈피하려는 민진당과 이를 연결시키려는 베이징의 줄다리기는 현재진행형이다.

## 2. 국족, 민족 및 중화민족國族、民族與中華民族

### 1) 국족國族

국족은 광의의 집합체다. 공통적인 혈연, 언어, 역사를 통해서 보다 더 긴밀히 연결된다. 국족은 민족과 같은 개념이다. 다른 점이 있다면 민족은 국가를 필요로 하지 않아도 성립되는 개념이며 국족개념은 국가를 필요로 한다. 또한 국가를 어떻게 생각하는지에 대한 개념이 국가정체성이다. 민족은 인간의 역사에서 형성된 공통된 언어, 지역, 경제생활 및 문화에서 공통적인 심리를 깔고 있는 공동체다. 그러나 정치통일의 과정에서 약소한 국가는 나라의 경계가 나눠지는가 하면, 여러 지역에 걸쳐서 민족과 문화를 형성하기도 한다. 바로 국족과 민족의 구별은 여기에 있다. 전자는 반드시 국가를 필요로 한 반면 민족은 자치권이나 국가형태를 필요로 하지 않는다.[100] 이는 종족이 민족정체성에서 필요한 요소 중 하나이며 종족정체성이 구축한 민족정체성은 국가정체성

---

99) 《關於促進兩岸經濟文化交流合作的若干措施》, 2018.3.28.

100) 이원봉/임규섭, "대만의 국가정체성과 양안관계", 『아태연구』, 제16권 제2호, p154.

**표 6.14** 양안 차이성 논술

| 관계 전제 | 양안정위 | 민족 | 역사서술 | 문화 | 언어 | 정치 | 경제·사회 |
|---|---|---|---|---|---|---|---|
| 하나의 민족 | 대륙 | 중국인 | 5천년사 | 중국 문화 | 중문, 보통어 | 공산당 전제 | 신속발전 중 |
| | 대만 | 중국인 | 5천년사 | 중국 문화 | 중문, 보통어 | 다당제 | 대륙과의 경제발전과 교류 |
| 두 개의 민족 | 중국 | 중국인 | 5천년사 | 일원적, 보수 | 보통어 | 공산당전제 | 빈곤, 후진 |
| | 대만 | 대만인 | 4백년사 | 다원, 현대 | 보통어, 대만어 | 민주자유 | 부유, 진보 |
| 공리주의 | 중국대륙 | 부중요 (不重要) | 부중요 | 부중요 | 부중요 | 부중요 | 신흥시장 |
| | 대만 | 부중요 | 부중요 | 부중요 | 부중요 | 부중요 | 성숙한 시장 |

속에서 중요한 위치를 차지하고 있다. 국가정체성과 종족문제가 통일
될 필요성은 없지만, 특히 대만에서 이 두 문제가 동시에 제기되는 이
유는 대만의 특수한 역사적 경험 때문이다.[101] 대만이 본격적으로 역사
의 무대에 등장한 시기는 4백년에 불과하다.[102] 표 6.14는 양안 간에
발생하는 차이를 비교적 대만인의 입장에서 필자가 재정리한 것이다.
여기서 공리주의적 입장은 양안 간 통일과 독립에 구애받지 않고 실용
주의적 입장에 근거해서 비용과 편익으로 계산하려는 경향이 강함을
의미한다.[103]

---

101) 張茂桂, "談身份認同政治的幾個問題", 遊盈隆遍, 『民主鞏固或崩潰 : 台
灣二十一世紀的挑戰』(月旦出版社 1998), p.101.

102) 대만은 네덜란드 38년, 스페인(대만북부 16년 통치), 명 정성공 부자의 21년,
청나라 통치 212년, 일제 통치기 51년, 국민당 장제스, 장징궈 부자 통치 40
년, 리등후이 천수이볜 20년, 마잉주 집권 등 400년 남짓에 불과하다.

103) 包諄亮, "兩岸政治矛盾與未來", 王央城主編, 『前瞻兩岸關系發展的趨勢』
(台北 : 國防大學戰略研究所出版, 2007), p.38. 필자 재정리.

## 2) 민족民族

민족(民族, peoples, nation)이라는 단어는 근대 일본이 채용한 단어다. 경제, 언어, 문화 등을 공동으로 하고 정치통일과 지역일체성을 지닌 이익단위다. 민족에 대한 스탈린의 정의는 "인류 역사상 형성된 공동 언어, 공동 지역, 공동 경제생활 및 공동 문화를 표현하는 공동심리 소질의 안전공동체"다.[104]

인류의 역사에서 모든 인민이 모두다 민족이 되는 것은 아니다. 정치통일과 지역일체화의 과정에서, 약소한 인민들은 국경 밖 이곳저곳으로 나눠지기도 하여 국가의 경계를 넘는 민족 혹은 문화민족을 형성하기도 한다. 국족과 민족의 구별은 전자는 반드시 국가를 필요로 하는데 반해 후자는 자치권 및 국가형태를 필요로 하지 않는다.[105]

**표 6.15** 민족과 국가의 관계

|  | 하나의 국가 | 두 개의 국가 |
|---|---|---|
| 두 개의 민족 | 대륙이 대만을 병탄한다 | 대만공화국과 중화인민공화국(一中一台) |
| 하나의 민족 | 중국(일국양제) | 중화민국과 중화인민공화국 |

## 3. 대만인과 중국인臺灣人對中國人

### 1) 중국인과 대만인

1994년 리등후이는 일본 극우 작가 시바료타료(司馬遼太郎)를 만났다. 시바료타로는 『대만기행(臺灣紀行)』의 저자이다. 그는 "이 세계에

---

104)《斯大林 . 斯大林選集(上)》, 北京 : 人民出版社, 1979, 61-64頁.
105) 劉泓,〈國族與民族認同〉,《北京 : 學習時報》, 2006.12.19.

서 '중화'라는 어휘만큼 모호하고 불명확한 것이 없다"고 밝히자 리등후이는 한걸음 더 나아가 '중국'이라는 단어 역시 그렇다고 응수했다. 중국이라 단어는 애매모호하고 또 '중국인'이라는 단어 역시 마찬가지라고 말했다.[106]

오랫동안 대만에서는 중국인 즉 문화적으로는 화인(華人), 혈연적으로는 한인, 중화민국 국민과 대만인(대만의 주민)의 구별이 있었고, 이와 동시에 중화인민공화국인과 중화민국인의 구별이 있었다. 외국인의 입장에서 본다면, 중국인은 당연히 중화인민공화국의 인민이다. 대만인 스스로 중국인이라고 말하거나 혹은 대만의 중국인이라고 말하지 않는다. 일반인의 관점에서 볼 때도, 중국대륙에 간 대만인들은 대만동포증(臺胞證)을 발급 받은 소위 말하는 대만동포다. 마치 피부가 다른 대만의 원주민인 산지동포(山地同胞), 티벳 동포(藏胞)혹은 교포(僑胞)라 부르는 것과 같다. 그러나 심록단체인 대만건국연맹에서 주장하는 대만인과 중국인의 정의는 분명하다. "무릇 대만에 대한 정체성을 지니고, 대만을 사랑하는 사람, 대만을 고향으로 생각하는 사람, 대만과의 공동운명을 원하는 자는 몇 세대 전에 대만에 왔던 지를 불문하고 모두 대만인이다."[107] 대만에 대한 공동체의식을 지닌 사람은 대만인이며, 중국대륙에 대한 공동체의식을 지닌 사람은 중국인으로 규정했다. 급진적이고 강렬한 대만의식의 소유자들에게 있어서 중국인은 외래통치자에 불과한 것이다.

타이두를 주장하는 사람들은 대만과 중국, 대만인과 중국인을 명확

106) 〈李登輝与司馬辽太郎对话〉, 李登輝, 《台湾的主张》, 台北 : 源流出版, 1997.
107) 台湾人的定义, 台湾独立建国联盟对台湾人的定义最早刊载于联盟内部流通文件, 1976年7月发行的(CC通讯)第603号之中, 对外则公开出现于, 1976年9月28日的第55期《台独》月刊.

하게 분리해서 사고하는 경향이 있다. 그들이 주장하는 '대만'의 유래[108]는 현재의 타이난(台南)지방을 의미한다. 이민 초기에 대원(大員), 대원(台員), 대만(大灣), 대원(大冤), 대완(大宛), 매원(埋冤)등으로 불려 졌고, 서구 문헌에는 Tayovan, Taiouan, Teowan, Taiuan, Taivan, Tayoan, Taywan, Taiwan 등으로 쓰여 졌다. 당시 평지의 대만 원주민인 시라야족(西拉亞族) 언어로 볼때 대만은 외래인(外來人)이라는 뜻이다.

## 2) 혈연

대만인들의 혈연을 고찰하는 것은 대만인들의 정체성에 상당히 중요한 요소로 작용하기 때문이다. 물론 하나의 민족 혹은 국가의 형성은 단지 혈연에 의해서만은 아니며 언어, 문화, 사회 환경 역시 주요한 요소가 된다. 그러나 대만인들이 역사에 등장한 시기는 불과 400년 전으로, 생물학적으로는 비교적 최근의 일이다. 더욱이 대만은 기타 국가에 비해 생화학, 분자생물학의 혈연적 증거가 비교적 명확한 편에 속한다. 이른바 한족과 중화민족은 역시 비혈연적인 개념이며, 단지 정치적인 의미를 띤 명사일 뿐이다.

심록진영의 견지에서 볼 때, 대만은 자고이래 '중국'에 속하지 않았다고 주장한다. 이들은 또 대만역사에 대한 적극적인 해석을 통해 베이징이 주장하는 '하나의 중국원칙'을 강하게 반박한다. 이른 시기에 대만

---

108) www.wufi.org.tw, WUFI Forum 獨立建國論壇.(當時的Taiwan指現在的台南), 其北邊是 Lok Kang Hien(鹿港縣), 南邊是 Fung Shan Hien(鳳山縣). 當時 (現在台南附近)的平埔西拉雅族稱外來者為 Tai-an 或 Tai-oan. 移民就把 自己定居之處叫做Tai-oan, 把西拉雅族居住的台江西岸叫做赤崁 (Chhiah-kham, 西拉雅某一部族之名稱).

으로 건너온 대다수는 남성들이었고 단신이었다. 이들은 대만의 평지 원주민인 평포족(平埔族)[109] 여성과 결혼할 수밖에 없었다. 험란한 대만해협이라는 흑수구(黑水溝)[110]를 건너와 신천지에 도착한 사람들 대부분 가족이 없는 단신인 나한각(羅漢腳)[111]들이었다. 당시 당산(唐山, 대륙)에는 "판대기 하나라도 바다로 나갈 수 없다(寸板不得下海)"는

---

109) 대만의 평지에 살았던 원주민으로 현재는 한족에 동화되어 원주민에 포함되지 않는다.

110) 대만해협을 지나는 대만난류를 의미한다. 대만난류는 남에서 북으로 대만해협을 지나는데, 난류 해수의 색은 매우 짙다. 이에 흑수라는 이름을 얻었다. 유속이 매우 빨라 매우 위험한 길이였다. 중국대륙에서 대만해협을 건너 온 많은 사람들은 조난사고를 당했다. 「육사삼류일회두(六死三留一回頭)」민요가 있다. 의미인즉, 열 사람이 대만해협을 건너오면, 그 중 여섯 명은 대만해협에서 죽고, 세 사람은 대만에 남고, 나머지 한 사람은 다시 돌아갔다.

111) 陳豐祥編著,《普通高級中學「歷史」》, 臺北 : 泰宇出版社, 2008, 頁49-50. 청나라의 대만통치 초기, 대만으로의 이민을 금지했다. 이는 대만의 남녀 인구 불균형 문제를 야기 시켰다. 혈혈단신으로 대만에 건너온 나한각(羅漢腳) 들이기 때문이었다. 이들은 집도 없고 처자도 없으며, 선비도 아니고 농민도 아니며, 공인도 아니며 상인도 아니었다. 책임이라고는 전혀 없는 대만의 유랑민들이었다. 나한각이란 단어는 훗날 결혼하지 못한 대만의 중년 남자를 일컫는 단어가 되었다. 청나라의 대만통치 초기에는 대만으로의 이민을 매우 엄격하게 통제 관리했다. 1684년 대만에 현을 설치한 후 법령이 반포되었지만, 대만이민의 첫 번째 조건은 관방의 심사 비준 허가증이었다. 여기에 더해 가솔을 거느리고 대만으로의 이민은 금지되었고, 광동(廣東) 지역도 대만이민을 금지했다. 이러한 금령은 근 백년 간 지속되었기 때문에 여성이 턱없이 부족한 현상이 나타났다. 대만에서는 처를 구할 수 없는 유민들로 가득 찼다. 18세기 『지방지』에 기재된 바에 의하면 "나한각들은 윤락과 도박과 절도와 계투를 일삼았으며 하지 못할 일이 없었다. 단신으로 사방을 유식하고 곳곳에 당을 만들었으며 윗옷과 아래옷을 갖추어 입지도 않았고 평생을 맨발로 살았다"고 한다.

강력한 해금정책이 실시되고 있었기 때문에 대만해협을 건너기가 어려웠을 뿐만 아니라, 그나마 바다를 건넌 사람 대부분은 남성들이었다. 그래서 세간에는 당산공은 있는데 당산부인은 없다(只有唐山公, 無唐山媽)는 말이 아직까지 대만에 유전되고 있다.[112]

정성공과 함께 대만에 와서 반청복명(反淸復明) 추진한 관병들, 장제스 시기 대륙으로부터 대만에 와서 반공대륙(反攻大陸)을 외친 군인들 역시 절대다수가 단신이었다.

대만에 있는 한인도 실제적으로 중국대륙의 한족과는 다르다. 유전자 조사에 의하면 대만에 있는 대만원주민들은 수천 년 간 격리상태에 있었으므로 서로 유사한 유전자구조를 지니고 있다. 비원주민인 대만인은 여러 족군의 피가 혼합되어 형성된 것이다.

1954년 이후 대만정부는 평포족(대만 평지에 살았던 원주민, 핑푸)을 더 이상 원주민으로 인정하지 않았다.[113] 평포족과 한인의 경계가 불분명했기 때문이며, 평포족은 빠른 속도로 한족과 동화되었음을 의미한다. 그 원인은 대략 두 가지다. 첫째는 통혼이었다. 더욱이 대만 남쪽의 평포족은 일찍부터 한인과 접촉했고, 또한 조기에 대만으로 이주해온 한인들은 단신 남성들이어서 평포족 여성과 결혼했다. 둘째, 한족문화에 의한 동화다. 한족이 주도한 문화 분위기에서 평포족 후손들은 한족 신분을 획득하는 숫자가 점차 늘어났다.[114] 네덜란드 통치 시기의 통계에 의하면 대만의 평포족은 대략 5 만명 전후였다. 청나라 가경(嘉慶)

---

112) 陳豐祥編著, 《普通高級中學「歷史」》, 臺北 : 泰宇出版社, 2008, 頁49-50.

113) 林江義, 「臺灣原住民族官方認定的回顧與展望」, 收錄於《臺灣平埔族》, 施正鋒、劉益昌、潘朝成編, 臺北 : 前衛出版社, 2003, 頁165.

114) Brown, Melissa J., "Is Taiwan Chinese? The impact of culture, power, and migration on changing identities", CA : University of California press, 66-130.

년 간에 실시한 인구통계에 의하면 이미 이때는 평포족의 숫자를 확인할 수 없으며 모두 한인 호구에 편입시켰다.[115]

대만의 일반민중들도 자신들이 대만 한인과 대만 원주민인 평포족과의 혼혈이라는 것을 대체로 인지하고 있다. 예를 들어 대만 부총통 뤼씨우롄(呂秀蓮)은 「대만민객심근지도(臺灣閩客尋根地圖)」와 「대만혈통진상지도(臺灣血統眞相地圖)」라는 두 장의 지도를 펴놓고, 대만 한족들의 혈통은 대부분 평포족과 한족 간의 혼혈이라고 주장하기도 했고, 중국대륙의 한족과는 다르다는 점을 특히 강조했다.[116] 뤼씨우롄은 대만 한족들은 모두 평포족의 후예라고 주장하였고, 고산족(高山族, 산지 원주민)은 형제며, 대만에 이주해 온 시기의 문제를 가지고 본성인과 외성인 등 쟁론을 일삼지 말아야 한다고 주장했다.

사실 일련의 학자들이 주장하기를 대만의 12대 성씨는 대만인구의 60%를 차지한다. 즉 진, 임, 장, 황, 리, 왕, 오, 채, 유, 양, 허, 정(陳、林、張、黃、李、王、吳、蔡、劉、楊、許、鄭)씨 등이다.[117] 물론 이는 훗날 받아들인 성씨에 불과하다. 대만은 청나라 통치기에 접어들어서야 중국대륙과 같은 부계친속제도(父親親屬制度)를 실시했기 때문이다. 모계혈통에 관계없이 부친이 한족 신분이라면 그 소생의 자녀 역시 한족으로 취급했다.[118] 이러한 근거로 심록진영에서는 "대만인은 중국인이 아니며, 중국인은 외국인이다"고까지 주장하기도 한다.

---

115) 同上註。
116) 陳叔倬、段洪坤,〈平埔血源與台灣國族血統論〉, 台灣社會研究季刊, 第72期, 2008.12.
117) 鄭堅,〈請問陳烏是外國人嗎？一談祖宗認同問題〉,《人民日報海外版》, 2007. 6.12.
118)《臺灣原住民週刊》等.

평포족의 유전자는 혼인을 통해 한족으로 흘러 들어갔기 때문에 확인할 방법이 없다. 때문에 연구자들 역시 서로 다른 통계를 내놓는다. 『광화잡지(光華雜誌)』의 추계로는 25%의 대만 한족은 평포족의 조상을 두었다고 추론했으며, 민속학자 리우하이웨(劉還月)는 85%, 선지앤더(沈建德)는 95%를 평푸족의 후계로 계산하고 있다.[119]

생물학적 연구에 의하면 중국인(중국대륙)의 생물학적 형성에는 남북의 두 기원이 분명하게 구별된다. 남북의 차는 매우 크며, 중국의 객가(客家) 및 민남(福老)인과 화북(華北)인은 매우 다르다. 생물학적으로 본다면 중국남부의 민남인과 객가인은 중원의 동란으로 말미암아 남으로 이주한 하락(河洛, 黃河.洛水)인과는 다르다는 점이다. 대만의 객가인과 민남인들은 보다 더 복잡하다. 여기에 더하여 대만원주민 혈통이 현재 대만 민남인 및 객가인으로 흘러들어갔다. 그러나 생물학적인 동일성과 차이성을 비교해서 보자면 물론 여기에도 여러 학설이 분분하지만, 다수설의 입장에서 근거한다면, 대만의 민남인 및 객가인은 중국 남부의 화난(華南)인들과 가까우며, 그 다음으로는 동남 아시아인들과 가까우며, 화북인(華北人은 中原、河洛人)인과는 비교적 거리가 멀다.[120] 그러므로 본서에서 언급하는 한(漢)인은 단지 편의상 분류일 뿐이며, 정의하기도 매우 어렵다. 역시 혈연상의 개념이라고 말하기도 어렵다.

최근 분자생물학 연구에 따르면, 대만인의 유전자 돌연변이체는 최소 15종이다. 그 중 주요한 것은 5종이다. 가장 많은 돌연변이체는 화남 지방과 동남아 지방인들과는 유사하다는 점이다. 대만 및 그 부근의 지

119) 沈建德, 《台灣血統》, 台北 : 前衛出版社, 2003.

120) 朱真一, 〈台灣族群的血緣〉, EAST ASIA International Forum, http://cult.nc.hcc.edu.tw/but23.htm

방에서 G6PD의 돌연변이체는 대만의 원주민과 한족 및 화남 지구의
한족과 소수민족과의 동일조상에서 유래한 것일 수 있다. 대만 혹은 화
남의 한인은 객가, 민남인를 막론하고 화남지역에 기원이 있으며 중원
에서 남천하여 온 것은 불가능하다.[121]

2007년 린마리(林媽利)교수는 100명의 비원주민 대만인의 염색체
조직항원과, 모계 및 부계혈연을 분석하여 대만인과 주변 족군과의 관
계를 검토했는데, 역시 대만 원주민, 동남아 도서족군(인도네시아, 필리
핀), 중국의 복건성, 광동성 지역과 관계를 맺고 있는 것으로 분석했
다.[122] 분석결과 67명의 부모혈연이 대만원주민과의 혼혈임을 밝혔다.
그리고 나머지 33명 또한 조직항원반투형(半套型) 기원을 분석한 바,
18인이 대만원주민의 유전자, 10인이 중국 동쪽 연해 월족(越族) 특징
의 유전자, 2인은 서남아시아 유전자, 1인은 북방 한족, 1인은 티벳, 1인
은 유럽의 유전자를 보였다. 그러므로 결국 85%의 대만인은 대만원주
민과의 혈연을 가지고 있다고 결론지었다.

## 3) 역사상의 대만인과 중국인

타이두 주창자들은 중국대륙과 다른 대만의 역사를 강조한다. 특히
역사의 발전과 진화를 강조한다. 명나라 영락제(永樂) 년 간 1410년부

---

121) 朱真一, 〈從葡萄糖六燐酸去氫酵素看臺灣族群的血緣〉, 《台灣醫界雜誌》,
    1999, 四十二卷第四期, 頁252-256.
122) 林媽利, 〈非原住民臺灣人的基因結構〉, 《自由時報》, 2007.8.11. 參考 : 林媽
    利, 〈從組織抗原推論閩南人及客家人所謂"臺灣人"的來源〉, 建國聯盟網站,
    http://www.wufi.org, 林媽利, 〈從DNA的研究看臺灣原住民的來源〉, 《語言
    與語言學》, 2001, 頁, 241-246. 陳順勝, 〈臺灣與西太平洋島嶼南島語族之健
    康關係〉, 戴於《臺灣原住民健康問題與展望論文集》, 1996.

터 명 성조(成祖)시기까지 견고한 청야정책(淸野政策, 적이 이용할 수 없도록 말끔이 없앰)을 실시하여 왜구를 방어했다. 대륙인들의 해상활동과 대만으로의 이민을 금지했다. 바닷가에서 조차도 엄격하게 해금을 실시했다. 정성공 시대를 지나 건륭(乾隆) 25년 까지 정식으로 대륙인들의 대만이주를 개방한 시기 까지 무려 350년간 해금의 상태에 놓여 있었다. 물론 이 시기 죽음을 무릅쓰고 몰래 대만으로 이주해 개간하여 부를 희망했던 당산공(漢人男性, 대륙의 남성)은 생리적인 요구와 전종접대(傳宗接代)를 위해서는 평포족 부녀와 결혼할 수밖에 없었다. 당산공과 평포족 소생의 혼혈 후대는 바로 대만인들의 공동조상이다. 비록 훗날 해금령이 해제되어 식솔을 거느리고 합법적으로 대만에 이주해 온 한족과 또는 장제스와 함께 패주해온 외성인들, 그리고 그들의 후대들 역시 원주민과의 통혼은 피할 수 없었다. 대만총통 차이잉원이 그랬고, 행정원장 쑤전창, 씨에창팅 등도 이 예에 속한다고 하겠다. 대만인들의 대부분의 고조부, 고조모, 증조부, 증조모는 대부분 평포족이다.

## 4) 청조의 해금정책과 당산공과 평포족의 결합

청조는 대만이 해적의 소굴이 되는 것을 방지하기 위해 지속적으로 해금정책을 실시했고, 대륙인의 대만이주를 엄격하게 금지해 대만해협을 자유로이 왕래할 수 없었다. 이러한 정책은 강희 22년(1683)부터 건륭(乾隆) 25년(1760)까지 지속되었다. 비록 이 기간 동안 건륭 10년에 1년 간 개방하였으나 대만의 남다여소(男多女少)의 상황은 개선되지 않았다. 1661년 정성공이 대만을 점령한 이후 1760년 청조가 대만에 대해 이민을 시작한 근 1세기 가량의 시간 동안 대만의 한족들은 성별 비율은 남자가 압도적으로 여성을 초과했고, 이것은 한족 이민 후대의 혈연토착화를 발생시키는 계기가 되었다. 특히 한족 남성이 평포족 여성과 결혼한 이유는 생리적인 욕구와 전종접대라는 유교적인 요소 이외에도 또 다른 중요한 원인이 있다. 즉 보다 빨리 토지를 획득할 수 있는 것이다. 당시 대만의 평포족은 모계사회였다. 자녀는 어머니와 함께 거주했고, 가산과 토지도 여자가 계승했다. 대만에 온 한족 남성은 명의상 데릴사위로 들어가서 원주민의 토지를 획득하고자 하였다. 더구나 당시 원주민 사회는 문자가 없었으므로[123] 한족들은 대만 원주민을 문서로서 속일 수 있었다. 그 결과 평지의 대만 원주민은 빠르게 한인사회에 동화되었다.[124]

평포족 여성과 한족 및 원주민과 한족 간의 통혼으로 인해 혼혈이 늘어나자, 건륭2년(1737)년 청나라 조정은 한족과 원주민 간의 통혼을 금지했다. 위반한 자는 즉시 장(杖) 백대에 처하고 강제 이혼시켰다.[125] 당시 사회로서는 한족이 평포족 여성을 처첩으로 취(取)하는 풍기가 심했으며, 평포족은 절멸의 위기가 이로써 초래되었다.

1715년 8월 서양 신부 풍병정(馮秉正)은 강희제의 명에 의해서 대만에 파견되어 대만지도를 그리게 되었다. 대만사회를 관찰하고 난 후 기록을 남겼는데, 그의 기록에 의하면 "대만인은 규정에 의해 중국인에게 납세를 하고 있었으며, 언어가 서로 달라 원주민어를 아는 이로 하여금 통역을 맡겼는데 이를 통사라 하였다. 중간에 낀 통사의 농간이 심했다. 원주민이 한화 되기를 거부한다면 살아가기 힘들었다. 생번을(한화되

---

123) 부록 동번기 참고.
124) 同上註.
125) 同上註.

지 않은 원주민) 숙번으로 만들고 숙번을 한족으로 만들어야 문명적인 생활을 향유할 수 있다. 도처에 불만분자가 많다"고 기록하고 있다.[126]

청나라의 대만 통치기간은 1683년부터 1895년까지 212년 동안이었지만 대만을 번지(番地)로 생각하는 경향이 농후했다. 예를 들어 1874년 목단사 사건(牧丹社事件)[127]이 발생했을 때, 청조는 대만의 원주민을 화외지민(化外之民, 중국의 교화가 미치지 않는 지역의 사람) 규정했다. 이는 일본이 대만출병을 하는데 명분을 제공했다. 청조는 일본의 출병을 보민의거라고 인정했다. 이는 결국 청나라가 유구(琉球)에 대한 종주권을 포기했다고 해석하는 일본에 좋은 명분을 제공했다. 1885년 유명전(劉銘傳)의 보고에서도 "대만서부 연해지역에는 번(番, 원주민)이 6이고 민(民)이 4다. 번(番)은 오랑캐며, 민 역시 생번에서 한화되어 복건성, 광동성적을 얻었다. 서부가 이와 같은데 미개발지구인 동부는 말할 필요도 없다"고 밝혔다.

이노 카노리(伊能嘉矩)는 1896년 대만 번사(番社 : 원주민부락)를 조사했다. 그는 타이베이 거리에 서서 원주민을 관찰해 보았지만 평포족과 한족이 어떻게 다른지 발견할 수 없었다. 당시에 말했던 한인(한족)은 한화된 평포족(평지 원주민)이었기 때문이다.

1947년 228사건 후에 영국의 신문에서 대만인들 다수는 중국인이라고 보도했는데, 영국 외교부장은 곧 바로 이를 교정해서 "대만인은 중국인이다라는 말은 중국인이 한 말이며 대다수의 대만인들은 원주민이

---

126) 沈建德,〈台灣人對中國400年的厭惡綜合分析〉, 2005.4.12, http://www.south-news.com.tw

127) 유구인들의 해상사고로 대만으로 표류하여 대만에 올랐는데, 대만원주민들이 유구인을 살해했다. 일본은 이를 핑계로 출병하여 대만 원주민을 공격했다.

다"고 말했다. 그가 이렇게 말할 수 있었던 이유는 영국은 1860년부터 대만에 영사관을 설립하여 운영하고 있었고 대만인들에 대한 혈통 연구가 상당히 진척되었음을 알 수 있다. 즉 영국은 청나라 외에 대만인을 가장 깊이 이해하는 외국정부였다.[128]

대다수 대만인들의 조상은 건륭25년(1760년) 이전에 대만으로 이주한 사람들이다. 즉 원주민(주로 평지 원주민)과 한족이 통혼한 후대다. 비록 건륭 25년 이후 대만으로 이주해온 사람들 역시 본성인과의 통혼으로 인해 혈연적으로 평포족 원주민임을 부인하기 어렵다.


## 4. 대만의식과 중국의식

대만의 당파 대립, 선거경쟁에서의 통독논쟁, 심지어 과거의 계투(械鬥)를 비롯하여 각종 투쟁은 정체성과 관련을 가진다. 이는 단지 이민 초기 한족 개척자들과 원주민간의 투쟁뿐만 아니라 한족인 세 개의 족군(민남인, 객가인, 외성인)사이에서도 발생하였다.[129] 장제스가 대만으로 천도한 이후 현재 대만은 네 개의 족군으로 분류할 수 있다.[130] 즉 민남인, 객가인, 외성인 및 원주민(閩南人、客家人、外省人及原住民)이다. 대만 인구분포는 민남인(閩南人, 푸라오인, 복건성 남쪽), 객

---

128) 同上註.
129) 施正鋒,《臺灣政治建構》, 臺北 : 前衛出版社, 1999.
130) 徐富珍、陳信木,〈臺灣當前族群認同狀況比較分析〉, 臺灣人口協會2004
　　年年會暨「人口、家庭與國民健康政策回顧與展望」研討會, 台灣四大族群
　　是指台灣社會以語言區分的閩南人、客家人、外省人及原住民等四種族
　　群。台灣人口數量排序分別是「閩南人」(亦稱為鶴佬人、福佬人)(75%)、
　　「外省人」(12.5%)、「客家人」(10%)及低於2%的「原住民」。

가인, 외성인, 원주민 순이다.

족군 경쟁과 충돌은 대부분 세 개의 축에서 발생했다. 원주민 대 한족(외성인, 객가인, 민남인), 객가인과 민남인, 외성인과 본성인(원주민, 객가인, 민남인)이다. 그러나 대부분의 족군 분쟁은 본성인과 외성인 간의 장기적인 정치적인 힘겨루기로 진행되었으나 대만본토화와 민주화를 경험한 후, 족군 간의 투쟁은 과거에 비해 대폭 약화되었다.

민진당은 집권하고 나서 느슨한 대만인/대만인민(Taiwanese people) 대만민족(Taiwanese nation)으로 응집시키고자 하였다.[131] 민족의식은 억압과 착취의 반작용에서 생성된다. 저항이 없는 곳에서는 민족의식의 발생도 어렵다. 근대 민족의식은 저항과 대항의 전제에서 성립된 개념이다. 대만의식은 대만인들이 자신들의 힘으로 자신들의 국가와 민족을 형성하고자 하는 것이다. 그러므로 기본적으로 타이두를 인정할 수밖에 없는 구조다.[132] 역사적으로 대만문화는 원주민, 이민, 식민의 과정을 겪었고, 대부분 대만 권력 핵심과 장치는 대만본토인 보다는 외부인이 통치했다.

초기의 대만의식은 대만에 이주한 이후 발생한 의식이며, 중국의식의 차급의식 즉 향토의식에서 출발하였으나 이후에는 대만의식과 중국의식은 상호대립적인 관계로 발전했다.[133]

대만의식의 핵심은 정체성의 문제인데, 나는 누구(대만인)인가? 대만은 무엇인가? 의 문제다. 대만의식은 과거로부터 잠재되었다가 격발된 문제다. 대만의식의 형성과 발전은 오랜 역사진화의 과정에서 형성

---

131) 施正鋒,〈台灣民主化的挑戰-國家肇建、民族塑造、以及國家打造〉, 收錄于《從歐洲反思台灣》, 台北 : 前衛出版社, 2003, 頁225-87.
132) 黃國昌,《中國意識與臺灣意識》, 台北 : 五南圖書, 1992, 頁53.
133) 同上註.

되었고 대략적으로 네 단계로 구분할 수 있겠다.

첫째 단계는 명청(明淸)시기의 대만이다. 이 시기는 단지 중국대륙의 지방의식에 불과했다. 예를 들어 복건성 장주(漳州), 천주(泉州)의식 혹은 민남의식(閩南, 복건성 남쪽), 객가(客家, hakka)의식 등이다.

둘째 단계는 일제 통치 시기로서, 대만인들은 피통치자의 신분이었으며, 이에 따라 대만의식은 집단의식으로 발전했다. 일제시기의 대만의식은 이미 민족의식으로 승화되었고, 대만인과 일본인의 대립면을 강조했다. 통치 계급과 피통치 계급 간의 의식이 싹텄다.

세 번째 단계는 2차 대전이 끝난 후에 장제스의 국민정부가 대만을 점령한 시기다. 1949년부터 1987년까지 38년간 장제스, 장징궈 부자는 대만에 계엄령을 실시했다. 이 때만 해도 대만의식은 일종의 성적(省籍意識)의식이었다. 예를 들어, 본성인(本省人), 외성인(外省人)으로의 의식이었다. 하지만 곧 228사건을 계기로 국민당에 반항하는 의식으로 전환되었고, 대만인의 의식을 발전시키는 급속한 계기가 되었다.

네 번째 단계는 1987년 이후 현재까지다. 계엄령이 해제되고, 대만의 민주화와 본토화의 길을 걸으며 민진당은 집권당이 되었다. 이 시기는 기본적으로 공산당이 대만을 탄압했다. 이때부터 대만의식은 점차 공산당에 반대하는 정치의식으로 발전했고, 리덩후이의 '신대만인' 구호에서 보이듯이 대만인이 대항하는 것은 구대만인이 아니라 중국인이었다.

종합하면, 대만의식은 일종의 저항의식이다. 저항의 대상은 예를 들어 반청복명(反淸復明)시기에는 중국대륙의 지방의식 간의 대립이었다. 복건성적의 장주, 천주인 간의 대립, 복건성과 광동성의 대립, 이후 저항의 대상이 일본제국주의, 국민당, 중국공산당으로 옮겨 갔다. 대만의식은 매 단계의 역사적 맥락에서 형성되고 변화 발전되어 온 것이다. 1895년 이후 대만의식은 모두 뚜렷한 대항의 목적물을 지니고 있다. 일

제시기의 대만의식은 일본제국주의와 식민주의에 대항해서 발생한 것
이고, 일본의 박해에 대항한 것이며, 2차 대전 종결 후의 대만의식은
국민당 정권의 본성인에 대한 괄시와 압제, 권력분배의 불공평으로 인
해서 발생한 것이다.

## 5. 대만문화와 중국문화

대만문화는 한(漢)문화를 위주로 하고 초기의 남도문화(南島文化 :
오스트로네시안), 일제 지배기의 일본문화, 유럽문화, 미국문화의 영향
을 받았다. 물론 베이징의 시각에서 본다면 대만문화는 중국문화의 일
부분일 뿐이다. 그러나 녹색진영의 입장에서 본다면 대만문화는 원주
민문화, 한족문화, 네덜란드문화, 스페인문화, 일본문화 및 미국문화 등
이 융합 발전되어 왔고, 해양문화라는 핵심적 내용을 지니고 있다. 따라
서 대륙문화의 성격을 지닌 중국문화와는 그 성질상 다른 면모를 지니
고 있다. 그러므로 타이두의 관점에서 대만문화를 본다면 중국문화는
오히려 대만문화의 일부분일 뿐이다.

1980년대에 접어들어 정치민주화와 본토화의 과정을 거치면서 대만
문화주체성의 흥기가 도내에 만연하기 시작했다. 특히 리벤시대(리등
후이, 천수이벤) 20년간은 탈중국화와 본토화가 진행되어 대만 본토 문
화의 흥기를 가져왔고, 이로써 대만의 정체성은 크게 제고되었다. 이후
대만문화 주체성은 의식적으로 중국대륙과 대만이 서로 다름을 명확히
구별하고 있다.[134] 이 결과 대만인은 중국인이 아니며, 대만은 중국의

---

134) 蔡詩萍, 〈臺灣文化主體性辯〉, 《中國論壇》, 第359期, www.srcs.nctu.edu.tw/
joyceliu/.../mw.../Report%5CY.R.Chen.htm.

일부분이 아님을 도출하며, 최종적으로 중화민족과 대등한 대만민족을 상정한다.

이는 또 정치의식과 결부되어 국민당과 민진당으로부터 여러 정당들이 분열해 나갔다. 예를 들어 신당, 친민당, 대만단결연맹, 건국당 등 정당이 출현했고, 2014년 태양화 운동 이후에는 시대역량과 대만민중당이 탄생했고, 통일과 독립을 극으로 삼고 그 가운데에는 무지개같이 찬란한 스펙트럼을 형성한다. 극단적인 한편에는 통일, 중국인, 외성인이 있으며, 그 중간에는 현상유지, 중국인이면서 대만인, 중화민국의 외투를 빌어 대만이라는 몸이 있는 것과 같은 이치로 파악하며, 양안은 임시적인 관계, 혼잡한 정체성을 보인다. 다른 한편의 극단에서는 독립, 대만인, 본성인이 존재한다.

2000년 천수이볜이 총통에 당선되자 베이징의 환심을 사기 위해서 대만은 중국대륙과의 같은 혈연과 문화를 지니고 있다고 밝혔다. 이는 대륙과 대만이 공동으로 화인(華人)사회의 신세기를 열자고 주장한 내용이다. 그러나 이 두 단어가 잠재하고 있는 의미는 양안 간에 설령 혈연과 문화관계가 성립하더라도 상호 불예속의 화인(華人)국가며, 두 개 국가의 특수한 관계[135]로 설정한다는 뜻을 내포하고 있다. 민족이라는 단어로서 해석하는 것도 같은 결과다. 예를 들어 독일과 오스트리아가 그렇듯이 같은 민족이면서 성공적으로 분리했듯이 하나의 민족이 대표하는 것은 무형상의 문화화인(文化華人) 즉 다시 말해 싱가포르와 같은 화교국가를 의미한다.

---

135) 徐博東, 〈陳水扁何去何從人們正拭目以待〉, 《海峽評論》, 112期, 2000.4.

## 6. 상상의 공동체 중화민족

　중화민족의 개념은 20세기에 들어와서 발생한 개념이다. 한족중심주의자들은 만주족이 중국대륙을 통치하는 것으로 보았으며, 이는 이족의 시대였다. 쑨원(孫文)은 한족 중심의 입장에서 오랑캐를 축출하고 중화를 회복하자(驅逐韃虜, 恢復中華)는 혁명구호를 사용했다는 점은 주지의 사실이다. 그렇지만 신해혁명 성공 이후 쑨원은 곧바로 한족 중심의 민족주의를 포기하고 한족, 만주족, 몽고족, 회족, 티벳족의 5족공화를 제창하여 진일보한 중화민족이라는 개념을 만들어 냈다. 왜냐면 만주, 몽고, 신쟝, 티벳 등을 중화민국의 강역에 편입되었고 한민족주의를 지나치게 강조하면 공동체 구성에 큰 장애가 되기 때문이다.[136)]

　쑨원이 말한 바와 같이 과거 중국대륙에는 가족주의와 종족주의는 있지만 국족주의(國族主義)는 없었다. 쑨원은 공화제를 끝까지 유지하였다. 신해혁명의 성공은 대만에 커다란 충격을 안겨주었다. 혁명 영도자 쑨원이 제창한 중화민족의 개념은 민족구성 요소를 혈통, 언어, 종교, 풍속, 생활습관 등 다섯 가지 범주로 엮었고, 한족계 대만정치인들은 이러한 쑨원의 개념을 받아들였다. 당시 대만은 일본의 영토였으며 대만인은 이미 일본국민이었다. 유전학, 인류학적 관점에서 본다고 하더라도, 중화민족으로 칭해지는 종족은 없다. 또한 중화민족을 구성하는 유전자 역시 존재하지 않는다. 이것은 중국대륙이 대일통 (大一統) 패권주의를 실현하기 위해서이고, 주변민족을 옭아매는 정치신화일 뿐이다. 그래서 혈통, 언어가 완전히 다른 신쟝(新疆), 티벳(西藏) 등 모두 중화민족에 묶여 있게 만들어 몸을 뺄 수 없게 만들었다.[137)]실제로 중

---

136) 黃昭堂, 〈第二次大戰前「台灣人意識」的探討〉, www.wufi.org.tw
137) 黃昭堂, 〈第二次大戰前"台灣人意識"的探討〉, www.wufi.org.tw

화민족이라는 개념은 훗날 만들어 낸 명사일 뿐이다.

## 7. 대만민족주의와 탈중국화

### 1) 대만민족주의

대만민족주의(Taiwanese Nationalism)는 대만의식을 사상의 중심으로 삼고, 대만인의 정체성을 지닌 사람들이 응집하여, 대만의 최대이익을 추구하고 외부로부터 온 어떠한 국가 또는 민족의 직간접적 속박과 영향으로부터 탈피하고자 하는 사상체계다.

대만민족주의의 민족은 결코 특정한 대만족군이 아니라 대만에 대한 정체성을 지닌 사람이다. 그래서 대만민족주는 원주민, 민남인, 객가인, 2차 대전 후 이민 온 신주민 등 일체 족군에 공동으로 구비할 수 있는 것이다. 대만민족주의는 문화, 지리, 정치와 관계된 이론·운동 및 신앙이며 상당히 복잡한 색을 띈다. 대만의 문화, 역사, 지리를 보호하고 계승 발전시키고, 대만의 각 족군(族群)들의 응집으로 일원화된 대만민족을 만들고자 하는 것이다. 대만민족주의는 중화민족 이외의 대만민족을 건립하여, 대만민중의 이익을 우선하는 민족주의다. 대만민족주의는 대만본토화 운동 및 대만독립운동의 배경으로 작용했다.

대만 민족주의와 대만 독립운동은 긴밀한 관련을 맺고 있다. 하지만 그 개념은 매우 다르다. 대만 민족주의는 민족주의의 일종으로서 그 목적은 대만정체성을 구축하여 중화민족과 다른 또 다른 민족을 만드는 것이다. 대만독립운동은 정치운동의 하나이나, 독립된 대만공화국이 현재의 중화민국정체를 대체하는 것이다. 대만민족주의의 기원은 일제시대로 거슬러 올라간다. 일본인들의 이족통치가 대만운명공동체라는 개념을 생성시켰다. 당시 대만민족주의의 저항대상은 일본이었다. 그러나

2차 대전 후, 2·28사건, 백색테러[138]), 계엄령, 치앤다오후(千島湖) 사건, 1995-6년의 양안위기를 거치면서 대만민족주의의 저항 대상은 일본에서 국민당으로, 대만민주화 이후에는 국민당에서 베이징의 공산당 정권으로 전이했다.

대만 민족주의자들은 국민당과 공산당 둘 다 중국의 정권일 뿐만 아니라 모두 외래정권으로 규정한다. 이와 동시에 대만 민족주의는 반중(反中)정서를 자연스럽게 형성한다. 대만주권의 귀속문제를 둘러싸고 대만에는 대만민족주의와 중화민족주의의 갈등이 있다. 기본적으로 대만문제의 주요모순은 중국대륙과 미국 간의 모순이다. 그러나 대만이 정치적으로 민주화, 본토화 단계를 거치면서 상당한 변화가 있었다. 즉 대만내부는 두 개의 민족주의의 갈등이 생성된 것이다.[139)

대만민족주의는 일종의 변방민족주의다. 다시 말해 대만민족주의에서 저항의 대상은 대만을 왜소화시키고 대만에 압력을 가하는 대국이다. 그러므로 대만민족주의는 대만의 주체성과 국제무대에서의 인정과 존중을 요구한다. 현재 대만 내에는 두 종류의 투쟁이 전개되고 있다. 즉 탈중국화와 탈대만화의 충돌이다. 탈중국화는 중국대륙과의 연결고리인 양안의 교집합을 삭제하고자 하는 방향이다. 탈중국화의 방향이 진행되면, 주로 문화, 역사적인 면에서 진행되기 때문에 베이징으로서도 이렇다 할 방법이 없다. 베이징이 혈연적, 문화적인 중화민족을 강조

---

138) 대만의 백색테러는 동원감란조례가 폐지되기까지 간첩죄, 반란죄를 죄명으로 하여 1949년부터 1987년까지 38년 동안의 계엄기간 대만의 무수한 민주 인사들이 탄압을 받았다.

139) 若林正丈, "中華民國臺灣化與七二年體制以臺灣民族主義的抬頭為焦點", 『兩岸開放交流20年國際學術研討會會議實錄』, 財團法人海峽交流基金會交流雜誌社編, 2007, pp.124-125.

하더라도 직접적으로 영향을 미치지는 못한다.

민진당은 기본적으로 대만과 대륙을 격리시키고 이를 유지하고자 한다. 그래서 천수이볜과 차이잉원은 그 노선에서는 차이가 나지 않는다. 정치, 사회, 문화, 경제에서 탈중국화를 시도할 수밖에 없는 것이 민진당의 운명이다. 원래 천수이볜은 삼국론(三國論, 중화인민공화국, 중화민국, 대만공화국)의 주장을 펼쳤다. 그러나 국공 양당 간의 하나의 중국 및 현행의 대만의 중화민국헌법 체제로 인해 양국론(兩國論, 一邊一國)을 주장했다. 대만은 민주체제를 공고히 하고, 하나의 주권독립의 민족국가(state-making), 민족건설(nation-building), 국가건설(stage-building)나아가고자 했던 것이다.

대만은 족군정체성과 민족정체성 간에도 높은 수준의 중첩성을 지니고 있다. 한편으로는 한 개인의 족군 정체성(본성인과 외성인)이 대체적으로 민족정체성(대만인과 중국인)을 결정한다. 역시 그 국가정위(國家定位)(독립과 통일)의 태도를 결정한다. 족군문제는 오랜세월 동안 마모작용을 거쳐 용합의 추세로 진행되고 있지만, 민족정체성은 여전히 미완의 과제다.


## 2) 정명운동

### (1) 대만정명운동臺灣正名運動

정명, 모든 사물과 상황에 걸맞게 합리적이고 적당한 명칭이 곧 바른 이름이다. 『논어』, 자로(子路)편에 정명사상이 나온다. 이름이 바르지 않으면 말이 순조롭지 않고 말이 순조롭지 않으면 일은 이뤄지지 않는다(名不正, 則言不順, 言不順則事不成), 어떤 일을 이루려 할 때 반드시 먼저 정당하고 합리적인 이유가 있어야 된다. 그래야만 모든 일들이 순조롭게 이룰 수 있다는 공자의 정명사상이다. 우선 바른 이름을 갖는 것이 바로 정명이다. 나의 정확한 이름을 밝히고, 타인에 대해서도 자신의 이름을 정확하게 불러 달라는 것이다.

정명 운동의 목표는 '중국'이라는 단어 대신 '대만'으로 대체하자는 것이지만, 중국국민당의 경우, 당의 정강에 근거해서 본다면 본질적으로 이를 받아들이기 어렵다. 천수이볜이 추진한 정명운동은 재야의 범람 정치인 및 남색지지자들의 격렬한 반대에 부딪혔다. 베이징 역시 이를 타이두 노선으로 인식했다.

대만정명운동은 대만의 범록진영과 해외 대만인들이 주도한 사회운동이다. 정명운동은 대만본토화 운동의 일환으로 시작되었고, 2002년 공식적으로 활동을 전개했다. 민진당 천수이볜 집권 말기 2006-2008년에 최고의 고조기를 맞았다. 초기의 정명운동은 대만의 장로교회가 주축이 되었으나, 이어서 녹색진영 및 해외거주 대만인들이 여기에 가세했다.

정치적 의미에서 정명운동의 본질은 중국대륙과 대만의 관계를 격리시키는 것이다. 만약 미국을 여전히 영속미주(英屬美洲, British America) 부르고, 라틴아메리카를 여전히 스패니스 아메리카(Spanish America)로, 브라질을 포르투게스 아메리카(Portuguese America)로 불려진다면 이는 식민지임을 자인하는 바와 같다. 마찬가지로 대만이 Chinese taibei, China Taiwan, 중화대만 등으로 불린다면 이는 베이징이 그토록 주장하는 "대만은 중국의 일부분이다"는 것을 시인하는 격이다. 심록 진영의 인사들에게 있어서 '중국'이라는 이름은 오직 중화인민공화국으로 인지하지만, 세계 대다수의 국가들은 중화인민공화국을 '중국' 유일의 합법정부로 인정한다. 다시 말해 '중국'이라고 했을 경우 이는 곧 중화인민공화국을 연상케 되는 것이다. 그러므로 대만의 각 정부

기관, 공기업, 행정기구, 공공기관에 붙여진 '중국' 이라는 글자를 '대만'으로 대체하고자 하였다. 이는 대만과 중국대륙의 관계를 구분하자는 것이며, 대만 본토화 운동의 일부분이다. 또 이는 대만독립운동의 일환으로 볼 수도 있다. '중국'이란 명칭을 삭제하는 것이어서 국민당의 반발을 불러왔지만 민진당은 탈중국화(去中國化)와 탈장제스화(去蔣化) 이외에도 주외기구 명칭 등에 대만을 부기하는 여러 조치들을 단행했다. 과거에 대만인들은 중화인민공화국을 대륙, 중국대륙, 중공 등의 어휘로서 칭했다. 그러나 현재 대부분의 대만인들에게 있어서 '중국'이라는 명칭은 중화인민공화국과 동의어에 가깝다.

**표 6.16** 민진당 시기 대만정명운동

| 년도 | 개명 전 명칭 | 개명 후 명칭 |
|---|---|---|
| 2003 | 중화민국 여권(Republicof China) | TAIWAN 덧붙임 |
| 2003 | 중화민국 수도는 난징(南京) | 중화민국 수도는 타이베이 |
| 2005 | 중화민국총통부 | 中華民國(臺灣)總統府 |
| 2005 | 중화중약전(中華中藥典) | 대만전통약전(臺灣傳統藥典) |
| 2007 | 아국(我國), 본국(本國), 대륙(大陸) | 중국 |
| 2007 | 중정기념당(中正紀念堂) | 국립대만민주기념관 |
| 2007 | 중정기념당의 장제스 친필 현판인 대중지정(大中至正) | 자유광장 |
| 2007 | 중화우정(中華郵政) | 대만우정(台灣郵政)* |
| 2007 | 중국석유공사 | 대만중유공사 |
| 2007 | 중국조선공사 | 대만국제조선공사 |
| 2017 | 아동관계협회(亚东关系协会, 1972) | 대만일본관계협회(台湾日本关系协会, 2017)* |
| 2019 | 북미사무협조위원회(北美事务协调委员会) | 2019 대만미국사무위원회(台湾美国事务委员会)* |

＊2008년 8월, 마잉주 집권기, 중화우정(中華郵政)으로 다시 복명
＊단교 후 일본과 미국에 설립한 실질적인 대만대사관

## (2) 원주민의 정명운동

타이두의 관점에서 본다면 양안 간의 교집합적인 부분을 가능한 삭제하고, 대만의 특수한 부분을 부각시킴으로써 대만문화를 드러내고자 한다. 특수한 부분을 강조하게 되면 대만은 역사적으로, 문화적으로, 지리적으로 결코 중국대륙과는 다르며 중국의 일부분이 아님을 강조하게 된다. 그래서 타이두의 입장에선 볼 때 대만의 원주민은 특수한 존재다. 중국대륙에는 존재하지 않는 대만만의 특수성이 바로 대만원주민이다. 물론 베이징은 대만 원주민 역시 고대에는 광동지역·복건성 지역의 원주민의 지류가 곧 대만 원주민이 되었다고 주장한다. 대만원주민에 대해서는 여러 설이 있지만, 다수설은 광동지구 소수 민족인 백월족이다. 무엇보다도 이들은 한족이 아니라 비한족이라는 점이다. 대만의 원주민은 현재 대륙과 다른 특수한 지위를 차지하고 있는 것은 분명하다.

심록진영의 견해에 의하면 대만인들의 조상은 대륙에서 오지 않았다. 대만섬에서 나고 자란 원주민이다. 한족 동화정책의 압력에 어쩔 수 없어서 거짓 한족으로 변장하고 있다고 본다. 만주족이 통치한 청나라는 근 212년 동안 엄격하게 대만에 있는 생번(동화되지 않은 원주민)을 숙번(한화된 원주민)으로 만드는 정책을 실시했다. 만약 한화되는 것을 끝까지 거부했다면 그들을 생존할 수 없었다. 한화의 정도는 한족 성(姓), 한족 족보, 민남어, 객가어의 사용 등이 대만원주민들의 한화정도를 측정하는 청나라 정부의 표준이었다. 만약 족보가 없고, 민남어나 객가어를 사용할 수 없다면, 그들은 멸시의 대상이 되었다.[140] 대만은 근 4백여 년 서로 다른 외래 정권의 통치와 한족 문화의 영향을 받았기 때문에 원래의 원주민 지명과는 차이가 있었다. 그 결과 대만 본토화

---

140) 《原住民電視臺網站》, 可見, http://www.titv.org.tw

운동의 흐름을 타고 적지 않은 원주민들의 지명, 인명이 원래의 이름을 되찾았다. 비록 원래의 이름을 되찾는다는 명분이었으나 여기에는 정치적 의도가 깔려 있다. 즉 탈중국화의 한 방편이고 문화 타이두의 일환임은 부인하기 어렵다.

표 6.17 원주민 정명운동

| 년도 | 개명 전 명칭 | 개명 후 명칭 |
|------|------------|------------|
| 1988 | 오봉향(吳鳳鄉) | 아리산향(阿里山鄉) |
| 1992 | 산디향(三地鄉) | 싼디먼향(三地門鄉) |
| 1994 | 산포(山胞, 산지동포) | 원주민(原住民)* |
| 1996 | 타이베이의 개수로(介壽路) | 카이다거란따다오(凱达格兰大道)** |
| 2007 | 삼민향(三民鄉) | 나마샤(那瑪夏鄉)향 |
| 2007 | 인애향(仁愛鄉) | 우스향(霧社鄉) |

* 국민대회를 거쳐 헌법수정
** 개수로(介壽路)는 장제스의 장수를 축원하다는 의미임. 우리로 치면 세종로에 해당된다.
 -2005년 7월1일, 채널16번, 원주민족텔레비젼(原住民族電視台) 방송국 개국.


## 8. 대만 정체성

일반적으로 양안관계에서의 정체성(正體性, identity)은 3개의 층면이 있다. 즉 국가정체성, 제도정체성, 문화정체성이다. 그 중 국가정체성이 가장 중요하다. 제도정체성과 문화정체성은 그다지 중요한 문제가 아니다. 베이징 역시 양안 간 제도적인 불일치를 인정한다. 제도적 불일치를 전제로 설계한 것이 일국양제다. 또한 대만내부의 대다수는 양안 간 문화적 공동 연원을 인정한다. 그러므로 양안간의 정체성은 국가정체성이 관건적이다. 국가정체성은 특정 지역에서 특정의 군체(群體)들이 특정한 역사의 기간 동안 공동운명의 기초에서 형성된 고도의 일체성이기 때문이다.

**표 6.18** 양안 이견(異見) 비교표

| 관계전제 | 양안정위 | 민족 | 역사서술 | 문화 | 언어 | 정치 | 경제, 사회 |
|---|---|---|---|---|---|---|---|
| 하나의 민족 | 대륙 대만 | 중국인 | 5천 년사 | 중국 문화 | 중문, 국어 | 공산당영도 | 대륙과의 교류를 확대하여 경제발전 유지 |
| 두 개의 민족 | 중국 | 중국인 | 5천 년사 | 일원적, 보수적 | 베이징어 | 공산당전제 | 국강민빈(國强民貧) |
|  | 대만 | 대만인 | 4백 년사 | 다원, 현대 | 국어, 대만어 | 민주자유 | 부유하고 진보한 사회 |
| 공리주의 (功利主義) | 중국/대륙, 대만 | 중요하지 않음 | 중요하지 않음 | 중요하지 않음 | 중요하지 않음 |  | 신흥시장 |

2013년 대만정치대학 선거센터 여론조사의 자료에 따르면, 지난 20여 년간 자신을 대만인이라고 인식하는 사람들은 눈에 띄게 증가하고 있다. 이 조사에 의하면 자신을 대만인이지 중국인이 아니다가 57.5%, 자신을 중국인이라고 인식하는 사람은 3.6%로, 자신을 중국인이면서 대만인이라고 인지하는 비율은 36.1%로 나타났다.[141] 비록 마잉주(馬英九)집권과 더불어 양안 간 교류가 급증했음에도 불구하고, 민진당 시기보다 오히려 더 증가했다. 이는 양안 간 경제교류가 양안 정체성에 반드시 영향을 미친다고는 말할 수 없다. 반면에 차이잉원이 집권한 최근 2016-7년 간은 오히려 대만정체성을 인식하는 대만인들의 숫자가 하락하고 있다. "나는 대만인이다"라고 인식하는 대만인 정체성의 추세를 살펴보면, 리등후이 집권기 1992-1999, 7년간 대만인 정체성은 17.6%에서 39.6%, 22%가 증가했으며, 매년 평균 3.14%씩 증가했다. 그 중 양안 위기가 있었던 1995-1996년에 한 차례 하락이 있었다.

---

141) 『중국평론』, 제191기, 2013년 11월호, p.10

천수이벤 집권기 1999-2007, 8년 간 대만인 정체성은 39.6%에서 43.7%, 총 4.1%가 상승했다. 매년 평균 0.51%씩 증가했다. 마잉주 집권기 8년 간 대만인 정체성은 43.7%에서 59.5%, 총 13.8%, 매년 평균 1.72%씩 증가했고, 8년의 임기 중에 6년은 증가, 2년은 하락했다. 2015-2017에는 차이잉원이 집권한 2년 동안은 59.5%에서 56.0%로 3.5% 오히려 감소했다. 1992-2017년 사이 "대만인이면서 중국인이다"라고 답한 비율은 대략 46%에서 36%로 감소했다. 1992-2017년 사이 "나는 중국인이다"라고 답한 비율은 25%에서 3.6%로 감소했다.[142]

종합하자면, 대만 민주화는 대만인 스스로 대만의 주권을 행사하는 것이다. 중화민국의 대만화는 대만의 민주화를 통해 형성되었다. 1987년 계엄해제와 더불어 대만은 민주화의 과정에 돌입하였고, 1996년에는 총통 직선제를 쟁취했다. 타이두의 관점에서 본다면 대만이 민주화되기 전까지 중화민국은 외래에서 온 통치집단이었고, 1971년 유엔 2758 결의안의 통과로 인해 그 국제적 정당성도 없었다. 하지만 타이두를 종지로 삼고 있는 민진당이 선거에 진입하면서 더는 중화민국체제를 부정할 수만은 없었다. 대신 중화민국이라는 외피는 걸친 채로 내실적으로 '대만화'를 진행시켰다. 대만화는 중국대륙과의 연계 고리를 맺고 있는 중국인, 중화민족, 중화문화, 일중헌법 등 과거 중화민국 체제의 틀을 엷게 하면서, 궁극적으로는 대만인, 대만민족, 대만문화, 대만헌법, 대만공화국로 진행하고자 하는 것이다. 즉 중화민국의 대만화는 외형적으로 대륙적 요소를 줄이고 내실적인 대만의 요소를 강화하는 것이라 할 수 있다. 대만인 정체성과 타이두의 지지자의 비율은 감소하

---

142) 林濁水, 危機！台灣人當總統台灣人認同反下滑, 2017.9.15.
   http://talk.ltn.com.tw/article/breakingnews/2194282

고 있지 않으며, 반대로 중국인 정체성과 통일을 지지하는 비율은 현저히 내려가는 추세에 있다. 이것이 현재 베이징이 가장 고민하는 문제임은 분명하다.

## 9. 베이징의 대응回應 : 시진핑의 양안일가친과 운명공동체

민진당이 집권하면, 대륙과 대만을 이어주는 탯줄을 끊으려고 노력한다. 다시 말해 양안의 교집적인 부분을 없애는 방향으로 진행한다. 그 교집합은 바로 '하나의 중국'이다. 즉 국제일중, 정치일중, 경제일중, 민족일중으로 연결되어 있다. 국제사회에서도 하나의 중국이고, 정치적으로도 하나의 중국이고, 경제적으로도 하나의 중국경제권이며 민족적으로도 동문동종에 속하는 하나의 중국이다. 베이징이 '하나의 중국'이라는 주문을 외우면 외울수록, 대만의 집권당인 민진당의 공간은 그만큼 축소되어진다. 그러므로 이를 피하기 위해 민진당은 대만위주의 본토화와 대만의식, 대만인 정체성을 강조하게 된다. 물론 베이징의 눈에 이러한 움직임은 '탈중국화'며 '문화 타이두'다. 베이징은 한편으로는 대만에 대한 무력을 사용할 수 있다는 입장을 견지함과 동시에 다른 한편으로는 양안의 감정적인 부분인 민족 유대성, 양안일가친(兩岸一家親), '양안운명공동체'라는 개념을 이용하여 양안의 교집적인 부분(혈연, 문화, 역사)을 점차로 확대해 나가서 종국에는 양안을 경제, 사회, 문화적으로 융합하려고 한다.

베이징은 민족일중에서 네 개의 일(一)을 강조한다. 즉 양안일근맥(兩岸一根脈), 양안일가인(兩岸一家人), 양안일가친(兩岸一家親)과 양안일조심(兩岸一條心)이다.

양안일근맥은 양안은 동원동근동맥(同源同根同脈)의 문화혈연과

386

역사를 계승하며, 양안일가인은 역사적 은원과 정치편견을 내려놓고, 동포의 정으로써 일가인의 사유로써, 대만동포가 경험한 불행한 역사와 비정의식(悲情意識)을 이해하고, 대만동포의 존엄과 요구를 보살피며, 동시에 대만민중에 대한 양리(讓利)와 복지문제를 처리하고자 하는 것이다.

양안일가친은 양안 민중의 동포애와 민족의 정을 강조하는데 중점을 둔다. 각종 사회문화, 기층교류를 통해서 중화의 역사문화를 새롭게 인식시키고, 동포의 정, 민족의 정을 증진시켜 대만사회에서 고양되고 있는 분리주의 경향과 분리의식을 개선하고자 하는 것이다.

양안일조심은 양안동포가 전체 중화민족이익과 양안공동 이익의 눈높이로써 양안이 직면한 모순과 불일치를 실용적으로 해소하고자 하는 것이다. 양안화해를 촉진하여 사회적 포용을 실현하며 심령계합(부합)을 실현해 나간 다는 것이다.

1949년 중화인민공화국을 수립하고 나서부터 베이징은 양안의 교집적인 부분을 결코 양보하지 않았다. 양안은 모두 하나의 '중국'에 속한다(兩岸同屬一個中國)는 베이징의 주장 중 '중국'은 반드시 중화인민공화국만을 의미하지는 않는다. 여기서의 중국은 중화민족의 중국, 중화문화의 중국, 중국영토 주권의 중국이며 미래의 통일된 중국이다. 양안은 오직 중국인이라고 정체성을 인식하고, 양안 분열에 반대하는 사람들의 '중국'이다.[143]

베이징은 민족정서에 호소해서 통일중국을 이루자는 구호를 지금까지 유지하고 있다. 양안은 모두 같이 하나의 중국에 속한다는 논리를 초지일관으로 되풀이하고 '민족일중'에 강력히 호소하고 있는 점을 발

---

143) 《人民日報海外版》, 2005.3.11.

견할 수 있다.

첫째, 1979년 원단 전인대 상무위원회 위원장인 이에지앤잉은 「고대만동포서 (告臺灣同胞書)」에서 평화통일방침을 선포했다. 홍콩, 마카오 및 해외교포들에게 비교적 긍정적인 평가를 받았다. 민족일중에 호소하여 중화민족이 분열에 빠진 불행한 국면을 종식시키기 위해 중국공산당과 중국국민당의 당 대 당 담판을 제의하였고, 양안은 같은 동포의 입장에서 국공합작을 통해 조국의 통일을 완수하자고 주장했다.[144]

둘째, 이른바 덩 6조(鄧六條) 역시 중화민족에 공헌하자는 입장에서 발표한 것이다.[145] 대만문제의 핵심은 조국통일이며 평화통일은 국공양당의 공동언어며, 민족통일과 중화민족의 통일을 강조한 덩샤오핑의 민족일중이다.

셋째, 1984년 덩샤오핑은 "통일을 해야하는 가장 큰 이유로 조국통일은 민족의 소원이기 때문이며 백년이 걸리더라도 못한다면 천년이 걸리더라도 해야 된다"고 강조했다. "무릇 중화의 아들과 딸들이 무슨 복장을 입고, 무슨 입장을 지녔든 간에 모두 중화민족의 자부심이고, 홍콩인 역시 이러한 민족 자부심이다"[146]고 강조했다. 애국자의 표준은 자기민족을 존중하며, 성심성의껏 조국이 홍콩에 대한 주권을 회복하는 것을 옹호하는 것"으로 중화민족의 이익을 강조하면서 민족일중의 입

---

144) 〈葉劍英向新華社記者發表的談話(葉九條)〉, 《人民日報》, 1981.10.1.
145) 鄧小平, 〈中國大陸與臺灣和平統一的設想〉, 《鄧小平文選》, 北京 : 人民出版社, 1993, 頁30. 1983년 6월25일 덩샤오핑은 미국 세튼 홀(Seton Hall)대학 양리위(楊力宇)교수와의 회견에서 대만과 대륙의 평화통일 구상인 6조의 구체적인 방안을 이야기했다.
146) 同上註, 頁59-60. 홍콩의 상업계 방문단장인 종스위앤(鐘士元)등과의 대화에서 자문자답을 하였다.

장에서 일국양제를 호소했다.[147] "중국에는 홍콩, 대만문제가 있는데 출로가 어디에 있는가? 사회주의가 대만을 먹어버리거나 대만이 선양하는 삼민주의가 대륙을 먹어버리는 것인가? 평화적으로 해결할 수 없다면 오직 무력해결 뿐이다. 이는 쌍방에 모두 이롭지 않다"고 강조하면서 민족일중을 강조했다.[148]

넷째, 1990년 덩샤오핑은 "대륙동포, 대만동포, 홍콩, 마카오동포, 그리고 해외교포들은 모두 중화민족의 자손이며 조국통일과 민족진흥을 실현하자"고 민족일중에 대한 호소를 하였다.[149] 민족일중에 호소하는 이러한 입장은 장쩌민(江澤民), 후진타오(胡錦濤), 시진핑(習近平)에 있어서도 일관되게 나타난다.

특히 양안 간의 공동적인 기초는 혈연이며 모두 염황의 자손(炎黃子孫)이라는 공동감정과, 양안은 같은 중화문화에 속한다는 논리로서 대만인들의 환심을 사고자 했다.[150] 특히 14억 대륙동포와 2천 3백만 대만동포는 혈맥이 서로 연결된 운명공동체이며, '중국'은 양안동포가 가꾸어야 할 공동의 정원이자 양안동포가 손을 맞잡고 공동으로 건설해야 할 임무며, 양안의 일은 반드시 양안의 전체 중국인들이 결정해야함을 강조했다. 베이징에 있어서 민족일중은 양안동포가 모두 하나의 민족에 속한다는 함의를 지닌다. 그러므로 필연적으로 「하나의 중국원칙」을 견지하는 한에서 중화민족은 절대로 분열할 수 없다.[151] 중화민

---

147) 同上註, 頁61.
148) 鄧小平,《鄧小平文選》, 北京 : 人民出版社, 1993, 頁271.
149) 同上註, 頁362. 말레이시아 정씨형제그룹(鄭氏兄弟集團) 이사장 궈허니앤(郭鶴年)과의 회담에서 밝혔다.
150) 2007年在十七大政治報告關於臺灣問題的論述.
151) 《人民日報》, 2005.4.30 / 5.13.

표 6.19 중공 지도자의 민족일중 관련 발언

| 지도자 | 년도 | 출처 | 내용 |
|---|---|---|---|
| 장쩌민 | 1993 | 「대만문제와 중국통일(臺灣問題與中國統一)」백서 | 대만역사는 중국의 역사, 양안 모두 중국인 |
| | 1995 | 장8점「조국통일대업 완성의 촉진을 위해서 계속해서 분투하자(為促進祖國統一大業的完成而繼續奮鬥)」 | 제4점, 중국인은 중국인과 싸우지 않는다. 제5점, 경제교류 및 협력은 중화민족에게 축복, 제6점 중화문화의 전통을 계승, 제7점 대만동포는 모두 중국인이며, 모두 골육동포다. |
| 후진타오 | 2002 | 「하나의 중국원칙과 대만문제(一個中國原則與臺灣問題)」 백서 | 대만인민은 우리의 골육동포 |
| | 2005 | 후4점(胡四點)의 제3점 | 대만동포는 중화민족의 한 분자다 |
| | 2005 | 반분열국가법 | 양안통일은 대만동포를 포함하여 전체 중국인민의 공동의무와 신성한 임무 |
| | 2007 | 2007년 중공17대 보고(「사개결부(四個決不)」,중의 「기희망어대만인민」의 방침과 「삼개범시(三個凡是)」 | 양안의 공동기초는 혈연이며 모두 염황의 자손(炎黃子孫). 양안은 혈맥이 서로 연결된 운명공동체이며, '중국'은 양안동포의 공동 정원 |
| 시진핑 | 2012 | 중공18대 보고(두 개의 백년) | 중화민족의 위대한 부흥실현은 필연적 요구 |
| | 2014 | 국민당 롄짠 명예주석, 친민당 송추위 주석과의 회견 | 양안일가친 |
| | 2017 | 중공19대 보고 | 조국의 완전통일 실현은 중화의 아들과 딸들의 공동의 소원. 양안동포는 운명을 함께하는 골육형제, 중화문화 흥양. |

족의 분열하지 않음을 견지하는 것은 곧 하나의 중국원칙을 견지하는 것이다. 양안 간의 융합을 위해서는 경제 의제도 중요하지만 문화·역사·심리적인 의제도 중요하다.

황쟈수(黃嘉樹)는 새로운 양안 간의 척규(尺規)는 민족정체성에 있다고 분석한다.[152] 만약 민진당이 대만인들은 "대만인이면서 중국인"

---

152) 黃嘉樹, 解讀胡錦濤對台新論
http://hk.crntt.com/doc/1005/2/8/8/100528803.html?coluid=33&kindid=543&

이며, "양안관계는 중국인들 간의 사정"을 인정하는 것 역시 「하나의 중국원칙」을 받아들이는 것으로 간주할 수 있다고 보았다.[153]

후진타오는 「민족일중」의 논술로서 대만동포를 골육형제로 상정하였고, 타이두의 분열활동을 억제하는 중요한 역량으로 삼고자 하였다. 양안 동포의 단결이야말로 양안발전에 있어서 가장 강력한 추진력이라고 생각했다. 대만의 민진당 집권당에는 희망을 접고 대신 대만의 동포(민중)들의 민족에 대한 각성이 중요하다고 보았다. 이런 필요에서 후진타오는 「기희망어대만인민정책(希望於臺灣人民的方針政策)」을 실시하여, 각종 대만인들에 대한 우대조치를 취했다.

시진핑 역시 양안일가친, 운명공동체라는 개념에서 출발하여, 중공 19대 보고 중 양안경제문화교류협력 확대(擴大兩岸經濟文化交流合作) 일환으로 대만인에 특혜를 주는 우대 조치인 「혜대31 조치」를 취했고, 후에 추가로 대만인들의 중국대륙에서의 학업, 창업, 구직 등 중국인과 동등한 대우를 하는 정책을 발표했다. 92공식을 인정하지 않는 민진당에 희망을 걸기보다는 대만인들에게 희망을 걸고 있는 셈이다. 차이잉원이 역사교과서 개편 등 문화 타이두의 노선을 걷고 있는 상황에서 또 중국대륙의 내부에서 무력통일의 목소리가 점점 높아지는 상황에서 2018년 8월 홍콩, 마카오, 대만주민은 거주증을 발급 받을 수 있게 되었다. 이는 중국인 신분증과 동일한 18자리 숫자로 구성되었고 중국인과 동등한 대우를 받을 수 있다.[154] 대만동포 거주증 소지자는 3가지의 권리, 6가지의 기본적인 공공서비스와 9개 항의 편의를 중앙과 거주

docid=100528803&mdate=1228132828

153) 黃嘉樹, 〈兩岸和平問題研究〉, 《北京 : 教學與研究》, 2007.7.

154) 《港澳台居民居住證申領發放辦法, http://www.xinhuanet.com/politics/2018-08/16/c_1123279959.htm

지 정부로부터 제공받을 수 있게 되었다.[155]

대만사람에게 거주증을 발급하는 것은 상당한 의의가 있다. 민족일
중을 실현하는 구체적인 조치이기 때문이다. 이는 중국대륙에서 생활
하는 대만인에게 새로운 호적 취득을 요구하지도 않으며, 또 대만호적
의 포기도 요구하지 않는다. 이는 자연스럽게 대만인들을 대륙의 생활
권으로 편입시키는 역할을 하게 된다.

---

155) 대륙주민과 동등한 대우를 받게 됨. 3항권리(3項權利) : 노동 취업. 사회보험
가입, 예금, 인출, 주택기금을 사용할 권리, 6항 기본공공서비스(六項基本公
共服務) : 의무교육, 기본 공공취업 서비스, 기본 공공 위생 서비스, 공공문화
체육 서비스, 법률지원 및 기타 법률서비스, 국가 및 거주지 정부에서 규정한
기타 기본 공공서비스, 9항의 편리(九項便利) : 국내선 항공기, 기차 등 교통
승차에 편리, 숙박투숙 편리, 은행, 보험, 증권 등 기타 금융 업무에 편리,
대륙주민과 동등하게 물건 구매 – 문화체육 관련 입장가능 – 문화오락 소비
활동 대륙주민과 동등하게 함, 거주지에 자동차 등 등기 가능, 거주지에서
운전면허 신청 가능, 거주지에서 직업자격시험 가능, 직업자격 신청가능, 거
주지에서 출산 서비스 제공 받음, 기타 국가 및 거주지 정부에서 규정한 기
타 편의 제공

제7장
결론

대만 문제의 본질은 미국 문제다. 사실, 양안현상(兩岸現狀)은 미국이 주도해 나가는 국제정치의 영향이 크다. 미국의 양안정책은 양안이 나누어져 있는 것이 국익에 유리하다. 나누어져 있어도 대만의 독립은 안 되고, 평화로워도 통일도 안 되는(分而不獨、和而不統) 대만해협의 현상을 유지하는 것이다. 만약 대만이 독립하거나 통일을 해버리면 그만큼 중공을 견제할 대만 카드는 줄어들기 때문이다. 사실 미국은 오랫동안 대만이 사실상(de facto) 주권독립의 국가라는 사실을 묵인해왔다. 그러나 미국은 대만이 소위 말하는 법률(de jure)적 독립으로 나가기를 원하지 않는다. 미국은 '하나의 중국'을 채택했지만 현재는 '하나의 중국'이 아니라는 정책이다. 표면상으로는 베이징에 영합하여 양안 간의 평화해결(peaceful resolution)을 이야기하지만 실제적으로는 대만을 지지한다. 미국은 시간이 갈수록 통일을 저해하는 역량도 크다는 것을 알고 있다.[1] 미국은 양안 간에 통일, 독립, 전쟁도 아닌(不統、不獨、不戰) 현상유지적인 상태가 곧 미국의 국익에 가장 부합된다.

---

1) 〈不統不獨, 不戰不和, 以獨制中〉,《海峽評論》, 186期, 2006.6的社論.

동아시아 안보에 있어서 미국의 양안 정책은 현상유지다. 그러나 모든 현상은 변한다. 변화지 않는 현상이란 없다. 그러나 이 현상은 반드시 미국이 정의하는 현상이다(as America define it).[2] 바꿔 말해 미국이 정의하는 현상유지란 대만에 대해서는 독립하지 말아야함을, 베이징에 대해서는 무력사용 금지를, 국민당에 대해서는 통일하지 말아야 함을 강조한다. 한편으로는 대만을 가라앉지 않은 항공모함으로 인식한다. 서태평양의 안전적 이익을 지키는데 그 전략적 가치가 크다. 경제적으로는 대만에 막대한 군사무기를 판매하고, 대만을 이용해서 중국대륙을 견제하는 카드로의 활용이 가장 크다. 미국의 대 대만정책의 목표는 대만해협의 평화로운 현상유지적인 안정을 가장 우선시 한다.

미국은 세계의 미래를 주도하고자 하고, 동아시아에서의 영향력을 계속 유지하고자 한다. 그러므로 미국의 대만에 대한 전략적 가치는 매우 높다. 하지만 미국과 중국대륙 간의 전략은 모순적이다. 이러한 모순의 근본적 원인은 중국발전 방향의 불확정성에서 온 것이다. 중국대륙의 굴기는 필연적으로 아시아 내지 세계정치와 군사적 정세를 변화시킨다. 이러한 고려에서 과거 미국의 베이징에 대한 정책은 관여정책과 봉쇄정책이 동시에 존재했다. 미국은 미래의 중국대륙의 발전방향과 속도를 컨트롤하고자 한다. 비록 중국대륙의 발전을 미국이 주도하는 세계전략 체제속으로 편입시키지 못하더라도, 중공의 미국에 대한 도전은 미국이 참을 수 있는 범위 내에 있기를 원한다. 그러므로 미국의 대중국정책은 관여(engagement, 포용), 봉쇄(圍堵, containment), 아니면 이 둘을 합친 위합(圍合, congagement)정책을 말하더라도, 베이징의 입장에서 본다면 그 본질은 중국을 억제하는 것이다. 단지 부드러운 봉쇄

---

2) 羅致政主編, 《解讀一個中國》, 頁70.

(soft containment)와 강경한 봉쇄(hard containment)의 차이에 불과하다.

대만문제는 미국이 정치, 경제, 군사와 문화 등 전방위적으로 베이징에 대해 체계적으로 압력을 행사할 수 있는 최고의 카드다. 중미 양국은 문화, 이데올로기, 정치체제, 국가이익에 있어서 크게 다르다. 만약 베이징의 「하나의 중국원칙」과 미국의 「하나의 중국정책(一個中國政策)」이 동일한 것이라면 이는 대만문제의 해결을 의미한다. 미국의 하나의 중국 정책(One China Policy)과 베이징의 하나의 중국 원칙(One China Principle)은 서로 다른 개념에서 출발했고, 쌍방은 자신에게 유리한 방향으로 「하나의 중국」을 해석했다.

트럼프 이후, 중국대륙의 굴기가 가시화되자 미국의 하나의 중국정책에 대한 해석은 점점 더 축소되고 명확화되는 경향이 나타나고 있다. 하지만 미국의 대만해협 정책은 아직까지는 닉슨부터 레이건에 이르기까지 짜놓은 삼보일법(三報一法, 72년 상하이 공보, 78년 수교 공보, 82년 817공보와 대만관계법)의 프레임속에 있다. 대만문제는 중·미 양국의 관계를 재는 온도계다. 중공이 설정한 미국에 대한 마지노선은 곧 중·미 수교의 전제(前提)다. 즉 대만과의 단교, 폐약, 철군이다. 이 세 가지 중 어느 하나라도 미국이 이를 넘는다면 중공은 대만에 대해서 무력을 동원할 가능성이 매우 높다.

양안의 모순은 통일과 독립의 모순이다. 이 모순은 삶과 죽음처럼 타협은 불가능하다. 양안문제에서 베이징이 가장 우려하는 것은 대만이 중국대륙으로부터 분리해 나가 독립하는 것이고 이와 반대로 대만이 우려하는 것은 중공이 대만을 무력으로 병탄하는 것이다.

물론 독립과 통일은 양극단에 있고 그 중간에는 여러 방안이 존재한다. 그러나 베이징은 대만이 건의한 모든 방안을 거부했다. 현재로서는 일국양제 이외에 기타 다른 방법은 없다. 대만과의 통일은 공산당의 삼대임무 가운데 하나다. 그러므로 대만과의 통일을 포기한다면 중공 스스로 정권의 정당성을 허물게 된다. 지금까지 중공은 주권문제에 관해서 만큼 타협의 여지가 없었다. 이는 중공과 영국과의 홍콩문제에 관한 협상에서 명확하게 보여주었다. 만약 공산당이 홍콩의 주권을 회수하지 못한다면 이는 베이징 정부가 만청(滿淸) 정부와 다를 게 없는 것이고, 공산당의 지도자들도 리훙장처럼 역사의 죄인이 되고 만다. 마찬가지로 공산당의 입장에서 대만을 회수하지 못한다면 대륙의 인민은 중공 정부를 신뢰할 이유가 없다. 어떠한 중공의 지도자도 통일문제에 대해서 자유로울 수 없다. 여기에 별다른 선택은 없다.[3]

까오잉마오(高英茂)는 '하나의 중국' 문제의 해결방식을 10가지로 분류했다. 첫째, 하나의 중국은 중화민국(대만)이다. 둘째, 하나의 중국은 중화인민공화국이다. 셋째 하나의 중국은 올림픽 모델(Chinese Taipei)로 해결할 수 있다. 넷째, 하나의 중국은 일국양제(One China Two System)방식이다. 다섯째, 하나의 중국은 다체제국가다. 여섯째 하나의 중국은 연방제 방식이다. 일곱째 하나의 중국은 국협(commonwealth)의 방식이다. 여덟째, 하나의 중국은 국가연합 모델로 해결할 수 있다. 아홉째, 두 개의 중국이다. 즉 중화민국과 중화인민공화국, 열 번째로는 대만의 독립이다.[4] 미래 양안 간의 모델을 보다 더 축소한다면 양안 간에는 4가지 방안이 존재할 수 있다. 첫째, 타이두(대만독립) 둘째, 현상유지 셋째, 한 지붕 두 국가 모델 즉 국가연합 혹은 유럽연합 모델, 넷째, 통일이다.

3) 中共中央編輯, 《鄧小平文選》, 北京 : 人民出版社, 1993, 頁12.
4) 引用, 高英茂教授的講話, 載 : 黃國昌, 《中國意識與臺灣意識》, 五南圖書, 1992, 頁27.

과연 타이베이와 베이징은 공동으로 하나의 중국을 원하는가? 만약 피차가 하나의 중국을 원한다면? 미래의 대만은 어떻게 결정될까? 대만의 주류 민의는 대만의 미래는 통일이든, 독립이든 대만인이 민주의 방식으로 자신들의 의견을 표시하고 대만의 미래를 결정하자는 사람들이 다수다. 대만독립을 이상으로 삼는 타이두 역시 만약 대만인들이 스스로 자신의 앞날을 선택할 수 있다면, 특히 누구의 방해도 없이 국민투표를 통해 자신들의 의사를 결정한다면 당연히 대만독립을 원할 것이라고 생각한다. 양안의 미래는 단지 대만독립 혹은 통일이라는 두 종류만 있는 것이 아니다. 그 극단의 중간에는 아직도 많은 선택사항이 있다. 그러나 베이징은 자신이 목표로 세운 일국양제 외에는 중간지대의 방안을 받아들이지도 못하고 있다.

대만의 입장에서 볼 때 중화인민공화국은 대만을 통치한 적도 없고, 대만 역시 중국대륙에 세금을 납부한 적도 없다. 이러한 베이징과 타이베이의 입장차이는 모순적이다. 그래서 베이징의 방독(防獨)은 대만에게는 촉통(促統)으로 다가오고, 대만의 방통(防統)은 베이징에게는 구독(求獨)으로 여기게 된다.

안보적인 개념에서 볼 때도 베이징이 대만의 독립추구를 막는 것은 그 정치적 안전을 추구하기 위함이다. 반대로 대만의 입장에서 통일을 추구하는 것은 자신의 정치적 안전에 위협이 된다. 대만은 독립적인 현상(現狀)을 유지해야 비로소 정치체의 안전을 확보할 수 있다. 당연히 베이징의 입장에서 볼 때 현상유지의 추구는 타이두(A형 타이두)나 두타이(B형 타이두)로 여긴다.

통일과 독립은 병존할 수 없다. 통일을 받아들일 수 없는 것은 독립을 추구하는 것이 되고, 독립을 방해하는 행위는 통일을 강요하는 것이 된다. 베이징의 대만에 대한 책략은 과거 40년간 변한 것이 없다. 평화적 혹은 무력적 수단을 동원하여 대만을 중국대륙의 판도에 편입하는 것이다.

역사적으로 볼 때 진한(秦漢) 이래 중국대륙에서는 10여 차례의 통일이 있었다. 그러나 단 한 번도 평화적인 방법으로 해결된 적은 없다. 모두 무력사용의 결과였다. 그러기 때문에 덩샤오핑은 하나의 국가 두 개의 제도, 즉 일국양제는 누가 누구를 먹고 먹히는 관계가 아니라, 양안 간의 제도, 이데올로기의 대립을 조장하지 않고, 양안공동발전을 도모하고자 하는 것이라고 강조했다. 그러나 대만에서는 일국양제를 결코 받아들일 수 없다. 왜냐면 대만의 지위를 지방정부로 전락시키는 것이기 때문이다.5) 베이징과 타이베이를 중앙과 지방으로 간주하는 일국양제는 대만에서 시장성이 거의 없다. 남색진영과 녹색진영을 막론하고 이를 받아들이지 못하고 있다.

중공의 역대 지도자들의 대만에 대한 성명 예를 들어, 「시6점(習6點)」, 「후4점(胡四點)」, 「반분열국가법」, 「후렌(胡連)공보」, 「후쏭(胡宋)공보」 등 이를 공통적으로 관통하는 핵심어는 '하나의 중국'이다. 전면적으로 대만을 하나의 중국 틀 안에 묶어 놓자는 것이다. 현재 중국대륙의 대만에 대한 마지노선은 하나의 중국 틀(一中框架)이다. 결국 '하나의 중국'으로서 대륙과 대만의 관계를 처리한다는 것이다. 이러한 하나의 중국 틀은 경제무역 외에도 문화, 정치방면의 교류, 심지어 대만의 국제참여 공간문제까지도 '하나의 중국 틀'로서 처리하고자 한다. 대만이 하나의 중국 틀을 벗어나는 순간 반분열국가법의 적용을 받는다.

---

5) 李家泉, 〈一國兩制本質是要和平不要戰爭〉, 《中國評論》, 2010.5.2.,
http://www.chinareviewnews.com/doc/1013/0/8/5/101308522.html?coluid=1&
kindid=0&docid=101308522&mdate=0502002313

문제는 대만에 있다. 설령 미국이 베이징의 일중원칙을 받아들인다고 해도 문제는 대만에서 생긴다. 대만의 정체성에서 변화가 일어난 것이다. 장제스, 장징궈의 대만과 현재의 대만은 너무나 다른 대만이다. 더구나 심록진영은 '중국'이란 단어 자체를 용납하지 못하고 있다. 천록진영은 일종의 현실주의적인 고려에서 통일 혹은 독립은 선택사항이라고 주장하지만 이 역시 베이징의 눈에는 '두 개의 중국'을 조성하는 행위로 보일 수 밖에 없다.

민진당의 천수이볜, 차이잉원은 베이징이 짜놓은 「하나의 중국 틀」을 벗어나려고 시도하였고 지금도 진행중에 있다. 「일중헌법」 부정, 「92공식」 부정, 천수이볜 집권초기에 승낙한 「사불일몰유」등을 부정하였고, 「국통강령」과 「국가통일위원회」는 종지(終止) 시켰다. 천수이볜이나 차이잉원은 기본적으로 '하나의 중국'은 대만을 옥죄는 긴고주로 인식하고 있을 뿐이다. 하나의 중국 원칙에서 베이징과 대만이 진행하는 협상은 그 목적은 통일이고 대만을 병탄하는 것일 뿐이라고 여긴다.

베이징의 정치적 입장은 매우 분명하다. 건국 이래 지금까지 대만문제에 대한 입장을 변화시켜 본 적이 없다. 베이징의 협상 전제는 대만은 '중국'의 일부분임과 아울러 양안은 모두 하나의 중국에 속한다는 것을 인정하라는 것이다. 하나의 중국원칙을 승인하기만 하면, 어떤 사람, 어떤 정당과도 협상할 수 있으며, 과거에 무엇을 말했든지, 무엇을 하였든지 묻지 않고 공동으로 양안관계를 발전시키며 평화통일의 문제를 촉진시킬 수 있다고 말한다. 그러므로 베이징이 주장하는 「하나의 중국원칙」은 전제가 아니라 최고원칙이다. 여기에 대해 민진당의 입장은 어떠한 전제조건을 단 협상을 받아들일 수 없다는 점이다. 설령 협상에 임하더라도 전제조건 없이 대등하게 마주 앉아야 하며, 대만 민중으로 하여금 대만의 앞날에 대한 선택권을 보장해야 한다고 강조한다.

이것은 민진당 정부가 시종일관 견지한 것이다. 2007년 10월 16일 천수이볜은 양안 평화협상의 조건을 밝혔다. 첫째, 하나의 중국원칙 폐지, 둘째, 반분열국가법 폐지, 셋째, 대만을 조준하고 있는 미사일 철거다. 사실상 이것은 베이징으로서는 불가능한 일이다. 민진당은 건당이래 타이두 강령의 속박을 받고 있다. 이는 차이잉원 정권도 마찬가지다. 그러므로 하나의 중국을 승인할 수 없고, 중국대륙 역시 하나의 중국원칙을 최고원칙으로 삼았기 때문에 타이두를 인정할 수 없다. 민진당과 공산당은 해결할 수 없는 모순 상태에 빠질 수밖에 없다. 베이징의 우려는 대만이 '중국'으로부터 분열해 나가는 것이다. 그러므로 베이징의 눈에는 '대만당국'일뿐이다. 대만 역시 평등하고 대등한 관계에서 양안의 협상을 원하지 거대한 베이징의 힘에 의해서 대만이 병탄되는 것을 원하지 않는다.

베이징은 자신들의 방식대로 하나의 중국을 실현시키기 위한 최적의 방안인 일국양제를 네 개의 일중(一中) 방면을 통해서 실현하려 한다. 즉 「국제일중」, 「정치일중」, 「경제일중」, 「민족일중」이다. 다시 말해 대만에 대한 무력동원 가능성은 절대로 포기하지 않는다는 조건에서, 국제적·정치적·경제적·민족적으로 하나의 중국원칙을 실현하려고 한다.

먼저, 국제일중의 실천에서 본다면 베이징이 주장하는 「하나의 중국원칙」을 전제로 하여 기타 국가들은 베이징과 수교하였다. 홀슈타인 원칙이 적용되어 타이베이와 베이징 모두와 수교한 국가는 있을 수 없다. 그래서 대만은 국가를 자격요건으로 하는 국제조직에 가입할 수도 없을 뿐만 아니라 그나마 국제조직에서 참여하고 있는 대만의 지위 역시 하강추세에 있다. 일단 민진당이 대만의 집권당이 되면 양안 간에 갈등이 심화된다. 과거 천수이볜 시기 베이징은 대만의 외교를 봉쇄하고,

대만과 국교를 맺고 있는 수교국에 금전적인 유혹과 위협을 병행하여 단교를 강요하고, 대만과 비수교국 간의 교류를 방해하고 간섭하며, 대만의 국제조직 참여를 봉쇄했고, 국제사회에서 대만의 가치를 줄이려고 시도했다.[6] 이는 현 차이잉원 정부도 마찬가지로 베이징의 압박을 받고 있다. 이제 국제사회에서 대륙과 대만의 관계는 종주국과 속국의 관계 비슷하게 전락되었다고 해도 과언이 아니다. 마치 홍콩과 중국대륙의 관계로 낮추어지는 추세며, 베이징을 통하지 않고는 대만의 국제사회 진입을 어렵게 만들었으며, 양안은 모두 하나의 중국에 속한다는 방향으로 국제사회의 여론을 몰아가고 있다. 물론 이는 베이징이 대만을 탄압한다는 인상을 심어준다. 중공의 압박은 대만을 왜소화시키고 주변화되는 결과를 낳았으며, 국제무대에서 대만은 이미 「하나의 중국틀」안에 편입되었다. 베이징의 눈에는 이 세계에는 오직 하나의 중국만이 있고, 동일한 영토에 오직 하나의 주권독립 국가만 있을 뿐이다. 그러므로 국제무대에서 베이징이 '대만(중화민국)'과 조우할 경우 부득불 탄압을 가하게 된다. 세계에는 오직 하나의 중국이 있을 뿐이며 중국을 대표하는 것은 바로 중화인민공화국이다. 대만은 중국대륙과 분리할 수 없는 일부분이라는 베이징의 논리가 현실이기 때문이다.

과거에는 '중화민국'도 중공에 대한 압박을 가하기도 했지만 현재 양안의 공방적인 지위는 이미 전도되었다. 이러한 공수전도의 분위기가 현재 대만사회를 휘감고 있다. 또한 이 분위기는 절묘하게 대만정서와 결합되어 있다. 대만정서를 대표하는 이른바 비정의식(悲情意識)은 실패, 몰락, 피해의식과도 묘하게 통하고 있다. 이는 또 아이러니한 결과를 만든다. 국제 무대에서 베이징이 대만을 탄압할 경우 오히려 민진당

---

6) 國家安全報告書, 台灣 : 國安會議, 2006, 頁49-52.

을 도와주는 역작용을 낳기도 하는 것이다. 즉 민진당은 더욱 더 쉽게 비정의식, 족군모순을 이용하여 중간층의 표를 획득할 수 있기 때문이다. 이러한 이유로 해서 중공은 일중원칙의 일부분 내용을 약간 조정했다. 물론 조삼모사(朝三暮四)적인 것이기는 하나 대만의 민의를 고려해 일중원칙에 관한 구삼단론(舊三段論)에서 신삼단론(新三段論)으로 조정하였다. 물론 삼단론은 내외유별(內外有別)이다. 국제적으로 베이징이 주장하는 「일중원칙」과 양안관계에 적용하는 일중원칙의 미묘한 변화를 말한다. 이것이 신삼단론인데, 현재 베이징은 국제무대에서 대만은 중국의 일부분이다고 강조하며, 대만 민중에 대해서는 대륙과 대만은 모두 하나의 중국에 속한다고 강조한다. 만약 베이징이 과도하게 대만에 압력을 가한다면 쉽게 대만 민중의 반중정서와 결합되고, 민진당의 봉중필반(逢中必反)책략을 도와주는 결과를 낳기 때문이다. 그러므로 중공은 '대륙과 대만은 모두 하나의 중국'을 강조하게 된다. 현재 베이징의 대만에 대한 마지노선은 일중프레임(一中框架)이다. 즉 '하나의 중국 틀'이다. 베이징의 최대한 양보는 중국이라는 큰 집에 대만과 대륙이 있다는 것이다.

현실 국제사회에서의 '중국'은 중화인민공화국으로 인식된다. 1971년 국제연합 총회 2758결의안이 통과된 후 중화인민공화국이 중국을 대표하여 유엔의 상임이사국이 되었고, 이는 중화민국(대만)의 정당성과 정통(正統)에 엄청난 타격을 입혔다. 베이징의 지속적인 항의와 보이콧은 국제사회에 먹혀들었으며, 대만(중화민국)은 점차적 그 국호(중화민국)의 사용을 포기당했고, '대만'이 이를 대신하게 된 것이다. 국제사회에서는 자연스럽게 대만을 국호로 대신하는 경향이 생겼다. 1971년 장제스가 유엔에서 퇴출된 이래 대만의 국제공간은 크게 위축되었다. 이를 보완하기 위해 대만은 30년 경제발전의 성과와 민주발전을 이용하여 외교상의 실패를 만회했으며, 금전을 앞세운 원조외교의 힘을 빌어서 국제사회에 그나마 그 국격을 유지할 수 있었다. 그러나 현재는 중국대륙의 굴기로 인해 대만은 국제공간에서의 생존에 엄청난 도전을 받고 있다.

둘째, 정치일중에 대해서다. 현재 양안 민중의 교류는 나날이 빈번해 지고 확대되고 있지만 주권문제에 관해서는 여전히 첨예한 모순이 존재한다. '하나의 중국원칙'과 '대만주권독립'이 부딪히고 있다. 이는 서로 타협할 수 없는 막다른 골목이다. 베이징은 「하나의 중국원칙」을 포기할 수도 없고, 민진당은 여전히 주권독립, 본토의식을 강조하며 노선 변화의 기미가 없다. 현재 양안의 쌍방은 모두 현상유지를 변화시킬 수 있는 능력이 없다. 대륙이 대만을 평화적 방법, 혹은 비평화적 방법으로 흡수하거나, 혹은 대만이 대만공화국을 선포할 능력을 쌍방 모두 결핍하고 있는 것이다. 따라서 양안 간 정치는 차갑고, 경제는 뜨거운, 양안 간 관방관계는 차갑고 민간관계는 뜨거운, 정랭경열(政冷經熱), 관랭민열(官冷民熱) 현상은 당분간 지속될 전망이다. 경제적인 분야에서 양안간의 관계가 밀접해지더라도 여전히 양안의 핵심적 문제, '하나의 중국'문제는 해결되지 못하고 있기 때문이다.

셋째, 「경제일중」에 있어서, 대만은 개구리 삶기(溫水煮青蛙)에 비유된다. 천천히 알게 모르게 베이징에 의해서 삶아지고 있는 추세다. 10여 년 간 대만의 대륙에 대한 무역의존도는 40%를 기록했다. 차이잉원 정부가 들어서고 신남향정책을 실시했지만 여전히 마찬가지다. 그만큼 대만의 경제가 중국대륙에 의존되어 있다는 사실을 방증한다. 베이징 역시 이러한 대만의 대륙에 대한 경제 의존도를 심화시켜 대륙에 대한 정치의존으로 전환시키고자 하는 것이다. 실제로 1978년 이래로 베이징은 줄곧 「이경촉통(以經促統)」의 목표를 실현하기 위해서 전력을 다했다. 경제는 대륙보다 대만에 보다 더 중요하다. 경제적 관계가 역전된다면 대만의 경제타격은 매우 크다. 양안 간의 경제발전은 정치적 의미에서 중국대륙에 거액의 무역적자를 정치흑자로 만회할 수 있다. 결국 대만에 대한 흡인력과 영향력을 증강시키는 것이다. 경제이익과 정치이익에 기반해서 양안경제발전과 협력은 공동이익이 존재하기 때문에 양안 모두 관계가 악화되기를 바라지 않는다. 그러므로 경제면에서는 양안은 쉽게 협상을 달성할 수 있다. 양안경제발전은 대만해협을 안정시키는 역량이 되었다는 사실이다.

종합적으로 말하자면, 대륙의 대만에 대한 정책은 선경후정, 선이후난, 선급후완, 순서점진, 이상핍정, 이민핍관, 화독점통(先經後政、先易後難、先急後緩、循序漸進、以商逼政、以民逼官、化獨漸統)의 방식으로 진행한다. 즉 경제 먼저 정치 나중, 쉬운 일을 먼저 풀고 어려운 일은 나중으로, 급한 일은 먼저하고 여유가 있는 일은 나중에 처리하며, 차례를 따라 점차적으로 진행하고, 경제를 이용해 정치를 겁박하고, 민간의 역량으로 관방의 역량을 압박하고, 타이두를 화해시켜 점차적으로 통일을 이룬다는 방식이다. 다시 말해 대만을 대륙의 경제식민지로 삼아서 점진적인 방법으로 「평화통일, 일국양제」를 실현하고자 한다.

베이징은 경제로서 통일을 촉진하는 이경촉통(以經促統)과 문화로서 통일을 촉진하는 이문촉통(以文促統)의 정책효과를 얻고자 하였다. 다시 말해 이경촉통으로서 경제일체화와 양안일중시장을 추구하고, 이문촉통으로서 양안민족일중, 양안운명공동체, 중화민족의 부흥을 도모하고자 하는 것이다.

2016년 베이징이 주장하는 '하나의 중국 원칙'을 인정하지 않는 차이잉원이 총통에 당선되면서 기존에 이어져 오던 양안 간의 소통 채널은 닫히고, 협상은 중단되었다. 그러나 향후 양안 협상이 재개되더라도 더는 경제적인 의제에 국한되지는 않을 것이다. 만약 양안 협상이 재개되면 정치적 의제가 주를 이룰 것이다. 왜냐하면 경제적 분야의 협상은 이미 양안 간에 일단락되었기 때문이다.

넷째,「민족일중」에 대해서다. 향후 양안 문제에서 가장 큰 쟁론이 될 것이다. 양안 간에 '중국'은 몇 개인가는 양안분쟁의 핵심문제다. 그러나 보다 근원에 있는 것은 민족정체성 문제다. 비록 국민당의 입장에서 본다면 양안은 모두 하나의 중국, 동문동종(同文同種)이라는 관점에서 서 있지만 녹색진영의 인식은 남색진영과 다르다. 이른바 정체성의 분화가 심각하게 진행되었다.

대만은 민주화, 정당교체, 본토화를 거치면서 민족정체성에 거대한 홍구(鴻溝)가 생겼다. 대만민족과 중국민족으로 분기되는 추세가 강화되는 점은 분명해 보인다. 베이징은 타이두, 쟝두(疆獨, 신장독립), 짱두(藏獨, 티벳독립)세력의 삼독합일을 가장 우려한다. 여기에 더하여 홍콩 독립파가 가세한다면 엄청난 후폭풍을 일으킬 수 있다. 21세기 중국대륙이 직면해야 할 가장 큰 도전은 민족문제다. 과거 대륙은 대만에 대해서 민족제대(民族臍帶)의 감정적인 연결정책을 취하였지만 시간이 흐름에 따라 중국대륙과 관계를 맺고 있던 대만의 노년 세대들은 줄어들었고, 이제는 양안은 이익제대(利益臍帶)가 민족제대를 대체하고 있다. 이익제대가 존재해야만 양안은 안정적으로 발전할 수 있다.

현재 양안 간 교류는 밀접해지고 양안 민중의 경제차이는 점점 줄어들고 있다. 상하이, 선쩐, 베이징, 광저우, 톈진 등의 대도시는 타이베이와 별 차이가 없다. 아울러 베이징의 '의법치국'이나 대만의 법에 의한 지배 등 제도에 있어서도 과거에 비해 그 차이는 줄어들고 있는 것도 사실이다. 양안 간의 차이성을 강조하는 타이두의 활동 공간도 줄어들고 있는 것도 사실이다. 그러나 대만의 정체성과 대만민족의 이름으로 통일을 거절한다면 설령 중국대륙이 민주화된 이후라도 해결하지 못할 숙제를 안겨준다. 현재 대만은 국제일중, 정치일중, 경제일중에서 베이징의 전략이 대만에 먹혀들고 있는 추세다. 그러나 민족일중 문제에 대해서는 베이징은 아직도 유효한 성과를 거두지 못하고 있다. 대만에 유리한 방향으로 전개되고 있다.

### 시간은 누구의 편에 있는가時間是站在誰那邊？

대만해협 사이에 격리의 시간이 오래 될수록, 대만은 더 독립을 갈구하고 베이징은 점점 더 통일에 대한 시간적 압박감을 느낀다. 현재까지의 대만의 주류 민의는 통일도 독립도 아닌 현상유지가 다수를 이룬다. 하지만 베이징에 있어서 대만의 현상유지는 곧 대만이 주권독립국가로 고착시키려고 하는 일종의 전략으로 인식한다. 대만은 중공의 무력사용을 두려워하고 베이징은 외부세력과 결탁하여 대만의 독립선포를 두려워한다. 각자는 서로에게 최후의 카드를 한 장씩 지니고 있는 셈이다. 이는 쌍방이 교착상태에 빠져 서로 예속되지 않는 상태를 유지하게 만들었고, 이소박대(以小搏大)의 게임에서 미국의 역할이 중요해졌다.

현재 대만의 차이잉원 정부는 양안 현상유지 노선을 채택하고 있다. 이것이 의미하는 바는 현재 대만은 대륙보다 약세이므로 현상유지를 지속한 후에, 대만 내부의 공통된 인식과 단결력을 응집하고 장래 결정적 시기가 도래할 때, 대만의 미래를 결정하자는 것이다. 통일 혹은 독립은 모두 요원한 미래에 두며, 대륙에서도 경제가 발전하고 중산층이 증가하면 자연스럽게 정부에 대한 민주적인 요구가 거세질 것이고 중국대륙도 민주화될 것이라고 생각한다. 민주화된 대륙은 더 이상 대만의 적이 아니다. 여기에 더하여 대만의 주체의식, 본토의식이 제고되어 대만의 민주를 심화한다면 결국 양안은 민주의 방식으로 미래를 결정하게 될 것이라 믿는다. 이 논리는 타이두의 개념과는 약간 다르지만, 밀접한 관련을 맺고 있다. 즉 대만 민중의 당가작주(當家作主, 자신의 일은 자신이 한다)는 민주 원칙에 부합되고, 대만인의 애고향(愛故鄉), 애대만(愛臺灣)은 대만독립에 긍정적으로 작용한다. 그래서 타이두는 끊임없이 민주, 인권, 자유 등의 용어로써 정치적 공간을 확보하려하며 결국 시간은 대만의 편에 있다는 점을 강조한다.

양안의 현상유지가 지속된다면 첫째, 대륙의 경제발전과 더불어 내부의 복잡한 4차문제(관민차, 도농차, 지역차, 빈부차)를 비롯한 사회문제가 돌출될 것이고 이는 대륙의 사회변화를 유도할 것이다. 그러므로 현상 유지의 시간을 오래 끄는 것은 대만에 훨씬 유리하다. 둘째, 양안간 현상유지가 오래 지속 되면, 양안 간의 정체성은 필연적으로 분기될 것이고, 이에 따라 대만은 정기적인 보통선거를 이용해서 대만 주체의식을 완성한다는 것이다. 바로 연성(軟性)타이두와 온건타이두의 관점이다. 특히 교류가 활성화된 지금 대만민중이 대륙에 갔을 때 대만의 사회문화와 다른 면을 더 많이 본다는 점이다. 양안 간 교류가 긴밀히 진행되더라도 정체성 방면에서 오히려 중국인이라기보다는 대만인으로 인식한다. 이는 대만의 정체성이 지속적으로 증가하는 이유 중의 하나다. 그러므로 시간은 대만의 편에 있다는 논리를 편다.

다수의 대만인들은 현재 대만의 정치제도와 생활방식을 원한다. 만약 앞으로 20여 년 더 시간이 지나간다면 양안 통일에 찬성하는 비율은 현저히 낮아질 것이고, 대륙이 통일을 추진할 동력도 시간의 추이와 더불어 약화될 것으로 전망한다. 현재 대만내부의 공식은 바로 대만(중화민국)은 주권독립국가라는 것이다. 관례적 선거 구호로 등장하는 대만이익, 대만 우선, 애대만(愛臺灣)의 구호는 실제적으로도 대만독립을 고착화시키는 방향으로 작용한다.

양안 통일의 장애는 양안 간 차이와 격리다. 민진당은 이를 강조한다. 첫째, 대륙은 공산당 독재의 전정국가(專政國家)며, 반대로 대만은 자유민주 국가고 언론 자유를 보장하는 사회다. 대만은 오히려 대륙의 민주화를 요구한다. 둘째, 시간이 흐름에 따라 아직 당명을 바꾸지는 않았지만 중국국민당은 대만의 국민당으로 변화될 것이고, 중화민국도 대만화된다는 논리다. 대만 내부의 성적(省籍)문제, 족군문제 등의 갈등도 세월이 2대 3대로 흐르고 나면 완화될 것이라고 본다. 양안의 격리는 1945-1949년 기간을 제외하면 이미 124(1895-2019)년이나 분리된 채로 살아 왔다. 타이두 주창자들은 대만해협의 홍구(鴻溝)가 정체성의 분리로 나갈 것으로 확신하고 있다. 대만은 경제발전과 민주주의 심화를 통해 대만에 대한 지위의 정당성을 보충시켰다. 산업화의 성공으로 국제사회에서 이미지가 제고되었고, 이를 바탕으로 민주화도 성공했다. 대만사회는 촌장에서 총통까지 선거를 통해 결정된다. 대만이익, 대만우선의 기치와 대만주체성 강조, 대륙과 대만은 두 개의 국가라는 사실을 강조할 수밖에 없다.

셋째, 대만에는 대륙에 대한 공구감(恐懼感)이 존재한다. 즉 장래에 대만이 중화인민공화국의 특별행정구가 되는 것을 우려한다. 대륙의 경제역량, 정치역량은 점점 증가하고 있는 추세며, 국제사회에서 베이징의 목소리는 높아지고 있다. 이런 상황에서 대만이 대륙에 흡수되지는 않을까 하는 우려는 기정사실이 되었다. 기실 대만은 줄곧 미국의 안전보호에 의존했고, 미국과 단교 후에도 대만은 미국의 「대만관계법」에 의거하여 대만을 보호해주기를 기대했다. 대만관계법은 대만인들의 심리적 안전장치며, 미국의 대만군수(軍售)는 대만인들로 하여금 심리적인 보험으로 생각한다. 양안 간의 경제무역이 하나의 중국 시장으로 편입되고 있는 과정에서도 안전문제는 미국에 의존하였다. 미국 역시 중공이 미국의 패권에 도전할 수 있다는 가능성이 높아지면서 미국의 대만에 대한 전략적 가치는 높아지고 있고, 여전히 대만을 불침의 항공모함으로 인식하고 있다. 그러므로 대만의 민진당이 채택할 수 있는 생존전략은 양안 간의 현상유지를 영구화하는 지연전략이 최상이다. 이는 국민당이 다시 집권하더라도 마찬가지다. 경제는 중국대륙에, 안보는 미국에 의존하는 구조를 쉽게 깨뜨릴 수 없다. 대만의 입장에선 현상태를 사실상(de facto)의 국가로 만들고, 지속적으로 대만을 관리해 나가며, 대만주체의식을 고취하고, 실력을 배양한 후, 중공의 책략을 돌파하면 자연적으로 평화적인 분열의 상태로 접어든다는 것이다. 그러나 베이징 역시 시간에 대해 낙관적인 태도를 가지고 있다.

시간은 베이징에 편에 있다는 것이 중공지도부의 주류 견해다. 현재 양안은 경제통합의 방향으로 가고 있고, 중국대륙의 종합국력은 증강되는 추세에 있다. 양안경제통합의 과정에서 관(官)적인 부분은 분리된 채로 있지만 양안은 혈연, 문화, 시장에서 사실상의 통일에 진입했다고 본다. 더구나 시간이 지날수록 타이두의 공간은 점차 좁아질 수밖에 없다고 본다. 양안의 평화적 융합은 경제로부터 정치로 향하고 있다는 것이다. 대륙의 대만에 대한 영향력이 증가한다면 미국이 지지하는 대만해협의 평형은 통할 수 없다고 본다. 미래의 양안관계는 대만과 미국의 관계를 지금보다 추월할 것으로 본다. 만약 미국이 대륙의 대만에 대한 영향력을 인정한다면 대만문제는 중·미 간의 민감한 의제가 될 확률이 그만큼 줄어든다. 이후는 양안이 어떻게 정치대화를 시작하는 가에 달려 있다.

냉전기간 50여 년, 대만은 미국과 일본에 대한 일변도정책을 취했으며, 대만의 경제는 급속히 발전했고 왕성한 문화력을 보여 주었다. 그러나 냉전이 해체되고, 중국대륙의 굴기로 인해 대만의 자신감은 과거와 다르다. 중국대륙의 경제성장 속도에 비교해보면 대만의 경제성장은 너무나 정체되었고, 성장동력은 고갈되고 있으며, 정치권 내의 이견도 봉합될 기미가 없다. 대만의 정치리더십은 중공의 리덥십에 비해 유효하게 작동하고 있지도 않다. 특히 국내의 공공건설과 사회발전의 속도는 대륙에 비해 느리며, 아마도 대륙의 굴기는 지정학적, 지경학적으로 대만을 대륙에 편입시킬 가능성이 높다. 또한 대륙의 굴기는 과거 대만이 대륙에 가졌던 우월한 심리를 더 이상 보장해주지도 못한다. 여기에 더하여 대만내부의 극심한 통·독쟁의 이를 둘러싼 정당대립은 공동의 목표를 상실하게 만들어 대만을 부정적인 분위기로 몰아넣을 가능성이 있다.

현재 대만은 민주화와 개인의 권익보장은 확보했지만, 사회통합면에서 아직 성숙되어 있지 않다. 더구나 과거에 비해 대만의 국제적 위신은 중국대륙에 의해 덮혀 버렸고, 미국이 그 평형을 맞춰주지 못한다면 양안의 통일은 엄연한 국제현실로서 다가올 것이다. 대륙의 굴기는 미국의 대만해협의 개입 가능성을 점차로 축소시킨다. 그러므로 하나의 중국시장으로 경제일중이 형성되고 다시 양안일중으로 귀결될 가능성이 크다고 하겠다. 국제일중도 중공에 유리하다. 중공은 효과적으로 대만을 고립시킬 수 있으며, 베이징의 묵인 내지는 허가가 있어야만 대만이 국제무대에 참여할 수 있다. 군사적으로 볼 때도 대만해협의 평형은 대륙에 유리한 방향으로 경사된지는 이미 오래다. 전체적으로 볼 때 경제일중, 국제일중, 정치일중은 이미 시간은 베이징의 편에 서 있다.

2017년 중공 19대에서 '시진핑 신시대 중국특색 사회주의 사상'이 당장에 명기되었다. 장쩌민과 후진타오는 자신의 이름을 당장에 넣지는 못했다. 시진핑은 중국특색 사회주의 완성과 중화민족의 위대한 부흥을 위한 새로운 시대에 진입했음을 선포했다. 이 중화민족의 위대한 부흥은 '두 개의 백 년'이라는 시간표가 있다. 중국공산당 창당 100주년이 되는 2021년까지 '전면적 소강사회(全面建成小康社會)'를 완성하여 전인민이 중산층 시대로 진입하고, 건국 100주년이 되는 2049까지 미국을 뛰어넘는 부강·민주·문명·화해의 '사회주의 현대화국가'를 완성하겠다는 야심찬 계획이다. 신시대 진입의 선포는 근대 이래로 오랜 고난을 겪은 중화민족이 떨쳐 일어났으며(站起来, 마오쩌둥), 개혁개방 정책을 통해 부유해졌고(富起来, 덩샤오핑, 장쩌민, 후진타오), 시진핑의 신시대는 강대한(强起来) 중화인민공화국의 시대에 진입할 것임을 선포한 것이다. 건국 100주년 중 앞의 30년은 마오(화궈펑을 포함하여)의 시기였고, 개혁개방 40년은 덩샤오핑, 장쩌민, 후진타오의 시대였다. 장쩌민과 후진타오는 덩샤오핑이 설계한대로 충실히 따른 집행자였을 뿐이다. 백 년 중 미래의 30년은 시진핑시 설계하는 신시대다.

시진핑은 2019년 1월 2일「고대만동포서」40주년 기념 담화에서 명확하고 체계적으로 '신시대' 국가통일에 대한 담화를 밝혔다. 이 담화는 베이징의 대만 공작에 대한 강령성 문건이 되었다. 이 담화에서 현재 세계는 백 년에 없었던 대변국의 시대를 맞이하고 있으며, 양안관계는 이미 신시대에 진입했음을 선언했다. 시진핑은 46차례나 통일을 언급했다. 1987년 11월 대만이 대륙탐친을 실시한 이후, 이미 40년이 흘렀다. 양안 간의 교류는 무에서 유로, 간접에서 직접으로, 단방향에서 쌍방향으로 문화, 사회, 경제 영역 등 전방위적으로 발전하여, 양안 간에는 이미 다층차의 구조가 형성되었다. 2016년 말, 양안 인민 교류의 누계는 1.17억 차, 대만인의 대륙여행은 9천만 차, 매일 3만 인이 양안을 왕래한다. 비록 양안 간 결혼 비율은 줄어들고 있지만, 양안이 문호를 개방한 이후 양안 간 결혼한 배우자 수는 이미 38만 쌍을 넘어섰다. 코로나 19가 오기 전만해도 대만인들이 대륙에서의 취직, 유학, 타이상 등 그 인구는 200만이 넘는다. 일주일에 800편의 비행기가 양안을 왕래하며, 매년 400만의 중국인이 대만을 왕래한다. 중국대륙은 대만의 최대의 무역파트너, 최대 수출국, 두 번째 수입국이며, 가장 큰 무역 흑자를 기록하고 있다.

양안은 사실상(de facto)의 통일을 이루고 있으며, 사실상의 일국양제를 실시하고 있다. 나머지는 형식상의 통일뿐이다. 통일은 3개의 주요 요소가 있다. 첫째는 중국대륙 자신의 실력이며, 둘째는 대만인들의 염원(意願)이고, 셋째는 미국요소다. 미국요소는 일체의 반중국 역량이다. 현 시기 통일의 가장 큰 저해 요인은 미국이다. 베이징 지도부는 중국의 국가역량이 미국을 초월할 때 물이 흐르면 도랑이 생기듯 양안의 정치적 통일은 도래할 것이며 미국의 간섭하에 형성된 양안구조는 점차 평형을 잃고 있다고 본다. 여기에 대해 베이징은 이론적 자신감, 발전도로에 대한 자신감, 중국특색제도에 대한 자신감, 문화적 자신감을 가지고 있다. 통일의 대상은 대만당국 뿐만 아니라 전체 대만사회를 상대로 전방위적으로 작동하고 있다. 시진핑은 통일을 다음 세대로 물려주어서는 안 된다는 점을 분명히 했다. 중화민족의 위대한 부흥인 중국몽과 양안통일을 함께 묶고 있는 것이다. 그러므로 양안통일이 없다면 중국몽은 없다.

시진핑의 신시대는 2020년부터 2050년까지 향후 30년을 다시 두 개의 단계로 나누어 현대화 목표를 설정했다. 제1단계는 2020년에 전면 소강사회를 이룩한 기초에서 다시 15년을 분투하여 2035년 사회주의 현대화를 기본적으로 실현하고자 한다. 시진핑의 신시대 1단계에서 양안통일을 이루어야만 다음 단계인 현대화에 매진할 수 있다. 만약 시진핑이 설정한 계획대로 이뤄진다면 향후 15년 이내에 양안 통일을 이루겠다는 계산이다. 1단계 현대화를 달성한 위에서 다시 15년(2단계)을 분투하여 미국을 초월한 아름다운 사회주의 현대화 강국을 건설할 수 있다는 비전을 제시하고 있다. 그러므로 시진핑이 상정한 미래 30년은 신시대 중국특색사회주의 발전의 성패가 걸려있다. 시진핑이 말하는 신시대는 바로 미래의 30년을 가리킨다. 즉 중국대륙이 1등이 되느냐 못되느냐, 현대화 발전을 성공하느냐의 여부가 걸린 가장 관건적인 시기를 의미한다. 바꿔 말해 '시진핑 신시대 중국특색사회주의 사상'은 최소한 미래의 30년에 영향을 미칠 것이다. 시진핑은 한 폭의 부국강군이라는 웅대한 로드맵을 그리고 있다. 그가 새로운 총설계사가 될지 여부는 향후 15년 이내에 검증이 가능하다. 대만과의 통일이 이 시기에 이루어지면 순조롭다고 할 것이다. 하지만 목표가 원대하면 그 시련 또한 큰 법이며, 베이징은 아직도 넘어야 할 산이 많다. 무엇보다도 미국이라는 큰 산을 넘어야 한다.

# 부록

## 동번기東番記

  동번기는 17세기 초(1603년, 만력 31년), 명나라 유생 진제(陳第)가 1603년 양력 1월 21일부터 2월 10일 까지 약 20일 간 대만에 머물면서 체험한 내용을 기록한 글이다. 대만 원주민의 풍속과 물정을 가장 상세하게 기록한 최초의 사료다. 가정(嘉靖, 1522-1566) 이래로 해적(왜구)은 강대해져 빈번히 중국 동남부 연안에 출몰했다. 융경(隆慶 1567-1572), 만력(만력 1573-1620) 황제는 해금정책(海禁政策)을 실시했다. 그러나 이는 오히려 바다에 생계를 둔 민초들을 험지로 내모는 결과를 초래했다. 여기에 더하여 당시 명나라는 인구가 증가하여 이에 대한 압력을 받고 있었다. 해금정책으로 생계에 쫓긴 연안 지역의 백성들은 왜구와 결탁하기도 하였고, 반상반적의 해적집단으로 변화기도 하였다. 이들은 여송(필리핀), 대만 등과 무역을 생업으로 삼았다. 1602년 만력 30년, 일본의 왜구는 동번(대만)을 소굴로 삼아 해상을 교란했다. 이에 명 조정은 심유용(沈有容)을 토벌대의 장수로 삼아 왜구와 전쟁을 벌였다. 이 토벌대는 왜구를 쫓아 대만까지 오게 되었다. 이 때 진제라는 사람이 심유용을 따라 대만에 와서 본 내용에 대해서 기록을 남겼는데 이것이 동번기다. 민해증언(閩海贈言)에 수록되어 있으며, 당시 대만 원주민의 풍속을 매우 상세하게 묘사하고 있다. 오늘날 대만의 타이난(臺南) 지역인 평지에서 거주하던 원주민인 시라야족의 풍속을 세심하게 관찰하고 기록했다. 아래는 대만사회의 이해를 위해 필자가 번역하였다.

### 동번기東番記[1]

동번(东番, 대만)의 이인(夷人)이 언제부터 팽호(澎湖) 바깥의 해도(海島)에 거주한 지는 모른다. 망항(魍港, 현, 虎尾寮), 가로만(加老灣)으로부터 대원(大員, 현 타이난), 요항(尭港, 高雄茄萣, 현 까오숑 치에딩), 타구여(打狗嶼 : 현 까오숑 타구산(打鼓山)), 소담수(小淡水, 현 까오핑시高屛溪 : 까오숑과 핑동현의 경계로 흐르는 강), 쌍계구(雙溪口, 현 쟈의(嘉義) 溪口), 가리림(加哩林, 현 타이난 쟈리(佳里), 사파리(沙巴里, 현 타이베이 딴쉐이(臺北淡水)), 대방갱(大幇坑, 현 타이베이 빠리(八里)), 모두 이들 이인이 거주하는 지방이다. 그들은 천 여리의 지역에 걸쳐 분산되어 있다. 매우 많은 족군들로 나누어져 있으며, 그 구별되는 단위를 사(社)라고 부른다.

어떤 사(社)는 천여 명 남짓, 어떤 사(社)는 단지 오륙백 명 정도였고, 추장의 직위는 없었으며, 자녀가 많은 사람을 영도자로 삼았다. 이인들의 생활은 용감했고, 전투를 좋아했으며, 한가할 때는 달리기 연습을 하였다. 발꿈치는 두꺼워서 가시밭길도 평지와 같이 걸어 다닐 수 있었

---

1) 周婉窈, 〈東番記〉《方豪六十自定稿》(上冊), 臺北 : 作者自印, 1969, 頁835-844.

다. 달리는 속도 역시 빨라 말과 같았고, 진력을 다해 달린다면 수 백리
는 달릴 수 있었다. 이웃과 혐극(嫌隙)이 생길 때에는 무력으로 승부를
겨뤘으며, 쌍방이 서로 약속한 시간에 개전했고 전투가 끝나면 은원을
화해하여 옛날로 돌아갔다. 전투에 임해서는 적의 머리를 베었으며, 그
살을 벗겨낸 후 그 골두(骨頭)를 보관하여, 문 앞에다 걸었다. 어떤 집
의 문 앞에는 많은 해골(骸髏)이 걸려 있었고, 이런 집을 장사(壯士)로
존경하였다.

　사시사철 날씨가 더워, 이인들은 일 년 동안 옷을 입지 않았다. 오직
여인들만 풀로 편직한 치마를 입었으나 그것 또한 아랫도리 일부를 가
린 것에 불과했다. 그들에게는 공수(拱手 : 가슴 앞에서 손을 맞잡고 인
사하는 것)하거나 궤배(跪拜 : 무릎을 꿇고 인사하는 것)등의 예절은 없
었다. 역법도, 문자도 없었으며, 일자 계산은 오직 달이 둥글 때를 1개
월로 잡았다. 십 개월을 일 년으로 삼았고, 날자가 좀 길면 곧 잊어버렸
다. 계산이 없었으므로, 연장자에게 몇 살이냐고 물으면 그들도 자기가
몇 살인지 몰랐다. 교역할 경우 승자(繩子 : 새끼줄)를 엮어 그 기호로
삼았다. 이인들은 수전(논)도 없었고, 화경의 방식으로 벼를 심었다. 산
에 꽃이 피는 때, 그 때가 경작의 시기였다. 벼 이삭이 익으면 이를 추수
하는데, 그 알갱이는 중국인의 벼 알 보다 조금 길었다. 게다가 향기가
나는 쌀이었고 먹으면 달콤한 맛이 있었다. 또한 고초(苦草)와 쌀을 섞
어 술을 빚었으며, 어떤 때는 괜찮은 술을 빚기도 했고, 호음(통쾌하게
마실 때)시에 능히 한말을 마셨다. 연회가 있을 경우 큰 술통을 놓고,
대나무 통을 사용해서 여러 사람이 술을 마셨고 별다른 안주는 없었다.
음악이 있으면 바로 춤추기 시작했다. 입에서도 '우우'하는 가곡의 선율
이 있었다. 남자는 머리를 땋아서 수직으로 나누어 내려놓았고, 여자는
그렇지 않았다. 남자는 귀를 뚫었고, 여자는 치아를 뽑아서 장식으로

활용하였다. 15-6세에 입술부위의 이 두 개를 뽑았다.

현지에는 대나무가 풍부했는데 그 대나무는 두 손바닥 아름 정도로 굵었고, 그 높이는 십장(十丈 : 키의 열배)정도였다. 이인들은 대나무를 잘라서 집을 지었고, 지붕에는 모초(茅草)를 이었으며, 그 넓이는 수치(雉 : 일치는 일장)가 되었다. 부족마을에는 공공건물이 있었다. 한 칸은 약간 큰 집이 있었는데 이를 일컬어 공해(公廨 : 공공관아)라 칭했으며, 아직 처를 취하지 못한 소년들이 군집으로 이곳에 거주했다. 토론사항은 반드시 공해에서 논의하였기에 공해는 쉽게 출입하게 만들었다.

결혼 적령기가 되면, 남자측은 적당한 소녀를 찾아내어, 사람을 청해 마노보석(瑪瑙寶石)을 여자측에 주는데, 만약 여자측이 원하지 않으면 받지 않으면 그만이었다. 여자측에서 받았다면 남자는 저녁에 여자의 집을 방문하여, 문 앞에서 직접 여자의 이름을 부르는 것이 아니라 구금(口琴)을 부는 방식으로 여자를 불러냈다. 구금은 얇은 철사로 만들었으며, 치아를 사용해서 연주를 했다. 발출할 때에는 청취한 소리가 났다. 소녀가 이 소리를 듣자마자 남자를 문 안으로 불러들이고, 해가 뜨기 전에 남자는 스스로 떠났다. 여자의 부모를 만나지도 않았다. 이날 이후 별빛 있는 저녁이면 남자는 여자의 집에 와서 밤을 보내고 해뜨기 전에 떠났다. 이러한 방식은 수개월 동안 이어지고, 아이가 생길 경우, 아내는 남자 집에 가서 남편을 데려왔다. 그 때 남편은 처음으로 아내의 집에 와서 아내의 부모를 보게 되었다. 이후 남편은 처가 집에서 종신토록 아내의 부모를 모시게 된다. 그래서 남자측은 아들이 없는 것을 오히려 선호하였다. 이인들은 여아가 출생하면 남아가 출생하는 것보다 더 기뻐했다. 왜냐면 여자는 가족을 계승했고, 남자는 가족을 계승할 수 없기 때문이다. 만약 처가 사망하면, 남편은 재취가 가능했지만, 반대로 남편이 사망하면 아내는 재가하지 않았다. 그들은 과부를 귀찮

(鬼殘)이라 불렀다. 일생 동안 다시 결혼하지 않았다. 집에 사람이 죽으면 북을 치며 통곡을 했고, 시체는 그대로 두었으며, 사방에 강한 불을 일으켜 시체가 건조해질 때까지 기다렸다. 관을 사용하지도 않았고 집에 시체를 그대로 방치했다. 집이 파손되어 다시 개조할 경우, 땅 아래 굴을 파서, 직립의 자세로 시체를 매장했다. 무덤을 만들지도 않았으며 그 위에 다시 집을 지었다. 집을 다시 개조할 필요가 없을 경우는 시체를 매장하지 않았다. 그러나 대나무로 엮은 기둥과 모초로 덮은 지붕은 대략 십년 정도 버틸 수 있었다. 모두 진토(塵土)로 돌아가므로 이인들은 제사를 지내지도 않았다.

이인들은 경작 때에는 말을 서로 하지 않고 살생도 하지 않았으며, 남자와 부녀가 섞여 산야에서 일했다. 묵묵하게 어떤 소리도 내지 않았고, 길 위에서는 눈길로서 뜻을 나타냈으며, 연소자들은 장자를 등지고 길을 양보했고 쌍방 간에 어떠한 인사도 없었다. 비록 한인(한족)들에게 모욕적인 말을 당해도 그들은 화를 내지 않았다. 벼가 익을 때가 되어서야 원래의 모습으로 돌아갔다. 만약 이렇게 하지 않으면 천지신이 그들을 보호하지 않을 것이며 심지어 화를 내릴 것이고, 작물수확이 좋지 않을 것이라고 믿었다. 여자들은 일하는데 재주가 뛰어나 항상 노동을 하였으며, 반대로 남자들은 유한 자재했다. 그들은 물건을 훔치는 것을 엄하게 금했으며, 만약 어떤 이가 절취하면 사(社) 앞에서 형살했다. 그래서 밤에는 문을 잠글 필요가 없었다. 낟알을 쌓아놓은 광장 역시 감히 탐하는 이가 없었다. 그들의 집에는 침대가 있었지만 탁자와 의자는 없었다. 자리가 깔려있는 땅바닥에 앉았다.

곡류로는 큰 콩, 작은 콩, 검은 참깨(胡麻), 율무(薏仁)가 있었고, 이들을 먹으면 구제장려(驅除瘴癘 : 말라리아를 쫓음)할 수 있었다. 보리는 없었다. 채소는 오직 파, 생강, 반저(고구마), 준치(蹲鴟(芋頭) 토란의 일종)이 있었고, 과일로는 야자, 모시(毛柿 : 감), 불수감(佛手柑), 감저(甘蔗 : 사탕수수)가 있었다.

가축으로는 고양이, 개, 돼지, 닭이 있었고, 말, 나귀, 소, 양, 거위, 오리는 없었다. 짐승 종류로는 호랑이, 곰, 표범, 사슴이 있었고, 조류로는 꿩, 갈가마귀, 비둘기, 참새가 있었다. 산에서 쉽게 사슴을 잡을 수 있었고, 야생사슴은 많았고 느렸으며, 수천 마리가 무리를 이루어 다녔다. 이인들의 천장은 표(鏢)였고, 표창은 대나무로 만들었으며, 손잡이 앞에는 철촉이 있었다. 그 길이는 다섯 척이 더 되었고 매우 예리했다. 외출 시에 휴대하고 다녔으며 사슴에게 쏘면 바로 죽었고, 호랑이에게 쏘아도 바로 죽었다. 평상시에는 개인적으로 사슴을 잡는 것을 금지했다. 겨울에는 사슴이 출몰하지 않아서, 백여 명을 모아서 사슴을 추격해 표를 발해서 사살했다. 포획된 사슴은 산을 이룰 만큼 높았고, 매 사(社)마다 사슴고기를 먹지 않은 곳이 없었다. 나머지 고기는 염제 뇌육했고, 사슴의 혀, 생식기, 힘줄 또한 뇌육으로 만들었고, 사슴가죽, 사슴뿔은 수집해 방안에 가득했다. 어린 사슴은 길들여져서 사람들과 친했다. 이인들은 사슴을 좋아했고, 사슴의 창자를 열어서, 아직 분변이 되지 않은 풀을 백초고(百草膏)로 불렀다. 이를 미식으로 즐겼다. 백번 먹어도 질리지 않았다. 한인(한족)들은 이를 보고 구토를 했다. 이인들은 돼지고기는 먹어도 닭고기는 먹지 않았다. 그들이 닭을 길렀지만, 단지 닭의 꼬리만을 뽑아서 장식으로만 사용했다. 야생꿩을 사냥해서도 먹지 않고 역시 그 꼬리를 뽑아서 장식으로 이용했다. 한인들이 닭고기 먹는 것을 보면 그들은 구토를 느꼈다. 도대체 어느 것이 비로소 맛있는 것인지 하늘이 알 수 있겠는가? 또 어떻게 이인과 한인 간 미식의 인정에 있어서 동일한 표준을 강구하겠는가?

일부분의 이인들은 섬의 내륙에 거주했고, 배를 타지도 않았다. 바다를 매우 두려워했으며, 고기잡이할 경우 계곡어귀를 이용했고, 죽더라도 다른 이인들과 서로 왕래하고 싶지 않았다. 영락(永樂)초, 정화(鄭內監, 鄭和)의 항해 때에, 매 부족에게 승선인원을 하달했는데, 오직 동번 이족은 숨었고 약속을 따르기를 원하지 않았다 그래서 정화는 각 가정 마다 구리방울을 주어서, 목에 걸도록 했다. 실은 그들을 개 정도로 본 것이었다. 오늘에 이르러 그들은 이 방울을 보물로 여긴다. 초기의 동번은 모두 해변에 살았는데, 가정 말년(嘉靖末年)에 일본 해적의 침략을 받아 산으로 피했다. 일본 해적의 무기는 조총(장화총)이었고, 동번은 오로지 표를 무기로 삼았다. 왜구를 대항하기에는 역부족이었다. 산에 거주하고 나서, 비로소 중국과 왕래하기 시작했고, 현재는 나날이 번영하고 있고, 중국의 장주(漳州), 천주(泉州), 충용(充龍), 열서(烈嶼) 등 연안 항구의 백성들은 왕왕 동번의 언어를 완전히 이해했고 그들과 무역을 하였다. 즉 마노(瑪瑙), 자기, 포, 소금, 동비녀(銅簪)등의 물품을 녹포(鹿脯 : 사슴 말린 고기), 사슴가죽, 뿔과 교환했다. 어떤 때는 그들에게 한인이 입던 옛 옷가지를 주면 매우 기뻐하였다. 이러한 옷들은 조심스럽게 숨겨놓았다가 한인들을 만나면 다시 꺼내 입었고, 오래지 않아 벗어 버렸다. 벌거벗고 다니는 것이 더 자유로웠다.

동번은 진짜 재미있고 놀라운 곳이다. 열서(烈嶼)에서, 북풍을 타고 항해하면 하루 만에 팽호에 도착하고, 다시 하루 만에 가로만(타이난 록이문)에 도착한다. 거리는 정말 가깝기도 하다. 여전히 년 월 일도, 관리계급도 없고, 나체로, 승결방식으로 사는 민족, 기괴하지 아니한가. 게다가 섬에 있지만 오히려 고기를 잡지 않고, 남녀가 잡거해도 역륜희롱의 행위도 없다. 남성과 여성의 지위가 한족과 다르고, 집과 매장지가 같이 있다. 일 년 내내 사슴을 잡아도, 사슴 무리는 다함이 없다. 열도를 다 합쳐도 중국의 한 개 현보다 작은데도 그들은 서로 의지하며 살아간다. 오늘에 이르러서도 역법이나 서계가 없어도 불편해하지 않는다. 중국의 남쪽을 침략한 일본해적과 북쪽의 몽고인들 또한 문자가 있다. 그러한 문자를 보면 조류의 족적과 고대의 전서(전자)를 사용하는데. 이곳은 고대 무회씨(無懷氏), 갈천씨(葛天氏) 시대의 사람들이 아닌가! 중국과 왕래한 후에 그들은 모두 기뻐하는데, 간사한 사람들(한인들)이 열등한 물품으로서 그들을 속인다는 것을 그들도 알아차리기 시작했다. 두렵도다! 순박한 날들이 소멸됨을…

만력(萬曆) 30년(1602) 겨울, 일본해적들이 또 대만섬을 점거해서, 동이, 상인, 어부 모두 심각한 피해를 입었다. 이에 오서를 지키던 심장군(沈有容)이 토벌에 나섰는데, 나 역시 마침 바다를 보고 싶은 마음에 흥기해서 같이 참가했다. 일본해적들은 소멸되었고 우리는 대원(대남 안평, 오늘날 대만의 타이난)에 정박했고, 이인 두목 대미륵(大彌勒)이 무리 수 십 명을 이끌고 감사를 표시해 와, 사슴고기와 좋은 술을 우리에게 헌상했다. 우리가 나쁜 사람들을 제거해준 것에 대해서 그들도 기뻐했다. 내가 직접 이인들의 인물과 사적을 친히 보았고, 돌아와서 온릉(溫陵)의 진지제(陳志齋)선생에게 알려주니, 그가 말하길 이러한 괴기한 일들을 기록하지 않을 수 없다고 하기에 이러한 대략적인 정황들을 기록했다.


周婉窈 標點·註解

東番夷人不知所自始, 居彭湖外洋海島中, 起魍港、加老灣, 歷大員、堯港、打狗嶼、小淡水；雙溪口、加哩林、沙巴里、大幫坑, 皆其居也, 斷續凡千餘里。種類甚蕃, 別為社, 社或千人, 或五六百, 無酋長, 子女多者眾雄之, 聽其號令。性好勇, 喜鬥, 無事晝夜習走, 足蹋皮厚數分, 履荊刺如平地, 速不後犇馬, 能終日不息, 縱之, 度可數百里。鄰社有隙則興兵，期而後戰，疾力相殺傷，次日即解怨，往來如初，不相讐。所斬首剔肉存骨，懸之門，其門懸骷髏多者，稱壯士！壯士！

地暖，冬夏不衣，婦女結草裙，微蔽下體而已。無揖讓拜跪禮，無曆日文字，計月圓為一月，十月為一年，久則忘之，故率不紀歲，艾者老髦，問之弗知也。交易結繩以識。無水田，治畬種禾，山花開則耕，禾熟拔其穗粒，米比中華稍長，且甘香。採苦草，雜米釀，間有佳者，豪飲能一斗。時燕會，則置大罍團坐，各酌以竹筒，不設肴，樂起跳舞，口亦鳥鳥若歌曲。男子剪髮，留數寸披垂，女子則否。男子穿耳、女子斷齒以為飾也女子年十五六斷去唇兩旁二齒。地多竹，大數拱，長十丈，伐竹搆屋，茨以茅，廣長數雉。族又共屋，一區稍大，曰公廨，少壯未娶者，曹居之，議事必於公廨，調發易也。

娶則視女子可室者，遣人遺瑪瑙珠雙，女子不受則已，受，夜造其家，不呼門，彈口琴挑之。口琴薄鐵所製，齧而鼓之，錚錚有聲，女聞，納宿，未明徑去，不見女父母。自是宵來晨去必以星，累歲月不改。迨產子女，婦始往婿家迎婿，如親迎，婿始見女父母，遂家其家，養女父母終身，其本父母不得子也。故生女喜倍男，為女可繼嗣，男不足著代故也。妻喪復娶，夫喪不復嫁，號為鬼殘，終莫之醮。

家有死者，擊鼓哭，置尸於地，環熅以烈火，乾，露置屋內，不棺；屋壞重建，坎屋基下，立而埋之，不封，屋又覆其上。屋不建，尸不埋，然竹楹茅茨，多可十餘稔，故終歸之土，不祭。

當其耕時，不言不殺，男婦雜作山野，默默如也。道路以目，少者背立，長者過，不問答，即華人侮之不怒，禾熟復初。謂不如是，則天不祐、神不福，將凶歉不獲有年也。女子健作，女常勞，男常逸，盜賊之禁嚴，有則戮於社，故夜門不閉，禾積場，無敢竊。

器有床，無几案，席地坐。穀有大小豆，有胡麻，又有薏仁，食之已瘴癘；無麥。蔬有蔥，有薑，有番薯，有蹲鴟；無他菜。菓有椰，有毛柿，有佛手柑，有甘蔗。畜有貓，有狗，有豕，有雞；無馬、驢、牛、羊、鵝、鴨。獸有虎，有熊，有豹，有鹿。鳥有雉，有鴉，有鳩，有雀。

山最宜鹿，儦儦俟俟，千百為群。人精用鏢，鏢竹柣鐵鏃，長五尺有咫，銛甚，出入攜自隨，試鹿鹿斃、試虎虎斃。居常禁不許私捕鹿，冬，鹿群出，則約百十人即之，窮追既及，合圍夷之，鏢發命中，獲若丘陵，社社無不飽鹿者。取其餘肉，離而臘之，鹿舌、鹿鞭鹿陽也、鹿筋亦臘，鹿皮角委積充棟。鹿子善擾，馴之，與人相狎習。篤嗜鹿，剖其腸中新咽草將糞未糞者名百草膏，旨食之不饜。華人見，輒嘔。食豕不食雞，畜雞任自生長，惟拔其尾飾旗。射雉亦只拔其尾。見華人食雞雉輒嘔，夫孰知正味乎！又惡在口有同嗜也！

居島中，不能舟，酷畏海，捕魚則於溪澗，故老死不與他夷相往來。永樂初，鄭內監航海諭諸夷，東番獨遠竄不聽約，於是家貽一銅鈴使頸之，蓋狗之也，至今猶傳為寶。始皆聚居濱海，嘉靖末，遭倭焚掠，迺避居山。倭鳥銃長技，東番獨恃鏢，故弗格。居山後始通中國，今則日盛，漳、泉之惠民、充龍、烈嶼諸澳，往往譯其語，與貿易，以瑪瑙、磁器、布、鹽、銅、簪環之類，易其鹿脯皮角，間遺之故衣，喜藏之，或見華人一著，旋復脫去，得布亦藏之，不冠不履，裸以出入，自以為易簡云。

野史氏曰：異哉東番！從烈嶼諸澳，乘北風航海，一晝夜至彭湖，又一晝夜至加老灣，近矣。迺有不日不月，不官不長，裸體結繩之民，不亦異乎！且其在海而不漁，雜居而不嬲，男女易位，居瘞共處，窮年捕鹿，鹿亦不竭。合其諸島，庶幾中國一縣，相生相養，至今曆日書契無而不闕，抑何異也！南倭北虜，皆有文字，類鳥跡古篆，意其初有達人制之耶！而此獨無，何也？然飽食嬉遊，于于衎衎，又惡用達人為？其無懷、葛天之民乎！自通中國，頗有悅好，姦人又以濫惡之物欺之，彼亦漸悟，恐淳朴日散矣。萬曆壬寅冬，倭復據其島，夷及商、漁交病。浯嶼沈將軍往勦，余適有觀海之興，與俱。倭破，收泊大員，夷目大彌勒輩率數十人叩謁，獻鹿饋酒，喜為除害也。予親睹其人與事，歸語溫陵陳志齋先生，謂不可無記，故掇其大略。

## 1. 중문자료(中文參考書目)

《一個中國原則與臺灣問題白皮書》, 中華人民共和國國務院臺灣事務辦公室, 2002.

中共中央文獻編輯委員會, 《鄧小平文選(卷三)》, 北京 : 人民出版社, 1993.

史明, 《臺灣人四百年史》, 臺北 : 草根文化, 1998.

《臺灣問題與中國的統一》, 中華人民共和國國務院臺灣事務辦公室 , 1993.

行政院大陸委員會編印, 《兩岸直航之影響評估》, 行政院大陆委員会, 2003.

行政院大陸委員會編, 《台海兩岸關系說明書》, 行政院大陸委員會, 1994.

陳明通, 《行政院大陸委員會大陸政策檔資料》, 2005.

陳第, 《東番記》, 台北 : 臺灣文獻叢刊/五六閩海贈言/卷之二, 1958.

國務院臺灣事務辦公室、新聞辦公室, 《一個中國原則與臺灣問題》(白皮書), 2000.

連橫, 《臺灣通史第一卷》, 台北 : 國立編譯館中華叢書編審委員會出版, 1985.

陳豐祥, 《普通高級中學「歷史」》, 台北 : 泰宇出版, 2006.

《臺灣問題與中國的統一》, 中華人民共和國國務院臺灣事務辦公室, 1993.

《臺灣事務辦公室「反分裂法」及重要文獻選編》, 北京 : 九州出版社, 2005, 頁14-5.

顏師古, 《漢書註》卷96.

王玉玲, 《由兩岸關係探討台灣的統獨問題 : 以博弈理論析之》, 臺北 : 桂冠, 1996.

王央城主編, 《前瞻兩岸關係發展的趨勢》, 臺北 : 國防大學戰略研究所出版, 2007.

《中國共產黨第十四次全國代表大會檔彙編》, 北京 : 人民出版社, 1992.

石之瑜, 《兩岸關係概論》, 臺北 : 揚智叢刊, 1998.

包宗和、吳玉山主編, 《爭辯中的兩岸關係理論》, 臺北 : 五南, 1999.

行政院大陸委員會, 《大陸工作簡報》, 2007.1.10.

李正中, 《論兩岸關係與中國之未來》, 臺北 : 正中書局印行, 1997.

李英明, 《全球化時代下的臺灣和兩岸關係》, 臺北 : 生智, 2001.

李登輝, 《臺灣的主張》, 臺北 : 源流, 1999.

沈建中, 《大陸海峽兩岸關係協會之研究》, 臺北 : 商鼎文化出版社, 1999.

沈建德, 《臺灣血統》, 台北 : 前衛, 2003.

吳恆宇,《現階段中共對台文武嚇的研究(1995-2001)》, 台北 : 大屯出版社, 20012.

邵宗海,《兩岸關係》, 台北 : 五南圖書, 2006.

邵宗海,《中國和平崛起與中國現代民族主義的互動》, 臺北 : 韋伯出版社, 2009.

易君博,《政治理論與研究方法》, 臺北 : 三民書局, 1999.

若林正仗,《蔣經國與李登輝》, 臺北 : 源流出版公社, 1998.

和泉台郎, 李毓昭譯,《日美台三國同盟》, 台北 : 晨星出版, 1999.

林文程,《中共談判的理論與實務》, 高雄市 : 麗文文化, 2000.

胡為真,《美國對華一個中國政策之演變》, 台北 : 臺灣商務印書館, 2001.

施正鋒,《臺灣政治建構》, 臺北 : 前衛出版社, 1999.

姚嘉文,《句話影響臺灣》, 台北 : 史哲圖志, 2003.

徐宗懋,《臺灣人論》, 台北 : 臺灣民眾史, 1993.

徐博東,《大國格局變動中的兩岸關係》, 臺北 : 海峽學術, 2008.

浦興祖主編,《中華人民共和國政治制度》, 上海 : 人民出版社, 1999.

陳一新,〈李登輝兩國論與民進黨的崛起〉,《北京臺灣論壇》, 香港社會科學出版
　　　社有限公社, 2006.

陳慶,《中 陳明向,《社會科學質的研究》, 台北 : 五南圖書, 2002.

共對台政策之研究》, 臺北 : 吳南, 1990.

郭瑞華編者,《中共對台工作組織體系概論》, 臺北 : 法務部調查局, 修訂一版, 2004.

國務院台辦新聞局編,《一個中國原則與台灣問題》白皮書及問答, 北京 : 九州出版
　　　社, 2006.

張曙光、周建明編譯,《中美解凍與臺灣問題 : 尼克森外交文獻選編》, 香港 : 中文大學出
　　　版社, 2008.

費孝通等,《中華民族多元一體格局》, 吉林省 : 中央民族大學出版社, 1999.

黃天中, 張吾岳主編,《兩岸關係與大陸政策》, 臺北 : 五南圖書, 1993.

喜安辛夫,《臺灣抗日秘史》, 台北 : 武陵, 1997.

黃昭堂, 侯榮邦譯,《台灣新生國家理論 : 脫出繼承國家理論、分裂國家理論來促成
　　　新生國家的誕生》, 台北 : 現代文化基金會, 2003.

黃昭堂,《臺灣新生國家理論》, 臺北 : 現代文化, 2003.

黃俊傑,〈思想史方法論的兩個側面〉, 杜維運、黃俊傑編,《思想方法論文選集》, 台
　　　北 : 華世出版社, 1970.

黃國昌,《中國意識與臺灣意識》, 台北 : 五南圖書, 1992.

楊開煌,《出手‚胡政權對台政策初探》,臺北：海峽學術‚2005.

趙建民主編‚《大陸研究與兩岸關係》,臺北：晶典文化事業出版社‚2005.

蔡政文‚《當前國際關係理論發展及其評估》,臺北：三民‚再版印刷‚2000.

潘華昇‚《後冷戰時期中國戰略夥伴外交關係之研究》,臺灣：政治大學碩士論文‚2005.

羅致政、宋允文‚《解構「一個中國」：國際脈絡下的政策解析》,臺北：台灣智庫‚2007.

蘇起‚鄭安國主編‚《「一個中國‚各自表述」共識的事實》,臺北：財團法人國家政策
　　基金會‚2002.


## 2. 정기간행물 논문

王飛令‚〈海峽兩岸的民族主義及其前景〉,《台北：戰略與管理》,第四期‚2000‚頁
　　93-104.

王高成‚〈『廢統論』風波與對美中台關係的影響〉,《中國評論》,總第100期‚2006.4‚
　　http://hk.crntt.com/doc/1002/4/4/3/100244320.html?coluid=63&kindid=0&
　　docid=100244320&mdate=0911123624

王高成‚〈廢統論」風波與對美中台關係的影響〉,《中國評論》,總第100期‚2006.4‚
　　http://hk.crntt.com/doc/1002/4/4/3/100244320.html?coluid=63&kindid
　　=0&docid=100244320&mdate=0911123624

〈中國開啟對台水果大門另有政治企圖？〉,《新臺灣2004》,http://www.newtaiwan.com.
　　tw/bulletinview.jsp?bulletinid=20333

毛澤東‚〈論人民民主專政〉,紀念中國共產黨28周年時毛澤東講話‚1949.6.20‚http://cpc.
　　people.com.cn/GB/64184/64185/66618/4488978.html

朱真一‚〈台灣族群的血緣〉,EAST ASIA International Forum‚Southern Illinois Univer-
　　sity at Edwardward 2000‚http://www.siue.edu/EASTASIA‚http://cut.nc.hcc.
　　edu.tw/but23.htm

朱真一‚〈從葡萄糖六燐酸去氫酵素看臺灣族群的血緣〉,《台灣醫界雜誌》,1999‚頁
　　252-256.

汪世錦‚〈重慶模式與中國特色社會主義道路〉,《北京：馬克思主義研究》,第7期‚
　　2001‚http://big5.home.news.cn/gate/big5/xinhuashe2007.home.news.cn/blog/a/
　　0101000029400BA3B428F59F.html

杜永吉‚徐長安‚〈天下觀與中國文化的歷史建構〉,《河北學刊》,第22卷 第6期‚2002‚

頁140-144.

李明俊,〈臺灣外交困境的原因與聯合國2758決議的內涵〉,《共和國雜誌》, 第51期, 2006.9, http://www.wufi.org.tw/wufisource/republic51/

李中邦,〈從日本戰略來看日媒為何"助謝打馬"〉,《海峽評論》, 207期, 2008.3, http://www.haixiainfo.com.tw/207-7123.html

辛旗,〈國際戰略環境的變化及臺灣問題〉,《北京:战略与管理》, 第4期, 1996, http://blog.boxun.com/sixiang/taiwan.htm

李慶平,〈解析兩岸關係發展的主要障礙:「一個中國」問題〉,《海峽評論》, 140期, 2002.8, http://www.haixiainfo.com.tw/140-2734.html

吳曉林,〈小組政治"研究:內涵、功能與研究展望〉,《求是》, 2008.3, 頁64-69.

李鴻典,〈扁下馬上中國熱台語主流恢復隱性〉,《台灣:新臺灣》, 第635期, 2008.5.22, http://www.newtaiwan.com.tw/bulletinview.jsp?bulletinid=79744

林文程,〈美台關係的誤區與檢討〉,《臺灣民主季刊》, 第七卷第三期, 2010.9, 頁187-202.

林文程, 林正義,〈美國與中國在亞太地區的衝突與合作〉, 未發刊原稿.

林文程,〈美、中國際政治領域的機遇與挑戰(一)〉, 台北:新世記知庫論壇, 第53期, 頁27-39.

林文程、林正義,〈臺灣修憲與台美中三角關係〉,《臺灣民主季刊》(台北), 第3卷第4期, 2006, 頁125-164.

林正義、林文程,〈台灣為何與如何參與國際組織〉,《國際事務季刊》, 第3期, 2002.1, 頁81-105.

林文程,〈從制定反分裂國家法看北京對台政策之發展〉,《國立政治大學中國大陸研究中心通訊》, 創刊號, 2005.1, 頁22-25.

林江義,〈臺灣原住民族官方認定的回顧與展望〉,《臺灣平埔族》, 施正鋒、劉益昌、潘朝成編, 臺北:前衛出版社, 2003, 頁165-190.

周恩來,〈關于我國外交政策和解放台灣問題〉,《北京:建國以來重要文獻選篇第八冊》, 1956.6.28, http://cpc.people.com.cn/GB/64184/64186/66662/4493079.html

〈周恩來總理兼外交部長關於目前國際情勢、我國外交政策和解放臺灣問題的發言〉,《湖南:湖南政報》, 10期, 1956, http://xuewen.cnki.net/CJFD-SXBA195613000.html

周婉窈,〈陳第"東番記"一十七世紀初臺灣西南地區的實地調查報告〉,《故宮文物月刊》, 第241期, 2003.4, 頁22-45.

林媽利，〈從DNA的研究看臺灣原住民的來源〉，《語言與語言學》，2001，頁241-246.

施正鋒，〈台灣人的認同〉，《台灣獨立建國兩盟網》，http://www.wufi.org.tw/%E5%8F% B0%E7%81%A3%E4%BA%BA%E7%9A%84%E5%9C%8B%E5%AE%B6%E8% AA%8D%E5%90%8C

施正鋒，〈台灣民主化的挑戰－國家肇建、民族塑造、以及國家打造〉，收錄于《從歐洲反思台灣》，台北：前衛出版社，2003，頁225-87.

若林正丈，〈「中華民國臺灣化」與「七二年體制」以臺灣民族主義的抬頭為焦點〉，收錄于《財團法人海峽交流基金會交流雜誌社編》，台灣：岸開放交流20年國際學術研討會議實錄，2007.

侯榮邦，〈典型的封建、反動、權謀的中國人政客的本質與真面目〉，《共和國雜志》，第22期，2001.11，http://www.wufi.org.tw

洪健昭，〈九二共識、九二諒解、九二精神〉，國安(評)092-140號，中華民國92.5.9.

殷天爵，〈中共"大國外交"與夥伴關係之研折〉，《共黨問題研究》(台北)，第25卷 第3期，1999.3，頁89-91.

修春萍、劉佳雁，〈臺灣參與國際組織的現狀與國際多邊領域的反分裂鬥爭〉，《中國社會科學院》，http://www.cassits.cn/ztk/news_0014.html

徐博東，「中共對台方針政策發展脈絡」，《中國評論新聞網》，2008.12.10, http://hk.crntt.com /crn-webapp/doc/docDetailCNML.jsp?coluid=7&kindid=0&docid=100824256

徐博東，〈陳水扁何去何從人們正拭目以待〉，《海峽評論》，112期，2000.4，http://www. haixiainfo.com.tw/112-3529.html

陳一新，〈李登輝兩國論與民進黨的崛起〉，《北京臺灣論壇》，香港社會科學出版社有限公社，2006，頁211-231.

許世銓，〈衝突還是和平？〉，《臺灣研究》，1期，2008，頁1-6.

許巧靜，〈臺灣政治轉型與國家定位之演變〉，《中山人文社會科學期刊》，第十四卷第一期，2006，頁65－95.

張亞中，〈連簽ECFA都反對台灣要好好想想〉，《中國評論》，2009.3.5, http://www.china reviewnews.com

張亞中，〈兩岸和平發展基礎協定〉，《中國評論》，2008.10.7, http://hk.crntt.com/doc /1007/6/6/2/100766286.html?coluid=33&kindid=4372&docid=100766286& mdate=0217093820

陳芳富，〈求同存異，以和為貴：228事件60周年的反思〉，《中南財經政法大學研究生

430

學報》, 2期, 2007, http://www.21cnlunwen.com/issuep_10996-107141.html

郭奕伶, 〈一個台灣·兩個世界〉, 《e商業週刊》, 第800期, 2003.3, 頁96-105.

童振源, 〈『一個中國』原則的戰略性思考〉, 《遠景季刊》, 第2卷第1期, 2001.1, 頁
127-140.

陳順勝, 〈臺灣與西太平洋島嶼南島語族之健康關係〉, 《臺灣原住民健康問題與展望
論文集》, 1996, 頁265-301.

張登及, 〈國內兩岸關係理論研究取向發展試析〉, 《台北 : 共黨問題研究》, 卷27, 期3,
2002, 頁7-16.

陳錫蕃, 〈中華民國與台灣〉, 國安(評)093-105號中華民國九十三年六月廿九日.

陳躍雪, 〈中國共產黨第十七大後大陸對臺灣經政策調整分析〉, 《台灣東北亞研究
季刊》, 2008, 頁163-202.

喬兆紅, 〈朝鮮戰爭與中國的臺灣問題〉, 《當代中國研究》, 第12卷 第5期, 2005,
http://www.chinastudies.org.cn/c/905.htm.

雲程, 《佔領與流亡—台灣主權地位之兩面性》, 臺北, 2005, http://www.oceantaiwan.com
/society/20050805.htm.

黃嘉樹, 〈兩岸和平問題研究〉, 《北京 : 教學與研究》, 2007.7, 頁23-28.

黃嘉樹, 〈中國新領導核心對台政策的調整與新意〉, 《中國評論》, 2005.5, http://bj.crntt.
com/crnwebapp/doc/docDetailCreate.jsp?coluid=33&kindid=543&docid=
100114873&mdate=0911123624

黃嘉樹, 〈一個中國的內涵與兩岸關係〉, 《臺灣研究》, 4期12月號, 2002, http://bj.crntt.
com/crn-webapp/cbspub/secDetail.jsp?bookid=48022&secid=49161

黃爾璇, 〈未來台灣政局的分析〉, 《台灣e廣場》, 2008.7.8, http://www.taiwannation.
org.tw/dbsql/showmsgb.php?id=1491

楊開煌, 〈對六個「胡四點」之分析〉, 《海峽評論》, 186期, 2006.6, http://www.haixiai-
nfo.com.tw/186-1047.html

楊開煌, 〈當前中共對台政策〉, http://www.peaceforum.org.tw/filectrl/CSR0107004.htm.

趙永春, 〈關於中國歷史上的疆域問題的幾點認識〉, 《中國邊疆實地研究》, 第12卷第
3期, 2002, 頁1-10.

〈臺灣漢人的"漢皮蕃骨"〉, 《臺灣原住民月刊》, 2007, http://redmedia034.so-buy.com/
front/bin/home.phtml

〈臺灣問題與中日關係〉, 《中國評論》, 2002.5, http://hk.crntt.com/ doc/1000/5/2/8/100

052823.html?coluid=33&kindid=541&docid=100052823&mdate=0911123624

〈論主權共享與特殊關係〉,《香港:中國評論月刊》, 總第 146 期, 2010.2, http://hk.
crntt.com/crn-webapp/cbspub/secDetail.jsp?bookid=48615&secid=49206

蔡宏明,〈中共十七大經濟政策走向與影響〉,《兩岸經貿月刊》, 2007.11, http://mag.
chinayes.com/MagazineBase/M14/742/20080626115245369.shtml

熊玠,〈蛻變中的中美關係〉,《中國評論》, 2006.4, http://hk.crntt.com/ doc/1001/2/4/2/
100124278.html?coluid=33&kindid=544&docid=100124278&mdate =0911123624

劉國深,〈論"台獨運動"的階段性及其變化〉,《台灣研究集刊》, 第4期, 2000, 頁1-15.

劉墨,〈三談兩岸政治對話一寫在辜振甫先生訪問大陸之後〉,《兩岸關係》, 總第17期,
1998.11, http://www.mac.gov.tw/ct.asp?xItem=52839&ctNode=5611&mp=1#004

鄭欽仁,〈國家定位與十五年來的台中交涉—「一中原則」、「一中各表」和「九二共識」〉,
《台灣安保通訊》, 第9期, 2009.2, http://www.wufi.org.tw/wufisource/tjsf09

〈「憲法一中」與「本土化」〉,《海峽評論》, 221期, 2009.5, http://www.haixiainfo.com.tw/
221.html

譚中,〈評美國霸權衰落與台灣前途〉,《海峽評論》, 220期, 2009.4, http://www.haix-
iainfo. com.tw/220-7559.html

蘇起,〈"一個中國, 各自表述"共識的意義與貢獻〉,《海峽評論》, 143期11號, 2002,
http://old.npf.org.tw/PUBLICATION/NS/091/NS-B-091-023.htm

蘇起,〈美國與中華民國:如何促進亞洲及世界的和平與繁榮?〉研討會, 中華民國八
十八年六月二十一日陸委會主任委員演講.

蘇起,〈兩岸關係的三個特殊性〉, 國安(評)090-284號, 中華民國90.11.19.

蘇起,〈建構新世紀的兩岸關係:回顧與前瞻」中國國民黨大陸工作指導小組第三十
七次會議專題報告〉, 行政院大陸委員會, 2000.

〈讓台灣參加美利堅合眾國〉,《海峽評論》, 48期, 1994, 12, http://www.haixiainfo.com.
tw/48-5408.html

## 3. 영문자료

Blair Dennis C. and John T. Hanley Jr. "From Wheels to Webs : Reconstructing Asia-Pacific
Security Arrangements," The Washington Quarterly, Vol.24, No.1(Winter 2001),
pp.7-17.

Brown, Melissa J., "Is Taiwan Chinese? The impact of culture, power, and migration on changing identities", CA : University of California press, pp.66-130.

Brzezinski, Zbigniew Kazimierz, The Grand Chessboard : American Primacy and Its Geostrategic Imperatives(New York : Basic Books, 1997).

Bush Richard, Untying the Knot : Making Peace in the Taiwan Strait(Washing, D.C. : Brooking Institution Press, 2005).

Deng Xiaoping, "speech at the Third Plenary Session of the Central Advisory Commission of the CCP", Selected Works of Deng Xiaoping (Bejing : Foreign Language Press, 1994), Vol.3(1982-1992).

Doyle, Michael W., Ways of War and Peace(NewYork : W.Norton Co. 1997).

Fukuyama Francis, The End of History and the Last Man(New York : The Free Press, 1992). Friedrick Carl, Man and His Government : An Empirical Theory of Politics(Mc Graw Hill, 1993).

Harding Harry, A Fragile Relationship : The United States and China since 1972(Brookings Institution Press, 1992).

Harding Harry, " Think Again : China, " Foreign Policy, Vol.25, No.2(March/April 2007), pp.26-32.

Holsti, K. J., International Politics : A Framework for Analysis(New Jersey : Prentice Hall, 1994).

Huntington, Samuel P., The Clash of Civilizations? in America and the World(New York : Council on Foreign Relations, 2002).

John F. Copper, Playing with Fire : The Looming War with China over Taiwan(Westport : Praeger Security International, 2006).

Kaplan, Morton A., System and Process in International Politics(New York : Krieger, 1976).

Lampton, David, M., Same Bed, Different Dreams : Managing U.S.-China Relations, 1989-2000(Los Angeles : University of California Press, 2001).

Lipset, S. M., "Some Social Requisites of Democracy : Economic Development and Political Legitimacy", The American Political Science Review, Vol.53, No.1 (march 1959), 69-105.

Morgenthau, Hans J., Politics Among Nations(NewYork : Alfred A. Knodf. 1960).

Nye, Joseph S., "The New Rome Meets the New Barbarians", Economist, 3/23/2002, Vol.362, Issue 8265.

Ross, Robert S., "Taiwan's Fading Independence Movement", Foreign affairs, March/April 2006. http://www.foreignaffairs.com/articles/61516/robert-s-ross/taiwans-fading-independence-movement.

Roy Denny, "U.S.-Taiwan Arms Sales : The Perils of Doing Business with Friends, " Asia-Pacific Center for Security Studies, April 2004, http://www.apcss.org/Publications/APSSS/Roy-TawainArms.pdf.

Susan L.Shirk, China : Fragile Superpower, Oxford, NewYork : Oxford University Press, 2007.

Taiwan doucument project, "Treaty of Peace with Japan", Signed at San Francisco, 8 September 1951, Initial entry into force : 28 April 1952, http://www.taiwandocuments.org/sanfrancisco01.htm.

Truman's Korean War Statement(June 27, 1950).

United Nations Treaty Series 1952(reg.no.1832), vol.136, pp.145-164.

Vioti Paul R. and Kauppi, k V., International Relation Theory (NewYork : Macmillan Publishing Company, 1987).

Wong, Timoth Ka-Ying and Milan Tung-Wen Sun, "Dynamic Democratization in Taiwan", Journal of Contemporary China, Vol. 10(2000), pp.339-62.

## 4. 신문, 잡지

〈中央對台工作三大新動向〉,《北京 : 半月談》, 2005, http://news.xinhuanet.com/comments/2005-01/09/content_2434499_2.htm

〈王永慶 : 大陸有可能超越日本〉,《工商時報》, 2002.11.6.

〈不統不獨, 不戰不和, 以獨制中〉,《海峽評論》, 186期 2006.6月號的社論.

〈毛澤東答覆美國記者史諾的話〉,《紅星照中國》, 1936.7.1.

〈"中國"一詞來龍去脈〉,《北京 : 解放日報》, 2009.10.7, http://www.chinareviewnews.com

〈中國國家情報網 / 總參謀部第三部〉,《今日新聞》, 2000.12.2

〈中華民國政府推動兩岸關系的誠意與努力〉, 台北 : 行政院大陸委員會, 1996.7, http://www.mac.gov.tw/lp.asp?CtNode=5645&CtUnit=3943&BaseDSD=7&mp=1&xq_xCat=1996

中華民國第十任總統、副總統就職慶祝大會, 中華民國總統俯新聞稿, 2000.5.20., http://www.president.gov.tw/Default.aspx?tabid=131&itemid=7542&rmid=514&sd=2000/05/20&ed=2000/05/21

〈中華臺北與中國臺北有"異"之後〉,《聯合早報網》, 2008.7.28, http://www.zaobao.com
/special/forum/pages6/forum_tw080728a.shtml

〈中國失業問題與財政政策研究〉, http://www.gov.cn/ztzl/2005-12/30/content_143237.htm

文磬, 〈從藍綠均打經濟牌看"台獨"的不可行性〉,《光明網-光明觀察》, 2007.11.19,
http://guancha.gmw.cn/content/2007-11/19/content_699409.htm

〈加大對台招商力度促進懷台經貿合作〉,《懷集新聞》, 2006.6.29.

〈台"外交部"擬成立"臺灣民主基金會"〉,《中國臺灣網》, http://jczs.sina.com.cn 2002.6.10.

〈四要一沒有扁宣示台灣要獨立〉,《自由時報社論》, 2007.3.5.

〈台軍方追隨"去中國化"元旦起總機刪大陸地名〉,《中國臺灣網》, 2004.12.24.

〈"台獨"逆流的來龍去脈〉,《北京：解放軍報》, 2000.5.29.

〈台獨活動及組織〉,《北京：華夏經緯網》, http://www.huaxia.com/zl/tw/td.html

〈"台獨"逆流的來龍去脈〉,《北京：解放軍報》, 2000.5.29.

〈"台獨"逆流的來龍去脈〉,《解放軍報》, 2000.5.29.

〈台獨活動概述〉,《人民網》, 2007.11.12, http://tw.people.com.cn/BIG5/83207/83217/
6516101.htm

〈"台獨"逆流的來龍去脈〉,《解放軍報》, 2000.5.29.

〈"台獨"活動概述〉,《人民網》, 2007.11.12, http://tw.people.com.cn/BIG5/83207/83217
/6516101.htm

〈台灣中華民國？藍綠兩黨皆陷路線困〉,《大紀元》, 2004.8.21.

〈台灣前途決議文〉, 民主進步黨於1999.5.8-9., 第八屆二次全國黨員代表大會制定,
http://www.dpp.org.tw/upload/history/20100604120114_link.pdf

〈台灣中華民國？藍綠兩黨皆陷路線困境〉,《大紀元》, 2006.8.21.

〈行政院院長蘇貞昌, 立法院第6屆3會期上報告〉, 行政院大陸委員會, 2006.3.6.

朱鎔基, 〈大陸與 台灣同屬於一個中國〉,《人民網》, 2002.3.5, http://www.people.com.
cn/GB/shizheng/7501/7645/20020305/679707.html

江澤民, 〈為促進祖國統一大業的完成而繼續奮鬥〉的重要講話, 所謂江八點, 1995.1.30.

〈有關「國家統一委員會」終止運作及 「國家統一綱領」終止實用政策說帖〉, 中華民
國行政院大陸委員會網站, http://www.mac.gov.tw/ct.asp?xItem=57203&ctNode
=5645&mp=1&xq_xCat=2006

〈呂秀蓮：台灣已獨立十四年〉,《台灣：聯合報》, 2010.3.27.

沈建德, 〈台灣人對中國400年的厭惡綜合分析〉, 2005.4.12, http://www.southnews.com.tw

李家泉,〈一國兩制本質是要和平不要戰爭〉,《中國評論》, 2010.5.2.

李家泉,〈政治春風吹拂兩岸, 賈慶林對台講話釋善意〉,《人民日報海外版》, 2005.2.22.

〈我國第一艘航空母艦"遼寧艦"正式入列服役〉,《新華網》, 2012.9.25, http://news.xinhuanet.
com/2012-09/25/c_113201683.htm

李筱峰,〈中華民國還存在著嗎?〉, 請見, 2010.4.10, http://www.wufi.org.tw/repub-
lic/rep1-10/no07_13.htm

李筱峰,〈阿K正傳素材續錄〉,《自由時報》, 2007.10.28.

〈阻止馬政府借中華民國之屍還中國之魂〉,《自由時報》, 2010.4.1.

〈法治改變中國依法治國十年見證‧歷程〉,《人民日報》, 2007.9.12.

〈周恩來的「一綱四目」〉,《新華網》, http://www.gwytb.gov.cn/zlzx/jhzl/201101/t20110123
_1725585.htm

〈兩岸談判如何邁過主權關石齊平提"融合新思維"〉, 香港:鳳凰衛視, 2008.4.25., http:
//news.ifeng.com/taiwan/4/200804/0425_354_508922_2.shtml

林媽利,〈非原住民臺灣人的基因結構〉,《自由時報》, 2007.8.11.

林媽利,〈從組織抗原推論閩南人及客家人所謂"臺灣人"的來源〉,《建國聯盟網站》,
http://www.wufi.org

林濁水,〈中華民國和台灣百年恩怨情仇〉,《台湾:聯合報》, 2010.1.4.

林毅夫,〈中國發展和亞洲的未來〉,《新華社》, 2003.2.21.

林毅夫,〈台經濟要練好內外功〉,《大公通訊》, 2009.4.1, http://202.55.1.83/news/09/04
/01/_IN-1058615.htm

〈政府大陸政策重要檔〉,〈陳總統就職演說〉, 大陸委員會, 2000.5.20.

〈扁馬會面激辯九二共識〉,《自由時報》, 2008.4.2.

〈胡錦濤誓言打擊中共黨內腐敗〉,《BBC中文網站》, 2006.6.30, http://news.bbc.co.uk/
chinese/trad/hi/newsid_5130000/newsid_5132600/5132664.stm

〈為永續台灣奠基〉,《中華民國總統俯新聞稿》, 2004.5.20.

〈為馬英九的「賣台」正名-論台灣人民的主體性〉,《海峽評論社論》, 276期, 2007.12,
http://www.haixiainfo.com.tw/276.html

南方朔,〈謝謝齋藤又提"台灣地位未定論"〉,《中國時報》, 2009.5.5.

徐克禮,〈評民進黨「正常國家決議文」〉,《解放軍報》, 2007.10.4, 第4版.

徐克禮,〈評民進党"正常國家決議文"〉,《解放軍報》, 2007.10.4, 第4版, http://new-
s.xinhuanet. com/taiwan/2004-12/17/content_2346414.htm

〈馬英九搞"B型台獨", 把大陸當傻瓜〉,《中國評論網》, 201.1.14, http://hk.crntt.com/doc/
　　1011/9/8/3/101198387.html
〈馬政府遇到中國就把台灣主權閹割了〉,《自由時報社論》, 2010.3.31.
〈神秘的解放軍總參二部都幹些什麼？〉,《大紀元》, 2001.1.19.
〈唐家璇宣示"一中" 具特殊意義〉,《聯合報》, 2002.9.15.
〈高舉中國特色社會主義偉大旗幟為奪取全面建設小康社會新勝利而奮鬥─在中
　　國共產黨第十七次全國代表大會上的報告〉,《新華社》, 10.24.
許世楷,〈新生國家理論概要〉,《臺灣獨立建國聯盟》, 2009.8.29, http://www.wufi.org.
　　tw/dbsql/showmsgb.php?id=1626
〈陳水扁先生本(95)年3月3日接受日本讀賣新聞國際部部長原野喜一郎〉,《總統部新
　　聞稿》, 2006.3.3.
〈陳水扁當局操弄「入聯公投」目的何在？〉,《人民日報海外版》, 2007.9.25.
〈陳水扁"世台會"言論表明他想鋌而走險〉,《自由時報》, 2005.3.5.
〈國台辦新聞發布會的內容〉《中國長陽》, 2004.5.17, http://www.changyang.gov.cn/gtb/
　　index.jsp?url=http%3A%2F%2Fwww.changyang.gov.cn%2Fart%2F2004%2
　　F5%2F31%2Fart_52_19854.html
〈國家正常化：台灣人民需上下一心追求新憲法〉,《自由時報社論》, 2005.6.27.
郭際,〈佐利克高盛又走出一個白宮寵兒〉,《北京晚報》, 2007.6.30, 第一版.
〈族群撕裂, 是台灣民主發展過程的大痛〉,《台灣：中央日報》, 2010.1.31.
〈貫徹寄希望於臺灣人民的方針決不改變〉,《新華網》, 2005.3.4, http://www.sina.com.cn
〈陳總統2004年五二0就職演說：為永續台灣奠基〉, 行政院大陸委員會, http://www.mac.
　　gov.tw/ public/Data/9781629971.pdf.
〈陳總統2000年五二0就職演說〉, 中華民國行政院大陸委員會, 2000, http://www.mac.
　　gov.tw/ct.asp?xItem=58009&ctNode=5645&mp=1&xq_xCat=2000
〈陳總統與"日本外國特派員協會"越洋視訊會議〉,《總統府新聞稿》, 2005.7.26.
〈陳總統接受日本"朝日新聞"專〉,《總統府新聞稿》, 2005.11.10.
〈陳總統元旦談話與兩岸關係發展？〉, 行政院大陸委員會, 2006.1.
陳議深,〈臺灣地位論述總整理〉,《自由時報》, 2007.8.7.
湯紹成,〈國民黨的政策與觀點〉,《 中央日報》, 2010.3.29, http://www.cdnews.com.tw
〈溫家寶闡述中國和平崛起五要義重申中國永遠不會稱霸〉,《中國新網》, 2005.2.16,
　　http://www.china.com.cn/chinese/zhuanti/hpdl/1125363.htm

〈葉劍英向新華社記者發表的談話(葉九條)〉,《人民日報》, 1981.10.1.

董曉,〈美『地雷說』引爆島內地震輿論 : 扁玩火必自焚〉,《新華網》, 2004.12.23, http://big5. xinhuanet.com/gate/big5/news.xinhuanet.com/taiwan/2004-12/23/content_ 2371092.htm

〈廖文毅〉,《華夏經緯網站》, 2012.7.25, http://hk.huaxia.com/lasd/hxrwk/ddrw/tw/2012 /07/2936889.html

〈構建全球合作背景下的中國能源外交方略〉,《國際能源網》, 2006.12.12.

《福建東南新聞網》, 2008.12.4, http://big5.fjsen.com/misc/2008-12/04/content_616137.htm

趙聲,〈台獨"兩國論"出台始末〉,《環球時報》, 2000.12.26, 第5版, http://www.people. com.cn/GB/paper68/2296/363219.html

〈蔣介石銅像從台軍營消失 "去中國化"伎倆引爭議〉,《環球時報》, 2007.2.08.

蔡宏澤,〈台灣正名加入聯合國之迫切需要〉, http://www.taiwanncf.org.tw/seminar/2002 list-5.htm

蔡逸儒,〈柯慶生談話給陳水扁開了綠燈信號？〉,《中國評論網站》, 2007.12.10, http://www. chinareviewnews.com/doc/1005/1/2/3/100512370.html?coluid=33&kindid= 1671&docid=100512370&mdate=1210095748

樂為良,〈濁水溪, 把臺灣分兩半〉,《環球時報》, 2004.3.29, 版19

鄭堅,〈請問陳鳥是外國人嗎？-談祖宗認同問題〉,《人民日報海外版》, 2007.6.12.

劉愛成,〈阿米蒂奇 : 台灣是顆地雷美沒義務防衛台灣〉,《人民網》, 2004.12.24, http:// 人民網.cn/BIG5/guoji/1030/3081188.html

〈調整 大陸政策"拖以待變"〉,《華夏經緯網》, 2003.7.22, http://big5.huaxia.com/zk/jpwk/ zplz/ldhzmm033.html

鄧鴻源,〈流亡政府百年祭？〉,《自由時報》, 2010.1.9.

樓繼偉,〈中國收入分配相當不均起點不公平更為嚴重〉,《中國政府新聞》, 2006.6.20.

〈臺灣 是一個主權獨立國家〉,《自立晚報社評》, 2001.8.11, 2版.

〈歷年國務院政府工作報告(1954年至2008)〉,                    《中國政府網站》, http://big5.gov.cn/gate/big5/www.gov.cn/2009lh/content_1239779.htm

〈積極開放、有效管理政策說明〉, 行政院大陸委員會, 2001.11.7.

閻學通,〈 兩岸經貿交流無法遏阻台獨〉,《中國時報》, 2008.4.26.

《環球時報》, 2004.12.24., 第十一版.

藍天,〈台海瞭望 : 詆毀反分裂國家法居心何在〉」,《人民日報海外版》, 2005.3.12.

〈謝長廷推"憲法一中"的三玄機〉,《中國評論網》, 2007.7.23, http://www.chinareview-news.com

〈總統出席「台灣人公共事會」(FAPA)25周年慶祝晚宴〉, 中華民國總統俯新聞稿, 2007.4.

〈總統直選台灣法理獨立日〉,《台湾 : 玉山周報》, 第39期, 2010.

〈總統接受德國之聲專訪〉, 中華民國總統俯新聞稿, 1999.7.9, http://www.president.gov.tw/Default.aspx?tabid=131&itemid=6423&rmid=514&sd=1999/07/01&ed=1999/08/31

〈總統發表九十年元旦祝詞〉,《中華民國總統俯新聞稿》, 2000.5.20., http://www.president.gov.tw/Default.aspx?tabid=131&itemid=3378&rmid=514&sd=2001/01/01&ed=2001/01/02

〈總統發表九十年元旦祝詞〉,《中華民國總統俯新聞稿》, 2000.5.20, http://www.president.gov.tw/Default.aspx?tabid=131&itemid=3378&rmid=514&sd=2001/01/01&ed=2001/01/02

〈總統以視訊直播方式於世界台灣同鄉聯合會第二十九屆年會中致詞〉,《中華民國總統俯新聞稿》, 2002.8.3., http://www.president.gov.tw/Default.aspx

〈總統會晤中國國民黨主席馬英九〉,《中華民國總統俯新聞稿》, 2006.4.3, http://www.president.gov.tw/Default.aspx?tabid=131&itemid=11492&rmid=514&sd=2006/04/03&ed=2006/04/04

〈總統出席「台灣人公共事務會」(FAPA)25週年慶祝晚宴〉,《中華民國總統俯新聞稿》, 2007.3.4., http://www.president.gov.tw/Default.aspxtabid=131&itemid=12424&rmid=514&sd=2007/03/04&ed=2007/03/05

〈關於進一步發展海峽兩岸經濟關係若干問題的決定〉, 國發〔1994〕44號1994.8.1,《中國共產黨新聞》, http://theory.people.com.cn/BIG5/133473/8537921.html

蘇起,〈自創"九二共識"包裝"一中各表"李登輝事後知〉,《今日新聞》, 2006.2.21.

## 5. 인터넷 자료

《人民日報》, http://www.people.com.cn

人民網海峽兩岸, http://tw.people.com.cn/BIG5

九洲文化傳播中心, http://www.jzav.com/Chinese/index.asp

上海與臺灣, http://www.shanghai-taiwan.org

天津市臺灣研究會, http://www.tjtyh.com/docc/haixialuantan.htm

中共中央統一戰線工作部網站, http://www.zytzb.org.cn/zytzbwz/introduce/zhineng.htm

中國人民政治協商會議全國辦公廳, http://www.cppcc.gov.cn/htm/jianjie/jianjie.htm

中國文化部對外文化聯絡局(港澳臺辦公室), http://www.ccnt.gov.cn/whb/jgsz/t20050407
　　_4766.htm

中國公安部, http://www.mps.gov.cn/n16/index.html

中國外交部, http://www.fmprc.gov.cn

中國共產黨新聞, http://cpc.people.com.cn/GB/64114/75332/5230610.html

中國社科院臺灣研究所, http://www.cass.net.cn/y_03/y_03_50twyjs.html

中國防新聞 中國社科院, http://www.cass.net.cn

中國通訊社網站, http://www.chinanews.com.cn/common/footer/intro.shtml

中國現代國際關係研究院, http://www.cicir.ac.cn

中國國家體育總局, http://www.sport.gov.cn/n16/index.html

中國商務部官方網站, http://www.mofcom.gov.cn

《中國網》, http://www.china.com.cn/chinese/zta/439134.htm

中華人民共和國外交部駐香港特別行政區特派員公署, http://www.fmcoprc.gov.hk/chn/yglz

中華人民共和國民政部國際合作司, http://wss.mca.gov.cn/article/gatsw

中華人民共和國商務部官方網站, http://www.mofcom.gov.cn

中華人民共和國國家新聞出版總署, http://www.gapp.gov.cn

《中華民國統計資訊網》, 請見, http://www.stat.gov.tw/public/Attachment/92181714471.xls

丘立才,〈中國國號的由來〉, http://www.chinathink.net/freetext/DisplayArticle.asp?BoardID
　　=5&ArticleID=1373

民主進步黨網址, http://www.dpp.org.tw

世界貿易組織, http://www.wto.org/english/res_e/booksp_e/anrep_e/world_trade_report
　　07_e.pdf

台灣關系法, 美國在台協會, http://www.ait.org.tw/zh/home.html

你好臺灣, http://www.nihaotw.com

吉林省檔資訊網站, http://www.jlsdanj.gov.cn/zhonghe03/show.asp?id=4874

行政院大陸委員會網站, http://www.mac.gov.tw

全國人民代表大會, 中國人民共和國憲法部門, http://www.npc.gov.cn

全國法規資料庫,《中華民國憲法》, http://law.moj.gov.tw/Scripts/newsdetail.asp?no=
　　1A0000001

全國臺灣研究會, http://tyh.chinataiwan.org

《告台灣同胞書》宣告的大政方針是我國政府堅定不移的決策,《鄧穎超文集》, 1980.
　　　　1.1, http://cpc.people.com.cn/BIG5/69112/86369/87105/87208/5952392.html

《兩岸關係》雜誌社, http://www.gwytb.gov.cn/sydw/liangangx.htm

〈波茨坦公告〉, www.taiwandocuments.org

美國國務院, 2007.6月19日, http://www.state.gov/r/pa/prs/dpb/2007/jun/86611.htm

〈胡錦濤就新形勢下發展兩岸關係提四點意見〉, http://www.gwytb.gov.cn/seek/qft0.
　　　　asp?gzyw_m_id=579&pge=gzyw

原住民電視臺網站, http://www.titv.org.tw

馬克思主義網站, http://myy.cass.cn/file/2009102334783.html

海峽之聲網, http://www.vos.com.cn

〈海峽兩岸關係紀要〉, http://www.mac.gov.tw/big5/mlpolicy/cschrono/9304.htm

海峽兩岸關係協會章程(1991.12月16日通過), http://www.gwytb.gov.cn

海峽經濟科技合作中心, http://www.csesc.com.cn

財團法人海峽交流基金會, 請見http://www.sef.org.tw

〈馬關條約〉, 可見, www.taiwandocuments.org

國台辦網站, http://www.gwytb.gov.cn/tbjs/nsjg.htm

張炎憲、李筱峰校訂,《台灣自古不屬中國網站》, http://www.hi-on.org.tw/ad/20100201.html

國家旅遊局港澳臺旅遊事務司, http://www.cnta.gov.cn : 8000/Forms/AboutUs/About
　　　　UsWorkDynamic.aspx?imgOn=ghtlyswc_gzdt&menuType=AboutCNet

國務院臺灣事務辦公室, http://www.gwytb.gov.cn/fwxm.htm

國務院臺灣辦公室, 請見, http://www.gwytb.gov.cn

國家廣播電影電視總局、國際合作司(港澳臺辦公室), http://www.chinasarft. gov.cn/
　　　　articles/2008/08/07/20070909004206220509.html

國僑辦, http://www.gqb.gov.cn/zwgk/index.shtml

〈開羅宣言〉, www.taiwandocuments.org

新華網臺灣頻道, http://www.xinhuanet.com/taiwan

《認識臺灣網站》, 請見, http://tw-history.educities.edu.tw

〈臺灣的國際法地位說帖〉, http://www.mofa.gov.tw/webapp/ct.asp?xItem=40272&ctNode
　　　　=1425&mp=1

Taiwan document project 文件, http://www.taiwandocuments.org

| 지은이 소개 |

## 강병환姜秉煥

경남 진주에서 태어났다. 국민대학교 정치외교학과를 졸업하고, 동 대학원에서 정
치사상으로 정치학 석사학위, 대만국립중산대학교 중국 – 아태연구소(Institute of
China and Asia-Pacific Studies)에서 중국의 대(對) 대만정책(China's Taiwan Policy
under One China Framework)으로 박사학위를 받았다. 대만국립중산대학 통식교육
중심사회과학조(通識敎育中心社會科學組, 2006-2011) 강사, 까오슝대학화어중심(高
雄大學華文中心), 시립삼민고급중학(市立三民高級中學)에서 한국어 및 한국문화를
강의하였고(2005-2011), 중화민국문화자산발전협회 연구원, 국민대 강사, 한국한성
화교소학교에서 행정팀장으로 잠시 근무하였다. 현재 한중관계협회(www.arako.kr)
회장, 퍼블릭뉴스 논설위원, 진주교대에서 한국사회와 통일을 강의하고 있다. 관심
분야로는 양안관계, 중국협상, 아·태 안보, 중국정치, 중·미관계며 특히 최근에는
통일문제에 깊은 관심을 두고 있다. 저서로는 공저,『중국지식의 대외확산과 역류:
소프트 파워와 지식 네트워크, 2015』, 역서로는『중국을 다룬다: 대중국 협상과
전략』(2018년 대한민국학술원 우수학술도서 선정)이 있다. 이외에 다수의 학술논
문이 있다.

# 하나의 중국 一個中國

초판 인쇄   2021년 8월 25일
초판 발행   2021년 9월  3일

지 은 이 | 강병환
펴 낸 이 | 하운근
펴 낸 곳 | 學古房

주      소 | 경기도 고양시 덕양구 통일로 140 삼송테크노밸리 A동 B224
전      화 | (02)353-9908 편집부(02)356-9903
팩      스 | (02)6959-8234
홈페이지 | www.hakgobang.co.kr
전자우편 | hakgobang@naver.com,  hakgobang@chol.com
등록번호 | 제311-1994-000001호

ISBN 979-11-6586-412-5  93340

값: 25,000원